한국 전쟁

제4수정 증보판

원인cause_ 과정process_
휴전armistice_ 영향effect_

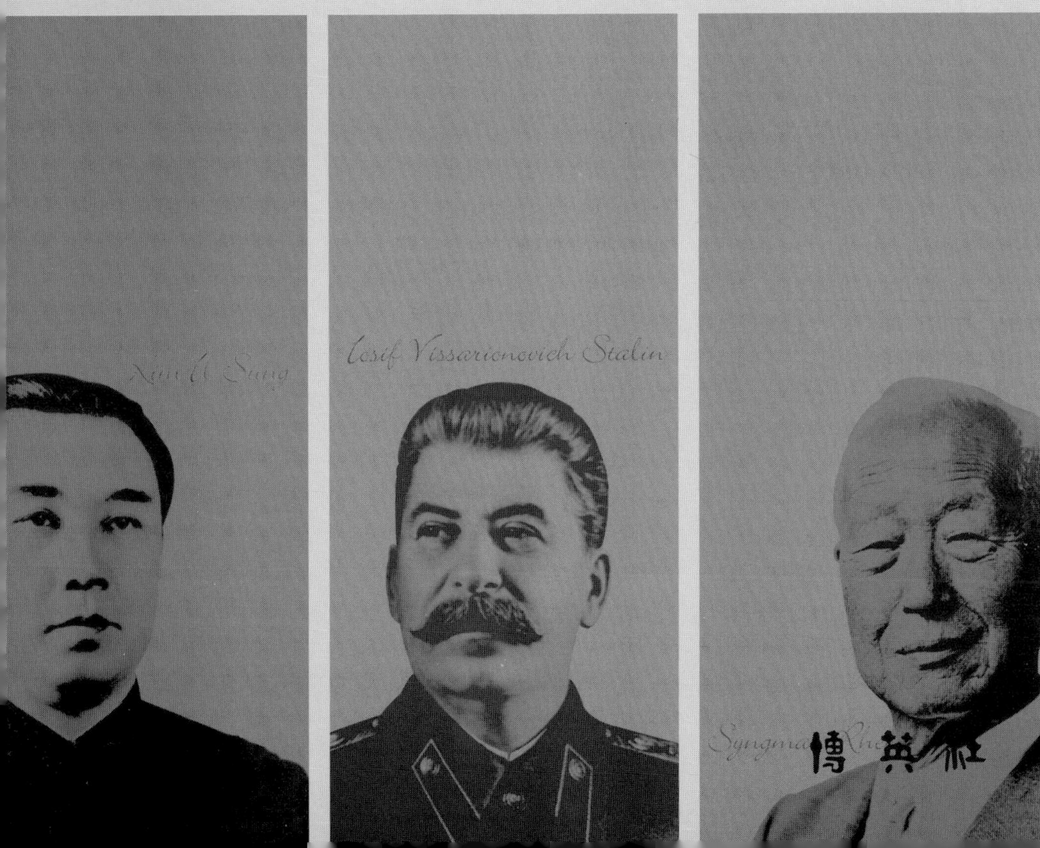

博英社

제 4 수정 · 증보판 머리말

저자는 2008년 6월에 「강대국 권력정치 아래서의 한반도 분할과 소련의 북한군정 개시」, 그리고 「미소냉전과 소련군정 아래서의 조선민주주의인민공화국의 건국」을 동시에 출판했다. 이 서로 연결된 두 책에 이어 저자는 6 · 25전쟁발발 60주년이 되는 2010년 6월에 「미소냉전과 남북대결 아래서의 6 · 25전쟁」을 출판하려고 계획했다.

그러나 시간과 능력의 제약으로 그 계획을 실천에 옮길 수 없었다. 그래서 잠정적으로 기존의 「한국전쟁: 원인 · 과정 · 휴전 · 영향」 제 3 개정 · 증보판에 논문 한 편을 추가해 제 4 수정 · 증보판을 출판하는 것으로 만족하기로 했다. 이 논문은 이 전쟁에 관한 최근의 연구경향을 살핀 것이다.

그렇다고 해서 원래의 계획을 포기한 것은 아니다. 시간이 허락하는 대로 원래의 계획에 맞춰 이 전쟁에 관한 새 책을 출판하고자 한다.

이 제 4 수정 · 증보판의 출판을 허락해 준 박영사 안종만 회장에게 고마움을 표시하고자 한다. 어느 누구보다, 이 책을 읽어주는 독자들에게 고마움을 표시하고자 한다. 한반도에 평화가 뿌리를 내리고 그 바탕 위에서 남과 북이 민주적으로 통일되는 날이 반드시 올 것임을 확신하면서.

2010년 7월

동아일보사 평화연구소에서

저　자　씀

차 례

제 1 장 한반도의 분단과정

제 2 장 한국전쟁의 기원들

제 3 장 한국전쟁의 개전에 관한 북한 정치파벌의 입장

제 4 장 한국전쟁의 시기에 남북한 각자가 자신의 동맹국들과 가졌던 관계

제 5 장 한국전쟁 기간에 제기된 휴전안들의 내용과 그 의미

제 6 장　한국[조선]정전협정의 성립과정

제 7 장　한국전쟁이 국제정치와 남북한에 미친 영향

제 8 장　6 · 25전쟁을 어떻게 평가할 것인가?

한국 전쟁

제1장

한반도의 분단과정:

: 한국전쟁의 뿌리

제 1 장 한반도의 분단과정: 한국전쟁의 뿌리

1. 머 리 말

한반도에 분단구조가 성립되는 과정 그리고 분단구조의 성격을 정확히 이해하는 일은 적어도 다음의 두 가지 측면에서 중요하다. 첫째, 그 일은 분단구조의 해소를 위한 합리적인 처방을 모색하는 데 큰 도움을 준다. 둘째, 그 일은 1950년 6월 25일에 일어난 한국전쟁의 기원을 이해하는 데 좋은 암시를 준다. 어떻게 보면, 한반도 분단구조의 성립이 이 전쟁의 원인들 가운데 하나가 되었기 때문이다. 이 제1장은 그러한 인식에서 한반도에 분단구조가 성립되는 경위를 살펴보고자 한다.

2. 한반도 분단구조의 기본성격

주제에 들어가기에 앞서 한반도의 분단이 지니고 있는 기본 성격을 몇 개의 개념들로써 설명하기로 한다. 특히 독일과 중국 및 베트남과 같이 제2차 세계대전이 끝난 뒤에 나타난 분단국가들의 경우와 비교하기로 한다.

[1] 가미야 후지(神谷不二) 교수의 분단국가 유형론

분단국가의 유형화를 처음 시도한 정치학자는 일본 게이오(慶應: 경응)대학 법학부 정치학과의 가미야 후지(神谷不二: 신곡불이) 교수였다. 그는 1969년 6월호 「주오고론(中央公論: 중앙공론)」에 발표한 "분단국 문제와 일본외교"라는 논문에서, 분단의 유형을 (1) 국제형 분단 및 내쟁형(內爭型) 분단, (2) 안정형 분단 및 불안정형 분단으로 나누었다.

국제형 분단은 강대국들의 합의에 의한 분단으로, 독일과 한반도가 그 대표적인 보기들이다. 독일의 경우, 연합국은 제2차 세계대전을 일으킨 독일에 대한 응징으로 몇 차례의 전시회담을 통해 독일을 분할하기로 합의했으며 그 합의에 따라 종전(終戰)과 동시에 분단되었다. 한반도의 경우도 이와 비슷하다. 비록 한반도의 분할에 대한 연합국의 명시적 합의가 있었던 것은 아니지만, 한반도 역시 미국과 소련에 의해 종전과 동시에 분단되었다.

이에 비해, 내쟁형 분단은 민족 내부의 분쟁의 결과이다. 중국과 베트남이 그 대표적 예들이다. 중국의 경우, 장제스(蔣介石: 장개석)의 국민당 정부와 마오쩌둥(毛澤東: 모택동)의 중국공산당 사이에 벌어진 내전의 결과로 대륙과 섬으로 분단됐다. 이른바 '불균형 분단'이다. 한편 베트남은 하노이에 수도를 정한 호치민(胡志明: 호지명)의 베트남민주공화국과, 사이공에 수도를 정한 베트남공화국 사이에 벌어진 내쟁의 연장선 위에서 분단됐다.

국제형 분단과 내쟁형 분단은 위에서 살폈듯이 분단의 원인을 기준삼아 나눠 본 유형이다. 이에 비해, 안정형 분단과 불안정형 분단은 분단이 성립된 이후 분단 쌍방의 관계에 초점을 맞춰 나눠 본 유형이다.

안정형의 경우, 양자관계는 안정성을 갖는다. 독일이 그 대표적인 보기로서 동·서독관계는 안정성을 유지했다. 독일연방공화국(서독)이 독일 전체에 대한 유일대표권을 주장하기는 하였으나 자신의 기본법——다른 나라의 헌법에 해당한다——에서 이미 자신의 통치 범위를 전독(全獨)이 아닌 서독에 한정시켰고, 독일민주공화국(동독)은 처음부터 동독과 서독의 대등성과 개별성을 전제하는 2개 국가설을 취했다. 그리하여 양독관계는 현상유지적 성격을 갖게 되었고 내전의 위험성 없이 안정성을 유지했다.

불안정형 분단의 대표적인 예는 물론 공산화통일 이전의 베트남이었다. 남·북베트남은 상대방을 전혀 인정하지 않은 채 내전을 계속했다. 풀어 말해, 분단의 원인이 내쟁에 있었으니, 내쟁의 당사자들이 내쟁을 포기하지 않는 한, 분단이 불안정성을 가질 수밖에 없었다. 내쟁의 당사자들이 분단의 현실을 받아들이지 않고, 그 현상을 타파하여 각각 자신의 주도 아래 통일을 이룩하려고 할 때, 그 분단은 불가피하게 불안정성을 갖게 되는 것이다.

[2] 저자의 견해

가미야 교수의 이 개념을 저자는 어느 정도 수정하여 한반도의 분단의 경우에 적용해 보고자 한다. 저자가 보기로는 한반도 분단은 국제형 분단과 내쟁형 분단의 복합이다. 보다 더 구체적으로 말한다면, 국제형의 요소가 우세한 국제형·내쟁형의 복합형이다.

이것은 한반도의 분단이 불안정형으로 가게 됐음을 의미한다. 내쟁의 요소가 내포되어 있었기에 남한과 북한 사이의 관계는 현상타파적 성향을 지녔으며 따라서 늘 불안정했던 것이다. 바로 이러한 시각에서 저자는 한반도에 분단구조가 성립되고 그것이 한국전쟁의 한 원인이 되는 과정을 서술하고자 한다.

3. 민족독립운동의 전개와 분열

민족분단의 원인을 찾기 위해 우리는 일제치하에서 전개됐던 독립운동에 대해서도 조명을 하지 않으면 안 된다. 왜냐하면 민족분단의 싹이 이미 이 독립운동의 전개과정에서 나타났기 때문이다.

널리 알려져 있듯이, 1910년 8월에 일제에게 '합병'을 강요당했던 우리 겨레는 1919년 기미(己未)년 3월 1일에 일어난 전국적 독립만세운동을 기폭제로 하여 1919년 4월 13일에 중국 상하이(上海: 상해)에서 대한민국임시정부 — 약칭 임정(臨政) — 를 세우고 그 이후 뜨겁고 거센 항일투쟁을 벌였다. 그것은 참으로 고귀했다. 그러나 불행히도 항일독립운동은 우선 지역적으로 분산됐다. 투쟁의 무대가 미국과 소련 및 중국, 그리고 국내로 나뉘었으며, 소련과 중국의 경우에도 여러 지역들로 나뉘었던 것이다.

그런데 이러한 지역적 분산보다도 더 심각했던 것이 독립투쟁의 방법론적 분화와 이론적·사상적 대결이었다. 방법론에 대해, 초대 대통령 이승만(李承晩) 등은 국제연맹과 미국 등을 상대로 외교를 펼치는 데 역점을 두었고 내무총장 안창호(安昌浩) 등은 실력배양에 힘쓸 것을 앞세웠으며 국무총리 이동휘(李東輝) 등은 무력투쟁을 역설했다. 이념과 관련해, 공산주의를 앞세우는 공산주의자들과 비공산 민족주의를 앞세우는 민족주의자들 사이에서 대결이 극심해짐으로써 독립운동이 통합성을 유지하기 어려운 경우가 많았다. 그들은 광복 이후에 세워질 새 조국의 미래상에 대해서도 의견을 달리했다. 자유민주주의 국가를 세워야 한다는 세력으로부터 공산주의 국가를 세워야 한다는 세력에 이르기까지 그 복국(復國)의 미래상이 서로 달랐던 것이다.

물론 다른 민족들의 독립투쟁사를 살펴보아도 지역적 분열과 이념적 대립이 없는 경우는 찾기 힘들다. 더욱이 이데올로기 노선투쟁은 정치집단 내부에 흔히 있다. 그러나 한민족의 독립투쟁의 경우에는 어느 무엇보다 이 이념적 대립이 두드러져 이념적 노선을 달리하는 세력들 사이의 연대와 제휴가 약했던 것이다. 그래서, 예컨대, 1920년대 말에 국내에서 좌·우의 연합으로 성립됐던 통일전선으로서의 신간회(新幹會)도 오래가지 못하고 해산되고 말았다.

이러한 상황 속에서 그래도 대한민국임시정부가 김구(金九)와 이동녕(李東寧) 및 조소앙(趙素昂) 등을 중심으로 그 명맥을 유지하면서 민족해방투쟁의 구심점으로 작용했던 것은 다행스런 일이었다. 특히 임정이 1932년에 이봉창(李奉昌) 및 윤봉길(尹奉吉)의 의거를 통해 일제에 대한 한민족의 투쟁을 국제사회에 명백히 보여주고, 1940년 이후에는 이념노선을 달리하는 여러 정치세력들 사이의 통일전선을 비록 제한된 범위 안에서나마 이룩한 데 이어 광복군(光復軍)을 창군한 뒤 일제에 대해 선전을 포고했던 것은 독립운동사상 빛나는 업적들 가운데 하나로 기록되어 있다.

그러나 불행히도 국제사회에서는 이 임정이 민족해방투쟁 세력들을 대표한다고 보지 않았다. 예컨대, 미국 정부는 임정이 국내와의 연계를 이룩하지 못하고 있으며 해외에서의 다기다양한 독립운동 세력들을 통합시키지 못하고 있다고 평가했다. 그렇기 때문에 임정은 망명정부로 공인되지 못했던 것이다.

이상에서 살펴보았듯이, 일제치하 한민족의 독립운동은 그 위대한 애국선열들의 피어린 투쟁과 희생에도 불구하고 단일한 통합적 중심을 형성하지 못했다. 구심력을 발휘하는 통합적 중앙이 미비한 상태에서 이념적 대결이 날카로워진 보기들을 우리는 우리 겨레의 독립운동사에서 자주 발견하게 되는데, 그러한 이념적 대결은 2차 대전이 끝난 이후 해방된 한반도에 그대로 연장된다. 뒤집어 말해, 해방된 한반도에 나타난 이념적 갈등은 독립운동기의 그것이 그대로 이월되어 재연된 것이라고 하겠다.

이 점에 관하여 성균관대학교 정치학과의 이명영(李命英) 교수는「권력의 역사: 조선노동당과 근대사」라는 저서에서 '민족주의자나 공산주의자가 다 같이 항일투쟁을 한다고 하면서도 기본적인 이념과 노선의 차이 때문에 협동전선을 구축하지 못했을 뿐만 아니라 서로 적대관계에까지 있었다고 하는 이 역사적 사실 속에서 우리는 1945년의 국토분단의 민족 내적 요인을 볼 수 있는 것이다' 라고 말한다. 이어 그는 '오직 미·소 양국의 전략적 이해의 상치(相馳) 때문에 국토분단의 비극이 있는 것이 아니라, 한민족 자체 내부가 먼저 분열되어 있는 것이다' 라고 결론지었다.

이처럼 민족독립운동의 이념적 분열에서 1945년 8월 15일의 분단의 시원(始源)을 찾는 학자가 이명영 교수 한 사람만이 아니다. 미국의 한국사 전공학자들 가운데서도 그렇게 보는 이들이 적지 않다. 프랭크 볼드윈(Frank Baldwin) 박사와 마이클 로빈슨(Michael Robinson) 교수가 그 대표적인 보기들이다. 1919년의 3·1독립만세운동에 관해 박사학위논문을 쓴 볼드윈 박사나, 1920~30년대의 독립운동에 관해 박사학위논문을 쓴 로빈슨 교수는 모두 '독립투사들 사이의 이념적 지향에 큰 차이가 있어서 서로 용납될 수 없었으며, 그것이 한반도 분단의 먼 원인이 되었다' 라고 주장한다.

바로 이러한 시각에서, 저자 역시 한반도의 분단에 내쟁적 성격이 개재되어 있다고 본다. 독립운동기의 내쟁적 성격이 해방된 한반도에서 어떻게 전개되는지를 이 장의 중간 부분에서 살피기로 하겠다.

4. 전시 연합국회담들에서의 한반도 논의

그러나 여기서 명백히 지적되어야 할 점은, 비록 독립운동세력이 단일의 통합적 중심을 형성하지 못한 채 이념적 갈등을 드러냈다고 하여 그것이 한반도에 분단구조를 만들어 낸 일차적 요인은 결코 될 수 없다는 사실이다. 한반도 분단의 일차적 책임은 역시 강대국 중심의 국제정치에 있는 것이다. 왜 그렇게 말할 수 있는가를 설명하기 위해 전시의 연합국회담들에서 한반도문제가 어떻게 논의됐는가를 살피기로 하겠다.

[1] 구체적 설계와 합의가 없었다

전시의 연합국회담으로서 한반도 문제를 조금이라도 취급한 회담으로는 다음을 지적할 수 있다. 첫째가 1943년 3월에 미국의 프랭클린 루즈벨트(Franklin D. Roosevelt) 대통령과 코델 헐(Cordell Hull) 국무장관이 영국의 앤도니 이든(Anthony Eden) 외무장관과 워싱턴에서 가졌던 회담이다. 둘째가 1943년 11월 20일에 미국의 루즈벨트 대통령과 영국의 윈스턴 처칠(Winston Churchill) 총리 및 중화민국의 장제스 총통이 이집트의 수도 카이로에서 가졌던 3거두 회담이다. 셋째가 1943년 11월 28일에 미국의 루즈벨트 대통령과 영국의 처칠 총리 및 소련의 스탈린(Iosif Stalin) 총리가 이란의 수도 테헤란에서 가졌던 3거두 회담이다. 넷째가 1945년 2월 8일에 루즈벨트 대통령과 처칠 총리 및 스탈린 총리가 소련의 우크라이나공화국 소속 크리미아반도의 얄타에서 가졌던 3거두 회담이다. 다섯째가 1945년 7월 17일에 미국의 해리 트루먼(Harry S. Truman) 대통령과 영국의 처칠 총리 — 이 회담 중간에 실시된 하원 총선거의 결과 노동당의 클리멘트 애틀리(Clement Attlee)가 총리로 선출됨에 따라 이 회담의 후반부에는 처칠을 대체하여 그가 참석했다 — 및 소련의 스탈린 총리가 독일의 수도 베를린 근교의 포츠담에서 가졌던 3거두 회담이다.

이 회담들에서 한반도문제가 어떻게 논의되었는가에 대해서는 권위 있는 분석들이 많이 나와 있다. 조순승(趙淳昇) 교수, 이용희(李用熙) 교수, 정용석(鄭鎔碩) 교수, 오충근(吳忠根) 교수 등의 한국학자들, 그리고 샤논 매퀸(Shannon McCune) 교수, 아더 그레이(Arthur L. Grey, Jr.) 교수, 막스 벨로프(Max Beloff) 교수, 렐란드 구드리치(Leland Goodrich) 교수, 제임스 매트레이(James I. Matray) 교수 등의 구미 학자들이 여러 시각에서 분석했다.[1] 그러므로 저자는 이들의 연구를 나름대로 재정리해서 개괄적으로 설명하고자 한다.

위에서 열거한 일련의 국제회담들에서 한반도문제를 주도적으로 발의한 국가는 미국이었다. 소련과 영국 및 중국은 미국이 한반도문제에 관해 언급하거나 어떤 구상을 제시할 때 비로소 자신의 의사를 표시했다. 그럴 수밖에 없었던 것이 미국은 소련과 영국 및 중국을 이끄는 국제정치의 '지배적 위치의 국가'였기 때문이다. 그러므로 우리는 이 당시에 미국이 한반도문제에 대해 갖고 있던 구상이 무엇이었는가를 먼저 살피는 것이 좋겠다.

미국의 루즈벨트 대통령은 우선 한민족이 일제로부터 해방된 이후 일정 기간 정치적 수습과정을 밟아야 한다고 생각했다. 아시아의 식민지 인민들은 비록 해방된다고 해도 강대국의 후견 아래 민주정치의 교육을 받은 다음 비로소 독립을 얻는 것이 바람직하다는 것이 그의 지론이었는데, 그는 자신의 이 지론을 한반도에 적용한 것이다. 그가 특히 염두에 둔 나라는 미국의 식민지였던 필리핀이었다. 그는 필리핀이 자치정부를 준비하는 데 약 50년이 소요되었음을 상기시키면서 한반도의 경우도 약 40년의 정치적 수습기간을 거친 다음 독립을 주어야 한다고 주장했다. 그 기간이 20년으로부터 30년 사이로 줄어들어도 좋다는 뜻을 나타내기도 했으나, 그는 한반도가 국제적 후견 아래 서구제도로 옮겨 가는 훈련을 받아야 한다는 생각을 결코 버리지 않았다.

이러한 구상과 함께 루즈벨트 대통령이 가졌던 또 하나의 구상은 일본이 패전한 뒤의 한반도를 일정 기간 연합국의 공동관리 아래 두어야 한다는 것이었다. 그러면 루즈벨트는 왜 이러한 구상을 가졌던가? 이 물음에 대답하기 위해 우리는 한반도의 지정학적 위치를 상기해야 할 것이다.

새삼스러운 설명이 필요 없이, 한반도는 대륙세력과 해양세력이 교차하는 동북아시아의 전략적 요충을 차지하고 있어서 주변 강대국들의 이해관계가 복잡하게 얽혀 있다. 그러므로 열강은 한반도를 자신의 독점적 지배체제 아래 두어 한반도에 대한 다른 경쟁국들의 영향력을 배제시키거나 그렇지 못한 경우에는 한반도를 경쟁국들과 더불어 분할하여 한반도에 대한 자신의 영향력을 부분적으로나마 확보하고자 하였다. 바로 이러한 배경에서 한반도를 분할하려는 구상은 동북아시아의 국제정치사상 여러 차례 등장했었다. 일본의 토요토미 히데요시(豐臣秀吉: 풍신수길) 안과 밍(明: 명)의 웨이세쩡(魏學曾: 위학증) 대안(1593년), 영국 외무장관 킴벌리(Lord Kimberley) 안(1894년), 일본 육군 원수 야마가다 아리토모(山縣有朋: 산현유붕) 안(1896년), 러시아의 주일공사 로만 로마노비치 로젠(Baron Roman Romanovich Rosen) 안(1903년) 들은 모두 한반도를 둘러싼 강대국들의 대결을 한반도의 분할로써 완충시켜 보자는 뜻에서 제의되었던 대표적인 보기들이었다.[2)]

루즈벨트 대통령이 이러한 역사적 사실들을 정확히 알고 있지는 않았을 것이다. 그러나 그는 한반도의 지정학적 위치가 갖고 있는 국제정치적 의미를 잘 알고 있었으며 실제로 열강이 일본 패전 이후의 한반도에 대해 깊은 정치적 야심을 지니고 있다고 믿었다. 이러한 판단은 그로 하여금 한반도에 대한 연합국의 일정 기간의 공동관리안을 구상하게 하였다. 풀어 말해, 그는 한반도에 이해관계를 갖고 있는 연합국들을 일본 패전 이후의 한반도에 함께 개입시킴으로써 그들의 이해관계가 중화되거나 절충되도록 하고자 했다.

한반도문제에 대한 루즈벨트 대통령의 이러한 두 구상이 합쳐져서 나온 정책이 일본 패전 후의 한반도를 일정 기간 미·소·영·중 4대국의 신탁통치 아래 둔다는 것이었다. 그리고 그 정책이 '적당한 시기를 거쳐(in due course)' 코리아에 독립을 부여한다는 카이로선언으로 문서화됐다. 연합국의 마지막 전시회담(戰時會談)이었던 포츠담회담은 이 카이로선언을 재확인함으로써 코리아에 관한 조항 역시 재확인됐다.

그러나 '적당한 시기를 거쳐' 코리아에 독립을 부여한다는 원칙적인 선언만 내렸을 뿐 그 원칙을 구체적으로 어떻게 실천하느냐 하는 방법론적 설계에 대해서는 아무런 논의와 합의가 없었다. 이처럼 구체적인 방법론적 설계도 마련하지 못한 채 코리아의 독립만을 연기시켰다는 점에서, 그리고 그것이 일본 패전 후의 코리아에서 정치적 혼란과 이념적 갈등을 심화시킨 중요한 요인이 되었다는 점에서 연합국의 책임은 큰 것이다.

[2] 연합국들에게 책임이 있다

이상에서 살핀 것이 한반도문제에 관한 전시 연합국회담의 논의와 합의의 전부이다. 그렇다면 여기서 한 가지 질문이 성립될 수 있다. '전시의 연합국회담에서 한반도의 분할에 대해서는 논의나 합의가 없었느냐? 만일 없었다면, 한반도의 분단에 대해 전시의 연합국회담은 아무런 책임이 없지 않으냐?' 라는 질문이 바로 그것이다. 아래에서 이 질문에 대해 답하고자 한다.

결론부터 말해, 전시의 연합국회담에서 한반도의 분할에 대해서는 아무런 논의나 합의가 없었다. 흔히 얄타회담에서 한반도의 분할이 밀약된 것으로 전해지고 있으나, 사실상 그 내용의 전부가 발표된 이 회담의 공식문서에서는 한반도 분할에 관한 언급이 전혀 없었다. 신탁통치안에 관한 루즈벨트 대통령과 스탈린 총리의 짧은 대화가 한반도문제에 관한 참석자들의 발언의 전부이다. 카이로선언을 재확인한 대전중의 마지막 연합국회담인 포츠담의 수뇌회담에서도 한반도의 분할에 관해서는 전혀 언급이 없었다. 오로지 탁치문제에 대해서만 짧은 언급이 있었다.

다만 포츠담의 군사회담, 즉 포츠담의 수뇌회담에 수행한 미국관리들과 소련 관리들 사이의 군사회담에서는 한반도에 관해 신탁통치의 차원을 넘어서서 다른 차원에서의 논의가 있었다. 구체적으로 말한다면, 이들은 소련이 얄타회담에서의 약속에 따라 대일전쟁에 참가한 뒤 양군의 육·해군 작전범위로 일본 동북부로부터 한반도 북단을 연결짓는 선을 획정했다. 그러나 육상작전의 한계선이나 군사점령을 위한 지역분담에 관해서는 전혀 논의가 없었다. 왜냐하면, 미국이나 소련군이 '즉각적인 장래'에 한반도로 진공할 것으로 예상되지 않았기 때문이다.

이완범(李完範) 교수의 「삼팔선 획정의 진실」(서울: 지식산업사, 2001)은 포츠담회담에서 38선 획정이 합의됐다는 분석을 제시하고 있다. 이 분석은 많은 자료들에 대한 치밀한 검토의 결과임에 틀림없으며 주목을 받기에 충분하다. 그러나 학계의 공인을 받기에는 여전히 논쟁점을 내포하고 있다.

이상에서 살폈듯이, 거듭 말하거니와, 전시에 열렸던 연합국수뇌자들의 회담은 한반도의 분할에 대해서 아무런 논의도 하지 않았으며, 어떠한 합의에도 도달하지 않았다. 그렇다고 하여 전시의 연합국회담이 한반도의 분할에 대해 책임이 없지는 않다. 왜 그렇게 말할 수 있는가를 다음에서 설명하기로 한다.

첫째, 전시의 연합국회담은 일본이 패전한 뒤의 코리아에 즉각적인 독립을 부여할 것을 합의하지 않고 연합국의 신탁통치를 부과하기로 결정함으로써 전후의 한반도문제를 이미 국제화시켰으며, 종국적으로 한반도가 분할되게 하는 길을 열어 놓았다. 만일 전시의 연합국회담이 코리아의 즉각적인 독립을 약속하고 코리아의 운명을 그 주인들에게 맡겼다면 비록 민족독립운동 세력의 이념적 분열과 대립이 낳을 커다란 혼란과 내적 투쟁의 기간을 거친다고 해도 한반도는 분단의 비극을 회피할 가능성을 더 많이 가졌을 것이다.

둘째, 특히 얄타회담이 소련의 대일전(對日戰) 참가를 스탈린으로부터 약속받음으로써 소련이 한반도에 진공해 들어오는 근거를 마련해 놓았다. 이 무렵에는 일본의 패전이 눈앞에 다가왔고, 원자폭탄 제조계획의 성공이 예고되어 있어서 소련군의 개입 없이 동북아시아에서의 전쟁을 미국 주도 아래 끝낼 가능성이 결코 작지 않았다. 그런데도 일본 관동군의 전력을 과대평가한 나머지 루즈벨트는 많은 양보를 베풀어가면서까지 소련의 참전을 재촉했다. 그 결과로 소련은 일제의 항복을 불과 7일 앞둔 1945년 8월 8일에 일본을 상대로 선전포고하고 8월 11일과 12일 사이에 한반도에 처음 상륙함으로써 한반도의 북반부를 차지하는 길을 열었다.

5. 일본의 항복의사 표시와 미국의 한반도 분단 결정

거듭 말하거니와, 위에서 설명했듯이, 전시의 연합국회담은 코리아의 분할에 합의하지 않았다. 그러면 코리아의 분할은 어떻게, 왜 결정되었는가? 다음에서 이 물음에 대답하기로 한다.

[1] 군사적 편의주의의 시각

1945년 5월 초에 독일군이 항복하자 연합국은 이제 일본군의 항복을 유도하기 위해 모든 힘을 기울였다. 그리하여 마침내 8월 6일과 8일에 미군은 일본의 히로시마(廣島: 광도)와 나가사키(長崎: 장기)에 원자탄을 투하하여 두 곳을 잿더미로 만들었다. 이와 동시에 소련도 8월 8일에 대일전에 참가하여 전세는 결정적인 단계에 들어갔다. 소련극동군은 만저우(滿洲: 만주)에서의 작전을 성공적으로 이끌면서 한반도로 공격목표를 돌려 8일의 나진(羅津) 공습에 이어 9일에는 한반도의 최동북인 웅기(雄基)를 폭격하고 곧 경흥(慶興)으로 진공하여 12일에는 청진(淸津)에 상륙했다. 이에 일본은 10일에 중립국 스위스를 통해 연합국에 항복의사를 표시하고 15일에 사실상의 무조건 항복을 발표했다.

일본은 천황제의 보존을 항복의 조건으로 내세웠고 미국은 그 조건을 거부하면서 무조건 항복을 거듭 요구했다. 그러나 결과적으로 그 조건이 받아들여졌다. 그래서 학자들은 일본의 항복을 '조건이 붙은 무조건 항복'이라고 부른다.

전국(戰局)의 이러한 급격한 전개는 미국으로 하여금 코리아에 대해 어떤 결정을 내리도록 만들었다. 즉 한반도에 대한 진공이라는 종래의 계획으로부터 한반도의 군사적 점령과 일본군의 무장해제라는 전략을 추구하지 않을 수 없게 되었다. 이 때(8월 13일) 미국의 모스크바 특사 에드윈 폴리(Edwin W. Pauley)와 소련 대사 에이버럴 해리만(Averell Harriman)은 각각 소련이 이 지역에 대한 야심을 나타내고 있다고 주장하면서 한반도 전역과 만저우의 공업지대를 미군이 점령하도록 건의했다. 그러나 트루먼 대통령은 '이 시점의 기회는 오랜 기간의 전쟁을 끝내는 것'이라고 판단하여 그 건의를 채택하지 않았다.

그 대신에 미국은 한반도를 북위 38도선에서 분단하기로 결정했다. 이 작업에 직접 참가했던 국방부의 일반참모부 소속 딘 러스크(Dean Rusk) 대령은 뒷날 미국 의회에서 다음과 같이 증언했다.

> 일본의 갑작스런 항복으로 국무부와 군부는 태평양지역 연합국 최고사령관(SCAP: Supreme Commander for Allied Powers) 더글라스 맥아더(Douglas MacArthur) 장군에게 필요한 명령을 내리고 다른 연합국 정부들과 일본의 항복에 대해 필요한 협의를 하기 위해 긴급회의를 가졌다. 이러한 목적으로 국무부·전쟁부·해군부 조정위원회(State-War-Navy Coordinating Committee)는 8월 10~15일 사이에 몇 차례 긴 회의를 열었다. 의제는 일본항복의 수락에 관한 논의였다. 국무부는 미군이 가능한 한 북쪽으로 올라가 항복을 접수할 것을 건의했다. 그러나 군부는 즉시 이용할 만한 미군이 부족했고, 또 시간적·공간적 조건으로 보아도 소련군이 이 지역에 진입하기에 앞서서 더 이상 북쪽으로 올라가기 어려웠다.[3)]

사실 이 때에 소련군이 이미 한반도의 동북부로 폭격하고 있음에 반해, 한반도로 이동될 수 있는 가장 가까운 곳에 있던 미군은 600 마일 떨어진 오키나와(沖繩: 충승)와 1,500 내지 2,000 마일 떨어진 필리핀에 있었다. 따라서 러스크의 의회증언에 따르면 군부는 만약 항복접수지역에 대한 미국쪽의 제안이 미국의 군사능력을 크게 넘어선 경우 소련이 받아들이지 않을 것이라고 주장하면서 '속도의 문제가 본질적'이라고 강조했다. 이에 국방부의 존 맥클로이(John McCloy) 차관보는 10일과 11일 밤에 찰스 본스틸(Charles Bonnsteel) 대령과 러스크 대령을 펜타곤의 맥클로이 사무실 이웃방에 따로 불러, 가능한 한 북상하여 항복을 받으려는 정치적 희망과 미군이 당도할 수 있는 명백한 능력의 한계 사이에서 조화를 이룰 수 있는 안을 작성해 보도록 요구했다.

이에 따라 본스틸 대령과 러스크 대령은 「내셔널 지오그래픽(*National Geographic*)」의 1942년판 지도를 꺼내 들고 아시아 지역을 살폈다. 그리고 그들은 38도선을 지정했다. 비록 그것도 소련이 동의하지 않는 경우에는 미군이 현실적으로 진주할 수 있는 것보다 훨씬 북쪽이라고 생각하면서도 미군의 책임지역 안에 코리아의 수도인 서울, 그리고 제1항인 부산(釜山)과 제2항인 인천(仁川)을 모두 포함시키는 것이 중요하다고 생각했기 때문에 그렇게 했다.

본스틸 대령은 뒷날 주한미군총사령관이 되며 러스크 대령은 뒷날 국무장관이 된다. 바로 이 두 사람이 38도선을 지정해 그 안을 국방부 작전국장 조지 링컨(George Lincoln) 준장에게 넘겼다. 링컨은 원래 북위 40도선을 생각했었다. 그러나 두 대령의 제의를 보고 38도선으로 결심하고 국무부·전쟁부·해군부 조정위원장인 제임스 던(James Dunn) 국무부 차관보에게 전화로 자신의 뜻을 알렸다. 던 차관보는 이 때 국무부에 25년간 재직해 온 직업외교관이었으나 코리아를 포함한 동북아시아에 대해서는 아무런 경험이 없었으며, 따라서 자신의 특별한 구상을 갖고 있지 않았으므로 38도선 안을 그대로 받아들였다.

이처럼 급작스럽게 결정된 안은 바로 그 날(8월 11일) 헨리 스팀슨(Henry S. Stimson) 전쟁장관에게 보고됐다. 스팀슨 장관은 즉시 태평양지역의 연합군최고사령관 맥아더 원수에게 하달될 일반명령 제1호의 초안을 작성했다. 일반명령 제1호는 태평양의 여러 지역들에 흩어져 있는 일본군에게 항복지역을 배당하는 문서이다. 여기에는 한반도의 38도선 이북에 있는 일본군은 소련군 사령관에게, 한반도의 38도선 이남에 있는 일본군은 미군 사령관에게 항복하라는 지시가 포함되어 있다.

스팀슨 장관은 이 초안을 제임스 번즈(James F. Byrnes) 국무장관에게 넘겨 주었으며, 번즈는 아무런 수정 없이 트루먼 대통령에게 보고했다. 트루먼 대통령 역시 아무런 수정 없이 8월 15일에 이 초안을 받아들여 즉시로 영국과 소련 및 중국에 전달했다. 어느 나라도 이 안에 이의를 제기하지 않자, 이것은 8월 15일에 필리핀의 수도 마닐라에 있는 맥아더 사령관에게 일반명령 제1호로 하달되었다. 맥아더 사령관은 일본의 항복을 공식으로 접수한 9월 2일에 일반명령 제1호를 공포한다.

이처럼 북위 38도선에서의 한반도 분할은 1945년 8월 11일과 15일 사이에 일본군의 항복 접수를 위한 군사적 편의에서 미국에 의해 결정되었다. 트루먼 대통령도 1965년에 출판된 자신의 「회고록」 제2권에서 '38도선은 일본의 전쟁기구의 급작스런 붕괴가 한반도에서 진공(眞空)을 만들었을 때 실제적 해결책으로서 미국에 의해 제안되었다' 고 말했다. 이처럼 일본군의 항복접수를 위해 38도선이 그어졌다고 주장하는 설명을 군사적 편의주의설이라고 부른다.

[2] 정치적 결정 또는 강대국 권력정치의 산물이라는 시각

그러면 미국은 8월 11일 이전에는 한반도의 분할을 전혀 생각해 본 일이 없었는가? 그렇지 않다. 미국쪽의 자료에 의하면 적어도 두 차례 미국 정부는 한반도의 분할을 생각했었다.

첫째, 앞에서 지적했던 포츠담회담 때였다. 포츠담회담을 수행한 미국의 관리들과 소련의 관리들이 소련의 대일참전문제를 논의하던 과정에서 미국의 관리들이 한반도에 있어서의 육상분계선을 생각해 본 것만은 확실하다. 회담 도중의 어느 날 미국 육군 참모총장 조지 마셜(George C. Marshall) 대장이 육군 작전국장 존 헐(John E. Hull) 중장에게 미군의 한반도 진공에 관해 준비하도록 지시하자, 헐 국장과 그의 참모진은 미국과 소련의 지상경계선을 획정할 곳을 결정하기 위해 한반도 지도를 연구했다. 헐 국장이 뒷날 미 육군 전사실장실(戰史室長室) 소속의 로이 애플먼(Roy E. Appleman)에게 회고한 내용에 따르면, 그들은 최소한 인천항과 부산항이 미군지역에 포함되어야 한다고 전제한 다음에 그 두 항구의 북방에 있는 수도 서울의 북쪽에 선을 그었다. 그 선이 정확히 38도선은 아니었다. 그러나 헐 국장의 표현으로는, '그 선은 거의 38도선에 가까웠고 또 그것에 연(沿)한 것이었다.'[4] 그러나 미국쪽 수행원들은 이 분계선을 소련 수행원들에게 제시하지 않았으며, 따라서 미·소 대표들은 포츠담의 군사회담에서 이 분계선을 토의하지 않았다.

둘째, 1945년 여름에 작성된 것으로 짐작되는 미국의 합동전쟁계획위원회(Joint War Plans Committee; JWPC)의 비밀보고서(JWPC 385-1)에서이다. 이 비밀문서는 6월 5일부터 8월 16일 사이에 작성된 것으로 되어 있으나 대체로 6월부터 7월 사이에 작성된 것으로 짐작된다. 합동전쟁계획위원회는 미국 합동참모본부 안에 설립된 기관이므로, 이 보고서는 미 군부의 견해를 잘 말해 준다.[5]

이 보고서는 미·영·소·중 4강에 의한 한반도의 3단계 공동점령을 건의했다. 제1단계는 일본군의 적대행위가 끝나기 전, 또는 끝나는 과정에서 요구되는 점령단계로서 일본군의 무장해제가 임무가 되며 약 3개월이 소요된다. 이 제1단계에서는 미국과 소련이 한반도를 분할점령한다. 즉 미군은 서울에 진주하고 이어 전략적 요충인 서울 이남의 부산과 군산(群山)으로 점령을 확대해 나가며 소련군은 북한지역을 점령한다. 제2단계는 9개월 동안 계속되는데, 이 기간에 27만 명의 일본군과 35,000명의 민병대가 무장해제된다. 한편 이 단계에서 영국군과 중국군이 진주한다. 이 보고서에 따르면, 미국은 서울·인천·부산을, 소련은 청진·나진·원산·서울을, 영국은 군산·제주도를, 중국은 평양을 각각 점령한다. 서울은 미국과 소련에 의해 공동점령된다. 제 3 단계의 점령기간에는 일본군의 본국 송환이 완료됨에 따라 질서유지에 필요할 정도의 명목상의 병력만이 잔류한다.

이 보고서 역시 채택되지 않았다. 그러나 이 문서는 한반도문제에 대한 미국의 속셈을 말해 준다. 풀어 말해, 그것은 한반도문제에 소련을 끌어들이려 했던 미국의 일관된 태도를 보여준다. 즉 미국은 소련을 한반도문제에 개입시켜 한반도를 공동관리함으로써 한반도가 어느 한 강대국에 의해 독점지배될 때 발생할 수 있는 국제분쟁을 방지한다는 입장을 가졌던 것으로 보인다.

그런데 일본이 급격히 항복했을 때 소련군이 한반도 전체를 군사점령할 것으로 판단했다. 뒷날 공개된 자료들에 따르면 미국의 이러한 판단은 잘못된 것 같다. 예컨대, 미국 연방정부의 관리로서 수십 년 동안 한반도문제를 다뤄 온 마이클 샌더스키(Michael Sandusky)가 제시한 자료들은 소련이 일본에 선전포고한 당시 소련 극동군은 한반도에 진공해 들어올 충분한 전투태세를 갖추고 있지 않았음을 말해준다.[6] 또 소련의 일차적 관심은 일본 홋카이도(北海島: 북해도)의 분할점령에 있었지 한반도의 분할점령에 있지 않았다. 따라서 미국이 한반도 전체를 점령하려고 결심했다고 해도, 또는 링컨 준장이 잠시 구상했던 대로 북위 40도선을 분할선으로 제시했다고 해도, 소련이 이것을 받아들였을 가능성이 없지 않았다. 그러나 미국은 소련군이 한반도 전체를 곧 군사점령할 것으로 오판하여 우선 그 절반이라도 건져야겠다는 생각에서 38도선의 획정을 제안한 것이다.

그러므로, 앞에서 소개한 러스크의 의회증언에 따르면, 소련이 38도선을 수락했을 때 미국은 크게 안심했다. 왜냐하면, 미국은 한반도에서의 미국의 군사적 위치를 고려하여 더욱 남쪽으로 내려온

선을 주장하리라고 생각하고 있었기 때문이다. 이렇게 볼 때, 38도선에서의 분단은 미국 정부의 정치적 고려의 산물이라고 할 수 있다. 이러한 설명을 정치적 결정설이라고 부른다.

[3] 일제에 원천적 책임이 있다는 시각

어떻든, 저자가 논의의 원점으로 다시 돌아와 말하건대, 1945년 8월 15일에 일본의 항복에 따른 한반도의 미·소 분할점령은 한민족의 의사와는 무관할 뿐만 아니라 독립만을 일구월심(日久月深)으로 기다려 온 그들의 정당한 염원을 짓밟은 강대국의 횡포이다. 즉 한반도의 분단은 일차적으로 미국과 소련에 의한 분단, 곧 국제형 분단인 것이며 따라서 그 책임은 미국과 소련에게 함께 있는 것이다.

그런데 책임의 문제에 관해 더 거슬러 올라가면 분단의 원인을 제공한 일본 제국주의에게 원천적 책임을 묻게 된다. 일제가 한반도를 식민지로 만들지 않았더라면, 더구나 일제가 미국을 상대로 전쟁을 일으키지 않았더라면, 일제가 미국을 비롯한 연합국에 의해 패망한 뒤 한반도가 연합국에 의해 분할 점령되는 비운을 겪지 않았을 것이다.

6. 미·소의 한반도 분할점령과 남북한 내쟁의 전개

저자는 앞 부분에서 독립운동 세력들 사이에 나타났던 내쟁적 성격을 설명했고, 이어 강대국들 사이에 나타났던 국제정치적 고려에 의해 한반도가 분단된 경위를 고찰했다. 이제부터는 국제형적 분단에 내쟁형적 분단이 가미되어 가는 과정을 분석하기로 한다.

일반명령 제 1 호에 따라 소련은 극동군 산하 제25군이 사령관 이반 치스치아코프(Ivan M. Chistiakov) 상장(上將: 대장과 중장 사이)의 지휘 아래 북한을 점령했으며, 미국은 제24군단이 사령관 존 하지(John R. Hodge) 중장의 지휘 아래 남한을 점령했다. 그러면 미국과 소련은 자신의 점령지역에 대해 어떤 정책을 썼으며, 그것은 한반도의 분단구조 성립에 어떤 영향을 주었는가? 여기서는 1945년 12월 하순에 모스크바에서 열린 미·영·소 3개국 외상회의가 코리아에 관한 합의에 도달할 때까지의 시기를 다루기로 한다.

[1] 소련의 초기 점령정책과 북한의 정치상황

한반도에 먼저 진공한 쪽은 소련이었다. 8월 8일에 함경북도의 나진을 공습했던 소련군은 8월 중순까지면 함경도의 주요 도시들에 대한 점령을 대체로 끝냈다. 이어 8월 24~26일 사이에 북한의 중심 도시인 평안남도의 평양에 진주해 점령군사령부를 세우고, 8월 말경에는 38도선까지 내려와 38도선을 봉쇄했다.

소련군이 북한에 들어왔을 때 북한을 어떻게 통치한다는 구체적인 청사진을 마련하지는 않았던 것 같다. 이 시기를 깊이 연구한 미국 캘리포니아대학교 버클리 캠퍼스 로버트 스칼라피노(Robert A. Scalapino) 교수와 미국 펜실베이니아대학교 이정식(李庭植) 교수가 공저한 「코리아에서의 공산주의: 운동」에 따르면, 소련점령군사령부는 입북 당시 북한 지역에 소련에게 우호적인 정권을 수립한다는 원칙 이외에 북한 정권에 관해 '충분히 수립된 정치적 계획이나 정밀한 시간표'를 갖고 있지는 않았던 것 같다.[7] 아마도 이 점이 소련의 동유럽 점령정책과 북한 점령정책의 주요한 차이일 것이다. 앞의 경우에는 매우 치밀한 계획서를 갖고 점령에 임했다.

소련의 기본 입장이 그러했기 때문에 소련은 자신의 군정청을 수립해 북한을 통치하는 직접통치 방식을 취하지 않고 간접통치 방식을 취했다. 표면적으로는 북한인의 통치체제를 인정해 주었지만, 실제로는 소련 점령군사령부 안에 설치된 민정국(民政局)이 모든 정치공작을 담당해 소련이 바라는 방향으로 북한의 정치를 이끌어 갔다는 뜻이다. 여기서 유의해야 할 것은 이름은 민정국이었으나 그 기관은 실질적인 정치사령부로서 소련의 사실상의 군정을 담당했다는 점이다.

민정국의 책임자, 즉 정치사령부의 사령관에는 안드레이 로마넨코(Andrei Romanenko) 소장이 임명됐다. 그는 극동에서의 근무 경험이 많은 정치공작가였는데, 그의 휘하에 있는 10개 과(課)들이 지도부를 형성하고 있었다. 미국 국무부의 자료에 따르면, 이 기관에는 소련 국적 또는 소련공산당 당원 자격을 갖고 있는 한인 2세들이 중심이 된 약 3백 명의 훈련된 한인 정치행정요원들이 배치되어 있었다.[8)]

이 때 로마넨코는 제25군의 군사위원 레베제프(Nikolai Lebedev) 육군소장의 도움을 받았다. 레베제프는 제25군의 정치-사상교육을 담당한 정치장교로, 1947년 가을에 로마넨코의 뒤를 이어 민정국의 책임자가 된다. 여기서 반드시 기억돼야 할 것은 제25군 전체에 대해서는 물론이고 북한 전체에 대한 지휘권은 하바로프스크에 위치한 소련극동군의 군사위원 슈티코프(Terenti Shtykov) 육군상장에게 있었다는 사실이다. 레베제프의 회고에 따르면, 소련군이 북한을 점령했던 시기에 북한에서는, 또 북한에 대해서는 모든 것들이 슈티코프의 최종 점검과 결재 아래 결정됐다. 그래서 사람들은 슈티코프를 "북한총독"이라고 불렀다. 슈티코프 역시 정치장교여서 북한에 대한 정치공작에 능했다고 한다.

소련 점령군은 간접통치의 원칙에 따라 우선 자신이 북한에 주둔하기에 앞서 북한 주민들이 독자적으로 수립한 각 도의 건국준비위원회 또는 인민위원회를 대체로 인정해 주었다. 일제로부터의 해방과 더불어 그리고 미국과 소련의 군사점령이 시작되기에 앞서 서울에서는 조선건국준비위원회가 여운형(呂運亨)과 안재홍(安在鴻)을 각각 위원장과 부위원장으로 삼아 발족했었으며, 이에 발맞춰 북한의 각 도에는 건국위원회 또는 인민위원회가 수립됐었다. 예컨대, 평안남도 평양에는 평안남도 건국준비위원회가 항일운동가로 정평있는 조만식(曺晩植)의 지도 아래 이미 활발하게 움직이고 있었다. 그런데 소련 점령군은 애초에는 각 도의 그러한 조직들을 인정해 준 것이다.

그렇다고 하여 소련 점령군이 북한에서 한인들의 정치적 지도체제를 전적으로 인정한 것은 아니었다. 8월 하순과 9월 초순 사이에 이 조직들을 소련 점령군의 의도에 맞게 전면 개편해 나갔다. 풀어 말해, 공산주의자와 비공산주의자가 대체로 반반씩 참가하거나 또는 공산주의자가 지배하는 새로운 인민위원회를 구성시켰다. 다만 평안남도의 경우에는 비공산주의자들의 강력한 요구가 받아들여져 인민정치위원회라는 이름을 사용하게 하였다. 어떻든 이러한 방식으로 만들어진 각 도의 인민위원회는 이미 친소적인 것이었다.

각 도에서 친소적인 인민위원회의 수립을 끝내고 나서 소련 점령군은 1945년 10월 8일에 북조선5도림시인민위원회를 구성하고 10월 28일 이것에 근거해 북조선산업국 등 10개의 국(局)들을 수립했다. 5도림시인민위원회의 위원장에는 우파의 조만식이 선임됐다. 그는 소련 점령군의 통치방식과 횡포에 강한 반대를 표시하기도 하였으나, 그의 대중적 지지가 높았기 때문에 소련 점령군은 그를 그대로 북한의 지도자로 옹립한 것이다.

조만식은 자신이 수반으로 있는 5도림시인민위원회를 공산주의자와 비공산주의자의 연립 형태로 이끌고자 했다. 그러나 소련

점령군과 기맥을 통하고 있던 공산주의자들은 무력시위와 협박의 수단을 통해 이 기구를 로마넨코 정치사령부의 방침에 맞게 운영해 나가려고 시도했다. 실제로 그러한 시도는 대체로 성공적이었다. 그리하여 비공산주의자들은 점점 위축됐으며 11월 3일에 조만식을 당수로 하는 조선민주당을 발족시켜 자신들의 권익을 지키고자 했다.

여기서 강조돼야 할 점은 북조선5도림시인민위원회, 그리고 그것에 기반한 북조선5도제(諸)국이 북한의 '태아적 정부' 였다는 사실이다. 스칼라피노 교수와 이정식 교수는 이 기구의 창설이 '북한의 단독정권 수립을 향한 첫 걸음' 이었다고 썼다. 이 시점에 북한에서는 소련 점령군의 지휘 아래 단독정권의 수립이 준비되고 있었다고 평가한 것이다.

이와 비슷한 시기에 소련 점령군사령부는 북한의 소비에트화를 추진할 정치도구인 마르크스·레닌주의적 혁명정당을 발족시켰다. 10월 10일부터 13일까지 평양에서 「조선공산당 서북5도 책임자·열성자대회」를 열고, 이어 13일에 조선공산당북부조선분국을 세운 것이다. 바꿔 말해 서울에서 해방 직후에 박헌영(朴憲永)을 책임비서로 삼아 재건된 조선공산당을 중앙당으로 받아들이고 평양에는 그 조선공산당의 북부조선분국을 세운 것이다. 분국의 제1비서에는 김용범(金鎔範), 제2비서에는 오기섭(吳淇燮)이 각각 선출됐다. 김일성(金日成)은 집행위원회의 위원으로 선출됐다.

이처럼 북한만을 단위로 하는 행정부와 공산당의 구성을 끝낸 뒤 소련점령군사령부는 10월 14일에 소련군을 환영하는 평양시 군중대회를 열고 만 33세의 김일성을 '민족의 태양' 으로 등장시켰다. 김일성은 1930년대에 만저우에서 중국공산당이 조직한 동북항일연군(東北抗日聯軍)의 간부로 항일투쟁에 종사하다가 1940년 이후 극동러시아에 들어가 소련극동군 산하 국제여단에서 훈련을 받았고 마침내 소련군의 육군대위로 승진했었다. 그는 일제가 패망한 때로부터 약 1개월 지난 추석 전날에 소련 상선 푸가초프(Emilian Pugachev)호를 타고 함경남도 원산(元山)에 도착했으며, 곧 평양으로 와 소련점령군사령부에서 공식직함을 받아 활동하다가 이 날 공개적으로 자신의 모습을 드러낸 것이다.

이 대회의 사진은 오늘날 미국에 남아 있고, 앞에서 소개한 스칼라피노 교수와 이정식 교수의 책에 인쇄되어 있다. 이 사진을 보면 연단에 서 있는 김일성의 뒤에 수명의 소련군 고위장교들이 소련기 아래 서 있다. 그러나 오늘날 북한의 공식간행물에 나오는 바로 이 동일한 사진은 소련군 장교들과 소련기를 지워 놓고 있다. 이 한 작은 보기가 말해 주듯이, 김일성의 우상화를 위한 역사의 변개가 시작된 것이다.

김일성이 최소한 북한에 단독정권을 수립하겠다는 결의를 공식적으로 표시한 것은 1945년 12월 17일에 열린 조선공산당북부조선분국 제3차 확대집행위원회에서였다. 여기서 책임비서로 선출되자 그는 당의 노선과 조직에 관한 보고연설을 행했는데, 이 연설을 통해 그는 북한에 바로 공산기지를 뜻하는 이른바 민주기지를 창설할 것을 선언한 것이다. 이 대목에서 강조돼야 할 점은 김일성이 이 시점에서 이미 남한을 북한에 의해 '해방' 되어야 할 대상임을 전제하고, 남한의 공산화를 위한 전초기지로서 북한의 위치를 설정한 다음 그것을 '민주기지' 라는 이름으로 상징화했다는 사실이다. 이처럼 북한에서는 소련 점령군의 비호 아래 단독적 공산정권을 창건하는 길이 다져지고 있었다.

그러나 다른 한편으로, 북한에서는 소련 점령군에 의한 사람에 대한 폭행과 재산에 대한 수탈이 조직적으로 벌어졌다. 당시 조만식의 비서로 근무하다가 뒷날 월남한 극작가 오영진(吳泳鎭)의 「하나의 증언──소군정하의 북한」이나, 당시의 상황을 잘 정리한 모

리타 요시오(森田芳夫: 삼전방부)의 「朝鮮終戰の記錄──米ソ兩軍の進駐と日本の引揚("조선종전의 기록──미소양군의 진주와 일본의 인양")」을 종합해 보면, 소련군은 북한 주민을 상대로 폭행·강탈·강간을 일삼았고 기독교인들을 탄압했으며 북한의 지하자원과 양곡 및 산업시설을 강제반출했다. 이것은 북한 주민의 소련에 대한 불신을 크게 증대시켰다. 특히 1945년 11월에 평안북도 용암포(龍岩浦)에서, 그리고 그 이웃 신의주(新義州)에서 일어난 기독교계 학생들의 소련 점령통치에 대한 조직적 저항을 소련군이 무자비하게 탄압한 사건은 그 사이 쌓였던 소련에 대한 불신을 깊게 만들었다. 그리하여 이 사건은 비공산주의적 입장의 사람들로 하여금, 특히 기독교인들로 하여금 월남하게 만들기 시작했다.

[2] 미국의 초기 점령정책과 남한의 정치상황

그러면 남한에서의 미군의 초기 점령정책은 어떠하였는가? 1945년 9월 6일에 인천에 상륙하고 9월 8일에 서울에 진주한 미군은 곧바로 군정청을 세우고 이 기관을 통한 직접통치의 방식을 취했다. 바꿔 말해, 미군정청을 남한의 유일·합법정부로 선언한 것이다. 군정장관에는 아키볼드 아놀드(Archibald Arnold) 육군소장이 임명됐다.

그런데 미군정청이 세워지기에 앞서서 서울에는 이미 조선건국준비위원회(약칭 건준)가 일제 치하의 항일운동가들인 여운형과 안재홍 등 토착적인 한인 지도자들에 의해 수립되어 있었다. 이 위원회는 그 후기에 와서 조선공산당의 큰 영향을 받게 되며, 이것에도 기인하여 9월 6일에는 서울에서 '조선인민공화국'을 성급히 선포하는 과오를 저질렀으나, 그 초기에는 좌우 양파와 중간파를 비교적 고르게 포함하고 있었다. 미군정청의 관리를 지낸 그랜트 미드

(E. Grant Meade)와 같은 이도 1951년에 콜롬비아대학교에서 출판한 「한국에 있어서 미국의 군사정부」라는 저서에서 건준(建準)이 한반도에서 '사실상의 정부'였다고 시인할 정도로 건준을 긍정적으로 평가했다. 우익성향의 구드리치 교수와 조순승 교수도 각각 자신의 저서에서 건준을 그렇게 평가했고, 주한 미국대사관의 문정관을 지낸 그레고리 헨더슨(Gregory Henderson) 교수도 1968년에 하버드대학교에서 출판한 「소용돌이 정치의 한국」에서 역시 같은 의견을 내놓았다.

이러한 건준을 미군은 완전히 부인해 버렸다. 그뿐 아니라 3·1독립만세운동 이후 민족해방투쟁의 주요한 역할을 수행해 온 대한민국임시정부의 존재도 부인했다.

이러한 미국의 점령정책은 한민족의 정치지도력을 약화·분열시키는 결과를 낳았다. 남북을 통틀어 민족의 구심점으로 등장할 수 있었던 임정의 이승만(李承晩)과 김구(金九) 및 김규식(金奎植) 등의 독립투사들이 임정의 각료로서가 아니라 개인의 자격으로 귀국할 수밖에 없었다. 그나마 그 귀국마저 미군의 방침에 따라 늦어져 임정 초대 대통령 이승만은 1945년 10월에, 임정 주석 김구와 부주석 김규식은 1945년 11월에, 그리고 임정의 다른 요인들인 신익희(申翼熙)와 조소앙(趙素昻) 등은 1945년 12월에 비로소 귀국했다.

해방 직후 한반도에 있어서 하나의 중요한 정치적 결집세력이었던 건준의 영향력도 큰 타격을 받았다. 건준의 위원장이었던 여운형은 곧 조선인민당을 창당해 조선공산당에 속하지 않은 좌익들 가운데 일부를 이끌게 된다. 한편 건준의 부위원장이었던 안재홍은 중도우익의 국민당을 창당했다.

이처럼 토착민의 중요한 지도세력들을 약화시킨 다음, 미군정은 오히려 일제의 식민통치기구를 인정하고 일본 관리들과 일부 친일파들을 중심으로 점화성 높은 해방정국을 이끌어 나가려고 하였다. 이것이 미군정의 큰 실수였다. 이 실수로 말미암아 미군정과 한인 지도자들 사이에 정치적 불협화음이 계속해서 발생하게 되었으며, 해방정국의 가장 중요한 첫 시기를 효과적으로 활용하지 못하게 만들었다.

그러나 이 시기의 미군의 남한 점령정책과 소군의 북한 점령정책을 비교하면 미군의 남한 점령정책이 훨씬 나았다. 미군은 자유민주주의라는 보편적 가치를 앞세우고 있었고, 남한 주민에 대한 집단적인 폭행이나 수탈이 거의 없었다. 일제의 식민통치기구 인정이라는 과오는 미·소 모두가 저질렀던 것으로, 미군은 소군보다는 며칠 늦었지만 그러나 소군과 마찬가지로 그 결정을 곧 철회했다.

[3] 모스크바 3상회의의 결정

그 동안 38도선은 분단선으로 점점 고정되어 갔다. 8월 말에서 9월 초 사이에 소련군은 남한과의 철도·전신·전화·우편을 모두 끊어 버렸다. 하지 사령관은 38도선의 벽을 헐고 남북교류를 실현시키기 위해 치스치아코프 사령관과 회담하려고 여러 차례 시도했으나 치스치아코프는 그 문제가 자신의 권한 밖의 일이라는 이유로 거절했다. 그리하여 하지는 11월 하순에 38도선의 취소를 포함한 한반도문제의 해결을 위해 미국 정부가 국제적 수준의 적극적인 행동을 취하도록 국방부의 합동참모부에 건의했다. 그의 건의는 곧 받아들여져 미국은 소련 및 영국과 함께 모스크바에서 3개국 외상회의를 열게 됐다.

이처럼 분단의 벽이 높아져만 가는 상황에서 미국과 소련 및 영국은 뒤늦게 코리아에 '적당한 시기를 거쳐' 독립을 부여하기로 약속한 카이로선언 및 포츠담선언의 실현을 위해 모스크바에서 열린 3개국 외상회담에 한반도문제를 상정시켰다. 1945년 12월 16일부터 열린 3상회의는 이에 따라 전후의 세계문제와 함께 한반도문제를 다루게 됐다.

3상회의의 첫날 회의에서 '독립된 코리아 정부의 수립을 위한 코리아 통일행정부의 창설'이 의제로 채택됐다. 12월 17일에 미국의 번즈 국무장관은 코리아에 통일행정부를 창설할 것을 제안했다. 그 통일행정부는 교역·교통·통신·전기·배급·석탄운송·난민 등등의 문제들을 포함해 코리아의 민족 이익에 관한 모든 현안들을 공동해결하는 미·소 두 사령관에 의해 운영되고, 또 될수록 많은 한인들을 행정관 또는 두 사령관의 고문으로 기용한다는 것이다. 그는 또 회의에 참석한 세 나라에 장제스의 중화민국을 포함시켜 4대국이 될 수 있는 대로 빨리 신탁통치협정 아래의 통일정부를 설치하기 위한 토의에 착수할 것을 제안하면서, 4대국의 신탁통치가 '하나의 독립된 코리아'를 낳을 가장 가능성 있는 기구를 준비할 것이라고 주장했다. 그리고 이 협정의 시안으로 미·영·중·소가 시정권자가 되며, 탁치기간은 5년으로 하고 한 차례에 한해 연장할 수 있다는 내용을 제시했다.[9)]

이에 대해 소련의 몰로토프(V. M. Molotov) 외무장관은 (1) 한인에 의한 통일된 임시정부의 수립을 위해 미·소공동위원회를 창설할 것, (2) 신탁통치기간을 5년 이내로 한정할 것을 제의했다. 이러한 두 외무장관의 제안이 절충되어 12월 27일에 발표된 코리아에 관한 모스크바협정의 내용은 다음과 같다.

① 한인들이 민주주의 원칙과 일제 유산의 청산 아래 독립국가를 세울 수 있는 조건을 만들어 주기 위해, 코리아의 민주임시정부를 수립한다.
② 코리아의 민주임시정부의 수립을 위해 미·소 점령군사령부의 대표들로 구성되는 공동위원회를 설치한다. 이 위원회는 코리아의 민주적 정당·사회단체들과 협의한다.

③ 공동위원회는 자신의 제안을 코리아의 민주임시정부와 협의한다. 그러고 나서 코리아에 대한 5년 이내의 신탁통치에 관한 협정을 검토하기 위해 미·영·중·소 4대국 정부의 합동심의에 부친다.
④ 미·소 점령군사령부의 대표들로 구성되는 회의를 2주 안에 개최한다.[10)]

이 결정을 우리는 한반도문제의 해결을 위한 연합국의 '모스크바 공식'이라고 부를 수 있겠는데, 이 공식은 크게 보아 (1) 한반도 안에서의 좌·우 합작과 남·북 협력, 그리고 (2) 한반도에 대한 미·소의 협력을 전제로 하고 있다. 풀어 말해, 한반도 안에서는 좌·우가 합작하고 남·북이 협력해 통일된 임시정부를 세우며, 이 세우는 일을, 그리고 이 임시정부가 독립하는 일을 미·소가 협력해 도운다는 구상이다.

이러한 내용의 모스크바협정은 이상적(理想的)이기는 했으나 처음부터 실현 가능성이 크지 않았다. 이 시점에 이미 미·소 두 나라 사이에는 주로 동유럽문제를 둘러싸고 불화가 높아져가고 있었으며, 이러한 불화의 물결은 한반도문제에도 미쳐 오기 시작하여 미·소의 협력을 전제로 한 모스크바협정의 실현성은 낙관적이 아니었다. 이것은 바꿔 말해 미·소의 군사점령에 의한 분단이 미·소의 불화로 말미암아 더욱더 굳어져 가고 있었음을 의미했다. 즉, 한반도 분단구조의 국제형적 성격이 강화되고 있었다.

[4] 민족분열의 심화와 제1차 미·소공동위원회의 결렬

그런데 여기서 지적되어야 할 점은 모스크바협정이 한반도 분단구조에 내재해 있던 내쟁적 성격을 표면화시켰을 뿐만 아니라 그것을 강화시키는 계기가 되었다는 사실이다. 다음에서 이 점에 관해 설명하기로 한다.

코리아에 관한 모스크바협정의 전문이 국내에 알려진 1945년 12월 28일 이후 한반도에는 이 협정에 대한 찬성과 반대를 둘러싼 큰 정치논쟁이 벌어지고, 반대하는 세력과 찬성하는 세력 사이에 생사를 건 정치투쟁이 전개됐다. 특히 반대하는 쪽에서는 신탁통치를 반대한다는 입장을 분명히 해 자신을 반탁세력으로 규정하고 찬성하는 쪽을 신탁통치를 찬성하는 찬탁세력으로 매도했다. 이 때 이 협정에 반대하는 세력은 임정의 우파 그리고 한국민주당 등 대체로 비공산주의적 또는 반공산주의적인 세력이었고 찬성하는 세력은 조선공산당, 조선인민당 그리고 임정의 좌파 등 공산주의적 또는 좌익적인 세력이었다.

우선 북한을 보면, 조만식과 그리고 그의 조선민주당을 중심으로 한 우익진영의 반탁운동이 전개된 반면에, 좌익진영은 모스크바결정을 적극 지지했을 뿐 아니라 소련 점령군과 함께 우익 반탁세력을 무자비하게 탄압했다. 그 결과로 북한에서는 우익진영이 대거 월남하거나 또는 숙청당하게 되어 표면적으로나마 유지됐던 좌·우익의 연립이 깨졌으며, 찬성의 김일성과 그 추종세력이 행정부와 공산당 양쪽을 모두 장악하게 되었다. 이 때가 대체로 1946년 1월이었다.

이어 남한을 보면, 우익세력은 이승만과 김구 및 김규식이 중심이 되어 비상국민회의를 소집하고 거기서 최고정무위원회를 구성하여 반탁운동을 주도한 반면에, 여운형과 박헌영 및 허헌(許憲) 등이 중심이 된 좌익세력은 민주주의민족전선을 결성하여 이에 맞섰다. 비상국민회의는 곧 미군정의 요구에 따라 남조선대한국민대표민주의원으로 변질된다. 이상에서 지적한 일들은 대체로 1946년 1월과 2월 사이에 일어났다.

이 좌·우익투쟁은 이념투쟁에 권력투쟁이 결합되면서 극렬한 테러리즘이 동원되어 어느 때는 사실상 내전에 가까운 양상조차 보였다. 그런데도 미군정은 '모스크바 공식'에 따라 좌·우 협력을 통해 하나의 정치적 구심점을 만들어 내려는 노력을 계속했다. 소련 역시 '모스크바 공식'에 매달렸다.

이처럼 모스크바협정에 대한 좌·우익의 치열한 대결이 전개되는 가운데 미·소 양군의 대표회의가 1946년 1월 16일부터 2월 5일까지 서울에서 열렸고, 여기에서의 합의에 따라 1946년 3월 20일부터 5월 8일까지 제1차 미·소 공동위원회가 서울에서 열렸다. 이 제1차 공동위원회에서 미·소의 서로 다른 이해관계가 명백히 나타났다. 소련은 모스크바협정에서 예견되고 있는 코리아 민주임시정부의 수립에서 우익을 제거하려고 하였고, 미국 역시 코리아 민주임시정부에 대한 좌익의 지배는 방지되어야 한다는 입장을 취했다. 또한 미국은 임시정부의 수립에 앞서 두 지역의 행정과 경제의 통합을 제안함으로써 현실적인 접근법을 취한 데 반해, 소련은 임시정부의 수립이 최우선의 과제이며 경제와 행정의 통합은 그 뒤의 일이라는 정치우선적인 접근법을 취했다. 결국 공동위원회는 반 걸음도 나가지 못한 채 1946년 5월 8일에 무기휴회로 들어가고 말았다.

제1차 공동위원회의 무기휴회와 더불어, 한반도에서의 미·소 관계는 빠르게 악화되어 갔다. 그러므로 조지 매퀸(George M. McCune)과 아더 그레이(Arthur Grey, Jr.)는 이 5월 8일이 미·소 점령군의 관계에서 결정적인 분수령이었다고까지 썼다.[11)]

[5] 남과 북에서의 분리적인 정치상황 전개

이처럼 미·소 공동위원회가 아무런 열매도 맺지 못한 상황에서 북한에서는 김일성 중심의 단일지배체제가 더욱 굳어져 갔다. 우선 1946년 2월 8일에는 북조선민주정당·사회단체·5도림시인민위원회 산하의 국(局)들·인민위원회 확대회의가 평양에서 열렸다. 이 회의에서 김일성은 '소련의 주요한 노력으로' 이 회의가 열리게 됐음을 치하한 다음, '북조선에서 중앙정치기구의 부재(不在)가 북조선의 정치·경제·문화의 계획되고 통일된 발전을 가로막는 주요한 장애이다'라고 지적했다. 그는 이어 '조국이 통일될 때까지 그러한 중앙정치기구로서 북조선림시인민위원회의 구성이 긴요하다'고 결론지었다.

바로 이 날로 발족된 이 기관은 김일성의 연설 속에 나타나 있듯이 그 때까지 임시행정기관이던 도단위의 인민위원회와는 달리 통일된 중앙시정기관, 즉 북한의 단독정권적 성격을 강하게 갖고 있다.[12] 북조선림시인민위원회의 위원장에는 김일성, 부위원장에는 김두봉(金枓奉), 서기장에는 강량욱(康良煜)이 선출됐다. 경상도 출신의 저명한 국어학자인 김두봉은 중국에서 항일독립운동에 종사하다가 1945년 12월에 귀국했다. 강량욱은 개신교 목사로, 김일성의 외할아버지의 6촌 동생이었다.

북조선림시인민위원회는 곧바로 토지개혁을 실시했다. 이어 8시간 노동제를 채택했을 뿐만 아니라 갖가지 사회주의적 성격의 개혁조치들을 취했다. 이것들은 북조선림시인민위원회에 대한 북한주민들의 지지를 높였다. 그러나 그것들에 반대하는 주민들의 월남을 재촉했다.

북조선림시인민위원회의 출범에 뒤따라 1946년 7월 22일에는 북조선민주주의민족통일전선이 결성됐다. 이어 이 기반 위에서 8월 30일에는 김일성이 책임비서로 있는 조선공산당북부조선분국과 김두봉이 위원장으로 있는 조선신민당이 합당하여 북조선로동당이 결성됐다. 이것은 당체제에 있어서도 서울의 조선공산당을 중앙당으로 인정하는 이른바 서울중앙이론이 배격되고 북한 단독의 공산당이 결성된 것을 의미한다. 위원장에는 김두봉, 부위원장에는 김일성과 주녕하(朱寧河)가 각각 선출됐다.

미·소 공동위원회가 결렬된 상황에서 북한에서 이처럼 단독정권의 수립을 지향하는 방향으로 정치상황이 전개되자 남한의 미군정은 '남한에도 어떤 형태로든지 남한인에 의한 대표기관이 설치되어야 한다'는 판단을 갖게 되었다. 그리하여 하지 사령관은 5월 24일에 국무부에 '만일 공산당과의 합작 없이도 정당들 사이의 만족스런 통합이 달성될 수 있다면 모스크바협정에 의한 통일된 임시정부가 수립되기 전에라도 자신의 권한 아래 놓이는 남한인의 내각과 입법기관을 창설할 계획이다'라고 보고했다. 이에 대해 국무부는 '미·소 공동위원회가 재개되지 않으면 미국은 남한에 단독정부의 수립을 추진해야 한다'고 회답했다.[13)]

미국의 이러한 새 정책에 영향을 받아 1946년 5월 25일에 중도우파의 김규식과 중도좌파의 여운형 사이에 좌우합작운동이 시작됐다. 한편, 우파의 이승만은 6월 3일에 전라북도 정읍(井邑)에서 '남쪽만이라도 임시정부 또는 임시위원회 같은 것을 조직하자'고 주장하며 단독정부수립론을 전개했다. 그는 북한에서는 소련 점령군의 주도면밀한 계획 아래 이미 공산단독정권이 세워지고 있고 그 정권이 다 세워지고 나면 남침할 뜻까지 갖고 있는 판에, 남한에서는 아무런 대비책이 없이 분열과 대립을 거듭하고 있어서는 안 된다고 주장한 것이다.

그런데 이 양자 가운데 미군정이 지지한 것은 좌우합작운동이었지 이승만이 아니었다. 미군정은 좌우합작운동을 성공시켜 이 운동을 주도한 인사들이 미·소 공동위원회와 협력을 추구하도록 유도하고자 했다. 그러나 좌우합작운동은 좌파의 공산당 그리고 우파의 김구 세력 및 이승만 세력을 끌어들이지 못하고 중간세력의 통합으로 그쳤다. 그렇다고 해도, 이것은 남한에 대한 미군 통치의 '코리아화(Koreanization)'를 추진하고자 했던 미군정청에게는 중요한 기반으로 여겨졌다. 그리하여 미군정청은 이것을 근거로 1946년 12월 12일에 남조선과도입법의원을 발족시키고 1947년 6월 3일에 스스로를 남조선과도정부로 개편했다. 남조선과도입법의원 의장에는 김규식이 선출됐고, 남조선과도정부 민정장관에는 안재홍이 임명됐다.

이에 자극을 받은 이승만은 맥아더의 도움으로 1946년 12월 4일에 도미(渡美)하여 '소련이 한반도 전체를 위한 자율정부의 수립에 동의하지 않을 것이 명백하므로 남한에서만이라도 단독정부를 세워 줄 것'을 호소하고, '국제연합에 의한 한반도문제의 해결'을 한국의 정치지도자로서는 처음으로 공식 제의했다. '국제연합에 의한 한반도문제의 해결'은 맥아더가 이미 본국 정부에 건의한 것이어서 두 사람 사이에 의견교환이 있었다는 추측을 낳았다.

같은 시기에 김구는 다시금 반탁운동을 주도하여 각처에서 좌우충돌이 벌어졌다. 민족주의적 성향이 강한 그는 1947년 초에는 자신이 이끌었던 대한민국임시정부의 주권을 선언하여 미군정에 맞서기도 하였다. 대체로 이 무렵에 이승만은 귀국해 대한독립촉성국민회를 중심으로 단독정부의 수립을 향한 행보(行步)를 거듭했다.

이러한 소용돌이 속에서 남한의 공산세력은 폭력투쟁으로 치달려 갔다. 즉 1946년 5월 조선공산당이 조선정판사에서 위조지폐를 발행한 사건을 적발한 미군정이 조선공산당에 대해 비로소 강경한 태도를 취하자, 조선공산당은 이에 폭력으로 대응한 것이다. 그리하여 여러 곳들에서 폭동, 또는 그들의 표현으로는 인민항쟁을 일으켰다. 이와 더불어 남한의 좌익 3당인 조선공산당과 조선인민당 및 남조선신민당은 통합을 추진하여, 1946년 11월 23일에 마침내 허헌을 위원장으로 하는 남조선로동당이 창립됐다. 변호사인 허헌은 일제 치하에서 신간회 중앙집행위원장을 역임한 항일운동가였다.

이 무렵인 11월 3일에 북한에서는 도·시·군 인민위원회의 선거가 실시되고, 이어 1947년 2월에는 면·리(동) 인민위원회의 선거가 실시됐다. 그리고 이 선거들을 토대로 2월 17일에는 도·시·군 인민위원회대회를 열어, 북한의 최고입법기관으로 북조선인민회의를 설치하기로 결의했다. 이 결의에 따라 2월 21일에 북조선인민회의가 소집되어, 종전의 북조선림시인민위원회에서 림시라는 용어를 없앤 정식의 북조선인민위원회를 선출했다.

이 북조선인민위원회는 북조선림시인민위원회와 마찬가지로 북한의 단독정부의 성격을 가진 기구로 그 산하에 행정 각 부서를 구비했다. 위원장에는 김일성, 부위원장에는 김책(金策)과 홍기주(洪箕疇), 그리고 서기장에는 강량욱이 각각 선출됐다. 김책은 김일성과 함께 만저우에서 항일 빨치산운동에 종사했고, 홍기주는 기독교 목사로 김일성이 평양으로 돌아온 때부터 그를 도왔다. 1947년 2월 19일의 평양방송은 '북조선인민위원회는 북조선에 있어서 인민정부의 최고기관이다' 라고 주장했다. 실제로 이 기구는 사실상의 내각으로서, 이 기구의 발족과 함께 북한에는 공식적 공산정권이 수립된 것과 마찬가지였다.

[6] 제2차 미·소공동위원회의 결렬

남북에 있어서 이와 같이 서로 다르게 나타난 정치상황의 전개는 미군정으로 하여금 1947년 2월에 이르러 국무부에 '남북한의 통일을 위해 미·소 정부가 즉각적인 조치를 취하지 않는다면 한반도는 내란에 빠질지 모른다' 고 보고하게 하였다. 이에 따라 미 국무부는 소련 외무부와 접촉했으며 그 결과 제2차 미·소 공동위원회가 5월 21일부터 서울에서 열리게 되었다. 그러나 제2차 공동위원회도 쌍방 사이에 책임전가와 반론의 일방적인 성명이 되풀이

되면서 8월 12일에 결렬되었다.

미·소 공동위원회의 실패는 공동위원회가 처음부터 불가능한 것을 달성하려고 시도했다는 점에서 놀라운 일이 못 된다. 양측의 목적은 정반대되는 것이었다. 맥마혼 볼(W. MacMahon Ball) 교수가 정확히 지적했듯이 '미국은 소련에 우호적인 정부의 수립을 기어코 봉쇄하려 하였고, 소련 역시 미국에 우호적인 정부의 수립을 철저히 저지하려 한 데서 결렬이 온 것'이었다.[14)]

악화된 미·소 관계 못지않게 한반도의 내부 정세도 공동위원회에 불리하게 작용했다. 제2차 공동위원회가 열렸을 무렵, 남북한에는 이미 정치·경제·사회 제도에 있어서 이질적인 분리발전이 추구되어 왔고, 이러한 이질적인 분리발전은 남북한에 별개의 기득권을 형성시켰기 때문에 이것을 약화시키거나 양보시키는 움직임을 어렵게 만들었다.

한반도문제에 관한 모스크바협정이 미·소 공동위원회를 통해 해결될 수 없음을 깨달은 미국은 8월 29일에 국무장관 대리 로버트 로베트(Robert A. Lovett)를 통해 9월 8일에 워싱턴에서 미·영·중·소의 4대국회의를 개최할 것을 제의했는데, 여기에는 이승만이 제의했던 '국제연합 참관 아래서의 남북한의 인구비례에 따른 총선거'안이 포함되어 있었다. 소련 외무장관 몰로토프가 9월 4일에 이 제안을 거부하자, 미국은 9월 17일에 한반도문제를 제2차 국제연합 총회에 상정시켰다.

[7] 국제연합에서의 한반도문제

그러나 국제연합을 통한 한반도문제의 해결은 사실상 불가능했다. 왜냐하면 여기서도 미국과 소련의 대립은 날카롭게 나타났기 때문이다.

우선 소련은 한반도문제를 국제연합으로 옮긴 것이 모스크바협정에 어긋난다고 주장하면서 국제연합 총회의 의제에 포함시키는 것을 반대했다. 그러나 미국의 '기계적 다수'가 확보된 국제연합 총회는 '영원한 소수'일 수밖에 없었던 소련의 입장과는 달리 41대 6(기권 7)의 표결로 한반도문제를 국제연합 정치위원회에 회부했다. 정치위원회는 1947년 10월 28일부터 한반도문제를 다루기 시작했다. 미국은 선(先)정부수립, 후(後)외군철수를 주장했으나, 소련은 선외군철수, 후정부수립을 내세웠다. 또 소련은 국제연합 토의의 참석을 위한 남북한 대표들의 동시초청을 우선적으로 내세웠고, 미국은 남북한 대표들의 선출을 위한 국제연합한국임시위원단의 설치를 요구했다. 정치위원회는 10월 30일에 소련의 제의를 35대 6(기권 10)으로 부결시키고 미국의 제의를 41 대 0(기권 7)으로 가결시켰다. 이 미국안은 수정을 거쳐 11월 14일에 열린 총회에서 43 대 9(기권 6)로 가결됐다.

결과적으로 대한민국의 탄생을 가져오게 될 이 결의안은 우선 한반도문제가 근본적으로 한반도에 살고 있는 토착민족의 자체문제이며 그들의 자유와 독립에 관련된 문제이므로 이 문제는 지역 주민의 참석 없이는 해결될 수 없다고 선언했다. 이 가결안은 이어 다음과 같은 청사진을 제시했다.

> 선거에 의해 선출될 지역 주민의 대표들을 이 문제의 심의에 참여하도록 초청하며, 공정한 선거를 관찰할 목적으로 한반도 전역을 통해 여행·관찰·협의할 권한이 부여되는 9개국(호주·캐나다·중국·엘살바도르·프랑스·인도·필리핀·시리아·우크라이나)으로 구성되는 국제연합한국임시위원단(United Nations Temporary Commission On Korea; UNTCOK)을 설치한다.
>
> 1948년 3월 31일 이전에 한반도에서 이 위원단의 관찰 아래 인구비례에 따라 보통선거원칙과 비밀투표에 의한 총선거를 실시하고,

> 선거 뒤 빨리 국회를 구성하고 정부를 수립한다. 이 정부는 남북한의 군정당국으로부터 정부의 기능들을 이양받고, (1) 자체의 국방군을 조직하며, (2) 될 수 있는 대로 빨리, 가능하면 90일 안에 점령군이 철수하도록 한다.[15]

이 결의는 소련의 협조 없이는 그 목적을 달성할 수 없다는 결정적인 약점을 갖고 있었다. 결국 인구비례에 따른 총선거는 한반도 안에서 비공산 및 반공산 세력, 또는 흔히 말하는 우익 세력 승리를 의미하며, 이것은 소련에 대해 비우호적인 정부의 수립을 가져올 것이라는 계산은 소련으로 하여금 이 안을 명백히 반대하게 만들었다. 따라서 국제연합에게 남은 대안은 이 안을 완전히 포기하거나 남한에만이라도 적용하는 두 가지로 줄어들었는데, 뒤에서 설명되는 바와 같이 국제연합은 후자를 택한다.

[8] 국제연합한국임시위원단의 활동과 남북 지도자들의 노력

1948년 1월 초부터 서울에서 활동을 개시한 국제연합한국임시위원단은 북한에 대해서는 소련군의 입북거부로 원래의 기능을 수행할 수 없게 되었다. 이에 따라 임시위원단은 국제연합 총회의 임시위원회에 자신의 행동방향에 관해 물었다. 임시위원회는 2월 19일부터 이 문제를 검토하기 시작했다. 여기서 미국은 남한에서만이라도 선거를 실시해야 한다고 주장했으나, 캐나다와 호주 등은 그 선거가 한반도의 분단을 영구화한다는 이유로 받아들이지 않았다. 그러나 2월 26일에 미국의 결의안이 31 대 2(기권 11)로 가결됐고, 이에 따라 임시위원단은 1948년 5월 10일 안에 남한에서 총선거를 실시하기로 결정했다.

이 무렵인 1948년 2월 8일에 북한은 정규군인 조선인민군을 창설했다. 정권 수립 이전에 정규군대를 창설한다는 것은 드문 예인데, 이것은 북한이 단독정권의 수립을 향해 단계적인 절차를 계속해서 밟아 온 것을 의미한다. 조선인민군의 창설과 동시에 북조선인민회의 제4차 회의를 소집하여 '조선민주주의인민공화국' 임시헌법 초안을 보고받았다. 이러한 시점이었기에 북한 당국은 국제연합한국임시위원단의 입북을 거절했던 것이다.

한편 남한에서는 정치지도자들 사이에 남한 총선거를 놓고 다시 한 번 날카로운 대립이 일어났다. 1946년 6월의 정읍발언 이후 북한에 대항해 남한에서도 하루빨리 정부를 세워야 한다고 주장해 온 이승만과 그의 대한독립촉성국민회는 남한에 강력한 정부를 세워야 남한을 적화하려는 북의 위협에 효과적으로 대응할 수 있다고 강조하고, 북한 주민의 35% 정도가 공산통치를 피해 월남한 만큼,[16] 남한에서 세워질 정부가 남북한을 대표하는 전한반도적 정부로서의 정통성을 갖는다고 주장했다. 여기에 김성수(金性洙)가 이끈 한국민주당 등이 적극 지지했다.

그러나 김구와 김규식은 거세게 반대했다. 그들은 국제연합한국임시위원단에 의한 남한에서의 선거가 한반도의 분단을 영구화한다는 이유로 그것을 배격하면서 평양의 공산지도자들에게 '통일민주정부의 수립을 위한 조처를 토의하기 위해 남북한의 정치지도자 회담을 개최하자'고 제의했다. 조소앙, 김창숙(金昌淑), 장건상(張建相), 김성숙(金星淑) 등 적지 않은 수의 좌파적 또는 중도적 성향의 항일운동가들, 그리고 역시 같은 성향의 지식인들은 물론 우파적 성향의 지식인들 가운데서도 일부는 이 제의를 지지했다. 그들은 모두 분단을 피하기 위해 남북이 힘을 모아 민족의 역량을 발휘해야 한다는 순수한 애국적 열정에서 그렇게 행동했을 것이다.

북한 당국은 양 김의 제의를 받아들여 남북대표자연석회의를

1948년 4월 14일에 평양에서 열도록 제의했다. 북한의 공산주의자들이 이 회의를 수락한 동기는 그들의 통일전선정책과 관련해서 분석돼야 할 것이다. 그들은 애초부터 통일전선정책에 입각하여 우익 민족주의 세력과 연립을 형성하고 그렇게 함으로써 그들의 체제와 당의 대중성 및 합법성을 얻고자 노력했었다. 그러나 모스크바 3상 회의의 결정을 둘러싼 공산주의 진영과 민족주의 진영 사이의 분열로 통일전선의 구호가 주는 효과는 크게 줄어들었다. 이러한 상황에서 김구와 같은 반공적 입장으로 정평 있는 남한의 저명한 정치 지도자를 비롯해 항일운동에 참여했던 남한의 정치지도자들과 평양에서 연석회의를 갖는다는 것은 공산주의자들에게 그들의 입장이 '전조선인민의 전폭적인 지지'를 받고 있다고 선전할 수 있는 황금의 기회를 준 것이다.

김구·김규식·조소앙 등을 비롯한 남한의 정치지도자들은 북행을 결행했다. 또 남한에서 좌익운동을 지도했던 정치인들 가운데 적지 않은 사람들 역시 이 기회를 이용해 북행했다. 허헌, 백남운(白南雲), 홍명희(洪命熹) 등이 그 대표적인 사람들이었다. 그러나 1948년 4월 19일에 개최된 남북제(諸)정당·사회단체연석회의는 공산주의 국가에서 흔히 볼 수 있는 철저히 통제된 회의로서 공산주의자들에 의해 일방적으로 이끌어져, 진정한 민주주의적 남북대표자연석회의로서의 성격을 잃었다. 더구나 북한 대표들은 권력을 장악한 자들이고 남한 대표들은 권력을 갖지 못한 개인 및 단체여서 이 회의에 대한 남한 대표들의 영향력은 몹시 제한되어 있었다.[17)]

그러나 그 점보다 더 중요하게 분석되어야 할 대상은 4월 30일에 사실상 공산주의자들에 의해 일방적으로 채택되다시피 한 공동성명이었다. 이 공동성명은 '미군의 남조선 주둔'이 '통일의 유일한 장애'라고 지적하고, 외군 철수 → 전조선인민의 정치회의 소집 → 남북 임시정부 수립 → 총선 실시 → 제헌의회 구성 → 통일정부 수립이라는 도식을 제시했다. 이것은 평양 입장의 정확한 복사판이었다. 더구나 외군이 철수한 경우, 정규군을 이미 창설한 북한과 소규모의 경비대만 유지하고 있는 남한 사이의 예견되는 무력충돌, 곧 내전을 어떻게 평화적으로 해소할 것이냐의 중대한 문제에 대한 해답을 빠뜨리고 있었다.

7. 남북한 정권의 탄생과 한반도 분단의 고정화: 분단의 책임은 누구에게 있는가

남북정치지도자회의가 사실상 실효를 거두지 못하고 남북에는 각각 단독정권이 세워졌다. 다음에서 그 과정을 설명하기로 한다.

남북지도자연석회의가 끝난 지 열흘 뒤인 1948년 5월 10일에 남한에서는 국제연합한국임시위원단의 참관 아래 제헌의회를 구성하기 위한 총선거가 실시됐다. 남북협상을 위해 북행했던 지도자들은 이 총선거에의 참여를 거부했다. 그들은 그 대신에 남북 사이의 평화통일을 성취하기 위한 운동을 전개하며, 그 과정에서 김구는 1949년 6월에 한국군의 극우적 육군대위 안두희(安斗熙)에 의해 암살됐다.

이 제헌의회는 이승만을 의장으로 선출했으며 7월 12일에 대한민국 헌법을 제정하고 7월 17일에 이것을 공포한 뒤 초대 대통령으로 이승만을, 초대 부통령으로 이시영(李始榮)을 각각 선출했다. 이승만이 대통령으로 선출됨에 따라 공석이 된 국회의장에는 신익희가 선출됐고, 초대 대법원장에는 김병로(金炳魯)가 국회의 인준을 거쳐 임명됐으며, 내각의 초대 국무총리에는 이범석(李範奭)이 역시 국회의 인준을 거쳐 임명됐다.

이들 3부 요인들은 모두 뚜렷한 항일독립운동가들이었다. 그리고 국내의 항일단체였던 신간회(新幹會)의 중앙집행위원장을 지낸 김병로를 빼놓고는, 모두 대한민국임시정부에 직접적으로 연결되어 있었다. 곧이어 광복 3주년인 8월 15일에 임정의 법통을 계승한 대한민국의 수립이 선포됐다.

대한민국 정부가 수립되자, 10월 8일에 국제연합한국임시위원단은 총회에 제출할 최종보고서를 채택했다. 이 보고서는 대한민국 정부가 선거가 가능했던 지역에서 국민이 선출한 대표들에 의해 성립되었으며 이 정부의 기능은 점차 발전되어 가고 있다고 지적하면서도, 국제연합의 모든 회원국들의 돈독한 협조 아래 한반도 전체의 독립과 통일을 달성할 수 있는 방법을 강구할 것을 권고했다.

곧 파리에서 개최된 제3차 국제연합 총회는 임시위원단의 이 보고서를 논의했다. 미국의 주도 아래 총회는 12월 12일에 48 대 6(기권 1)의 압도적 다수로 한반도문제에 관한 결의문을 채택했다. 이 결의문은 '임시위원단이 관찰하고 협의할 수 있었고, 전체 한인의 대부분이 살고 있는 한 부분 위에 효과적인 통치와 관할권을 갖는 합법적 정부가 수립되었다' 고 지적하고, 이 정부는 '코리아의 그 부분 유권자의 자유로운 의사의 유효한 표현이었던 선거에 기초하고 있다' 고 덧붙였다. 이 결의문은 그 다음에 이 정부가 '코리아에 있는 유일한 그러한 정부이다' 라고 강조했다. 요약하면, 이 결의문은 대한민국이 한반도 전역에 걸친 전한반도적 정부라고 선언하는 것은 조심스럽게 피한 반면에, 대한민국이 전한반도적 정부가 아니라고 특별히 선언하지는 않았다. 그래도 이 국제연합 총회의 결의가, 특히 이러한 국제적 뒷받침이 전혀 없었던 북한 정권에 비해, 대한민국 정부에게 정통성 주장의 근거로 인용되기에는 충분했다.

한편, 북한에서 정치상황이 전개된 과정을 살펴보면, 1948년 6월 말부터 7월 초까지 제2차 남북제(諸)정당 · 사회단체지도자협의

회를 평양에서 열였는데, 이 회의에는 김구, 김규식, 조소앙, 장건상, 김성숙 등 제 1 차 회의에 참석했던 남한 인사들은 참석하지 않았다. 그러나 이 회의의 결의에 근거해, 1948년 7월 10일에 북조선인민위원회의 제 5 차 회의는 '조선민주주의인민공화국' 헌법의 시행을 결의하고, 이 헌법에 따라 8월 25일에 최고인민회의 대의원 선거를 실시했다. 이 선거는 자유민주주의 국가에서는 생각조차 할 수 없는 단일후보에 대한 흑백투표함 방식에 의해 이루어졌다. 즉 공산당이 내놓은 단일후보에 찬성하는 이는 백함에 투표하고 반대하는 이는 흑함에 투표하게 해서 처음부터 투표의 비밀성은 깨진 것이다. 북한은 남한에서도 지하(地下)에서 선거가 실시돼 대표자들을 뽑아 월북시켰고 그들이 해주에서 남한쪽 대의원들을 선출했다고 주장했다. 이러한 선거를 거쳐 성립된 최고인민회의는 9월 3일에 헌법을 공식으로 채택한 데 이어 9월 9일에 김일성을 수상으로 하는 '조선민주주의인민공화국 정부'의 수립을 선포했다.

이로써 한반도의 분단구조는 성립됐다. 그것은 국제정치의 작용에 남북의 내쟁이 결합된 결과였다. 그러면 보다 구체적으로 말해 한반도 분단의 책임은 누구에게 있는가? 이 물음에 대해서는 이미 앞에서 답했지만 여기서 다시 한 번 종합해 대답하기로 하는데, 1945년 해방 직후의 분단과 1948년 8~9월의 분단 고정화를 각각 나눠 생각하기로 한다.

우선, 1945년의 분단의 경우이다. 첫째, 그 근원적 책임은 일본 제국주의에 있다. 일본 제국주의가 한반도를 식민지로 만들었기 때문에 전시 연합국 회의들은 전후(戰後)에 일제의 식민지들을 어떻게 처리할 것인가를 다루는 과정에서 자연히 한반도의 운명을 다루게 된 것이고, 그 연장선 위에서 한반도는 분단된 것이다.

둘째, 미국과 소련에 있다. 전시에 열린 연합국 회의들은 전후의 국제질서를 미국과 소련이 공동으로 '지배'하는 얄타체제를 만들어 냈다. 한반도 역시 얄타체제의 예외가 아니어서, 미국과 소련이 공동으로 '지배' 한다는 원칙에 암묵적으로 합의했던 것이다. 그러므로 일제의 항복 직후 미국과 소련은 한반도에 분단선을 설정한다는 데 쉽게 동의했던 것이다. 그러므로 미국과 소련은 한반도의 분단에 함께 책임을 지고 있는 셈이다.

셋째, 우리 겨레에게도 부분적인 책임이 있다. 우리 겨레가 19세기 후반에 근대화에 성공하고 단결된 채 외세에 효과적으로 대응했더라면 우선 일제의 식민지로 전락하지도 않았을 것이다. 비록 일제의 식민지로 전락했다고 해도, 뒤늦게나마 단결해 단일 망명정부를 세워 연합국과 손잡고 싸웠더라면, 분단이라는 최악의 길은 피할 수 있었을 것이다.

이어 1948년의 분단 고정화의 경우이다. 첫째, 미국과 소련의 공동책임이다. 한반도를 분할점령했던 두 나라는 각자의 이해관계에 지나치게 묶여 한반도의 통일을 위해 어떠한 전진도 이룩하지 못했다. 세계적 수준에서 싸운 두 나라는 한반도 수준에서도 뜨겁고 거세게 싸운 것이며, 그리하여 1945년의 '잠정적' 분단을 고착시킨 것이다.

둘째, 우리 겨레의 책임으로, 1945년의 경우에 비해 그 책임은 더 크다고 생각한다. 1945년 분단의 아픔을 맛보고서도 좌·우익과 남·북한은 한 치의 양보도 없이 끈질기게 싸운 것이다. 그 싸움은 미·소의 대결이 더욱 깊어지는 데 일조하게 되었다. 만일 이 시기에 좌·우익과 남·북한이 이념적·지역적 반목을 극복하고 공동의 목표를 설정한 채 한 덩어리가 되어 점령자들과 슬기롭게 협상해 나갔다면 우리 겨레의 운명은 훨씬 개선됐을 것이다.

8. 결　　론

1948년 8월과 9월에 남북한에 각기 서로 다른 체제가 성립됨으로써 한반도의 분단이 고착된 이후로도 쌍방은 이 분단의 현실을 인정하지 않고 통일의 실현이라는 이상에 집착했다. 이것은 일제의 통치 아래서 오직 조국의 광복과 독립을 추구해 온 한국민족주의의 당연한 논리의 귀결이기도 했다. '통일된 조국을 건설하려다가 38선을 베고 쓰러질지언정 일신의 구차한 안일을 취하여 단독정부를 세우는 데는 협력하지 않겠다'는 김구의 성명('삼천만 동포에 읍고함,' 1948년 2월 10일)에는 분단의 고정화에 직면한 조국의 현실에 비장하게 도전하는 한국민족주의의 고귀한 이상이 담겨 있다.

이러한 통일에의 집념은 비록 국제냉전의 의미를 제일 먼저 포착하여 단선·단정에의 정치적 도박을 감행했던 현실주의자 이승만에게도 마찬가지였다. 이승만 역시 통일의 꿈을 조금도 버리지 않았던 것이다. 종합컨대 이상주의자에게나 현실주의자에게나 '우리의 소원은 통일, 꿈에도 소원은 통일'이었던 것이다.

통일을 절대시하는 자세는 북한의 공산주의자들에게도 마찬가지였다. 이들에게 '조선의 혁명'은 종식된 것이 아니었고, 따라서 한반도 전체의 공산혁명은 인민해방전쟁의 형태를 취해서라도 달성해야 한다고 믿었다. 여기에 공산혁명이라는 목적을 위해서는 가능한 모든 수단과 방법을 가리지 않는다는 투쟁원칙이 이들의 정책수단을 폭력화하여 결국 1950년 6월에 남침이라는 길을 택하게 만들었다.

이처럼 남북한의 정치지도자들은 모두 분단의 조속한 종식, 곧 통일만이 민족의 유일한 활로라고 믿었고, 이 민족적 활로를 열기 위해서는 무력행사도 불사한다는 신념을 강하게 가졌다. 즉, 남북은 모두 자신을 한반도의 유일·합법정부라고 주장하여, 대한민국은 그 헌법에서 북한을 포함한 한반도 전체를 자신의 영토로 규정하고 북한 지역을 반국가단체가 불법점거하고 있는 실지(失地)로 간주하여 이 실지의 회복을 바로 통일과 동일시하였으며, 북한도 그 당시의 헌법에서 서울을 '통일조선'의 수도로 규정하여 '남조선 해방'을 통일과 동일시하였다.

바꿔 말하여, 남북한은 서로 자기쪽의 체제와 통치를 상대방에 확장한다는, 즉 상대방의 붕괴 내지는 소멸이라는 조건 아래서만 통일을 이루려고 하였다. 여기에 한반도의 분단구조가 내쟁형화하고 불안정형화로 자기전개하여 마침내 남북 사이에 전쟁이 일어나게 하는 한 원인을 제공하게 된 것이다.

註

1) Soon Sung Cho(趙淳昇), *Korea in World Politics, 1940～1950: An Evaluation of American Responsibility*(Berkeley: University of California Press, 1967), 제 2 장; 이용희, "38선획정신고(新巧): 소련대일참전사에 연(沿)하여,"「아세아학보」제 1 집(1965년 12월), 409～464쪽; 정용석, "38선획정과 미국의 책임,"「신동아」(1971년 8월), 124～137쪽; 오충근, "朝鮮分割占領への道程: 米國の政策, 1944～45年[조선분할점령으로의 길: 미국의 정책, 1944～45년]," 게이오대학 대학원 법학연구과 박사학위논문(1984년).

Shannon McCune, "The Thirty-Eighth Parallel in Korea," *World Politics,* Vol. I, No. 2(1949년 1월), pp. 223～231; Arthur Grey, Jr.,

"The Thirty-Eighth Parallel," *Foreign Affairs,* Vol. 29, No. 3(1951년 4월), pp. 482~487; Max Beloff, *Soviet Policy in the Far East: 1944~1951*(London: Oxford University Press, 1953), p. 151; Leland M. Goodrich, *Korea: A Study of U.S. Policy in the United Nations*(New York: Columbia University Press, 1956), pp. 12~16.

2) 이 문제에 대해 자세히 알고 싶다면 다음을 읽는 것이 좋을 것이다. 노계현(盧啓鉉), 「한국외교사연구」(갑인출판사, 1983), 152~179쪽.

3) United States Department of State, *Foreign Relations of the United States, 1945*(Washington, D.C.: United States Government Printing Office, 1969), Ⅳ, p. 1039.

4) United States Department of the Army, *United States Army in the Korean War: South to the Naktong North to the Yalu*, Prepared by Roy E. Appleman, Office of the Chief of Military History(Washington, D.C.: United States Government Printing Office, 1961), 3~4쪽.

5) 이 문서는 다음에 잘 분석되어 있다. 정용석, "한반도는 4분될 뻔했다," 「신동아」(1983년 1월), 238~247쪽.

6) Michael C. Sandusky, *America's Parallel*(Alexandria, VA.: Old Dominion Press, 1983), p. 252.

7) Robert A. Scalapino and Chong-sik Lee, *Communism in Korea,* Ⅰ(*The Movement*)(Berkeley: University of California Press, 1973), pp. 337~338.

8) United States Department of State, *North Korea: A Case Study in the Techniques of Takeover*(Washington, D.C.: United States Government Printing Office, 1961), pp. 15~17.

9) James Byrnes, *Speaking Frankly*(New York: Happer & Bros., 1947), p. 111.

10) United States Department of State, *Moscow Meeting of Foreign Ministers: December 16~26, 1945*(Washington, D.C.: United States Government Printing Office, 1946), pp. 14~16.

11) George M. McCune and Arthur Grey, Jr., *Korea Today*(Cambridge, MA.: Harvard University Press, 1950), p. 72.

12) Scalapino and Lee, *op. cit.,* pp. 340~341.

13) United States Department of State, *Foreign Relations of the United States, 1946,* Vol. Ⅷ(Washington, D.C.: United States Government Printing Office, 1971), p. 689.

14) W. MacMahon Ball, *Nationalism and Communism in East Asia* (Melbourne: Melbourne University Press, 1955), p. 54.

15) United Nations Official Record, Second Session General Assembly Resolution 112(11), pp. 16~18.

16) 필립 루돌프(Philip Rudolph)는 그의 *North Korea's Political and Economic Structure*(New York: Institute of Pacific Relations, 1959), p. 17에서 1945년 10월부터 1948년 4월 사이에 약 80만 명이 월남했다고 주장했다. 그러나 미 국방부의 *North Korea*(주 8)는 이와 비슷한 시기에 약 200만 명이 월남했다고 주장했다.

17) 이 점은 이정식 교수의 논문인 "1948년의 남북협상"에 잘 지적되고 있다. 이 논문은 양호민(梁好民) 교수와 이상우(李相禹) 교수 및 저자가 공편한 「민족통일론의 전개」(서울: 형성사, 1982), 251~286쪽에 있다.

한국
전쟁

제2장

한국전쟁의 기원들

제 2 장 한국전쟁의 기원들

1. 머 리 말

제2차 세계대전이 종결된 때로부터 5년 만에 '동북아의 화약고' 한반도에서 핵무기 사용의 가능성과 제3차 세계대전의 위험성마저 내포한 채 폭발했던 한국전쟁은 직업배경이 상이한 여러 저술자들(예컨대, 학자·종군기자·군인·정치가·외교관)에 의해 서로 다른 각도에서 충분히 다뤄져 왔다. 미국 뉴욕주 올버니(Albany)시 소재 뉴욕주립대학교에 설치된 한국전쟁연구재단의 블랜차드(Carroll H. Blanchard, Jr.)가 편집한 「한국전쟁문헌선집」에 의하면, 1965년 현재 단행본과 논문은 물론 신문과 주간지 및 월간지의 기사와 평론을 포함하여 한국전쟁에 관한 저술이 1만 편을 넘고 있다. 이 문헌집이 발간된 이후에도 한국전쟁에 관한 저술들이 끊이지 않고 나오고 있는 만큼, 그 양은 참으로 방대하다고 할 것이다.

물론 이 많은 저술의 모두가 한국전쟁의 본질을 이해하는 데 큰 도움이 되는 것은 아니다. 앞에서 지적한 문헌집 속에는 한국전쟁을 소재로 한 소설, 전상자들에 관한 의학논문, 전쟁고아의 처리를 비롯한 사회복지에 관한 논문 등등 다기다양한 주제들이 모두 포함되어 있을 뿐만 아니라, 한국전쟁의 이해를 돕기 위한 한국의 역사·지리·언어·풍습·인물에 관한 안내서도 포함되어 있다. 따라서 한국전쟁의 본질을 이해하는 데 도움이 되는 문헌은 500~800

여 편 정도인 것으로 생각된다.

이 정도의 분량이라도 결코 적은 것이 아닌데, 그 많은 양의 연구에도 불구하고, 한국전쟁에 관해 아직도 잘 알려지지 않은 분야들이 남아 있다. 그 큰 원인의 하나는 이 전쟁에 관한 소련과 중국 및 북한의 문헌이 거의 공개되어 있지 않기 때문이다. 이에 비해, 미국과 영국 및 한국으로부터의 자료 공개는 특히 1970년대 후반 이후 활발했으며, 이것이 미국에서 이 전쟁에 관한 뛰어난 저술들이 계속 나오게 된 주요한 요인이 됐다.

한국전쟁에 관한 연구물들 가운데 상당수는 이 전쟁의 기원을 다루고 있다. 즉 '누가 한국전쟁을 시작했으며 그는 왜 그렇게 했는가?'의 물음에 대해 많은 연구자들이 관심을 쏟은 것이다. 저자는 이 장(章)을 통해 이 방면의 연구들을 체계적으로 정리하면서 저자 나름의 분석을 제시하고자 한다.

2. 대립되는 두 개의 시각: 전통주의 학파와 수정주의 학파

한국전쟁의 기원에 관한 논쟁을 정확히 이해하기 위해서 우리는 먼저 냉전의 기원에 관한 논쟁을 이해하여야 한다. 제2차 세계대전이 끝난 뒤 미국과 소련 사이에 전개된 냉전이 언제 어느 쪽에 의해 먼저 시작되었느냐에 관한 논쟁의 연장선 위에서 이 전쟁의 기원에 관한 논쟁이 따라 나왔기 때문이다.

전후 냉전의 기원에 관한 최초의 시각은 전통주의 학파에 의해 정립되었다. 이 학파는 기본적으로 냉전의 책임을 소련에게 돌린다. 전통주의자들에 따르면, 종전과 더불어 소련공산당 서기장이며 소련정부 총리인 스탈린은 동유럽으로부터 시작하여 남유럽과 중동을 거쳐 동아시아에 이르기까지 팽창정책을 추진해 나갔다. 전통주의 학파의 시각에서, 스탈린은 호전적이고 공격주의적인 집권자로 비친다. 그리고 소련은 마르크시즘-레닌이즘의 교조주의에 충실하여 세계적화의 목표달성을 향해 무자비하게 군사력을 동원하는 하나의 거대한 제국으로 묘사된다.

이러한 소련에 비해, 미국은 기본적으로 방어적인 대외정책을 수행한 국가로 설명된다. 소련의 팽창주의로부터 자유주의 세계를 수호하기 위해 미국은 소련의 무력도발이 있을 때마다 적극 대응했으며, 이에 따라 미·소간의 냉전은 격화될 수밖에 없었다는 것이다.

전통주의 학파의 이러한 해석에 도전하는 시각은 수정주의 학파에 의해 마련됐다. 플레밍(D. F. Fleming) 교수와 같은 국제정치학자가 이 방면의 개척자들 가운데 한 사람으로 꼽히는데, 그가 미국 밴더빌트대학교(Vanderbilt University) 교수로 재직하던 1961년에 발간한 「냉전과 그 기원들」은 전통주의 학파의 전후 냉전사 해석들 가운데 많은 부분을 새롭게 생각하게 만들었다.[1)]

수정주의 학파의 출발점은 미국의 대외정책이 오히려 제국주의적이며 팽창주의적이라는 주장이다. 수정주의 학파에 속하는 학자들, 즉 수정주의자들은 미국이 자신의 자본주의체제를 유지하고 발전시키기 위해 전후의 국제질서를 미국을 중심부로 삼는 자본주의 국가들의 통합이라는 방향으로 개편해 나갔다고 전제하고, 미국의 이러한 대외정책은 자연히 소련을 압박해 들어갔으며 소련의 자위적 대응을 불가피하게 만들었다고 분석한다.

이들의 분석에서, 스탈린과 소련은 새롭게 묘사된다. 스탈린은 신중하며 사려 깊은 정치가로 부각되고, 그가 통치하는 소련의 외교는 모험을 회피하고 자제적이며 방어적인 것으로 설명된다. 무엇보다 소련의 국력은 미국의 국력에 비해 열등하다는 인식이 수정주의자들의 논리에 깔려 있다. 1930년대에 와서야 비로소 본격적인 공업화가 추진되었으며, 1940년대에 와서는 나치독일과 같은 강대한 공업국가와 싸우느라고 국력이 크게 줄어든 소련이 어떻게 세계 최대의 강대국인 미국을 상대로 모험주의적인 대외행태를 취할 수 있었겠느냐고 그들은 반문했다.

이상에서 간단히 보았듯이, 미국과 소련의 대외정책의 본질을 살핌에 있어서 전통주의학파는 주로 이데올로기적 접근방법을 취했고, 수정주의학파는 주로 경제적 접근방법을 취했다. 그러므로 그 결론은 큰 차이를 나타낼 수밖에 없었다. 그러나 두 학파는 서로 상대방의 논리를 부분적으로 수용하면서 자신의 입장을 보다 정밀화시켜 나갔으며, 이 과정을 통해 전후의 냉전사 또는 전후 국제정치사의 여러 사건들에 대한 우리의 인식은 보다 더 정확해졌다.

이 장(章)의 주제인 한국전쟁은 전후냉전사에서 대단히 중요한 의미를 지니는 사건이었다. 그러므로 냉전의 기원들에 관한 논쟁에 참가한 학자들은 예외 없이 이 전쟁의 기원들을 다루었다.

한국전쟁의 기원들을 다룸에 있어서 전통주의자들이나 수정주의자들은 처음에는 모두 냉전의 기원들에 관한 자신들의 이론을 기계적으로 적용했다. 풀어 말해, 전통주의자들은 마치 냉전이 소련에 의해 시작됐듯이 한국전쟁 역시 소련에 의해 시작됐다고 설명했고, 수정주의자들은 마치 냉전이 미국에 의해 시작됐듯이 한국전쟁 역시 미국에 의해 시작됐다고 해석했다. 이러한 해석은 남한이나 북한을 모두 이 전쟁의 '하수인(下手人)'으로 전제했다.

이처럼 어느 지역에 있어서의 냉전 또는 전쟁을 미·소관계의 산물로 파악하려는 태도는 곧 비판을 받았다. 전통주의자나 수정주의자 모두 미·소관계에 집착한 나머지 미·소가 대결하고 있는 지역들의 개별적인 내부사정을 주목하지 못했다는 비판이 바로 그것이다. 이러한 비판은 중요한 의미를 지녔다. 냉전의 원인들은 국제적인 차원에서도 찾아져야 하지만 각국의 내부적인 차원에서도 찾아져야 한다는 새로운 시각을 담고 있었던 것이다. 예컨대, 중화인민공화국과 중화민국의 대결이나 베트남전쟁 또는 코리아의 전쟁을 해당지역의 내부적 문제들을 고려하지 않고 미·소의 세계적 대결이라는 맥락에서만 분석한다면 그 진상에 도달할 수 없다는 것이다. 이처럼 냉전의 기원들을 구명함에 있어서 해당지역의 내부적 문제들을 중시해야 한다는 주장은 수정주의자들로부터 더욱 강력하게 제기됐다.

이러한 새로운 입장은 이 전쟁의 기원들을 구명하는 작업에도 그대로 반영되었다. 이 전쟁의 기원들에 개재된 국제냉전의 영향을 충분히 고려하면서도 국내냉전의 영향에 대한 관심이 커지게 된 것이다. 이에 따라 이 전쟁의 기원들에 관한 논쟁은 1970년대 이후 더욱 활발해졌다.

3. 한국전쟁의 기원들에 관한 대표적인 논쟁들

그 논쟁의 대표적인 예들로 다음과 같은 몇 가지를 지적할 수 있다.

첫째, 영국 런던대학교가 발행하는 「계간중국(季刊中國: *China Quarterly*)」에서의 논쟁이다. 이 논쟁의 발단은 이 논문집 제52권(1972년 10~12월)에 게재된 인도 캘커타대학교 교수 굽타(Karunaker Gupta)의 논문 "한국전쟁은 어떻게 시작되었나?"로서, 이 논문에서 그는 남한에 의한 북침설 또는 남침유도설을 전개한 것이다. 이 논문은 깊이 있는 학술적인 논문이라기보다는 불충분한 자료, 즉 그가 영국 런던경제정치대학에서 유학할 때 수집했던 이 전쟁발발 초기의 며칠 동안에 발생한 사건들에 관한 신문기사들에 근거한 습작 같은 것이다. 해주(海州)를 '조선의 옛 수도'라고 쓰는 등, 기초적인 사실 인식에도 잘못이 있을 정도이다. 그렇기 때문에 「계간중국」 제54권(1973년 4~6월)에 캐나다 겔프대학교의 시몬즈(Robert Simmons) 교수, 펜실베이니아대학교의 이정식 교수, 런던대학교의 스킬랜드(W. E. Skillend) 교수의 반론이 실리게 되었다. 이들은 모두 굽타의 논리를 반박하고 북침설을 부인했다. 이들의 반론에 대해 굽타는 재반론을 폈으나 설득력은 거의 없었다.

둘째, 미국의 「태평양역사평론(*Pacific Historical Review*)」지에서의 논쟁이다. 이 계간지 1973년 11월호는 우선 북침설 또는 남침유도설을 주장한 콜코 부처(Joyce and Gabriel Kolko)에 대한 스투어크(William Stueck)의 반론을 실었다. 캐나다 토론토대학교의 역사학 교수로 수정주의 학파의 거장인 개브리엘 콜코와 그의 부인은 1972년에 발간된 「힘의 한계: 1945년부터 1954년까지의 시기에서의 세계와 미국의 외교정책」 제3부에서 한국전쟁은 "아마도" 태평양지역의 연합국최고사령관 맥아더(Douglas MacArthur) 원수의 정치적 야심에서 구상되고 그리하여 "아마도" 맥아더와 남한의 이승만 대통령의 합작으로 도발된 것 같다고 주장했었는데, 당시 미국 브라운대학교 대학원생이던 스투어크가 반론을 제기한 것이다. 이 논문집에는 스투어크의 반론에 대한 콜코 부처의 반론과 스투어크의 재반론 그리고 콜코 부처의 재반론이 동시에 게재되어, 이 논쟁은 그 깊이를 더해 가면서 상당한 관심을 모았다.

셋째, 시몬즈의 저서 「베이징(北京: 북경)-평양-모스크바 사이의 긴장된 동맹관계와 그것이 코리아의 내전에 미친 영향」이 1975년에 출판되자 이 책에 대한 반론이 제기됐다. 시몬즈는 한국전쟁의 '내부적' 성격을 강조했는데, 미국 시카고시(市) 소재 일리노이대학교의 고병철(高秉喆: B. C. Koh) 교수가 「미국정치학회보(*American Political Science Review*)」 제71권(1977년 9월)에, 그리고 이제는 미국 조지아대학교 교수가 된 스투어크 박사가 미국 프린스턴대학교가 주재하는 「세계정치(*World Politics*)」 제28권 제 4 호(1976년 7월)에 각각 반론을 발표하면서 이 전쟁을 내전으로 규정하기에는 국제적 성격이 강하게 개입되었음을 강조했다.

이처럼 이 전쟁의 기원들에 관한 논쟁이 계속되는 가운데 1977년에 미 국무부에 의해 이 전쟁에 관한 당시의 기밀문서들 가운데 상당한 부분이 공개됐다. 또 이 전쟁의 분석에 많은 도움을 줄 수 있는 '한국전쟁중에 미군이 노획한 북한문서'가 공개됐다. 이 문서들은 북한 정권의 성립과정과 그 성격 그리고 북한 정치지도자들의 남한관 및 통일관을 잘 나타냈으며 따라서 이 전쟁의 본질에 새로운 조명을 주었다. 이러한 문서들의 공개와 더불어, 이 전쟁 당시 미국의 정책결정과정에 직접적인 영향을 미친 트루먼 대통령의 기념도서관과 맥아더 원수의 기념도서관, 그리고 프린스턴대학교에 있는 애치슨(Dean Acheson) 국무장관 문서보관실 및 역시 같은 곳에 있는 덜레스(John F. Dulles) 국무장관 문서보관실로부터 많은 자료들이 공개되거나 발굴됐다.

이러한 자료들은 이 전쟁에 대한 학계의 관심을 크게 높였는데, 1979년 4월에 미국 로스앤젤레스에서 열린 미국아시아학회 연례총회가 '한국전쟁의 재평가'라는 분과를 마련했던 것도 그러한 관심의 한 반영이라고 할 것이다. 특히 그러한 자료들을 광범하게 활용한 미국 워싱턴대학교 커밍스(Bruce Cumings) 교수의 저서 「한국전쟁의 기원들」[2)]과 그가 편집한 「갈등의 산물: 1943년부터 1953년까지의 한·미관계」[3)]는 이 전쟁의 성격에 관한 새로운 국제적 논쟁을 불러일으키기에 충분했다.

구미학계의 이러한 논쟁은 한국 정치학계의 주목을 받았다. 서울대학교 국제문제연구소는 1984년도 「논문집」에 "한국전쟁의 재조명과 공산권연구의 비판"이라는 특집을 마련했다. 이 특집에는 서울대학교 외교학과의 노재봉(盧在鳳)·김용구(金容九)·정종욱(鄭鍾

旭)·하영선(河英善) 교수들이 참가하여 한국 국제정치학자들의 한국전쟁관을 극명하게 나타냈다. 이들은 이 전쟁이 남한과 미국의 북침에 의해 개시됐다는 공산권의 연구를 논리적으로 반박하고 소련과 북한에 의해 저질러졌음을 설득력 있게 설명했다. 한편, 1985년 9월에는 영국한국연구회(British Association of Korean Studies: BAKS)가 뉴캐슬대학교에서 '한국전쟁의 재평가'라는 심포지엄을 열었다. 여기서 발표된 논문들도 대체로 북한에 의한 남침설을 지지했다.

일본에서는 이에 앞서 마르크시스트 계열의 역사과학협의회가 편집하는 「역사평론」의 1980년 6월호가 이 전쟁의 발발 30주년에 즈음하여 "朝鮮戰爭の史的解明(조선전쟁의 사적 해명)"이라는 특집을 마련하여, 대한민국의 정통성을 인정하지 않는 전제 위에서 이 전쟁을 '인민해방전쟁'으로 해석했다. 이어 1981년에 가지무라 히데키(梶村秀樹: 미촌수수) 교수가 편집하고 케이소쇼보(勁草書房: 경초서방)가 출간한 「朝鮮現代史の手引(조선현대사 입문)」은 제2부 제8장("朝鮮戰爭": 조선전쟁)에서 이 전쟁에 관한 서방학계의 연구동향과 일본인의 다양한 시각들을 문헌 중심으로 해설했다. 필자는 좌익 지식인으로 정평 있는 하다다 시게오(畑田重夫: 전전중부)였다.

이러한 논쟁들, 그리고 이러한 논쟁의 기반이 된 새로운 자료들에 유의하면서 이 전쟁의 기원들에 관한 기존의 설명들을 여기서 정리한다. 그리고 마지막 부분에서 저자 스스로의 주장을 덧붙이고자 한다.

4. 스탈린의 주도설

[1] 왜 스탈린은 한국전쟁을 일으켰을까

전통주의자들은 한국전쟁의 기원을 스탈린의 '침략적 제국주의'에서 찾았다. 이러한 입장은 '한국전쟁은 스탈린에 의해 계획되고 준비되고 주도되었다'는 달린(David J. Dallin) 교수의 짧은 표현에 잘 나타났다. 이 전쟁의 기원들을 설명하는 일에서 상당히 신중한 태도를 보인 월프(Thomas W. Wolfe) 교수도 '한국전쟁은 본질적으로 소련이 고취시킨 것'이라고 썼다.[4)]

그러면 스탈린이 이 전쟁을 일으킨 이유는 무엇이라고 전통주의자들은 설명하는가? 수정주의자인 플레밍은 전통주의자들의 설명을 반박하기에 앞서 그것을 전쟁 발발 직후 미 국무부 관리들이 제시했던 추론들을 중심으로 다음 여섯 개로 요약했다.

첫째, 압력분산설이다. 북대서양동맹기구(NATO)의 창설로 대표되는 유럽에서 가중되는 미국의 군사적 압력을 극동으로 분산시키기 위해 이 전쟁을 도발했다는 주장이다. 소련의 대(對)아시아정책을 대(對)유럽정책의 종속물로 파악하는 것은 너무 지나친 단순화라고 주장하는 울람(Adam B. Ulam) 교수도 이 압력분산설에 대해서는 긍정적이다.[5)]

둘째, 미·일조약견제설 또는 극동전략설이다. 소련을 배제시킨 채 미국이 일본과 단독적인 평화조약을 체결하려고 하자, 이것을 견제하기 위해 소련이 이 전쟁을 일으켰다는 설명이다.

널리 알려져 있듯이, 미국은 일본을 점령하면서 일본을 '아시아의 스위스'로 만들려고 결심하고 군대조직과 중공업 및 재벌을 해체했다. 그러나 1947년에 중국공산당이 대륙을 제패할 가능성이 커지자 미국은 아시아에서 팽창하는 공산주의세력을 견제하기 위해 일본을 강력한 반공군사기지로 발전시켜야 한다는 새로운 정책을 채택했다. 그리하여 일본에 대한 점령 초기의 정책으로부터 180도 전환하여 자위대를 창설하고 중공업을 육성하는 한편 전범으로 수감된 극우파쇼적 정치인들과 고위관료들 및 군인들, 그리고 기업인들을 석방해 보수정계를 부활시켰다. 이와 더불어 소련을 무시하고 일본을 상대로 강화조약의 체결을 추진했다.

스탈린은 미국의 이러한 행동을 미국이 일본에 반공국가를 수립하고 이 새 일본을 중심으로 북대서양동맹기구와 같은 아시아 반공동맹을 형성하려는 시도로 해석했다. 그리하여 1950년 2월에 모스크바에서 중공의 마오쩌둥과 더불어, '일본 그리고 일본과 제휴할 어떠한 제국주의국가들'에 대항하기 위한 중·소동맹을 체결하는 한편 미국이 아시아·태평양국가들을 '침략적 군사블록'으로 흡수시키고 있다는 선전공세를 폈다. 이와 동시에 일본공산당의 반미데모가 격화되었다.

이러한 시점에서 스탈린은 미국이 참전할 것 같지 않으며 따라서 손쉬운 승리가 예상되는 북한의 남침을 통해 한반도 전체를 공산화하고 아시아 공산주의의 안전을 확보하여 일본에서의 미국의 지위를 약화시키는 한편 일본의 친미·군사화를 방지하려고 이 전쟁을 시도했다는 추론이다. 이 당시 미국의 대일정책 결정에 많은 영향을 미친 케난(George Kennan)도 일본문제가 소련의 한국전 도발의 유일한 원인이라고 할 수 없으나 일본문제가 아무런 영향을 미치지 않았다고 한다면 놀라운 일이라고 논평했다.[6)]

셋째, 허점공격설이다. '팽창주의자'인 스탈린은 소련의 세력권을 확장하기 위해 언제나 허점을 노리고 있었는데, 미국이 1949년 여름에 남한에서 미군을 완전히 철수시키고 1950년 1월에 국무장관 애치슨(Dean Acheson)의 기자회견을 통해 남한을 미국의 극동방위선에서 제외시킨 데다가 1950년 5월에 실시된 총선의 결과를 우익보수세력의 패배로 판단해 남한을 허점으로 판단했다는 것이다. 특히 1949년 10월 1일에 중화인민공화국의 수립에서 나타났듯이, 중국공산당의 대륙제패를 미국이 '방관'한 사실은 북한이 남침해도 미국이 개입하지 않을 것으로 예측하게 만들었다는 것이다. 이처럼 허점공격설은 미국의 개입 여부에 대한 소련의 판단 착오를 강조한다.[7)]

넷째, 미국의 결의실험설 또는 저항력실험설이다. 스탈린이 자신의 '세계적화 대전략'을 실천하기에 앞서 미국과 서방의 반응을 살피기 위해 남침을 시도했다는 주장이다.

실제로 이 설은 트루먼 미국 대통령의 참전결정에 가장 크게 작용했다. 그의 회고록이 말해 주듯이, 그와 국방부의 고위관리들은 북한의 남침 소식을 듣자마자 1931년의 만저우에 대한 일본의 침략과 1937년의 중국에 대한 일본의 침략 및 1938년과 1939년의 중유럽에 대한 나치독일의 침략을 연상했다. 그리하여 마치 일제나 나치의 침략이 처음부터 저지되지 않았기 때문에 확대됐듯, 남한에서의 공산침략이 저지되지 않는다면 스탈린의 침략이 다른 곳으로 확대된다고 판단했던 것이다.

다섯째, 무력시위설이다. 중국대륙의 적화에 이어 북한의 남침으로 손쉽게 남한적화에 성공함으로써 미국의 위신을 떨어뜨리고 소련의 무력을 과시함으로써 아시아의 다른 지역들의 공산세력을 고무시키려고 했다는 것이다.

여섯째, 미·중 대결유도설 또는 미·중의 자기소모유도설이다. 학자에 따라서는 함정설이라고 부르기도 한다. 이 설의 출발점은 중국공산당에 대해 스탈린이 불안감을 갖고 있었다는 분석이다. 소련의 지원을 크게 받음이 없이 사실상 독자적으로 대륙을 제패한 중국공산당이 독자노선을 추구해 나가는 경우, 즉 '제2의 유고슬라비아'가 되는 경우, 소련의 세계적화전략에는 많은 장애들이 발생할 것으로 스탈린은 판단했다는 것이다.

그런데 미국 정부가 1950년 초에 중화인민공화국을 승인하려는 듯한 움직임을 보이자 스탈린은 미국과 중화인민공화국을 직접적 대결 속에 묶어놓아 중국을 고립시키고 미국을 중국이라는 '깊은 늪' 속에 빠뜨려 양자의 국력을 소모시키기 위해 코리아에서 전쟁을 일으켰다는 것이다. 중국이 이 전쟁에 '끌려 나왔고' 이것으로 말미암아 국련에서 '침략자'로 규정됐을 뿐만 아니라 오랫동안 국제사회에서 고립을 면하지 못했으며 특히 미국의 봉쇄정책에 묶였던 것이 바로 스탈린이 파놓은 함정에 중국이 빠진 결과라는 것이다. 이 설은「내막기(內幕記)」시리즈 작가로 국제적 명성이 높은 미국의 신문기자 건서(John Gunther), 그리고 중국 지도층과 가까웠던 미국의 신문기자 스노(Edgar Snow)가 퍼뜨려 세상에 많이 알려졌다.

이 여섯 개의 추론에 이어 미국 오스틴시(市) 소재 텍사스대학교의 채피(Wilbur Chaffee) 교수는 새로운 추론을 제시했다.[8] 그의 출발점은 1949년 10월에 중화인민공화국 수립이 스탈린에게 소련의 동아시아정책을 재정립시켜야 할 필요성을 제기시켰다는 데 있다. 원래, 스탈린은 동아시아에서 소련의 안전을 지키기 위해서는 중국과 한반도 사이의 황해(黃海)에 상당한 군사적 영향력을 행사할 수 있어야 한다고 판단하고 국민당 정부와의 조약을 통해 중국의 황해안 항구들을 자신의 기지로 확보하고 있었다. 그런데 1950년 1~2월에 모스크바에서 열린 마오쩌둥과 스탈린의 회담에서 마오는 황해안 항구들을 더 이상 소련에게 빌려 줄 수 없다고 주장했다. 여기서 스탈린은 고민에 빠졌다. 황해안 항구들을 계속 자신의 기지로 확보해야겠다고 고집하면 중국과의 동맹을 유지하기 어렵게 될 뿐 아니라 중국과의 대립마저 각오해야 한다. 그렇다고 중국과의 우호관계를 앞세워 황해안 항구들을 돌려 주면 시베리아의 안전을 위한 소련의 장치가 없어진다. 이 두 개의 코스는 소련으로서는 취할 수 없다.

그러면 자신의 안전장치도 확보하고 중국과의 우호도 살리는 길은 무엇일까? 이 물음에 대한 해답이 전쟁을 통한 한반도의 공산화였다고 채피 교수는 추측한다. 한반도 전체를 적화시켜 친소정권을 세워 놓고 여기에 군사기지를 확보하면 소련은 정책적 고민에서 빠져나올 수 있다고 스탈린은 계산했다는 것이다.

이상의 일곱 개의 추론들 밖에 슬루서(Robert R. Slusser) 교수의 부동항추구설이 있다. "1945년부터 1950년까지의 시기에서 소련의 극동정책: 한반도에서 스탈린의 목표들"이란 논문을 발표한 슬루서는 소련이 이 전쟁을 주도하지 않았을 뿐만 아니라 북한의 구체적 남침시기도 모르고 있었다는 입장을 취하고 있으며 이러한 맥락에서 수정주의 계열에 속한다. 그러나 그는 소련이 결과적으로 북한의 남침을 지원하게 된 까닭은 제정러시아 이래의 한반도 정책의 목표인 부동항의 획득 그리고 이것을 통한 극동에 있어서의 소련 세력의 확대에 있다고 주장했다.

이상의 추론들이 명백하게 입증될 공식문서들이 있는 것은 아니며 ── 이러한 공식문서들이 있다고 해도 찾기는 어려울 것이다 ── 어디까지나 정황증거들에 의한 분석이다. 이러한 가설들에 대해 구미의 국제정치학계는 대체로 미·일조약견제설과 저항력실험설에 호의적이다.

우리가 스탈린의 주도설을 받아들인다면 그 다음의 물음은 스탈린은 그의 구상을 구체적으로 어떻게 실천해 나갔는가가 될 것이다. 이 물음에 답하기 위해 우선 북한에 대한 소련의 소비에트화정책 전반을 분석해야 하겠지만, 여기서는 북한에 대한 소련의 군사지원을 집중적으로 다루기로 한다.

그런데 우선 시인되어야 할 점은 이 문제에 관해 권위 있는 해답을 주는 공식문서는 아직 공개되거나 발굴되지 않았다는 사실이다. 이 전쟁이 일어나기 이전에 소련과 북한 사이에 공개적으로 성립된 조약이 있다면 그것은 김일성이 1949년 3월에 모스크바를 방문하여 체결한 '조·소 경제문화협력협정' 뿐이다. 그런데 이 때 소련의 관영매체들은——예컨대 1949년 3월 23일자 「뉴 타임즈」——북한이 앞으로 '모든 면에서' 소련의 협조를 받을 것임을 다짐했다. 이 '모든 면에서' 라는 구절을 놓고 서방의 전통주의자들 가운데는 그것이 '군사면' 까지도 포함하며 다만 소련이 앞으로 코리아에서 일어날 전쟁에 대한 직접적인 책임을 회피하기 위해 그러한 둔사(遁辭)를 사용한 것으로 풀이하는 이들도 있다.

비록 공식문서나 1차 자료가 만족할 만한 수준까지 발굴되지 않았다고 해도, 여기에 준하는 자료들은 미국 정부와 한국 정부에 의해 꽤 많이 제시되어 왔다. 전자의 보기로는 미 육군부가 1961년 애플먼(Roy E. Appleman)의 편집으로 간행한 「한국전쟁에 있어서의 미 육군: 남쪽으로는 낙동강까지, 북쪽으로는 압록강까지」를 지적할 수 있고, 후자의 보기로는 한국 국방부 정훈국 전사편찬회가 발행한 「한국동란 1년지~3년지」와, 한국 국토통일원이 1981년에 발행한 영문자료집인 「한국전쟁관계문헌집」 두 권을 지적할 수 있다. 또 한국 육군소장 출신으로 경희대학교 교수인 김점곤(金點坤) 박사가 1973년에 출간한 「한국동란」을 비롯한 군사전문가들의 연구, 그리고 칼리노프(Kyril Kalinov)와 같이 북한에서 복무하다가 동독으로 전속되었을 때 서독으로 탈출한 소련 군인의 증언(그는 미국 뉴욕시에서 출간되는 「더 리포터(*The Reporter*)」지에 "소련은 북한군을 어떻게 키웠나"를 썼다), 라스트보르포프(Yuri A. Rastvorvov)와 같이 도쿄주재 소련대사관 소속 정보원으로 근무하다 망명한 소련 관리의 증언(그는 「라이프(*Life*)」지에 "극동에 있어서 붉은 사기와 음모"를 썼다), 모나

트(Paul Monat)와 같이 평양주재 폴란드대사관 무관으로 있다가 뒷날 서방으로 망명한 동유럽 군인의 증언(그는 「라이프(*Life*)」지에 "북한에 있어서의 숨은 두목들인 러시아인들"을 썼다), 주영복(朱榮福)과 같이 남침에 참가했다가 뒷날 서방으로 이주한 북한군 장교의 증언(그의 증언은 도쿄의 コリア효론샤[코리아평론사]가 1979년에 출간한 그의 수기인 「조선인민군의 남침과 패퇴」에 잘 나와 있다) 등도 귀중한 정보를 제공한다. 물론 망명자들의 증언은 조심스럽게 검토되어야 한다. 특히 몇몇 전문가들에 의해 미국 중앙정보부가 '조작'한 '증언'이라는 의심을 받는 칼리노프의 글이나 모나트의 글은 훨씬 더 조심스럽게 읽혀져야 한다.[9)]

이러한 전제 아래, 여러 자료들을 종합할 때 명백한 점은 이 전쟁 도발 직전의 시점에서 북한에 대한 소련의 통제는 정치적·경제적·군사적 방면에서 거의 완벽했다는 사실이다. 이 점은 특히 1974년 말에 공개된 1950년 6월 19일자 미 중앙정보국(CIA)의 각서인 「북한정권의 현세(現勢)」——이 각서의 주를 보면 국무부·육군부·해군부·공군부의 정보기관들이 이 각서의 내용에 동의했다. 따라서 이 각서는 미국 정보기관들의 일치된 견해로 볼 수 있다——에 의해 뒷받침된다. 또 1981년에 모스크바에서 러시아어로 출판된 「소련과 인민조선과의 관계」라는 자료집, 그리고 이 자료집에 입각해 소련의 두 학자(V. I. Andrei & V. I. Ossipov)가 「極東の諸問題」("극동의 제문제")(1984년 3월)에 발표한 논문인 "ソ連と朝鮮民主主義人民共和國, 相互の利益に在る協力方針"("소련과 조선민주주의인민공화국: 상호의 이익과 협력의 방침")을 보아도 미국 중앙정보국의 결론이 사실에 가까운 것임을 알 수 있다. 이렇게 볼 때, 소련은 최소한 북한의 남침계획을 대단히 정확하게 알고 있었음이 확실하다.

[2] 소련과 북한이 한국전쟁을 공모한 과정

그러면 다시 문제의 중심으로 돌아와 소련과 북한이 어떻게 협력해 나갔는가를 생각해 본다. 이 점에 대해서는 1970년에 간행된 소련공산당 제1서기 겸 소련정부 총리였던 흐루시초프(Nikita S. Khrushchev)의 회고록이 잘 밝혀 준다. 이 회고록이 처음 나왔을 때는 진위(眞僞)가 논란되었으나 곧 그 신빙성이 공인됐다.

이 회고록에 따르면, 1949년 말에 김일성은 모스크바로 와서 남침계획을 설명하고 스탈린의 동의를 얻고자 했다. 김은 '남조선을 총검으로 찌르기만 하면 남조선에서의 폭발을 촉진시켜 인민의 권력, 다시 말하자면 북조선에서 통치하고 있는 권력이 승리할 것'이라고 말했다. 그러자 '스탈린은 잘 생각해야 하고 신중한 계획을 세워야 하며 구체적인 계획을 갖고 다시 오라고 김일성을 설득했다.' 김은 귀국해서 새 계획을 세워 다시 모스크바로 왔다. '김일성은 승리를 절대적으로 확신한다고 스탈린에게 말했다.' 그러나 스탈린은 '미국인들이 뛰어들지 않을까 걱정하였다.' 이러한 걱정에 대해, '우리들은 만일 전쟁이 신속히 끝난다면—김일성은 신속히 승리할 수 있다고 확신하였다—미국의 간섭을 회피할 수 있다고 생각하였다.' '그러나 스탈린은 김의 제안에 대한 마오쩌둥의 의견을 물어 보고자 하였다.' 마오의 대답은 긍정적이었다. '그는 김일성의 제안에 동의하고 또 이 전쟁은 조선 인민 스스로가 결정해야 할 국내문제이기 때문에 미국은 간섭하지 않을 것이라는 의견을 내놓았다.' 그리하여 마침내 이 전쟁을 시작하도록 결정이 내려졌다.[10)]

이처럼 한국전쟁안을 확정지으면서 북한에 대한 소련의 군사지원은 활발해졌다. 칼리노프의 회고에 따르면, 소련은 1948년 12월에 북한으로부터 자신의 점령군을 철수시킨 뒤 이미 1949년 1월에 '소련특별군사사절단'을 평양으로 파견하여 북한군의 현대화를 추진했었다. 그런데 한국전쟁안이 확정되면서——게이오대학에서 오랫동안 이 전쟁을 연구한 오코노기 마사오(小此木政夫: 소차목정부) 교수는 1950년 봄 소련의 최종결정이 났다고 결론짓는 것이 가능하다고 본다——북한에 대한 소련의 군사지원은 빠르게 진전했다. 그리하여, 미 육군부의 자료에 따르면 1949년부터 1950년 6월까지 소련이 북한에게 공급한 무기는 정찰기 10대, 야크전투기 100대, 폭격기 70대, T-34형 탱크 100대, 중포 상당수에 이르렀다. 이러한 지원을 받은 북한은 1950년 6월 현재 135,000명의 지상군을 확보했으며, 남한과의 접경지대에 정예부대의 배치를 완료했다.

이 때 남한의 병력은 정규군 65,000명, 해안경찰대 4,000명, 경찰 45,000명이었고 장비는 무척 불충분했다. 미 육군부가 1962년에 발간한 「주한미군사고문단」에 따르면, 이 전쟁 발발 직전의 시점에서 남한의 병력은 '1775년의 미군 수준' 곧 미국독립전쟁이 일어난 해인 1776년 1년 전의 미군 수준에 비유됐다. 그만큼 남북한의 병력 수준에는 큰 차이가 있었다. 이러한 상황이었기에 당시 북한의 민족보위상(국방상) 최용건(崔庸健)은 1950년 1월 21일에 '비행기, 탱크, 전함과 현대무기로 무장된 인민군은 어떤 전투임무도 효과적으로 완수할 수 있고, 조국의 통일과 독립의 적을 분쇄하기 위해 언제나 전투할 태세가 되어 있다'고 호언할 수 있었다.

미 공군은 북한의 남침준비가 1950년 6월 14일부터 22일 사이에 마무리된 것 같다고 보았다. 미 공군이 1951년에 간행한 「코리아에 관한 공산주의의 영향에 대한 예비연구」에 따르면, 이 시기에 북한은 남한에서의 토지개혁과 새로운 법령제정에 대한 준비 그리고 남한의 주요 지역들의 통치를 맡을 행정요원들의 임명을 완료했다.

북한이 같은 시기에 남침을 위한 모든 준비를 마무리지었다는 심증을 가게 하는 조그만 자료로 받아들여질 수도 있는 자료가 조선로동당의 이론지인 월간 「근로자」 통권 58호에서 발견된다. 이 책 마지막 쪽의 간기(刊記)를 보면, '1950년 6월 15일 인쇄, 1950년 6월 30일 발행'으로 되어 있는데, '6월 15일'에 인쇄된 이 책의 첫 번째 글이 이 전쟁이 일어난 다음 날에 김일성이 행한 연설 전문이 실려 있는 것이다. 그는 이 연설을 6월 26일에 행했는데 이 책에는 연설의 날짜가 인쇄되어 있지 않다. 그렇다면 북한의 고위 당국은 늦어도 6월 15일에, 즉 이 전쟁 발발 10일 전에 김일성이 장차 행할 연설문을 「근로자」에 준 것이 아닐까? 이 때는 김이 연설할 날짜가 확정되지 못했던 것일까? 물론 잡지 출판의 경우에는 이미 인쇄를 끝낸 것에 급한 원고를 추가할 수도 있다.

5. 중·소의 음모설

다음의 초점은 이 전쟁의 구상을 실현시키기 위한 구체적 작업으로서의 소련과 중국의 협조이다. 이 주제에 관한 기존의 연구들은 대개 중국도 소련의 주도 아래 이 전쟁의 계획과 추진에 적극 참여했다는 주장과, 중국은 거의 참여하지 않았고 소극적인 자세를 취했다는 주장으로 나뉘어 있다.

[1] 중국의 적극참여설

전통주의자들은 1947년 가을의 즈다노프(Andrei Zhdanov)선언 이후 세계적화를 노골적으로 추구한 소련이 중화인민공화국이 수립된 1949년 10월 이후에는 아시아 지역의 공산혁명을 이끌 권한을 자신의 '보조역'인 중국에 위임했다고 주장한다. 이어 그들은 이에 따라 중국은 소련의 주도 아래 북한과 남침을 위한 일련의 군사협정을 밀약하고 이 전쟁의 성공적 수행을 위한 전략을 조정했다고 주장한다. 이 설은 따라서 이 전쟁을 아시아의 적화를 위한 중·소의 제1단계 공동전략으로 본다. 다음에서 이 설을 전개한 대표적 학자들의 견해를 소개한다.

우선 미국 콜롬비아대학교 교수로 중국문제의 권위자인 바네트(A. Doak Barnett)는 1961년에 출간한 「중공과 아시아」에서 이 설을 내놓았다. 그는 1949년 10월에 중화인민공화국 정부가 수립된 이후 베이징이 아시아 공산주의를 위한 지역적 중심이 되었으며 소련은 '지역적 분업의 원칙'에 따라 아시아 공산화의 지역적 책임을 중국에게 위임했다고 주장하면서, 그 증거로 1949년 11월 16일에 베이징에서 열린 아시아태평양지역세계노동연맹 대회에서 행한 중국공산당 부주석 류샤오치(劉少奇: 유소기)의 연설을 지적했다.

그러면 그 연설의 내용은 무엇인가? 그는 대회 의장의 자격으로 우선 '제국주의와 그 주구들을 패퇴시키고 중화인민공화국을 수립함에 있어서 중국 인민이 걸어 온 길은 많은 식민지와 반(半)식민지 국가들의 인민들이 민족의 독립과 인민민주주의를 위한 그들의 투쟁에서 걸어야 할 길'이라고 선언했다. 그는 이어 베트남·버마·인도네시아·말레이시아·필리핀·일본을 포함한 동아시아에서 민족해방운동이 고조되고 있다고 주장하면서, 한반도에 관해서는 '미제의 괴뢰 이승만을 반대하는, 그리고 통일된 조선민주주의인민공화국을 수립하려는 조선 인민의 투쟁은 정지될 수 없다'고 강조한 것이다. 바네트 교수는 '이 연설이 아시아에서 공산혁명을 고취하겠다는 중공의 새로운 임무선언이며, 노동연맹대회는 아시아 공산혁명운동의 전반적 연락망이었다'고 풀이했다.

미국 조지워싱턴대학교 교수인 힌튼(Harold Hinton)은 1966년에 발간한 「세계정치에서의 중공」에서 비슷한 논리를 전개했다. 그는 베이징대회에 북한을 포함한 동아시아의 각국 대표들이 참석했음에 유의하여, '동아시아의 공산혁명을 위한 중공·조선·월맹 등등 주요 공산당들의 전략의 조정이 이 대회에서 이루어졌다'고 추측하고, 한국전쟁을 이 전략의 조정에 의한 결과라고 보았다. 힌튼은 여기서 한 걸음 더 나아가 북한의 남침계획을 스탈린이 반대했으나 마오가 스탈린을 설득시켜 결국 동의를 얻어 내는 데 성공했다고 설명했다.

소련 외교를 전공한 달린 교수는 노동연맹대회가 11월 20일에 베이징에 창설한 상설연락국에 주목했다. 그는 이 기구를 극동의 코민폼(Cominform: 국제공산주의정보국)에 비유하고, 소련·중공·인도·호주의 대표로 구성된 이 기구가 소련대표 솔로비요프(Solovyov)의 명령에 좌우됐다고 주장하면서 이 기구가 한국전쟁의 전략을 추진해 나간 것으로 설명했다.

이 학자들 밖에도 많은 학자들이 중·소 공동전략설을 제시했다. 미국 시카고대학교의 조우(Tang Tsou: 鄒讜(추당)) 교수, 캘리포니아대학교의 걸토프(Melvin Gurtov) 교수, 그리고 프랑켈(Joseph Frankel) 교수 등이 그 대표적인 보기들이다.

이러한 중·소 공동전략설 가운데 한 가지 흥미 있는 것은 이 전쟁의 기원들을 추적하면서 소련보다 중국의 역할을 강조한 슐먼(Marshall Schulman) 교수와 애틀리(Clement R. Attlee) 영국 총리의 해석이다. 미국 콜롬비아대학교 교수인 슐먼은 1963년에 간행한 「스탈린 외교정책의 재평가」에서 중공이 소련의 지원 여부에 관계없이 아시아공산혁명의 연장으로서 한국전쟁을 추진할 자세를 보였다고 강조한 다음, 이렇게 되면 북한에 대한 지배적 위치를 중국이 차지할 것이라는 우려 때문에 소련이 이 전쟁을 추진한 것으로 추측했다. 한편, 애틀리는 미국의 권위 있는 외교평론지인 「대외문제

(*Foreign Affairs*)」(1954년 1월)에 발표한 논문인 "영국과 미국의 공동목표"에서 중공이 유엔가입에 실패함으로써 입은 굴욕을 코리아에서의 승전으로 만회하기 위해 북한을 사주했다고 분석하면서 중공이 미국에 의해 승인되고 유엔에 가입됐더라면 이 전쟁은 일어나지 않았을 것이라고 주장했다.

중국이 이 전쟁의 계획에 직접적으로 관여했다는 주장의 또 하나의 논거는 중국이 자신의 군대에 편입되어 있던 조선인 병사들을 1948년 가을 이후 북한에 귀환시켰고 특히 1950년 초 이후 그들의 북한귀환이 촉진된 사실이다. 원래 중공군에는 만저우나 중국본토에서 항일운동을 전개하다가 입대했거나 또는 일제 항복 이후에 화북이나 만저우에서 살다가 입대한 한인들이 있었다. 그런데 중공군이 만저우 전역을 점령하는 데 성공한 1948년 가을—바로 이 때 북한정권이 수립됐다—부터 중공은 그들을 북한으로 넘기기 시작했다. 이어 중공군이 양쯔장(揚子江: 양자강) 도하작전을 강행하여 난징(南京: 남경)에 입성한 1949년 5월 이후에는 중공군 제4야전군에 있던 약 2개 사단 병력의 한인병사들이 북한으로 돌아와 조선인민군 제5사단과 제6사단에 편입됐다. 특히 1950년 4월에는 약 12,000명의 한인병사들이 북한으로 돌아와 조선인민군 제7사단을 형성했다. 그리하여 이 전쟁이 일어나기 직전에, 실전경력을 쌓은 중공군 출신이 북한군의 3할을 넘어섰다.

이 한인병사들의 북한귀환을 증거삼아 중국이 이 전쟁의 계획에 직접적으로 관여했다고 주장하는 학자들 가운데는 한인병사들의 북한귀환이 소련의 주선 아래 체결된 중국과 북한 사이의 협정에 의한 것이라고까지 보는 이도 있다. 예컨대, 한국의 군사전문가 문희석(文凞奭)은 1967년에 발표한 논문인 "중·소의 틈바구니에 선 북한군대"에서, 소련이 '중국공산화의 완결을 보고 […] 다음의 적화목표로서 대한민국을 무력침공케 하기 위해' 1949년 1월에 만저우의 하르빈에서 그들의 북한귀환에 대한 북한과 중공의 회담을 주선하고 협정을 체결하게 했다고 주장했다.

어떤 학자들은 여기서 한 걸음 더 나아가 1949년 3월에 김일성이 소련을 방문한 뒤 북한과 중공 사이에 상호방위협정이 체결되었다는 추측을 발표했다. 이 추측의 발상은 역설적으로 북한과 소련 사이에 상호방위협정이 체결되지 않았다는 점에 있다. 김일성이 소련을 방문했는데도 스탈린과 김일성 사이에 군사협정이 아닌 경제 · 문화협력협정만 체결되자, 그들은 이것이 '조·중상호방위협정'의 체결을 불가피하게 만들었다고 추측한 것이다.

그 대표적 학자가 소진철(蘇鎭轍) 박사이다. 한국의 직업외교관으로 주(駐)요르단왕국 대사를 지냈으며 현재 원광대학교 교수로 재직중인 그는 1963년에 미국 오클라호마대학교에 제출한 정치학박사학위 청구논문에서 '소련 정부는 자신의 위성국가에게 외부의 침략에 대한 적절한 보호조처를 취하지 않은 채 내버려 둔 예가 없다'고 전제하고, '소련에 의해 안보조처가 직접적으로 제공되지 않은 위성국가는 알바니아뿐인데 알바니아의 안전은 그 대신 유고슬라비아와 불가리아의 직접적 보호 아래 놓여 있다. 소련 정부의 주선으로 알바니아는 유고슬라비아와 1946년 7월에, 불가리아와 1947년 12월에 상호방위조약을 체결했던 것이다'라고 예시했다. 이어 그는 '이와 같은 논법으로, 북한과 중공 사이에는 군사동맹의 강력한 가능성이 있다'라고 추측했다. 한국 국회가 1967년에 출간한 「통일백서」도 '북한과 중국동북인민정부 사이에 상호방위조약 체결가능성까지도 충분히 추정할 수 있을 만큼 중공과의 군사적 유대가 강화되었다'라고 썼다.

이러한 추측은 그 당시로서는 있을 수 있는 추측이었다. 그러나 국민당 정부의 발표는 지나친 단정이었다. 예컨대, 1949년 5월 5일 당시 상하이에 있던 국민당 정부의 「중앙통신」은 '중공은 김일성의 소련 방문중인 1949년 3월 17일에 김일성과 상호방위조약을 체결했다'고 단정적으로 보도하고, '양자는 어떠한 제국주의 세력이든 어느 일방을 공격하는 경우 그 제국주의 세력에 대한 공동전쟁에서 공동행동을 취할 것을 다짐했다'고 주장했다. 「중앙통신」은 이어 1949년 5월 5일에 그 '방위조약'의 요지로 다음 사항들을 제시했다. 첫째, 중공당은 1949년 7월 1일부터 8월 31일까지의 기간에 만저우로부터 무기와 병력을 북한에 제공한다. 둘째, 북한은 만저우에 있는 일본 기술자들과 고용원들 그리고 만저우에 있는 일본 군수품의 사용에 관해 최우선권을 갖는다. 셋째, 북한과 중공당은 양측의 경제적 필요에 의해 물물교환을 한다.

「중앙통신」의 이러한 보도는 여기서 그치지 않았다. 1949년 10월 16일에는 '중·소간에 하르빈과 모스크바에서 2개의 비밀협정이 이미 체결됐다'고 보도하면서, 이 가운데 북한에 관계된 조항을 보면 중공이 북한에 공군기지를 설치할 수 있고 전시에는 북한을 경유하여 소련으로 후퇴할 수 있는 권리를 갖고 북한은 만저우의 지린(吉林: 길림)성과 안둥(安東: 안동)성 일부에 군대를 주둔시킬 수 있으며 이 지역을 적절한 시기에 할양받는다고 되어 있다고 주장했다.

중·소의 북한전쟁음모설을 주장하는 학자들이 가장 중요하게 취급하는 대상은 1949년 12월부터 1950년 2월까지 장기간(長期間)에 걸쳤던 마오쩌둥의 소련 방문과 이에 따른 스탈린과의 중·소정상회담이다. 1949년 12월 16일에 모스크바에 도착한 마오는 기자회견에서 스탈린과의 회담에서는 중·소우호동맹조약과 소련의 중공원조 및 중·소무역협정 등등의 문제들과 '그 밖의 문제들'을 논의할 것이라고 밝혔다.

이 '그 밖의 문제들 가운데' 한국전쟁계획안이 우선순위를 차지하고 있었을 것이라고 전통주의 학파의 학자들은 주장했다. 예컨대, 달린 교수는 미국 정보기관의 정보를 인용하여 '베이징과 모스크바는 북한이 전쟁을 시작해야 한다는 데 동의했다. 그들은 북한이 외부의 군사적 지원 없이 승리할 것이라고 믿었다. 미국이 승리하기 시작할 때만 중공은 소련의 대공엄호와 군사지원을 받아 참전한다'는 내용이 그 회담에서 결정됐다고 주장했다. 1955년에 출간된 워커(Richard L. Walker) 교수의 「공산주의 아래서의 중국」과 1961년에 출간된 모즐리(Philip E. Moseley) 교수의 「크렘린과 세계정치」도 비슷한 견해를 제시했다.

[2] 중국의 불개입설

이상이 중·소의 한국전쟁음모설의 개요인데, 이 설을 가혹하게 비판하는 영국의 수정주의자 기팅스(John Gittings)는 그것을 '소련의 아시아 대(大)음모설'로 묶어 부를 수 있다고 전제하고, 그러한 '음모'는 없었다고 단정했다. 기팅스뿐만 아니라 수정주의 학파에 속하는 학자들은 모두 중·소의 공모설을 비판한다. 그들의 견해가 잘 요약되어 있는 책이 1971년에 출간된 프리드먼(Edward Friedman)-셀든(Mark Selden) 공편의 「미국의 아시아」이다. 그러면 중국이 이 전쟁의 계획에 거의 개입되지 않았다고 보는 학자들의 주장은 무엇인가?

첫째, 중공불개입론자들은 이 전쟁 발발 이전 시기에 중국과 북한의 관계가 전쟁을 공모할 만큼 밀착되어 있지 않았다는 사실을 상기시킨다. 그 보기로서 우선 지적할 수 있는 것은 북한의 중국주재 초대 대사 리주연(李周淵)이 베이징에 부임한 때가 1950년 1월이었음에 비해 중국은 전쟁이 발발하고도 2주가 지난 7월 10일에야 부대사(Chih Keng-mao)와 일등참사관(Liu Yu-wan)을 평양에 보냈고, 8월 6일에야 비로소 초대 북한대사를 임명했다는 점이다. 이러한 지체(遲滯)가 베이징과 평양 사이의 관계가 멀었음을 말해

주는 것은 아니지만, 그것은 적어도 중국이 '조선문제'를 중요하게 보고 있지는 않았음을 시사해 주기에는 충분하다.

둘째, 중공불개입론자들은 이 전쟁 발발 이전 시기에 양자 사이에 갈등의 측면이 노출됐다는 사실을 지적한다. 압록강 수풍(水豊)댐의 배전을 둘러싼 양자의 분규가 그 보기이다.

1946년의 홍수로 수풍댐이 크게 손실되자 북한과 중국은 모두 댐을 보수하고자 했다. 그런데 북한은 중국과의 공동작업을 거부하고 일본인이 만들었던 약 20개의 중국쪽 수문을 폐쇄하여 모든 수로를 북한 지역으로 향하게 하도록 하는 보수안을 채택했다. 1948년 봄 북한이 이 보수안에 따라 공사를 시작하려고 하자 중국의 동북지구 행정대표는 압록강 북반이 중국 영토이며 댐의 일부는 중국 영토에 의존하고 있다는 이유로 중국과 북한의 공동보수를 주장했다. 그런데도 북한이 1948년 가을부터 일방적인 복구공사에 들어가자 중국 당국은 북한 건설노동자들이 중국령으로 접근하는 것을 막았다. 이 무렵 북한의 신의주와 만저우의 안둥 사이의 철도수송에 대한 중국쪽의 비협조로 북한의 수입계획에는 차질이 있었다. 이러한 상황에서 1949년 초 소련이 중재에 나서 양자간의 분규를 해결함으로써 복구공사도 1949년 6월 5일에 개시됐고 따라서 북한도 만저우의 공업지대에 대한 송전을 재개했다.

셋째, 중공불개입론자들은 중공적극참여론자들이 중시했던 베이징에서의 노동연맹대회 그리고 이 대회에서의 류샤오치의 연설을 재평가한다. 앞에서 인용했던 기팅스와 프리드먼 같은 학자들은 우선 이 대회에 참석한 각국 대표들이 아시아의 공산혁명을 조정할 만큼 중요한 인물들도 아니었고 이 대회는 각국의 노동문제를 종합적으로 토론하는 실무적 집회였을 뿐이라고 주장한다. 이 대회의 상설사무국도 오래가지 못하고 미구에 소멸되었음을 그들은 지적한다.

그들은 또 류의 연설도 아시아 공산혁명을 고취시킨 것이라기보다는 공산혁명을 성취시킨 중국공산당의 자부심을 나타내고 중국과 베트남에서 민족해방운동의 성공을 찬양하는 성격이 더 강하다고 풀이한다. 그들은 무엇보다도 류의 연설에 앞서 이미 아시아 각국에서 '반제무장투쟁'이 진행됐음을 강조하고 따라서 그 연설이 남한을 포함한 아시아 각국에 있어서 '반제무장투쟁'의 기폭제였다는 전통주의자들의 해석을 거부한다. 그들은 특히 류의 연설이 끝난 뒤 '류샤오치가 사용한 '중국의 길' 또는 '마오쩌둥의 길'이 반드시 '무장투쟁'만을 강조한 것이 아니라 '평화적 및 합법적 전략'의 중요성도 아울러 인정한 것'이라고 설명한 중국공산당 중앙위원회 위원 겸 중화인민공화국 국무원 노동부장 리리산(李立三: 리립삼)의 견해에도 주목한다.

이러한 맥락에서 '마오쩌둥의 길'과 북한의 남침 양상의 차이를 지적한 학자가 울람 교수이다. 그는 '북한의 남침방식은 모든 전선에 걸친 전면적인 군사 공격으로서, 이것은 광범위한 게릴라활동과 적당국의 사실상의 마비가 대규모의 정규군의 작전에 선행되는 중국형 인민해방전쟁과는 다르다'고 분석한 것이다.

넷째, 중공불개입론자들은 이 전쟁이 일어나기에 앞서 중국이 북한에게 군사적 또는 물질적 지원을 하겠다는 의사를 직접적으로나 함축적으로 표시한 일이 없음을 중시한다. 예컨대, 1950년 1월 28일에 초대 주중 북한대사 리주연이 신임장을 제정했을 때 중화인민공화국 부주석 류샤오치는 답사에서 '중국 인민은 조국의 독립과 민주주의와 통일을 위한 조선 인민의 영웅적 투쟁에 끝없는 동정을 표시한다'고 말했는데, 프리드먼 교수가 지적했듯이, '정신적 동정과 군사적 지원은 구별되어야 한다'는 것이다. '조선 인민은 그들 자신의 노력에 의해 그들 자신의 나라에서 평화와 통일의 문제를 해결해야 할 것이다'라는 중국공산당 관영통신 「신화(新華)」의

1950년 6월의 어느 날 논평은 바로 그 점을 더욱 분명하게 나타내고 있다.

다섯째, 중공불개입론자들은 중국적극참여론자들이 논거로 제시한 '한인병사들의 북한귀환'을 다르게 해석한다. 중공군을 깊이 연구한 미국의 군사전문가 그리피스(Samuel B. Griffith)는 1967년에 발간한 「중국인민해방군」에서 중국이 한인병사들을 북한에 귀환시킨 것은 한국전쟁을 의식해서라기보다 중국의 국내사정 때문이었을 가능성이 크다고 주장했다. 중국공산당은 대륙제패를 이미 완수했고 따라서 중공군을 감축해서 재편하겠다는 계획을 공식발표했었음을 그는 지적했다. 이러한 맥락에서 미국 미시건대학교의 화이팅(Allen S. Whiting) 교수는 1960년에 출간한 「중국이 압록강을 건너다」에서 '군사비에 대한 중공의 배려와 1950년도 중공군 감축안에 대한 준비가 그러한 귀환을 촉진시켰다고 해석할 수 있다'고 썼다.

여섯째, 중공불개입론자들은 중국적극참여론자들이 제시하는 일련의 '조·중협정'들의 실존 가능성을 의심한다. '조·중상호방위조약' 하나를 보기로 들어 보아도, 중국이 소련과 상호방위조약을 체결한 때가 1950년 2월인데, 그 때에 앞서서, 즉 중국 스스로의 안전에 대한 소련의 보장을 받기에 앞서서, 중국이 북한과 남침을 목적으로 하는 군사조약을 맺기 어려웠을 것이라고 본다.

여기서 반드시 지적돼야 할 점은 일련의 '조·중협정'에 관한 보도원(報道源)은 예외 없이 국민당 정부의 「중앙통신」이었다는 사실이다. 이 당시 국민당 정부의 수도였던 난징에 주재한 미국대사관이 본국 정부에 보낸 보고문도 그 점을 지적하면서 신빙성을 의심했다. 그러면 국민당 정부는 왜 그와 같은 기사를 보도했을까? 저자의 분석으로는, 국민당 정부는 동북아시아에서 소련과 중국 및 북한이 소련의 지원 아래 군사동맹을 발전시키고 있다고 주장함으로써 미국의 여론으로 하여금 미국도 그것에 맞서 국민당 정부 및 남한과의 동맹을 형성해야 한다는 압력을 미국 행정부와 의회에 가중시키도록 유도하기 위해 그와 같은 선전을 편 것이다.[11)]

일곱째, 중공불개입론자들은 마오-스탈린회담을 전통주의자들과는 다르게 해석한다. 이 회담을 특히 중국의 한국전쟁계획 참여문제에 초점을 맞추어 면밀히 검토한 화이팅 교수는 우선 이 회담의 대부분이 중·소동맹조약, 중국에 대한 소련의 군사원조, 중국의 중공업육성을 위한 소련의 차관제공(미화 3억 달러), 중·소의 월맹 승인 등의 현안들에 치중됐음을 밝혀 냈다. 그렇다고 하여, 마치 윈트(Guy Wint)가 1965년에 발간한 「중공의 십자군」에서 주장했듯이 스탈린이 마오에게 이 전쟁의 계획에 대해 알리기조차 하지 않았던 것은 아니다. 화이팅은 스탈린이 마오에게 이 전쟁의 계획에 대해 어느 정도 정보를 주었을 것이라고 추측했다. 이 정보에 따라 화남(華南)의 야전군을 한국전 직전에 만저우로 이동시켰고 중공군 안의 한인병사들을 빨리 북한으로 귀환시켰다고 보고 있다. 그러나 이 회담에서 이 전쟁에 대해 토의하고 합의했다는 직접적 또는 공식적 증거는 아직 발견되지 않고 있다.

이 회담이 진행되고 있는 동안 스탈린의 생일을 축하하기 위해 모스크바를 방문한 북한사절단의 귀국보고도 소련에 대해서만 언급하고 있다. 예컨대, 북한의 명목상의 국가원수로 사절단을 이끌었던 북한 최고인민회의 상임위원회 위원장 김두봉은 최고인민회의 상임위원회에 대한 귀국보고에서 '소련 인민들은 조선의 조속한 통일을 바라고 있고, 조선의 통일과 독립을 위해 싸우고 있는 우리 인민들을 격려했다'고 말했을 뿐, 중국에 대해서는 아무 말도 하지 않았다. 중·소동맹조약이 체결된 뒤에도 북한 수뇌부의 연설들과 신문논평들은 스탈린의 역할만을 찬양했을 뿐 마오에 대해서는 언급조차 하지 않았다.

총괄하건대, 중화인민공화국은 이 전쟁의 계획에 대해서는 알고 있었고 북한의 승리를 희망하고 있었으나 이 전쟁의 준비과정에 적극적으로 개입하지는 않았다는 것이 학계의 정설이라고 할 수 있다. 당시 중국은 국민당 정부와의 장기간의 투쟁에서 일어난 경제문제, 즉 막대한 군비부담과 인플레이션 및 생산력저하 때문에, 그리고 티베트와 타이완의 '해방' 뿐만 아니라 국민당 및 비적 소탕전에 몰두해 있어서 이 전쟁의 준비과정에 개입할 여력이 없었다. 중국은 특히 극동에서의 어떠한 극적인 변화는 미국의 아시아불개입 정책의 변화를 가져올 수 있음을 염려하고 있었던 만큼, 한반도에서 전쟁을 일으키는 문제에 대해 지극히 신중했을 것이다.

6. 수정주의자들의 견해

[1] 스톤의 「비사 코리아의 전쟁」과 그 영향

한국전쟁의 기원들에 관한 수정주의적 견해를 체계화하여 책으로 출판한 최초의 서방인사는 미국의 언론인 스톤(I. F. Stone)이다. 우익에 의해 '좌경' 으로 지목된 그는 1952년에 「비사(秘史) 코리아의 전쟁」을 출간하여, 이 전쟁이 미국과 남한의 공모에 의해 일어났을 가능성이 크다고 주장한 것이다.[12] 그러면 미국과 남한은 왜 이 전쟁을 '공모' 했다고 그는 보았는가? 그는 우선 남한의 이승만 정부가 국내정치적으로 위기에 직면해 있었다고 주장하면서 국내적 위기의 해소를 위해 전쟁을 도발하고자 했을 것이라고 추측했다. 그는 이어 당시 태평양지역의 연합군최고사령관인 맥아더가 아시아 우선주의를 내세우고 있었음에 유의하면서, 맥아더가 이승만과 장제스 및 덜레스와 '공모' 하여 한반도에서 전쟁을 도발해 미국을 군사적으로 개입시켜 유럽 우선주의를 추구하던 트루먼 행정부의 대외정책을 역전시키고자 했을 것이라고 추측한다.

스톤의 이 책은 신빙성 있는 자료들의 제시가 미흡하며 대부분이 단편적인 신문보도들과 추측들에 바탕을 두고 있다. 또 그는 이 전쟁에 대해서뿐만 아니라 다른 국제문제들에 대해서도 '좌경적' 해석을 제시하는 일이 많았으며, 이 책 역시 그의 그러한 경향을 반영했다. 그런데도 이 책은 미국의 수정주의자들에게 많은 영향을 주어, 예컨대 앞에서 소개했던 플레밍 교수와 콜코 내외의 주상은 기본적으로 스톤의 명제를 조금 더 발전시킨 것이라고 말할 수 있다. 또 이 책은 1952년에 우치야마 사토시(內山敏: 내산민)의 번역으로 도쿄의 신효론샤(新評論社: 신평론사)를 통해 상·하 양권으로 출간되어 좌익편향이 강한 일본의 지식인들은 물론이거니와 일반독자들에게조차 많은 영향을 미쳤다. 이 책은 1966년에 우치야마의 개역으로 도쿄의 아오키쇼뎅(青木書店: 청목서점)에서 한 권으로 출간됐다. 일본의 유명한 소설가 마쓰모도 세이조(松本清張: 송본청장)의 「日本の黑霧("일본의 검은 안개")」 가운데 "謀略朝鮮戰爭(모략조선전쟁)"은 새로운 자료의 제시 없이 그저 「비사」를 끌어 쓴 것으로 볼 수 있다.

[2] 「비사」 이후에 전개된 수정주의자들의 논리

스톤의 「비사」 이후 이 전쟁의 기원들에 관한 수정주의자들의 논리는 여러 각도로 전개됐다. 그 내용은 서울대학교 대학원 외교학과의 최광녕(崔光寧)이 1984년에 제출한 석사학위청구논문인 "한국전쟁의 원인에 관한 연구"에 비판적으로 잘 요약되어 있다. 이하에서 그 논문에 기초해 수정주의자들의 논리를 정리해 본다.

첫째, 남북한 사이의 군비경쟁이 이 전쟁의 발발을 가져왔다는 주장이다. 콜코 교수와 시몬즈 교수에 따르면, 이 전쟁이 일어나기까지 약 1년 동안 남북 사이에 군비경쟁이 본격적으로 전개됐으며, 특히 1950년 초부터 남한이 군비를 상당한 수준으로 증강한 사실은 미국 정부도 인정했다. 그뿐 아니라, 이 기간에 38도선 주위에서는 남북 사이에 무력충돌이 잦았다. 이 사실 역시 미국 정부에 의해 인정되고 있다. 트루먼 대통령의 특사로 방한했던 콜롬비아대학교의 제섭(Philip Jessup) 교수는 1950년 4월에 '38도선은 정말 하나의 전선이다. 늘 전투가 있었으며 어떤 전투는 1,000~2,000명이 개입되는 진짜 전투들이었다'고 보고했었다.[13] 그런데 콜코를 비롯한 일부 수정주의자들은 이러한 무력충돌들의 상당한 부분이 남한에 의해 도발된 것이라고 주장하면서 이 도발의 연장선 위에서 한국전쟁이 발발했을 것이라고 추측한다.

둘째, 이승만 정부의 북진통일론이 북한의 대남도발을 촉진시켰다는 주장이다. 이 대통령은 여러 차례 무력통일 또는 북진통일을 부르짖었으며 이 목표의 달성을 위해 미국에 군사원조를 공공연히 요청했다. 이 점에 근거하여, 「좌파평론」의 편집위원인 영국의 할러데이(Jon Halliday)는 북침설을 주장하면서 이승만 정부가 미국 지상군의 개입을 유도하여 북한 정권을 붕괴시키고자 했다고 주장했다.[14] 콜코 교수와 굽타 교수 및 시몬즈 교수도 비슷한 견해를 제시했다.

셋째, 남한에 대한 미국의 군사공약의 강화가 북한을 자극했다는 주장이다. 콜코 교수와 굽타 교수가 이 주장을 폈다. 이들은 당시 미 국무부 고문 덜레스가 한국전쟁의 발발을 앞두고 방한해 대한군사공약을 다짐한 사실을 상기시키면서, 이처럼 미국이 한국군을 강화시키면 이승만은 숙원인 무력통일을 추구할 것이라고 판단한 북한이 1950년 6월 25일 현재의 '순간적 군사력 우위'를 이용해 '예방조치'를 취하게 됐다고 설명한다.

[3] 수정주의자들의 논리에 대한 비판

그러면 수정주의자들의 이러한 설명은 어떻게 평가될 수 있는가? 이 물음에 대답하기에 앞서 우선 지적되어야 할 점은 그들의 논리는 신빙성 있는 공식문서들에 바탕을 둔 것이 아니라 추측에 바탕을 둔 것이라는 사실이다. 스투어크 교수가 콜코 교수를 반박하면서 강조했듯이, 수정주의자들의 글 속에는 '아마도'('probably' 또는 'perhaps')라는 단어와 '추측하건대'('a matter of conjecture')라는 용어가 자주 나오고 있다. 이 전쟁의 기원들에 관한 수정주의자들의 논리는 그만큼 문서적 근거가 약하다. 또 한 가지 반드시 지적돼야 할 점은 그들은 처음부터 어떻게 해서든지 이 전쟁의 책임을 미국과 남한에 지우려고 시도한 대신에 북한에게는 책임이 없는 듯이 논리를 전개하려고 했다는 사실이다. 스스로 '좌파 지식인' 임을 자처하고 미국의 대외정책을 거의 언제나 비판해 온 그들은 말하자면 이 전쟁에 대해서도 그러한 시각에서 설명하고자 한 것이다.

그러면 이제 수정주의자들의 논거를 재검토해 보자. 첫째, 남북한의 군비경쟁에 대해서이다. 이 점에 대해서는 앞에서 소개한 최광녕의 석사논문이 면밀하게 따졌다. 그는 우선 '병력 수에 있어서는 남북한 사이에 경쟁이 발생하였으며 1948년부터 1949년까지는 남한이 그 경쟁을 주도했으나 장비와 훈련 수준에 있어서는 남북한이 경쟁상태에 있지 않았고 북한군이 시종일관 우위를 확보했다.' 이어 그는 다음과 같이 결론짓는다. '여기서 우리가 평민집단과 전투병력과의 구별을 무장한 장비와 무기 그리고 군사훈련의 유무에서 찾는다고 할 때, 남북한간에 군비경쟁이 계속되었고 그 군비경쟁을 한국쪽이 촉발하고 주도했다는 주장은 받아들이기 어렵다.'

둘째, 이승만 대통령의 북진통일론에 대해서이다. 이 대통령이 북진통일을 표방한 것은 사실이다. 그러나 그는 남한의 군사력이 북한의 군사력에 비해 열세임을 알고 미국으로부터 군사원조를 끌어내기 위한 '공갈정책'으로 북진을 강조했을 뿐이다. 무엇보다 그는 한국군이 독자적으로 북진할 능력이 부족할 뿐만 아니라 한국군의 북진정책을 미국을 비롯한 우방들이 지지하지 않고 있음을 잘 알고 있었다. 그뿐 아니라 그가 무력통일론을 펴면서도 어떤 때는 평화통일을 지지했다는 사실이 상기돼야 할 것이다. 예컨대, 1949년 10월 14일에 있었던 국내기자단과의 회견에서 그는 '이북 공산도배 가운데도 악질 반란분자만 제외하고 전부 포섭해야 할 터인데 국련과 협의하여 세계공론의 순리를 따라 통일하려는 것이다'라고 말했다.

셋째, 덜레스 고문의 방한연설에 관해서이다. 덜레스가 1950년 6월 19일에 한국 국회에서 '여러분들은 홀로 있지 않다. 여러분들이 인간의 자유라는 위대한 설계 속에서 여러분의 역할을 가치있게 계속해서 수행하고 있는 한, 여러분들은 결코 혼자가 아니다' 라고 선언하여 한국에 대한 상당히 강화된 정책을 공약했음은 사실이다. 그러나 덜레스는 방한중에 가진 이 대통령과의 특별대담에서 공동의 적에 대한 공동의 행동에는 형식적인 조약이나 동맹이 반드시 필요한 것이 아니라고 강조했다. 그는 이어 미국 정부는 소련이 현 상황에서 전쟁을 감행하지는 않으며 간접침략을 조장할 것이라고 전제하고, 미국이 제3차 세계대전에 대비하여 다른 국가의 안보를 공약할 수는 없으나 간접침략에 대해서는 원조가 가능하다고 말했다. 따라서 덜레스의 발언이 미국 정부가 남한에 대한군사공약을 강화한 증거로 해석되기는 어렵다.

[4] 수정주의자들의 남침 인정과 논점의 변경

수정주의자들의 논리가 문제점들을 안고 있음이 차차 공인되고 특히 북한에 의한 남침으로 이 전쟁이 일어났다는 사실이 명백해지면서 이 전쟁에 대한 수정주의 학파의 입장에도 부분적인 변화가 일어났다. 우선 수정주의자들 가운데서도 이 전쟁은 북한의 남침에 의해 시작됐음을 인정하는 학자들이 나타났다. 소련의 학자조차 '1950년 6월 25일에 조선반도에서 군사작전이 발생했다'는 중립적인 표현을 썼으며, 중국군의 한국전개입 직후 국제연합 안전보장이사회에 중국대표로 참석했던 중국의 노련한 외교관 우슈챤(伍修權: 오수권)도 그의 외교회고록에서 비슷한 표현, 즉 '1950년 6월, 신민국(新民國)이 성립된 지 불과 몇 개월이 되지 않아 조선전쟁이 발발했다'라는 표현을 썼고, 중국의 한 언론매체는 '북한군이 갑자기 남쪽으로 진군했다'고 썼다.[15] 유고슬라비아의 한 통신은 아예 북한이 남침했다고 밝히기도 했다.

일본에서의 대표적인 보기로 흔히 나고야(名古屋: 명고옥)대학의 시노부 세이자부로(信夫淸三郎: 신부청삼랑) 교수가 월간지 「세카이(世界: 세계)」 1965년 8월호에 발표한 논문 "現代史の劃期としての朝鮮戰爭"("현대사의 획기로서의 조선전쟁")을 지적한다. 마르크시스트 학자로 알려진 그가 이 논문에서 일본 외무성이 1951년에 출판한 「조선사변의 경위」와 트루먼 회고록 및 맥아더 회고록 등을 포함한 객관적인 학술자료들을 활용하면서 북한의 남침에 의해 이 전쟁이 시작됐음을 밝혔다. 물론 그는 '조선전쟁은 내전으로 발발하였으나 미국의 군사개입으로 국제전쟁으로 발전했다'는 입장을 취하고 있다. 그러나 북한의 남침에 의해 이 전쟁이 시작됐다는 점은 명백히 지적한 것이어서 적지 않은 센세이션을 일으켰다.

이 무렵(1967~1968년) 콘데(David W. Conde)라는 언론인이 쓴

원고를 무츠이 사부로(陸井三郎: 육정삼랑)가 감역(監譯)하고, 도쿄의 타이헤이슈판샤(太平出版社: 태평출판사)가 출판한 「朝鮮戰爭の歷史, 1950~1953」이 다시 '북침' 설을 들고 나왔다. 그는 반(反)자본주의·반미(反美)성향이 매우 강한 이단적 언론인으로, 북한을 찬양하면서 대한민국이라면 사사건건 나쁘게 보는 좌익편향에서 그러한 책을 썼다고 할 수 있다. 한편 1967년 당시 오사카(大阪)시립대학 교수였던 가미야 후지는 일본인 학자로서는 처음으로 이 전쟁의 역사를 계통적으로 서술하려고 시도한 객관적 입장의 「朝鮮戰爭: 美·中共對決の原形("조선전쟁: 미·중공 대결의 원형")」을 도쿄의 주오고론샤(중앙공론사)를 통해 출간했다.

이처럼 한국전쟁에 대한 저서들이 연이어 나오자, 1969년 10월 28일부터 29일까지 오카야마(岡山: 강산)대학에서 열린 일본국제정치학회 1969년 추계연구회가 가미야 후지 교수의 사회로 '조선전쟁'을 다뤘다. 여기서 일본 조선문제연구소 이사로 좌익 성향인 하다다 시게오가 보고를 담당하고 아오모리(青森: 청삼)대학 교수로 우익 성향인 이치가와 마사아키(市川正明: 시천정명) 박사가 총질문을 담당했다. 여기서 이 전쟁이 북한의 전면적인 선제공격으로 시작된 것은 틀림없다는 데 대체적인 합의가 이뤄졌다.

그 다음 해에 시노부 세이자부로 교수는 도쿄의 후쿠무라슈판샤(福村出版社: 복촌출판사)를 통해 「朝鮮戰爭の勃發("조선전쟁의 발발")」을 발간했다. 이 책에서 그는 스톤의 저서와 콘데의 저서의 오류들을 낱낱이 지적하면서 남한과 미국에 의한 '북침' 설을 강력히 부인했으나 한국전쟁의 성격을 '내전' 으로 규정했다.

이처럼 북한에 의한 남침설이 사실상 국제학계의 정설로 받아들여지자 '북침' 설 또는 '남침유도' 설을 내걸던 수정주의자들은 논점을 바꾸고 나섰다. 이 전쟁이 기본적으로 '민족해방전쟁' 이므로 누가 먼저 전쟁을 시작했느냐를 따지는 것은 무의미하다고 주장하기 시작한 것이다. 그 대표적 학자가 할러데이이다. 그는 '한반도의 분단과 그 기원들에 관한 정당한 강조 없이 왜 한국전쟁이 일어났는가라는 주요한 물음에 대답하기 어렵다'고 전제하고, 누가 한국전쟁을 시작했느냐고 묻는 것은 한국전쟁의 성격을 이해함에 있어서 의미가 없다고 주장한다. '누가 한국전쟁을 시작했는가에 관한 서방(그리고 또 사회주의 국가들)에서의 반복적인 강조는 코리아에 있어서의 계급투쟁의 문제를 비역사화(非歷史化)한다'고 그는 덧붙인다.[16] 할러데이의 이러한 '새로운' 주장이 나오자 그를 따르는 수정주의자들은 그 주장을 되풀이했다.

여기서 다시 상기시키고자 하는 것은 할러데이를 비롯한 수정주의자들은 대체로 북한의 입장에 매우 유리한 해석을 제시하고자 애써 왔다는 사실이다. 북한의 입장을 어떻게든 살려 주려는 취지에서 논점을 바꿔 가면서까지 논리를 전개해 온 것이다. 따라서 그들의 논리는 당파성에 입각한 논리라고 할 수 있다.

이어 그들의 문제 제기와 논리가 맞는가를 생각해 본다. 첫째, 누가 먼저 전쟁을 시작했느냐를 따지는 것은 과연 무의미한가? 그렇지 않다. 재산 피해는 둘째로 하고, 수백만 명의 인명 피해를 낸 이 전쟁의 일차적 방화자가 누구였는지를 밝히는 것이 어찌 무의미한 것인지 이해할 수 없다. 누가 먼저 전쟁을 시작했는지를 따지지 말자는 것은 간단히 말해 전쟁을 시작한 김일성의 전범행위를 따지지 말자는 것과 마찬가지이다. 만일 그들이 남한과 미국에 의한 '북침'설을 뒷받침할 수 있는 명백한 자료를 찾아내기라도 했다면, 그들은 누가 먼저 전쟁을 시작했느냐의 문제를 철저히 끝까지 따지자고 주장했을 것이다.

둘째, '민족해방전쟁'이므로 누가 먼저 전쟁을 시작했느냐를 따지는 것은 무의미하다는 그들의 주장은 북한은 '민족해방전쟁'을 언제라도 시작해도 좋다는 뜻을 함축하고 있다. 실제로 그들은 이 전쟁을 통해 북한이 남한을 공산화 통일했어야 한다는 뜻을 보였다. 할러데이의 글을 보면, 이 전쟁 때 미군을 주축으로 하는 국제연합군의 참전이 없었더라면 북한에 의한 남한의 공산화가 가능했을 것이고 한반도의 공산화 통일이 성취됐을 것인데, 국제연합군의 참전으로 한반도가 공산화 통일되지 않은 것에 대한 아쉬움을 나타내고 있음을 알 수 있다.

이러한 논리가 타당하단 말인가. 당시 대한민국 국민의 거의 모두는 공산화 통일은커녕 북한의 점령조차 강력히 반대하고 있었다. 북한 주민의 상당수도 북한의 통치에 싫증을 느끼고 있었다. 굳이 '민족해방전쟁'이란 말을 쓰고자 한다면, 대한민국쪽에서 북한에 대해 '민족해방전쟁'을 벌여 공산체제에 시달리던 북한 주민들을 해방시키는 것이 순리일 것이다. 그런데 만일 대한민국이 그러한 길을 밟았다면, 수정주의자들은 이 전쟁이 기본적으로 '민족해방전쟁'이므로 누가 먼저 전쟁을 시작했느냐를 따지는 것은 무의미하다는 논리를 펴지 않고 남한이 '제국주의적 침략전쟁을 도발했다'고 공격했을 것이다.

북한의 남침으로 시작된 이 전쟁을 통해 수백만 명의 인명 피해가 났고 그 상처는 지금까지도 아물지 않고 있다. 수정주의 학자들이 즐겨 쓰는 말인 '민족해방전쟁'이란 말로써 그 인명 피해와 그 상처가 정당화될 수는 없다. 진정으로 해방됐어야 할 무고한 일반서민들이 해방되기는커녕 오히려 살상되고 숙청된 우리 겨레의 참상을 놓고 외국인들이 그것은 '민족해방전쟁'이므로 별 수 없지 않으냐라고 말하는 것은 우리 겨레에 대한 모욕이기도 한 것이다.

[5] 북한의 남침 결정에 대한 또 다른 설명들

소련과 북한의 공모설에 비교적 가까운 학자들 가운데서도 북한이 '민족해방전쟁'의 논리에서 한국전쟁을 일으키게 되었다고 주장하는 이들이 있다. 예컨대, 오코노기 교수는 당시 남북한이 정치권력의 정통성을 놓고 서로 경쟁을 벌이고 있는 국내냉전에 미·소의 국제냉전이 겹쳐진 상황에서 북한이 '인민해방전쟁'의 논리 아래 소련과 공모해 이 전쟁을 일으켰다고 분석했다.[17] 도쿄외국어대학의 나카지마 미네오(中嶋嶺雄: 중치영웅) 교수도 소련과 북한 쌍방의 이해가 일치하여 남침했다고 말하고 북한이 남침을 공모한 근거는 '민족해방전쟁'의 논리였다고 보았다.[18]

아세아경제연구소(アジア經濟研究所)의 사쿠라이 히로시(櫻井浩: 앵정호) 연구원도 북한이 1950년 6월 25일에 남한에 대해 무력공격을 시작한 점을 인정한다. 그러면서도 이 전쟁을 바라보는 그의 시각은 독특하다. 그의 소론은 그가 1983년 5월에 미국 캘리포니아대학교 버클리 캠퍼스 동아시아연구소에서 발표한 영문논문인 "왜 1950년 6월 25일에 조선전쟁이 발발했는가?", 그리고 1984년 5월 「アジア經濟("아시아경제")」 제25권 제5, 6호에 발표한 "朝鮮戰爭の起源に關する一考察(조선전쟁의 기원에 관한 하나의 고찰)"에 잘 나와 있다.

여기서 그는 '조선전쟁은 조선반도에서 이미 일어났던 내란이 1950년 6월 25일에 확대된 것이며, 이 확대는 당시의 남조선 지역에 있어서 농지개혁 또는 토지개혁의 실시와 극히 밀접한 관계가 있다'는 가설을 제시했다. 그에 따르면, 남한 정부가 토지개혁에 대한 법적 및 재정적 준비를 1950년 6월 23일까지 완료하기로 계획을 세워 발표했고 또 그 계획에 맞춰 단계적으로 토지개혁을 실시해 나오면서 농민층을 어느 정도 안정시키자 북한 당국은 그것의 '성공'을 두려워하여, '6월 23일에 가까우면서 자신들의 전략에 가능한 한 유리한 날을 선택하지 않으면 안 됐는데, 그것이 일요일인 1950년 6월 25일이었다'고 썼다.

7. 결론: 소련이 지원한 북한주도의 남침

이상에서 저자는 한국전쟁의 기원에 관한 다양한 설명들을 정리해 보았다. 이제 여러 가설들에 대한 검토를 요약함으로써 결론을 삼고자 한다.

한국전쟁은 대부분의 수정주의자들조차 인정하고 있듯이 북한의 남침에 의해 시작됐다. 그리고 그 남침은 선제적이고 전면적이었으며 사전에 주도면밀하게 계획되고 준비된 것이었다. 이 점은 여러 공식자료들에 의해 명백하게 입증된다.

그러한 자료로 우선 지적할 수 있는 것은 북한의 민족보위성이 1950년 6월 15일자로 각 사단에 하달한 정찰명령 제1호 문서와 소련 군사고문단이 6월 22일자로 민족보위성에 명하여 각 사단에 하달한 전투명령 제1호 문서 등이다. 또 당시 남한에 파견되어 있던 국제연합한국위원단의 보고, 그리고 38도선에서의 군사분쟁을 일으킬 것으로 보이는 사태발전을 분석하기 위해 6월 9일부터 현지를 관찰했던 국제연합 실무반이 6월 24일에 작성한 보고 등이다. 이러한 문서들에 대한 면밀한 분석은 앞에서 소개한 최광녕의 논문에 제시되어 있다.

그러면 북한의 남침은 어떻게 계획되고 준비된 것인가? 저자가 보기로는 앞에서 인용했던 흐루시초프의 회고록이 진상에 가까운 해답을 주고 있다. 흐루시초프가 강조했듯이, '한국전쟁은 스탈린의 구상이 아니라 김일성의 구상이었다. 김이 전쟁을 시작한 자였다.' 김일성이 이 전쟁의 준비에 열성적이었음은 역설적인 얘기지만 스톤의 책에서도 발견된다. 스톤은 당시 미 상원 외교위원회 스미스(H. Alexander Smith) 의원의 1949년 11월 29일자 '개인적 보고'를 인용해, 김일성이 남침을 위한 군사적 지원을 얻기 위해 중공을 설득했다고 주장한다. 물론 스톤은 이러한 김의 제의를 중공이 거절했다는 점을 역설하고 있으나, 김이 개전에 적극적이었음을 간취할 수 있다.

북한은 남한이 '북침'을 준비했었다고 주장해 왔다. 그러나 적어도 이 전쟁의 기원들에 관한 논쟁에서는 비교적 수정주의 학파에 가깝다고 볼 수 있는 미국의 볼드윈(Frank Baldwin) 박사조차 그것을 부인한다. 이 전쟁 당시 주한 미국대사관의 일등서기관이었던 노블(Harold Noble) 박사의 회고록인 「전시의 대사관」 원고를 검토한 볼드윈은 이 전쟁이 시작됐을 때 당황하고 혼란에 빠진 한국 정부의 움직임을 자세하게 묘사한 노블의 그 당시의 기록에 비추어 남한이 '북침'을 준비했다거나 또는 북한의 남침을 고의적으로 유도했다는 주장은 받아들이기 어렵다고 쓰고 있다.[19)]

공산주의자로서 김일성을 비판하기 위해 붓을 들었다는 소련거주 한인교포 림은(林隱: 가명)의 「북조선왕조성립비사」 역시 북한의 남침을 폭로한다. 1982년 도쿄의 지유샤(自由社: 자유사)에서 일어와 영어로 출판된 이 책에서 저자는 흐루시초프의 회고록이 증언하고 있는 그대로 6·25동란의 '방화자'는 김일성이라고 단언하고 있다. 저자는 이 책의 내용으로 보아 1950년대의 어느 시점까지는 평양에 있었으며 북한의 고관들 또는 그들의 측근들과 가까웠던 것으로 추정된다. 이러한 그가 6·25동란 전후의 상황을 회고하면서 북한의 남침준비와 김일성의 '방화'를 증언하고 있는 것이다.

또 하나의 소중한 증언은 소련주재 북한대사를 지낸 뒤 소련에서 살고 있는 리상조(李相朝)의 회고이다. 중국에서 항일독립운동에 참가했던 그는 북한 정권과 군의 형성기에 깊이 개입했고, 북한의 남침 때 북한군의 수뇌부에 속해 있었으며, 정전회담 때 북한대표단의 일원이었다가 뒷날 소련주재 북한대사를 지냈으나, 김일성에게 숙청당하게 되자 소련에 남아 있는 사람이어서 그의 회고는 진실을 담고 있다고 하겠다. 그는 1989년 9월에 서울을 방문하고 가진 회견에서 6·25동란을 일으킨 장본인은 김일성이었다고 단언한 것이다. 미군이 개입하지 않을 것이며 남로당원들이 호응봉기할 것으로 오판한 김일성이 스탈린을 설득해 남침했다는 것이었다.[20)]

註

1) D. F. Fleming, *The Cold War and Its Origins, 1917∼1960*(Garden City: Doubleday and Co., 1961), 제Ⅰ권 및 제Ⅱ권.

2) Bruce Cumings, *The Origins of the Korean War,* Vol. 1; *Liberation and the Establishment of Separate Regimes*(Princeton: Princeton University Press, 1981).

3) Bruce Cumings(ed.), *Child of Conflict: The Korean–American Relationship, 1943∼1953*(Seattle: University of Washington Press, 1983).

4) David J. Dallin, *Soviet Foreign Policy After Stalin*(Philadelphia: J. B. Lippincott, 1961), p. 60; Thomas W. Wolfe, *Soviet Power and Europe, 1945∼1970*(Baltimore: Johns Hopkins Press, 1970), p. 26.

5) Adam B. Ulam, *Expansion and Coexistence: The History of Soviet Foreign Policy, 1917∼1967*(New York: Praeger Publishers, 1968), p. 514.

6) George Kennan, "Japanese Security and American Policy," *Foreign Affairs*(October 1964), p. 15.

7) Raymond L. Garthoff, *Soviet Strategy in the Nuclear Age*(New York: Praeger Publishers, 1965), p. 72.

8) Wilbur Chaffee, "Two Hypotheses of Sino–Soviet Relations as Concerns the Instigation of the Korean War," *Journal of Korean Affairs,*

제 4 권 제 3~4 합병호(October 1976~January 1977), pp. 10~11.

9) 이러한 자료들을 활용하여 소련이 북한의 남침계획을 군사적으로 어떻게 지원했는가를 잘 설명한 논문은 Jin Chull Soh(蘇鎭轍: 소진철), "The Role of the Soviet Union in Preparation for the Korean War"이다. 이 논문은 *Journal of Korean Affairs,* 제Ⅲ권 제 4 호(January 1974)에 실려 있다.

10) *Khrushchev Remembers,* with an Introduction, Commentary and Notes by Edward Crankshaw, translated and edited by Strobe Talbott(Boston: Little, Brown and Co., 1970), pp. 367~369.

11) 이 점은 저자의 다음 영문저서에 자세히 지적되어 있다. Hak-joon Kim, *The Sino-North Korean Relations, 1945~1984*(Seoul: The Korean Research Center, 1985), pp. 47~50.

12) I. F. Stone, *The Hidden History of the Korean War*(New York: Monthly Review Press, 1952).

13) United States Department of State, *Bulletin*(April 24, 1950), p. 627.

14) Jon Halliday, "The Korean War: Some Notes on Evidence and Solidarity," *Bulletin of Concerned Asian Scholars,* 제11권 제 3 호(July 1979), pp. 2~18.

15) V. Tikhomirov, "People's Korea: 30 Years," *International Affairs,* 9(Moscow, 1975), p. 49. 우(伍)의 외교회고록은 한양대학교 중소연구소가 발간하는 「중소연구」, 제 8 권 제 1 호(1984년 3월) 및 제 8 권 제 2 호(1984년 6월)에 분재되어 있다.

16) 주 3의 책, 164쪽.

17) Masao Okonogi, "The Domestic Roots of the Korean War," in Yonosuke Nagai and Akira Iriye(eds.), *The Origins of the Cold War in Asia*(New York: Columbia University Press, 1977), p. 299 및 pp. 316~317.

18) Mineo Nakajima, "The Sino-Soviet Confrontations: Its Roots in the International Background of the Korean War," *Australian Journal of Chinese Affairs,* Vol. 1(January 1979), pp. 37~39.

19) Frank Baldwin, "Editor's Introduction," in Frank Baldwin(ed.), *Embassy at War,* prepared by Harold Noble(Seattle: University of Washington Press, 1975), pp. xv~xvi.

20) 「동아일보」, 1989년 9월 9일.

보론 I 6·25전쟁에 관한 학파와 명칭에 관한 몇 가지 예비적인 설명들

6·25전쟁을 본격적으로 설명하기에 앞서, 이 전쟁에 관한 학파(學派)들과 이 전쟁의 명칭들에 대해 설명하는 것이 좋겠다. 그 설명들은 독자들로 하여금 이 책을 읽는 데 보다 편하게 만들어 줄 것으로 기대되기 때문이다.

1. 전통주의 학파와 수정주의 학파, 신전통주의 학파와 신수정주의 학파

이 전쟁에 관한 학문적인 글들을 읽게 되면 반드시 접하게 되는 용어들이 있다. 그것들이 바로 이 절(節)에서 설명하려는 전통주의 학파와 수정주의 학파, 신(新)전통주의 학파와 신(新)수정주의 학파 등이다.

[1] 냉전기원론에서의 전통주의와 수정주의

1945년에 제2차 세계대전이 연합국의 승리로 끝난 뒤 그 이전에 잠복해 있던 미국과 소련 사이의 냉전이 표면화됐다. 이 냉전은 미국을 정점(頂點)으로 하는 서방진영과 소련을 정점으로 하는 공산진영(또는 동방진영) 사이의 이념적·정치적·군사적 대결로 확대됐으며, 그리하여 세계는 동서(東西) 양대진영의 냉전 아래 놓이게 됐다.

그러면 이 냉전은 어떻게 어느 쪽에 의해 시작됐던가? 이 물음에 대해, 정부의 공식적 수준에서 서방국가들은 소련에 의해 시작됐다고 대답했으며 공산국가들은 미국에 의해 시작됐다고 대답했다. 학자들의 경우도 마찬가지여서, 학문의 자유가 거의 없었던 공산국가들에서는 정부의 공식적 해석을 그대로 따랐으며, 학문의 자유가 상대적으로 넉넉했던 서방국가들에서도 정부의 공식적 해석과 본질적으로 같은 해석을 내놓았다.

이 '냉전의 기원논쟁'에서[1] 우리가 초점을 서방세계의 학계에 맞추기로 하면, 1960년대 초까지는 냉전이 소련에 의해 시작됐다는 해석이 다수설(多數說)이었다.[2] 그들의 논거는 대체로 다음 세 가지였다.

첫째, 소련의 공식적 이데올로기인 마르크시즘·레닌이즘은 공산주의의 전세계적 확산을 지향하며 따라서 소련은 건국 초기부터 전세계의 공산화를 추구했다. 그리하여 소련은 공격적이며 호전적인 대외행태(對外行態)를 일삼았다. 대외팽창과 침략, 그리고 다른 나라들에서의 공산주의적 반정부시위와 정부전복 및 반란에 대한 선동과 지원 등은 대체로 소련의 배후조종에 의한 것이었다.

둘째, 이 점은 소련공산당 중앙위원회 총비서이며 소련정부의 총리이던 이오시프 스탈린의 개인적 성향에 의해 더욱 두드러졌다. 희대의 독재자였던 그는 성격이 포악하고 공격적이며 호전적이어서 대외행태에서 모험주의의 길을 걸었다.

셋째, 실제로 2차 대전이 끝난 뒤 소련은 동유럽을 공산화함으로써 소련과 동유럽을 포함하는 광대한 지역에 '소련제국'을 구축했다. 이어 아시아에서는 중국공산당의 중국대륙 장악을 지원했고 동남아시아와 동북아시아 일대에선 공산혁명을 고취했다.[3] 중동에서도 공산주의의 팽창을 시도했다.

소련의 이러한 팽창주의적·공격주의적 · 모험주의적 대외행태에 대해 미국은 자유주의 세계를 지키기 위해 방어적으로 대응하지 않을 수 없었다. 그래서 미국은 북대서양조약기구(North Atlantic Treaty Organization: NATO)나 동남아시아조약기구(South East Treaty Organization: SEATO)와 같은 '자유의 십자군'을 만들어 소련의 세계적화 전략에 맞서게 됐으며, 이로써 냉전이 시작됐고 차차 격화됐다.

이상이 '냉전의 소련주도설' 또는 '냉전의 소련책임설'의 핵심인데, 이러한 설명을 학계는 전통주의 학파(the traditionalist school)의 해석이라고 부른다. 이 해석은 이념적으로는 우파적(右派的) 해석이라고 불리었다.

그런데 1960년대에 들어와 이러한 해석에 도전하고 이러한 해석을 수정하려는 학자들이 나타났다. 그래서 그들을 수정주의 학파(the revisionist school)라고 부른다. 플레밍(D. F. Fleming) 교수와 같은 국제정치학자가 이 방면의 개척자들 가운데 한 사람으로 꼽히는데, 그가 1961년에 발간한 「냉전과 그 기원들」은[4] 전통주의 학파의 전후(戰後)냉전사 해석들 가운데 많은 부분들을 새롭게 생각하게 만들어주었다.

수정주의 학파의 출발점은 미국의 대외행태가 오히려 제국주의적이며 팽창주의적이라는 시각이다. 수정주의자들은 미국이 자신의 자본주의 체제를 유지하고 발전시키기 위해 전후의 국제질서를 미국을 중심부로 삼는 자본주의 국가들의 통합이라는 방향으로 개편해 나갔다고 전제하고, 미국의 이러한 대외정책은 자연히 소련을 압박해 들어가 소련의 군사적 대응을 불가피하게 만들었다고 분석했다.

이들의 분석에서, 스탈린과 소련은 새롭게 묘사됐다. 스탈린은 희대의 독재자임에는 틀림없으나 소련의 국가이익과 관련해 신중하며 사려 깊은 전략가로 부각됐고, 그가 이끌었던 소련의 외교는 모험을 회피하고 자제적이며 방어적인 것으로 설명됐다. 무엇보다 소련의 국력은 미국의 국력에 비해 열등했다는 인식이 수정주의자들의 논리 속에 깔려 있었다. 1930년대에 와서야 비로소 본격적인 공업화가 추진됐으며, 1940년대에는 나치독일과 같은 강대한 공업국가와 싸우느라고 국력이 크게 줄어든 소련이 어떻게 세계 최대의 강대국인 미국을 상대로 모험주의적이며 도전적인 대외행태를 취할 수 있었겠느냐고 그들은 반문했다. 이러한 수정주의적 해석은 이념적으로는 좌파적 해석이라고 불리었다.

이상에서 간단히 보았듯이, 미국과 소련의 대외행태의 본질을 살핌에 있어서 전통주의 학파는 주로 이데올로기적 접근방법을 취했고 수정주의 학파는 주로 경제적 접근방법을 취했다. 그러므로 그 결론은 큰 차이를 나타낼 수밖에 없었다. 그러나 두 학파는 서로 상대방의 논리를 부분적으로 수용하면서 자신의 논리를 보다 더 정밀화시켰다. 예를 들어, 미국이 공격적이며 침략적인 대외행태를 보인 경우가 있었음도 서로 받아들여졌고 소련이 공격적이며 침략적인 대외행태를 보인 경우가 있었음도 서로 받아들여졌다.[5)] 이 과정을 통해 전후의 냉전사 또는 전후의 국제정치사에서의 여러 사건들에 대한 우리의 인식은 보다 더 정확해졌다.

[2] 6·25기원론에서의 전통주의와 수정주의

냉전의 기원을 둘러싼 논쟁은 자연히 6·25전쟁도 다뤘다. 이 전쟁이 전후냉전사에서 차지하는 자리가 컸기 때문이었다. 그러므로 냉전의 기원에 관한 논쟁에 참가한 학자들은 대체로 이 전쟁의 기원을 분석했다.

이 전쟁의 기원을 다룸에 있어서 전통주의자들이나 수정주의자들은 처음에는 모두 냉전의 기원에 관한 자신들의 해석을 기계적으로 적용했다. 풀어 말해, 전통주의자들은 마치 냉전이 소련에 의해 시작됐듯이 이 전쟁 역시 소련에 의해 시작됐다고 설명했고, 수정주의자들은 마치 냉전이 미국에 의해 시작됐듯이 이 전쟁 역시 미국에 의해 시작됐다고 해석했다.

우선 전통주의자들에 따르면, 이 전쟁은 스탈린의 세계적화전략의 일환으로 일어났다. 이들에 따르면, 스탈린은 2차 대전의 승전의 열매로 동유럽을 공산화한 뒤 아시아로 눈을 돌려 마침 중국대륙의 공산화에 성공한 중국공산당 주석 마오쩌둥(毛澤東: 모택동)을 자신의 '아시아 보좌역'으로 삼고 함께 모의한 결과 북한의 조선로동당 중앙위원회 위원장 겸 내각 수상 김일성(金日成)을 '하수인'으로 내세워 '취약지역'인 남한을 침략하게 했다.[6]

반면에 수정주의자들은 정반대의 해석을 내놓았다. 이들에 따르면, 이 전쟁을 일으킨 쪽은 미국으로서 미(美) 제국주의는 대한민국의 대통령 이승만(李承晩)을 하수인으로 내세워 북한을 침략하게 했으며, 또는 북한을 침략하기 위해 북한의 남침을 유도했으며, 이 침략전쟁이 성공하면 중국으로까지 확전시켜 중국공산당이 세운 중화인민공화국을 무너뜨리고자 했고 심지어 소련과의 제3차 세계대전도 사양하지 않으려고 했다. 특히 전쟁에서 늘 이익을 보는 미국의 군산복합체(軍産複合體)는 2차 대전의 종전 이후 줄어든 군비를 확대시키기 위한 계기를 한반도에서의 전쟁도발을 통해 마련하고자 했다.[7]

[3] 신전통주의와 신수정주의

이처럼 어느 지역에서의 냉전 또는 전쟁을 미국과 소련 사이의 관계에서의 산물로 파악하려는 태도는 곧 도전을 받았다. 전통주의자나 수정주의자 모두 양대 초강대국들 사이의 관계에 집착한 나머지 그들이 대결하고 있는 지역들의 개별적인 내부사정에 주목하지 못했다는 비판이 바로 그것이다.

이러한 비판은 중요한 의미를 지녔다. 냉전의 원인은 국제적인 차원에서도 찾아져야 하지만 각국의 내부적인 차원에서도 찾아져야 한다는 새로운 시각을 담았기 때문이다. 예컨대, 중화인민공화국과 중화민국 사이의 대결이나 남베트남과 북베트남 사이의 대결을, 또는 한반도에서의 남과 북의 대결을 그 각각의 지역에서의 내부적 문제들은 고려하지 않고 미국과 소련 사이의 세계적 대결이라는 맥락에서만 분석한다면 그 진상에 도달할 수 없다는 것이다. 이처럼 냉전의 기원을 구명함에 있어서 해당되는 지역들의 내부적 문제들을 중시해야 한다는 주장은 수정주의자들로부터 더욱 강력하게 제기됐다.

이러한 새로운 주장은 6·25전쟁의 기원을 밝히는 작업에도 그대로 반영됐다. 이 전쟁의 기원에 개재된 국제냉전의 영향을 충분히 고려하면서도 국내적 요인들에 대한 관심이 커진 것이다. 이에 따라 전통주의와 수정주의는 모두 한반도 내부의 요소들을 중시하면서 새로운 내용을 담아 이 전쟁의 기원을 설명하게 됐다. 이로써 전통주의와 수정주의는 각각 신(新)전통주의 또는 후기(後期)전통주의, 그리고 신(新)수정주의 또는 후기(後期)수정주의로 자리잡기에 이르렀다.[8)]

우선 신전통주의 학파에 따르면, 6·25전쟁은 분명히 북한과 소련 및 중공의 공모에 따른 북한의 남침으로 시작됐다. 그런데 신전통주의자들은 이 전쟁을 발의한 장본인으로 스탈린을 지적하지 않고 김일성을, 그리고 박헌영을 비롯한 그 밖의 북한 정치지도자들을 지적했다. 북한의 정치지도자들은 남한이 미(美) 제국주의의 식민지로 전락했다고 파악하고 그러한 남한을 해방해야겠다는 사명감에서 민족해방전쟁을 구상한 뒤 일차적으로는 소련의 스탈린을, 이차적으로는 중국의 마오쩌둥을 끈질기게 설득해 동의와 지원을 얻어냈다고 신전통주의자들은 설명한다.[9)]

반면에 신수정주의 학파에 따르면, 이 전쟁은 한반도 내부에서 오랜 동안 성장한 계급적 갈등의 '정점 도달(頂點到達)'이다.[10)] 신수정주의자들에 따르면, 조선왕조 말기 이후 조선에는 지배계급과 피지배계급 사이의 갈등과 대결이 확대되어 왔으며 때로는 그것이 민란이나 대중반란의 형태로 폭발하기도 했는데, 이 계급적 갈등이 사회혁명의 형태로 해소되지 않은 채 조선은 일본제국주의의 식민지가 됐고, 일제는 조선의 기존 지배계급과 손잡아 식민통치를 강화하면서 조선의 기존 피지배계급을 억압하고 착취했다. 그런데, 신수정주의자들에 따르면, 이 시기에 일본제국주의에 맞서 투쟁한 민족해방세력은 일차적으로 김일성을 비롯한 공산주의자들이었고 이차적으로 해외의 우익적 독립운동가들이었다.

해방 이후 한반도는 미국과 소련에 의해 분할점령됐다. 신수정주의자들에 따르면, 북한에서는 소련과의 제휴 아래 공산주의자들이 민족해방 세력으로서의 정통성을 지닌 채 친일파를 숙청하고 토지개혁을 단행하면서 사회주의 국가를 건설하는 길에 나섰고, 반면에 남한에서는 미국이 사회주의 혁명이 일어나는 것을 막기 위해 친일파들과 손잡고 지난날의 항일운동가들을 탄압하면서 반동적인 친미반공 국가를 세웠다. 그리하여, 다시 신수정주의자들에 따르면, 1948년에 북한에서는 민족적 정통성을 가진 세력이 한민족의 역사가 수백 년 동안 기다려 온 사회혁명을 추진하려는 목적에서 공산정권을 세웠고 남한에서는 반민족세력이 사회혁명을 억제시키려는 목적에서 수구반동 정권을 세웠다. 다시 신수정주의자들에 따르면, 그렇기 때문에 북한의 공산정권은 남한의 수구정권을 타도하기 위해 민족해방전쟁을 일으켰다. 신수정주의자들 가운데는 이러한 논리 이외에 다른 논리들을 제시하기도 한다. 그러나 그들은 예외 없이 자신들의 논리전개의 출발점을 한반도 내부의 요인들에 두고 있다.

[4] 이 책의 기본 입장

저자는 이 네 가지 해석들을 앞으로 자세히 설명하고 논평할 것이다. 그런데 여기서 우선 반드시 강조돼야 할 점이 있다. 첫째, 위에서 살핀 네 가지 해석들 가운데 어느 한 해석만이 전적으로 옳고 다른 해석들은 전적으로 그르다는 인식을 처음부터 갖는 것은 이 전쟁의 본질과 성격을 이해하는 데 결코 도움이 되지 않는다는 사실이다. 저자가 이제까지 공부한 바로는, 그 해석들 가운데 두 번째 해석, 곧 수정주의적 해석은 거의 맞지 않지만, 그러나 나머지 세 가지 해석들을 놓고 살펴보면 맞는 부분과 맞지 않는 부분을 함께 지니고 있다. 뒤집어 말하자면 여러 해석들이 서로 완전히 배타적이라기보다는 어느 일정한 범위 안에서 공존할 수 있다는 뜻이다. 그러므로 여러 해석들의 객관적이면서 균형 잡힌 종합적 판단 위에서만 우리는 이 전쟁의 진상에 도달하게 될 것이다.

둘째, 이 해석들의 이념적 명명(命名)은 지난날에 비해 점점 무의미해지고 있다는 사실이다. 지난날 전통주의자라고 하면 우파로, 수정주의자라고 하면 좌파로 각각 분류되는 것이 통례였고 그러한 명명에는 근거가 있었다. 자신의 이념적 성향에 따라 전통주의 학파의 입장에 섰거나 수정주의적 입장에 선 사람들이 많았기 때문이었다. 그런데, 자료가 더욱 많이 공개되고 발굴됨에 따라, 그리고 그것을 계기로 연구와 토론이 더욱 활발해짐에 따라, 특히 공산주의의 세계적 퇴조에 따른 탈이데올로기화 현상 이후 좌파적 해석

역시 힘을 잃게 되자, 우파적인 사람도 수정주의적 또는 신수정주의적 해석들 가운데 받아들일 것은 받아들이고 좌파적인 사람도 전통주의적 또는 신전통주의적 해석들 가운데 받아들일 것은 받아들이는 경향이 높아진 것이다. 이러한 가운데 신수정주의와 공통점을 지녔으면서도 어느 정도 차이점을 보이는 재수정주의(再修正主義)도 등장했다.[11] 그러므로 이제는 우파적 해석 또는 좌파적 해석이라는 용어의 의미가 약해졌으며, 전통주의·신전통주의와 수정주의·신수정주의라는 구분마저 무의미해져 간다고 말할 수 있다.

그 한 보기로 미국의 존 메릴(John Merrill) 박사를 지적할 수 있다. 그는 보스턴대학교(Boston University) 학생 때부터 1948년 4월 3일에 일어난 이른바 제주도반란사건에 깊은 관심을 갖고 연구해 이 주제로 학부졸업논문을 썼으며, 역시 이 주제로 1975년에 하버드대에서 석사학위논문을 쓴 데 이어 델라웨어대학교(University of Delaware)에서 박사학위논문을 썼다. 그의 박사논문은 1989년에 「코리아: 전쟁의 반도적 기원들」이란[12] 제목 아래 책으로 출판됐다. 그는 라파이에트대학(Lafayette College)과 델라웨어대학교에서 정치학교수로 봉직하다가 현재는 미국 국무부 정보·연구국 분석관으로 근무하고 있다.

6·25전쟁에 관한 메릴 박사의 기본적 시각은 신수정주의적이다. 그의 책 제목이 말하듯이, 그는 이 전쟁의 기원들을 주로 한반도 내부에서 찾았으며, 특히 한반도에서 2개의 대립되는 국가가 세워지는 것을 계기로 한민족 내부에서 발생한 사실상의 여러 내전들에서, 그리고 남북 사이의 국경충돌들에서 찾았다. 그렇다고 해서 그가 그때 한반도를 둘러싼 국제관계의 역학관계를 무시한 것은 아니었다. 그는 그 점을 고려하면서도 이 전쟁의 기본적 요인들을 한민족 내부의 뿌리 깊은 계급적 갈등과 그것에서 파생한 이념적 대결, 그리고 분단시대의 개막 이후 더욱 깊어진 국가 대 국가 사이

의 내란적 무력충돌에서 찾은 것이다. 그렇다고 해서, 메릴 박사가 좌익이거나 친북이냐 하면 결코 그렇지 않다. 그는 미국사회에서 건전한 우익으로 널리 받아들여지고 있고, 남한에 대해서도 일정하게 비판하지만 북한의 전체주의적 독재체제에 대해서는 매우 비판적이다.

이 한 보기가 말하듯이, 이 전쟁에 관한 해석들을 대할 때 이제는 꼭 이념적 정향(定向)과 연관지을 필요는 없을 것이다. 선입견 없이 오로지 "사실이 무엇이었던가?"에 초점을 맞춰 자료들을 보고 기존의 연구들을 다루는 것이 더욱 바람직하다고 생각한다.

이러한 전제 아래, 그래도 이 책의 입장을 밝히라고 한다면, 신전통주의학파에 가깝다고 말하겠다. 신수정주의학파의 설명들 가운데 자료에 근거해 받아들일 것은 받아들이지만, 저자의 분석은 전반적으로 신전통주의학파의 설명들에 부합된다. 쉽게 말해, 저자는 이 전쟁을 '소련과 중공 및 북한의, 특히 소련과 북한의 공모와 침략으로 일어났으나 내전적 요소들을 안고 있었던 국제적 전쟁'으로 파악한다.

2. 6·25전쟁의 명칭들에 관한 토론

전쟁을 보는 학파에 여러 갈래가 있듯이, 이 전쟁의 명칭에도 여러 가지가 있다. 그 명칭은 대체로 앞에서 소개한 네 학파의 어느 하나와 각각 성격과 흐름을 같이한다. 다음에서 그 명칭들을 살피기로 하자.

[1] 국제사회에서의 명칭

이 전쟁은 국제사회에서 흔히 'the Korean War,' 곧 '코리아의 전쟁'이라고 불리어 왔다. 이 때 '코리아'라고 하면 그것은 남과 북을 통틀어서의 코리아이다. 이 이름은 베트남에서의 남과 북 사이의 전쟁을 'the Vietnam War,' 곧 '베트남전쟁'이라고 불렀던 것처럼 국제사회에서는 조금도 이상하지 않다. 다만 일본에서는 베트남전쟁의 경우는 베트남전쟁이라고 부르되 코리아의 전쟁의 경우는 조선전쟁(朝鮮戰爭)이라고 부르는 것이 일반적이며[13] 한국전쟁(韓國戰爭)이라고는 결코 부르지 않는다. 그 까닭은 일본에서는 한반도 전체를 가리킬 때 조선이란 단어를 쓰기 때문이다.

국제사회에서 'the Korean War'가 압도적으로 많이 쓰이지만, 간간이 'the Korean Conflict'[14] 또는 'the Korean Crisis'란[15] 말도 쓰인다. conflict의 경우, '투쟁, 전투, 다툼, 알력, 충돌, 대립, 갈등' 등의 뜻을 지녔으므로 남북 사이의, 그리고 한반도를 둘러싼 강대국들 사이의 뿌리 깊은 각축을 설명하는 데 적합하며, crisis의 경우, '위기, 중대한 국면, 위험한 고비, 긴급사태' 등의 뜻을 지녔으므로 이 전쟁의 어느 일정한 시기와 일정한 국면을 설명하는 데 적합하다. 그러나 어떤 다른 용어보다도 '전쟁'을 뜻하는 war가 가장 적합하다고 하겠다.

[2] 사변, 동란, 전란, 전쟁

이 전쟁과 관련해, 사변,[16] 동란,[17] 전란,[18] 전쟁 등이 흔히 쓰인다. 그러면 이러한 용어들은 어떤 뜻을 가졌는가? 이 물음과 관련해 우선 한국정치학회가 편찬한 「정치학대사전」을[19] 살폈으나 전쟁을 빼놓고는 사변, 동란, 전란 등의 항목은 전혀 없다. 이 점은 전쟁을 국제정치학의 시각에서 정면으로 다룬 구영록(具永祿) 교수의 「인간과 전쟁」에서도[20] 마찬가지다. 그러므로 이 용어들을 국내의 대표적 국어사전들이 어떻게 정의하고 있는가를 살펴보겠다.

어느 한 사전에 따르면, 사변은 "(1) 천재(天災)나 그 밖의 큰 변고, (2) 전쟁까지는 이르지 않았으나 경찰의 힘으로는 막을 수 없어 병력을 사용하게 되는 난리, (3) 선전포고도 없이 무력을 쓰는 일"이다.[21] 어느 다른 사전에 따르면, 사변은 "(1) 중대한 변고, (2) 경찰의 힘으로 막을 수가 없는 난리, (3) 상대국에 선전포고 없이 침입하는 상태"를 뜻한다.[22] 이렇게 볼 때, 우리가 앞으로 보게 되듯이, 한반도에서 37개월 동안 20개 가까운 나라들이 개입된 채 참으로 많은 군인들과 무기들 및 군장비들이 동원되고 참으로 많은 사상자들이 발생한 이 엄청난 전쟁을 사변이라고 이름 붙이기는 적합하지 않다.

이어 동란을 보자. 어느 한 사전에 따르면, 동란은 "폭동 · 반란 · 전쟁 따위가 나서 세상이 몹시 어지러워지는 일. 난리"이다.[23] 어느 다른 사전에 따르면, 동란은 "폭동 · 반란 · 전쟁 따위로 말미암아 사회가 질서를 잃고 어지러워지는 일"을 뜻한다.[24] 이렇게 볼 때, 이 전쟁을 동란이라고 이름 붙여도 잘못은 아닐 것이다. 그러나 이 전쟁을 폭동이나 반란 정도로 축소시킨 느낌을 줄 수 있다. 그렇다면 전란은 어떤가? 사전은 "전쟁으로 인한 난리"[25] 또는 "전쟁으로 말미암은 난리"[26]로 정의하고 있다. 이 정의에 따르면, 사변이나 동란보다는 전란이 이 전쟁의 성격에 가장 가깝다.

이어 전쟁을 보자. 구영록 교수의 「인간과 전쟁」은 전쟁을 다음과 같이 정의한다.

> 일반적인 관점에서 볼 때, 전쟁은 서로 다른 정치집단이나 주권국가간의 정치적 갈등을 각기 상당한 규모의 군대를 동원하여 해결하

> 려는 극한적인 군사적 대결을 지칭한다.
>
> 정치집단 혹은 주권국가간의 갈등양상은 여러 가지 형태로 진행될 수 있다. 즉 외교·선동·경제적 압력·침투 또는 개입행위는 비록 다소의 무력행사나 그 위협이 수반되는 경우라 할지라도 전쟁이라고 명명되지는 않는다. 따라서 대중의 봉기·내란의 진압 혹은 한 국가가 보다 작고 허약한 국가에 대하여 가하는 보복행위 등에 투입·행사되는 군사적 폭력행위는 전쟁으로 보지 않는다. 즉 이때에는 보통 군사력의 사용규모 및 기간이 적거나 제한되어 있다.[27]

6·25전쟁은 이 정의(定義)에 부합되는 전쟁이다. 첫째, 이 정의는 전쟁의 주체를 주권국가에 한정하지 않고 정치집단까지 포함시킴으로써 북한을 주권국가로 보지 않고 정치집단으로 보던, 예컨대 반국가단체나 괴뢰집단 또는 반란단체로 보던, 그때의 국내외의 시각마저 충족시킨다. 둘째, 이 정의는 전쟁을 상당한 규모의 군대가 동원된 극한적인 군사적 대결로 파악하고 있는데, 지구상의 6개 대륙들 모두로부터의 16개국 군대가 북한군 및 중공군에 맞서 37개월 동안 전투행위를 계속했으며 비공식적으로는 소련군 역시 참전했던 만큼, 이 정의에 그대로 부합된다.

[3] '전쟁' 앞에 '한국'을 붙이는 관행에 대한 토론

다시 말하거니와, 이 전쟁은 글자 그대로 전쟁이었다. 그 점에 대해서는 어느 학파에서도 이론이 없다. 그런데 이 전쟁을 한국전쟁이라고 부르는 관행에 대해서는 토론이 뒤따른다.

우선 북한은 한국이란 이름 자체를 거부하는 만큼 한국전쟁이란 이름을 받아들이지 않는다. 앞에서 이미 말했듯이, 한국을 한반도 전체로 파악하지 않고 남한과 동일시하는 일본에서도 한국전쟁이란 이름을 쓰지 않는다. 오로지 남한에서만 한국전쟁이란 이름을 통상적으로 쓰는데, 그것은 the Korean War를 번역한 것이거나 그것을 염두에 두고 거기에 준해서 쓰는 것이라고 하겠다. 저자 역시 다른 알맞은 이름을 찾지 못해서 그렇게 써 왔다. 그러나 더 이상 그렇게 쓰기 어렵다는 생각을 강하게 갖게 됐다. 이러한 맥락에서, 국사학자 조동걸(趙東杰) 교수의 다음과 같은 지적은 주목받기에 충분하다.

> [6·25전쟁에 대해 나는] 여러 가지 호칭을 사용하고 있다. 그런데 '한국전쟁'이라는 용어는 사용하지 않는다. 그런 경우의 호칭, 즉 일본전쟁, 중국전쟁, 미국전쟁, 영국전쟁, 프랑스전쟁 등의 호칭이 성립할 수 없는 것과 같기 때문이다. 외국인이 그런 용어를 만들어냈다고 한다면 한국을 그 외국의 '주변문제'로 생각한 나머지의 호칭일 것이다.[28)]

그렇다면 그의 대안은 무엇인가? 그것은 '6·25남북전쟁'이다.[29)] 저자는 이 호칭이 한국동란 또는 한국전쟁보다 훨씬 낫지만 완벽하지는 않다고 생각한다. 왜냐하면 이 호칭은 이 전쟁이 지닌 국제전의 성격을 배제시키고 있기 때문이다. 달리 표현해, 이 호칭은 이 전쟁이 가진 성격 가운데 내전적 성격 하나만을 강조하는 인상을 주기 때문이다.

[4] 6·25라고 부르는 데 대한 토론

그것뿐만이 아니다. 6·25사변, 6·25동란, 6·25전쟁 등을 붙인 경우가 적지 않은데, 이것들은 전쟁이 1950년 6월 25일에 일어났다고 보고, 그 날짜를 중심으로 이름을 붙인 방식이다. 그런데 이 방식은 이 전쟁을 꼭 1950년 6월 25일에 일어났다고 보아야 하느냐의 쟁점을 불러일으킨다.

우리가 앞으로 자세히 보게 되듯이, 이른바 수정주의 학파와 신수정주의 학파에서는 이 전쟁은 그 이전 시기부터, 예컨대 1945년 8월 15일에 한반도가 북위 38도선을 경계 삼아 남과 북으로 분단된 시기부터, 또는 1948년 8월 15일에 남한에서는 대한민국이 세워졌고 1948년 9월 9일에 북한에서는 조선민주주의인민공화국이 세워진 시기부터, 또는 1949년에 남과 북 사이에 38도선을 둘러싸고 군사적 충돌을 벌이던 시기부터 시작됐다고 주장한다. 그러므로 이 전쟁을 1950년 6월 25일에 갑자기 시작된 전쟁으로 볼 수 없다는 것이다.[30] 만일 이 주장을 받아들인다면 6·25사변, 6·25동란, 6·25전란, 6·25전쟁 등의 이름은 적합하지 않게 된다.

이러한 주장에는 일리가 있다. 그것뿐만이 아니다. 이 전쟁의 이름 앞에 6·25를 붙이는 데 대한 주저스러움 또는 반대의 또 하나의 근거로 세계의 어떤 전쟁도 전쟁발발일로써 명명된 경우가 없다는 사실을 지적할 수 있다. 다른 한편으로, 북한은 이 명칭을 결코 받아들이지 않는다.

그런데도 저자는 다음과 같은 근거에서 적어도 국내에서의 명칭으로는 그 명칭 앞에 6·25를 계속해서 붙일 수밖에 없다고 생각했다. 첫째, 6·25를 앞에 붙인 명칭이 이미 반세기가 넘어서 적어도 남한에서는 하나의 역사적 명칭으로 굳어졌기 때문이다. 둘째, 앞으로의 설명에서 보여지듯이, 1950년 6월 25일은 분명히 이 전쟁의 개시일(開始日)이었다. 조선왕조 말기 이후의 한민족의 역사로부터, 특히 남북분단체제의 등장 이후로부터 이 전쟁의 뿌리가 자라기 시작한 것은 사실이지만, 그러나 이 운명의 날은 남북 사이의 갈등과 무력충돌을 완전히 새로운 국면으로, 곧 전쟁으로 전환시킨 날이었으며, 이 비극의 날에 북한이 전면남침을 시도하지 않았더라면 이 전쟁은 회피될 수 있었다고 저자는 본다. 이러한 까닭으로 저자는 이 전쟁을 영어로는 the Korean War로 부르지만 국어로는

6·25전쟁으로 부르고자 한다.

[5] 내전(內戰)으로 명명하는 데 대한 토론

이 전쟁을 내전(內戰)으로 명명하는 데 대해 토론하기로 한다. '6·25남북전쟁' 이라는 명명에는 이 전쟁이 남한과 북한 사이의 내전이었다는 인식이 짙게 깔려 있다. 같은 민족 사이에서 벌어진 전쟁, 곧 동족상잔의 전쟁이었던 만큼 내전으로 부르는 것이 마땅하다는 논리인 것이다. 대체로 수정주의 학파와 신수정주의 학파에서도 내전으로 명명하는 경향이 우세하다. 미국학계의 수정주의자들 또는 신수정주의자들은 'the Korean War' 란 표현 이외에 'the Korean Civil War' 란 표현을 쓴다.[31] 한국정치사에 매우 밝은 정치학자 신복룡(申福龍) 교수 역시 신생독립국에서의 해방 직후는 해방정국의 주도권을 위해 이념에 관계없이 내부적 투쟁과정을 겪는 법인데 한반도 역시 예외가 아니었다는 시각에서 내전으로 보는 경향을 나타냈다.[32]

그러면 내전은 정치학의 이론으로는 어떻게 정의되는가?

(1) 전쟁연구의 개척자들 가운데 지도적 학자로 평가되는 미국의 퀸시 라이트(Quincy Wright) 교수의 분류에 따르면, 전쟁의 유형에는 다음의 세 가지가 있다. 첫째, 주권국가 사이에서 일어나는 'international war' 이다. 둘째, 서로 다른 문화를 가진 국가 또는 국가집단 사이에 일어나는 'imperial war' 이다. 셋째, 국내의 반란에 의해 일어나는 'civil war' 이다. 라이트 교수의 이 분류를 소개하면서, 구영록 교수는 'international war' 를 '국가간전쟁' 으로, 'imperial war' 를 '제국전쟁' 으로, 'civil war' 를 '시민전쟁' 으로 각각 번역했다.[33] 그러나 'civil war' 는 내전으로 번역되기도 한다. 그렇다면 내전은 무엇인가? 내전은 국내의 반란에 의해 일어난 전쟁

으로 정의되며, 따라서 반란과 동의어로 쓰일 수 있을 것이다.

(2) 마르크시스트적 분석에 따르면,[34] 한 사회의 테두리 안에서 수행되는 내전에는 두 가지가 있다. 첫째는 영국에서 1455년부터 1485년까지 전개됐던 장미전쟁과 같은 착취계급들 사이의 전쟁이며, 둘째는 고대로마의 스파르타쿠스(Spartacus) 전쟁이나 16세기 독일의 농민전쟁과 같은 착취계급과 피착취계급 사이의 전쟁이다.

첫째의 경우, 그 내전은 목적에 있어서 결코 지지되지 않으나 효과에 있어서 지지될 수 있다. 왜냐하면 지배계급들 사이의 내전은 그 기존의 사회구조를 약화시켜 역사의 다음 단계로 길을 열어주는 경우도 있기 때문이다. 1861년에 시작돼 1865년에 끝난 미국의 남북전쟁은 지배계급들 사이의 전쟁이지만 어느 정도 특이한 성격을 갖고 있다. 그 전쟁은 남부의 노예제를 폐지시켰고 또 그것을 자본주의로 대치시킨 '진보적 효과'를 가졌을 뿐만 아니라, 북부에 관한 한 노예제의 폐지를 표방한 점에서 '진보적 목표'를 갖고 있었다고 평가한다.

둘째의 경우, 마르크시스트들은 물론 예외 없이 반란자를 지지하며 반란자의 목적과 반란에 따른 내전의 효과를 모두 긍정적으로 평가한다. 한 보기로, 레닌(Vladimir Lenin)은 1906년에 출판한 소책자 「빨치산전쟁」에서 "마르크시스트들은 자신들을 사회적 평화가 아니라 계급투쟁의 기초 위에 둔다. 날카로운 정치적 및 경제적 위기의 때에 계급투쟁은 공공연한 내란, 곧 두 파(派)의 인민들 사이의 무장투쟁으로 발전한다. 이러한 경우, 마르크시스트라면 이 내란을 지지해야 한다."

내전의 성격에 관한 학설들을 이렇게 살필 때, 6·25전쟁은 내전에 해당되는가? 우선 내전이라고 정의할 수 있다는 사람들의 논리를 정리해 본다.

첫째, 남한정부도 내전이라고 주장한 때가 있었다. 정부 대변인이었던 이철원(李哲源) 공보처장은 1954년 1월 하순에 "코리아를 통일시키는 과업은 그 성격에서 미국의 남북전쟁과 비슷하다"고 말한 것이다.[35] 그러한 논리에서 그는 남한이 표방하던 북진을 북한에 대한 '침략의 행위'로 보아서는 안 된다고 주장했다.

이 논리에는 대한민국이라는 정통적·합법적 국가에 대해 '국가를 참칭하는 비정통적·불법적 반(反)국가단체'인 북한이 반란을 일으켰다는 인식이 깊이 깔려 있다. 중국의 고전적 국제관계론에서는 비정통적·불법적 조직이 정통적·합법적 국가에 대해 무력으로 도전하는 행위를 난(亂)이라고 정의하고, 정통적·합법적 국가가 그 난을 진압 또는 평정하기 위해 무력을 동원하는 행위를 대(對)남방의 경우 정(征)이라고 하고 대(對)북방의 경우 벌(伐)이라고 한다. 따라서 한반도의 유일합법정부임을 자처한 대한민국 정부로서는 반국가단체에 지나지 않는 조선인민공화국 정부가 대한민국 정부를 상대로 일으킨 무력도발은 '난'이며 이 '난'을 평정하기 위한 자신의 무력행위는 '벌,' 곧 북벌(北伐)인 것으로 해석된다.

이러한 논리가 매우 분명하게 드러난 남한의 한 논설은 따라서 6·25전쟁을 '김일성의 난'으로 정의했다. 한영춘(韓榮春) 교수는 '김일성의 남침'을 외국사람들은 '한국전쟁,' '한국동란,' '한국전란' 등으로 부를 수 있겠으나 한민족의 입장에서는 한민족사에 때때로 나타났던 '난'들 가운데 하나인 만큼, 예컨대 '이괄(李适)의 난'이나 '홍경래(洪景來)의 난'처럼 '김일성의 난'으로 불러야 한다는 것이다. 그는, 마치 일본이 일으킨 난을 왜란(倭亂)이라고 부르고 만저우의 '오랑캐'가 일으킨 난을 호란(胡亂)이라고 부르듯이, 이 '난'이 공산주의자들이 일으켰다는 뜻을 강조하기 위해 '김일성 공란(共亂)'으로 불러도 좋겠다고 덧붙였다.[36]

둘째, 북한의 해석이다. 북한은 공식적으로 처음부터 이 전쟁을 내전으로 보았다. 같은 민족 내부에서의 전쟁이기 때문에 내전이라는 뜻이다.[37] 그런데 여기에는 이 전쟁이 내전인 만큼 외국이나 국제기구가 개입해서는 안 된다는 뜻이 강하게 깔려 있다. 수정주의자들 또는 신수정주의자들의 논리도 같다. 예컨대, 영국의 대표적 수정주의자이면서 신수정주의자인 존 할러데이(Jon Halliday)와 호주의 대표적 수정주의자이면서 신수정주의자인 게이번 매코맥(Gavan McCormack) 교수는 이 전쟁을 내전이라고 보고, 내전에 개입한 미국과 국제연합을 비판했다.[38]

셋째, 앞에서 살핀 마르크시스트적 해석에 따르면, 이 전쟁은 착취계급과 피착취계급 사이의 전쟁으로서의 내전이다. 착취계급의 지배기구인 남한의 대한민국 정부와 피착취계급의 대표기구인 북한의 조선민주주의인민공화국 정부 사이의 무장투쟁이라는 해석이다.

[6] 혁명적 전쟁으로 명명하는 데 대한 토론

이 전쟁을 내전으로 보는 정치학자들 가운데 한 사람인 미국의 브루스 커밍스(Bruce Cumings) 교수는 이 전쟁이 내전인 동시에 혁명적 전쟁(revolutionary war)이라고 본다.[39] 그에 따르면, 이 전쟁의 뿌리는 한반도의 해방과 분단으로부터 이 전쟁의 발발까지의 5년 동안 한반도 안에서 전개된 '내란적이며 혁명적인 투쟁(civil and revolutionary struggle)'에서 찾아질 수 있다. 여기서 좌익세력, 그리고 그들이 세운 북한의 조선민주주의인민공화국정부가 혁명적 세력으로, 그리고 '우익' 세력, 그리고 그들이 세운 남한의 대한민국 정부가 반혁명적 세력으로 설명된다.

[7] 북한의 '조국해방전쟁'론

북한은 이 전쟁을 본질적으로 내전으로 파악하면서, 공식적으로는 '조선인민의 정의의 조국해방전쟁' 또는 '조국해방전쟁'이라고 부른다.[40] 그러면 이것은 무슨 뜻을 갖는가? 이 물음에 대답하기 위해 우리는 우선 공산주의자들의 전통적인 전쟁관(戰爭觀)을 살피기로 한다.

전쟁에 관한 공산주의자들의 표준적 교과서라고 할 수 있었던 「소련대백과사전」 제 2 판(1951)은 전쟁을 '정의의 전쟁'과 '불의의 전쟁'으로 나눈 뒤 다음과 같이 설명했다. '정의의 전쟁'은 "인민을 예속시키기 위한 외부의 침략과 시도로부터 인민을 수호하거나, 또는 자본주의의 예속으로부터 인민을 해방하거나, 또는 제국주의자들의 압제로부터 식민지나 예속국가를 해방하는 목적을 가진, 비약탈 · 해방의 전쟁"을 의미한다. 반면에 '불의의 전쟁'은 '반동적 전쟁', '약탈적 전쟁', '강탈적 전쟁', '착취계급을 이롭게 하는 전쟁', '약탈적 갱들의 탐욕을 만족시켜주는 전쟁', '압제계급을 증가시키는 전쟁' 등을 의미한다.[41]

이러한 정의에 따른 '정의의 전쟁'과 직결되는 전쟁이 「소련대백과사전」에 의하면 '민족해방전쟁'이다. "다른 나라에 의해 정복됐거나 예속된 나라가 독립을 찾기 위해 폭력수단에 호소하여 수행하는 전쟁이 민족해방전쟁이다. 이 경우, 예속된 나라가 식민지이냐 자치령이냐 보호국이냐에 관계없이 적용된다."[42] 북한이 말하는 '조국해방전쟁'이 바로 이 '민족해방전쟁'에 해당된다. 북한은 자신의 조국의 남반부를 이미 정복한 미 제국주의가 북반부마저 정복하려고 침략을 개시했기에 이 침략을 물리치고 미 제국주의를 남반부에서 완전히 축출하기 위해 전쟁을 수행한 것이라고 설명한 것이다. 저자는 북한의 이 설명을 이 책의 제 3 장에서 다시 자세히 다루고자 한다.

[8] 침략에 대한 토론[43)]

그런데 여기서 지적돼야 할 것은 마르크시즘·레닌이즘의 전쟁 이론에서 "누가 먼저 공격을 시작했느냐"의 문제는 별로 중요하지 않다는 사실이다. 그 이론에서 중요한 것은 다만 그 전쟁이 혁명과정을 촉진시키는 것이냐 아니냐의 여부에 달려 있다. 다시 말해, 혁명과정을 촉진시키기 위해 어느 한쪽이 다른 쪽을 먼저 공격해도 그것은 침략이 아니다. 달리 표현해, '진보적' 국가가 '반동적' 국가를 먼저 공격한 경우, 그 공격은 침략으로 인정되지 않으며, 따라서 공격을 받은 쪽에 대해 마르크시스트라면 자위권을 인정할 수 없다.

마르크시스트에게 중요한 것은 전쟁의 목적이나 본질이다. 이 점에 관해, 레닌은 1908년에 출판한 소책자 「호전적 군국주의와 사회민주당의 반(反)군사적 전술」에서 "전쟁을 유발시킨 책임을 평가하고 어느 쪽을 지지해야 할 것인지를 평가함에 있어서 어느 쪽이 먼저 공격을 했느냐의 문제는 전혀 중요하지 않다"고 말하고, 그 전쟁의 목적이 무엇이냐에 따라 결정돼야 한다고 주장했다. 그는 이 논점을 더욱 발전시켜 1916년에 출판한 소책자 「마르크시즘의 풍자」에서 "전쟁의 성격은 누가 침략자인가에 달려 있지 않다. 그것은 어느 계급이 전쟁을 수행하느냐에 달려 있다"고 주장했다.

이 주장을 뒤집어 해석하면 '피압박계급' 또는 '피압박국가'가 '압제계급' 또는 '압제국가'에 대해 먼저 공격을 시작해도 그것은 침략이 아니라는 것이며, 따라서 공격적 전쟁이 아닐 뿐만 아니라 방어적 전쟁이며 또한 고무되고 지지돼야 한다는 것이다. 그것이 왜 방어적 전쟁인가? 마르크시즘·레닌이즘에 따르면, '피압박계급' 또는 '피압박국가'가 하는 일체의 행위는 '착취계급' 또는 '착취국가'의 탐욕스러운 행동으로부터 스스로를 지키려고 하는 행위이기 때문이다.

이 논리는 레닌이 1915년에 출판한 소책자 「사회주의와 전쟁」에 잘 나와 있다. 그는 "예컨대 내일 모로코가 프랑스에 대해, 인도가 영국에 대해, 페르시아나 중국이 러시아에 대해 전쟁을 선언한다면, 이것은 누가 먼저 공격을 개시했느냐에 관계없이 정의의 전쟁이며 방어적 전쟁일 것이다. 착취자이며 노예를 갖고 있으며 침략적인 강대국에 대한 착취받고 종속적이며 불평등한 국가들의 승리를 사회주의자라면 누구나 기원할 것이다"라고 썼다.

이 전쟁이론을 확대해서 해석한다면, 한 사회주의 국가와 다른 자본주의 국가 사이의 관계, 또는 한 사회주의 국가그룹과 다른 자본주의 국가그룹 사이의 전쟁에도 그대로 적용될 수 있다. 왜냐하면 마르크시즘·레닌이즘에 의하면, 자본주의 국가는 언제나 착취·억압국가이며 사회주의 국가는 그 반대이기 때문이다.

레닌이 죽은 뒤 소련정부의 공식적인 입장도 레닌의 견해를 그대로 따랐다. 그래서 소련정부가 공격적 전쟁과 방어적 전쟁을 얘기할 때, 누가 공격을 시작했으며 누가 희생자인가의 문제는 거의 따지지 않고 다만 그 전쟁의 목적이 무엇이냐를 문제로 삼았다. 이 때문에 전쟁에 관한 소련정부의 모든 논의는 자연히 '정의의 전쟁' 이냐 '불의의 전쟁' 이냐의 문제에만 집중됐다. 여기서 한 걸음 더 나아가 소련정부는 "침략은 제국주의국가에 의해서만 행해질 수 있다"고 단정했다.

이렇게 볼 때, 소련이 6·25전쟁을 '조선의 내전' 으로 보았고 '조선민주주의인민공화국에 대한 미 제국주의와 남조선의 침략전략' 으로 보았던 것은 조금도 이상하지 않다.[44] 중화인민공화국 역시 이 전쟁을 '조선내전' 으로 명명했다.[45]

[9] 6·25남침전쟁

북한의 '정의의 민족해방전쟁'에 대한 남한의 가장 선명한 대응으로 김창순(金昌順) 북한연구소 이사장의 '6·25남침전쟁'을 지적할 수 있다.[46] 이 명칭은 이 전쟁이 북한의 남침에 의해 시작됐음을 분명하게 강조하고 있으며 그것은 사실에 어긋나지는 않는다. 그러나 이 용어는 북한에 의해, 그리고 수정주의자들과 신수정주의자들에 의해 전혀 수용될 수 없으며, 세계전쟁사에서 침략자가 명백히 밝혀졌던 전쟁의 경우에도 그 이름에 침략을 명시한 경우가 없다는 이유로 국제학술계에서도 논란의 여지가 크다고 하겠다.

[10] 국제적 내전 또는 내전적 국제전

이 전쟁이 내전의 성격을 갖고 있음은 틀림없으나 국제냉전의 영향과의 복합 속에 일어난 '국제적 내전'이라는 해석은 나고야(名古屋)대학의 국제적 수정주의자 시노부 세이자부로(信夫淸三郎) 교수 등이 제시했으며,[47] 오코노기 마사오 교수 등이 뒤따랐다.[48] 이들에 따르면, 이 전쟁은 북한의 민족해방전쟁으로 시작됐으나 곧 미국을 비롯한 서방국가들이 남한을 위해 참전했고 중화인민공화국이 북한을 위해 참전함으로써 국제전으로 바뀌었다는 것이다. 일본학계에서는 대체로 이 해석이 받아들여진다. 나가이 요노스케(永井陽之助) 교수도 '국제적 내전(international civil war)'이란 말을 쓴다.[49] 그러나 그는 내전적 요소들보다는 국제적 요소들을 더 강조한다. 한국의 서주석(徐柱錫) 박사의 '국제적 내전'론도 여기에 속한다. 비슷한 맥락에서, 미국의 버튼 카우프먼(Burton Kaufman) 교수는 '남북한 내전에 포개진 미·소 사이의 강대국 투쟁'으로 정의해, '내전적 국제전'으로 해석했다.[50]

[11] 요약과 결론

이제까지의 토론을 요약하기로 한다. 이 전쟁을 서방권에서 'the Korean War'로, 일본에서 '조선전쟁'으로 부르는 것은 자연스럽다. 그러나 우리로서는 더 이상 '한국전쟁', '한국동란', '한국전란' 등으로 부르는 것은 자연스럽지 않다. '6·25사변', '6·25동란', '6·25전란' 등으로 부를 수 있겠으나 완벽하지 않으며, 그 점은 '6·25남북전쟁'과 '6·25남침전쟁'에 대해서도 마찬가지다. 북한의 명명인 '정의의 조국해방전쟁'은 우리로서는 받아들일 수 없다. 그러므로 한반도 안에서의 명명으로는 '6·25전쟁'이 상대적으로 나은 것 같다.

〈출처: 한국전쟁연구회 편, 「탈냉전시대 한국전쟁의 재조명」(서울: 백산서당, 2000), 17~41쪽. 이 논문은 「수하(首河) 견학필(堅鶴弼) 교수 정년기념논문집: 남북한화해시대의 한국민주주의, 통일 그리고 국제정치」(부산: 신지서원, 2001), 371~396쪽에 다시 실렸다.〉

註

1) 이 논쟁에 관한 가장 좋은 책은 Thomas G. Paterson(ed.), *The Origins of the Cold War,* 2nd ed.(Lexington, MA., 1974)이다.

2) 이 설명에 관해서는 여러 문헌을 소개할 수 있겠으나 대표적으로 다음을 지적할 수 있다. John Lewis Gaddis, *The United States and the Origins of the Cold War, 1941–1947*(New York: Columbia University

Press, 1972). 그의 다음 최근작을 읽는 것이 좋겠다. John Lewis Gaddis, *We Now Know: Rethinking Cold War History*(New York: Oxford University Press, 1997).

3) 이러한 주장에 대한 소개와 분석은 다음 책에 잘 나와 있다. Charles McLane, *Soviet Strategies in Southeast Asia: An Exploration of Eastern Policy under Lenin and Stalin*(Princeton: Princeton University Press, 1966). 또 Alvin Z. Rubinstein, *Soviet Foreign Policy Since World War II: Imperial and Global*(Cambridge, MA.: Winthrop Publishers, 1981).

4) D. F. Fleming, *The Cold War and Its Origins, 1917～1960*(Garden City, N.Y.: Doubleday and Co., 1961), Vol. I and Vol. II.

5) "Introduction: The Third World and Soviet Foreign Policy," in Erik P. Hoffmann and Frederick I. Fleron, Jr.(eds.), *The Conduct of Soviet Foreign Policy*(Chicago: Aldine Publishing Co., 1971), pp. 396～397.

6) A. Doak Barnett, *Communist China and Asia*(New York: Vintage Books, 1961), p. 152; Harold Hinton, *Communist China in World Politics*(Boston: Houghton and Mifflin Co., 1966), p. 27; David Dallin, *Soviet Foreign Policy After Stalin*(Philadelphia: J. B. Lippincott, 1961), p. 70; Alexander Dallin, "The Use of International Movement," in Ivo J. Leaderer(ed.), *Russian Foreign Policy: Essays in Historical Perspective*(New Haven: Yale University Press, 1962), p. 331; Adam B. Ulam, *Expansion and Coexistence: The History of Soviet Foreign Policy, 1917-1967*(New York: Frederick A. Praeger, 1968), pp. 514～19.

7) 예컨대, I. F. Stone, *The Hidden History of the Korean War*(New York: Monthly Review Press, 1952).

8) 후기수정주의라는 용어에 대한 토론에 대해서는 하영선(河英善), 「냉전과 한국」; 하영선 편, 「한국전쟁의 새로운 접근」(서울: 나남, 1990), 16～20쪽.

9) James I. Matray, *The Reluctant Crusade: American Foreign Policy in Korea, 1941～1950*(Honolulu: The University Press of Hawaii, 1985), pp. 119～36.

10) Frank Baldwin, "Editor's Introduction," in Frank Baldwin(ed.),

Embassy at War, Prepared by Harold Noble(Seattle: University of Washington Press, 1975), xvi.

11) 예컨대, 신복룡(申福龍), 「한국현대사연구의 시각과 방법론의 검토」; 한국정신문화연구원 현대사연구소 편, 「한국현대사의 재인식 6: 현대사의 흐름과 한국현대사」(서울: 오름, 1998), 234쪽.

12) John Merrill, *Korea: The Peninsular Origins of the War*(Newark, N.J.: The University of Delaware Press, 1989). 그의 석사논문은 그 뒤 보완되어 다음으로 발표됐다. John Merrill, "The Cheju-do Rebellion," *Journal of Korean Studies,* Vol. 2(1980), pp. 139-197.

13) 예컨대, 가미야 후지(神谷不二), 「조선전쟁: 미·중대결의 원형」(도쿄: 중앙공론사, 1967); 시노부 세이자부로(信夫清三郎), 「조선전쟁의 발발」(도쿄: 福村출판사, 1969); 오코노키 마사오(小此木政夫), 「조선전쟁: 미국의 개입과정」(도쿄: 중앙공론사, 1986); 와다 하루끼(和田春樹), 「조선전쟁」(도쿄: 이와나미서점, 1995).

14) 예컨대, Rosemary Foot, "Nuclear Coercion and the Ending of the Korean Conflict," *International Security,* Vol. 13, No. 3(Winter 1988/89). the Korean Conflict라는 표현과 the Korean War라는 표현을 함께 쓴 경우로, Robert Leckie, *Conflict: The History of the Korean War, 1950-53*(New York: G. P. Putnam's Sons, 1962) 및 Rosemary Foot, *The Wrong War: American Policy and the Dimensions of the Korean Conflict, 1950-1953*(Ithaca, N.Y.: Cornell University Press, 1985); Burton I. Kaufman, *The Korean War: Challenges in Crisis, Credibility, and Command*(New York: Alfred A. Knopf, 1986), p. 1.

15) Department of External Affairs, Canada, *Documents on the Korean Crisis*(Ottawa: King's Printer, 1951); M. Ganju, "The Korean Conflict," *India's Foreign Policy*(Bombay: The New Book Co., 1951); George Howard Poteat, "Strategic Intelligence and National Security: A Case Study of the Korean Crisis(June 25-November 24, 1950)," unpub. Ph. D. diss., St. Louis, MO.: Washington University, 1973.

16) 대한민국 육군본부 편, 「6·25사변 육군전사」, 1-7권(서울, 1956-57). 일본 외무성은 1951년에 출판한 「조선사변의 경위」에서 사변이란 이름을 썼다.

17) 예컨대, 김점곤(金點坤), 「한국동란」(서울: 한국홍보협회, 1973).

18) 대한민국 국방부 정훈국 전사편찬위원회, 「한국전란 1년지~5년지」(서울, 1951-56).

19) 1975년에 박영사에서 초판이 출판됐다.

20) 구영록(具永祿), 「인간과 전쟁: 국제정치이론의 체계」(서울: 법문사, 1977).

21) 김민수 외 공편, 「국어대사전」(서울: 금성출판사, 1991), 1451쪽.

22) 한글학회, 「우리말큰사전」(서울: 어문각, 1992년 초판, 1997년 7판), 2061쪽.

23) 김민수 외, 「국어대사전」, 779쪽.

24) 한글학회, 「우리말큰사전」, 1106쪽.

25) 김민수 외, 「국어대사전」, 2602쪽.

26) 한글학회, 「우리말큰사전」, 3589쪽.

27) 구영록, 「인간과 전쟁」, 125~126쪽.

28) 조동걸, 「현대한국사학사」(서울: 나남출판, 1998), 481쪽.

29) 위와 같음.

30) 예컨대, John Merrill, "Internal Warfare in Korea, 1948-1950: The Local Setting of the Korean War," in Bruce Cumings(ed.), *Child of Conflict: The Korean-American Relationship, 1943-1954*(Seattle: University of Washington Press, 1983), pp. 133~62; Jon Halliday and Bruce Cumings, *Korea: The Unknown War*(New York: Pantheon Books, 1988), p. 71은 그러한 느낌을 갖게 한다.

31) Robert R. Simmons, *The Strained Alliance: Peking, P'yongyang, Moscow and the Politics of the Korean Civil War*(New York: The Free Press, 1975); Kaufman, *The Korean War,* p. 1.

32) 신복룡, "한국전쟁의 기원: 김일성의 개전 의지를 중심으로," 「한국정치학회보」, 제30집 제3호(1996년 12월), 163~182쪽.

33) Quincy Wright, *A Study of War*(Chicago: The University of Chicago Press, 1965), 2nd ed., pp. 12~13; 구영록, 「인간과 전쟁」, 128쪽.

34) 이 부분은 다음 책에서 그대로 옮겨온 것이다. 김학준, 「소련정치론」(서울: 일지사, 1976), 385쪽. 이 부분은 P. H. Vigor, *The Soviet View of War, Peace and Neutrality*(London: Routledge and Kegan Paul, 1975)에 바탕을 두고 있다.

35) FBIS, *Daily Report,* January 29, 1954, South Korea, EEE 8-9.

36) 한영춘, "전쟁배경과 호칭문제," 「단대(檀大)신문」, 462호(1976년 6월 24일).

37) 예컨대, 1950년 6월 26일 이후 약 1개월에 걸친 북한의 방송들. 예컨대 1950년 7월 8일의 김일성의 방송연설. FBIS, *Daily Report,* July 11, 1950, Supplement: Korea, pp. 22~28. 또 문학봉, 「미제의 조선 침략정책의 정체와 내란도발의 진상을 폭로함」(평양: 조선중앙통신사, 1950).

38) Jon Halliday, "The Korean War: Some Notes on Evidence and Solidarity," *Bulletin of Concerned Asian Scholars,* Vol. 11, No. 3(July 1979), pp. 2~18; Gavan McCormack, *Cold War, Hot War: An Australian Perspective on the Korean War*(Sydney: Hale and Iremonger, 1983).

39) Bruce Cumings, *The Origins of the Korean War,* vol. 1: *Liberation and the Emergence of Separate Regimes, 1945–1947*; vol. 2: *The Roaring of the Cataract, 1947–1950*: 2 vols.(Princeton: Princeton University Press, 1981~1990); Halliday and Cumings, *Korea.*

40) 김일성, 「자유와 독립을 위한 조선인민의 정의의 조국해방전쟁사」(평양: 조선로동당출판사, 1954); 조선민주주의인민공하국 사회과학원 력사연구소, 「혁명의 위대한 수령 김일성동지께서 령도하신 조선인민의 정의의 조국해방전쟁사」(평양: 사회과학출판사, 1972); 「위대한 조국해방전쟁시기의 혁명사적지」(평양: 금성청년출판사, 1981); 장종엽, 「조국해방전쟁의 승리를 위한 조선인민의 투쟁」(평양: 조선로동당출판사, 1957); Academy of Sciences, Democratic People's Republic of Korea, *History of the Just Fatherland Liberation War of the Korean People*(Pyongyang: Foreign Languages Publishing House, 1961).

41) Vigor, *The Soviet View.* 이 책의 주요한 부분을 나는 "소련 정치지도자들의 전쟁·평화·중립관"이라는 제목 아래 요약해 졸저, 「소련정치론」(서울: 일지사, 1976)의 부록 Ⅱ로 실었다. 본문의 부분은 이 책 378~379쪽에 있다.

42) 위와 같음, 382쪽.

43) 위와 같음, 387~389쪽.

44) 김학준, 「소련은 한국전쟁을 어떻게 보는가」; 김학준, 「한국전쟁:

원인·과정·휴전·영향」, 제 1 증보판(서울: 박영사, 1993), 379쪽.

45) 중화인민공화국 군사과학원 군사역사부 지음, 한국전략문제연구소 옮김, 「중공군의 한국전쟁사: 항미원조전사」(서울: 세경사, 1991), 3쪽.

46) 김창순(金昌順), 「김일성 사후 500일: 김창순칼럼집」(서울: 북한연구소, 1995), 216~217쪽.

47) 시노부 세이자부로(信夫清三郎), 「조선전쟁의 발발」(도쿄: 후쿠마루출판사, 1969).

48) 오코노기, 「조선전쟁」.

49) Yonosuke Nagai, "The Korean War: An Interpretative Essay," *The Japanese Journal of American Studies,* No. 1(1981), pp. 151~174.

50) Kaufman, *The Korean War,* p. 1.

보론 Ⅱ 6·25한국전쟁은 스탈린이 일으켰다: 소련의 1차 자료가 공개된 이후의 국내외 연구를 중심으로

가브릴 코로트코프 지음. 어건주(魚建柱) 옮김.「스탈린과 김일성: 한국전 준비 및 발발 과정에서의 그들의 역할」. 서울: 동아일보사, 1992. 1권, 279쪽. 2권, 283쪽.

Goncharov, Sergei N., John W. Lewis, and Xue Litai. *Uncertain Partners: Stalin, Mao, and the Korean War.* Stanford: Stanford University Press. 1993.

예프게니 바자노프 나딸리아 바자노바 저. 김광린 역.「소련의 자료로 본 한국전쟁의 전말」. 서울: 도서출판 열림, 1998. 239쪽.

소진철.「한국전쟁의 기원: 국제공산주의의 음모」. 익산: 원광대학교 출판부, 1996. 353쪽.

Kim, Yungho. "Power and Prestige: Explaining American Intervention in the Korean War." unpub. Ph. D. diss., Charlotteville, VA.: The University of Virginia, 1996. v+295pp.

김영호.「한국전쟁의 기원과 전개과정」. 서울: 두레, 1998. 328쪽.

이완범.「한국전쟁: 국제전적 조망」. 서울: 백산서당, 2000. 222쪽.

온창일.「한민족전쟁사」. 서울: 집문당, 2001. 1117쪽.

Thorton, Richard C. *Odd Man Out: Truman, Stalin, Mao, and the Origins of the Korean War.* Washington, D.C.: Brassey's, 2000. xiii+447pp.

McCann, David and Barry S. Strauss, eds. *War and Democracy: A Comparative Study of the Korean War and the Peleponneisian War.* Armonk, N.Y.: M. E. Sharpe, An East Gate Book, 2001. xxviii+385pp.

Weathersby, Kathryn. 한국전쟁의 개전에 관한 4편의 영문 논문들.
Hickey, Michael. *The Korean War: The West Confronts Communism, 1950–1953.* London: John Murray, 1999. xii+397pp.

1. 머 리 말

6·25한국전쟁에 관해서는 참으로 많은 자료들이 공개됐고 거기에 따라 참으로 많은 논문들과 저서들이 출판됐다. 외국에서, 특히 미국에서 그러했지만, 국내에서도 매우 활발히 연구됐고 토론됐으며 저술됐다. 그런데도 미심한 부분은 여전히 남아 있으며 따라서 토론은 계속되고 있다.

널리 알려져 있듯, 6·25한국전쟁에 관한 토론들 가운데 핵심적 주제는 이 전쟁의 기원들이다. 이 주제만 놓고도 그 동안 수많은 저술들이 출판됐다. 이 과정에서, 전통주의 학파가 주류를 형성했던 1950년대, 그리고 비록 1960년대 초부터 수정주의 학파의 반론이 소수설로 제기되기 시작했다고는 해도, 1960년대 말과 1970년대 초까지에는 소련공산당 서기장 스탈린(Iosif Stalin)주도설이 가장 유력하게 제시됐고 그것이 통설로 받아들여졌다. 그러나 1970년대 이후 수정주의의 확산과 더불어, 스탈린주도설은 배척됐거나 의문의 대상으로 바뀌었다. 스탈린은 6·25전쟁의 개전을 모르고 있었다는 스탈린무지설, 그래서 6·25전쟁의 발발소식에 놀라기조차 했다는 스탈린경악설까지 제시됐다.

다시 연구의 흐름이 바뀌어, 신(新)전통주의 학파가 형성되면서 김일성주도설이 유포됐다. 이렇게 바뀜에 있어서 소련공산당 제 1 서기 흐루시초프(Nikita S. Khrushchev)의 회고록이 강조한 김일성주도설이 중요하게 작용했음은 물론이다.

소련에서 소련공산당 서기장 고르바초프(Mikhail S. Gorbachev)의 지도체제가 등장한 1986년 이후 이 지도체제가 지향한 개혁과 개방의 정책에 따라 스탈린 시대의 비밀문서들이 부분적으로 공개되기 시작했다. 이 현상은 언론과 출판의 자유를 보장한 몇몇 법률 등이 통과된 1991년과 1992년 이후 좀더 두드러져 6·25한국전쟁에 관련된 1차 자료들의 공개와 발굴이 진전됐으며 이 방면의 증언들도 나오기에 이르렀다. 이에 따라 신전통주의 학파의 입장은 상대적으로 더 강화됐다.

이러한 흐름은 1994년에 소련의 후계국가 러시아연방의 대통령 옐친(Boris N. Yeltsin)이 한국정부에 이 전쟁에 관련된 소련의 당 및 정부의 비밀자료들 가운데 상당히 많은 부분들을 넘겨준 이후 촉진됐다. 소련으로부터의 이러한 일련의 자료들 — 이하 "소련의 새 자료들" 또는 "새로운 자료들"이라고 부르기로 한다 — 은 김일성주도설을 뒷받침해주었거나 해석에 따라서는 스탈린주도설을 뒷받침해주었다. 이 자료들은 따라서 수정주의 학파 또는 신수정주의 학파의 이제까지의 해석을 크게 약화시켰다.

"새로운 자료들"은 자연히 새로운 저술들을 탄생시켰다. 지난 10년을 돌이켜 볼 때, 국내외에서 적지 않은 수의 저술들이 출판됐다. 이 종합서평은 이 저술들을 이 전쟁의 기원들에 국한시켜 다루기로 한다.

2. 러시아 학자들의 저술들

1) 「스탈린과 김일성」

이 방면의 저술은 러시아의 학자들에 의해 선도됐다. 그것은 자연스러운 일이었다. "새 자료들"의 원천이 바로 러시아였기 때문이다.

우선 가브릴 코로트코프(Gavril Korotkov)의 저서를 지적할 수 있다. 저자는 군사학교 출신으로 이 전쟁 때 하바로프스크 소재 소련군극동군사령부 휘하의 특무부에 중위로 근무하면서 이 전쟁의 진행과정에 대한 정보를 분석했으며, 그 뒤 모스크바 소재 정치군사아카데미를 졸업하고 역사학박사학위를 받은 데 이어 이 연구소의 연구원으로 출발해 소련의 여러 군사연구소들을 거쳐 이 책의 집필 당시에는 소련 국방부 전사연구소 수석연구원으로 봉직했다. 「2차대전의 결과와 교훈」, 「국지전쟁」, 「핵시대의 전쟁과 평화」 등도 저술했다. 이 역서에는 이 역서의 원전이 무엇인지 전혀 밝히지 않고 있다. 따라서 서평자는 전적으로 이 역서에 의존하기로 한다.

3부로 구성되어 있는 이 책은 (1) 일제의 패망 직전 스탈린이 소련군 대위 김일성을 북한의 지도자로 선택한 과정, (2) 스탈린의 동아시아정책의 큰 틀 안에서 김일성이 스탈린의 뜻에 따라 북한에서 "친소비에트 정권"을 만들어간 과정, (3) "엄격한 소련군정 체제하의 커다란 정치적 코미디, [···즉] 최고인민회의 선거"를 거쳐 김일성이 이 정권의 "지도자"로 만들어져간 과정, 그리고 (4) 마침내 북한이 "소련의 정규적인 부분으로 편입된" 과정 등을 상세히 설명했다. 이 책은 이 모든 과정에서 "김일성에 관한 신화는 1945년 스탈린의 지령에 따라 독특한 '스탈린적 경험'을 폭넓게 이용하면서 창조되었다"고 주장하고, "김일성 또한 북한 '인민'에게 자신이 그들을 풍요롭고 행복하게 만들어주기 위해 나타난 신인(神人)이라는 신화를 심어주기 위해 자신에게 그러한 성격들을 부여하였다"고 덧붙였다(1권, 220~221쪽).

스탈린과 김일성의 관계를 이렇게 파악한 이 책은 따라서 6·25한국전쟁의 기원들을 역시 그러한 관계에서 이해했다. 이 점은 이 책에 다음과 같이 잘 요약되어 있다.

> [소련점령군이 북한에서 떠난 1948년 12월 이후에도] 김일성의 사고와 행동에 대한 스탈린의 통제력이 약화되지도 않았다. 1948년 이후에도 그는 크렘린의 지시에 따라 말 잘 듣는 순종자로 남아 있었다. 크렘린에서 남한을 포함한 한국 전체를 소련의 군사·정치블록에 포함시키려는 계획이 입안되었을 때, 김일성은 북한과 인민들에게 대한 전쟁준비로 정신없이 바빴다. 걸음마다 그는 소련공산당중앙위원회, 외무부, 국방부 및 기타 기관으로부터 파견된 모스크바의 밀사들에 의해 지도를 받았다. 평양에는 육군대장이자 대사인 슈트이코프가 직접적이고 계속적인 주요 고문으로 존재했다. 때때로 조선 '지도자'는 스탈린 개인이나 그의 측근 중 한 사람으로부터 지령을 받기 위해 모스크바로 갔다(1권, 256~257쪽).

이러한 시각에서 저자는 이 전쟁의 기원들과 관련해 다음과 같이 단정했다.

> 한국에서의 전쟁은 평양정부가 남한군사력에 수적 우위를 차지하고, 선제공격이 갖는 요소를 잘 활용하는 여건하에서 발발했다. 놀랄 정도의 짧은 기간(다 합쳐 4년간!)에 북한 공산주의자들은 대규모 공세를 취하기에 충분한 군사력을 완비했다. 이와 같은 성공은 소련의 전면적 도움이 없이는 불가능했다. 주도적 역할은 스탈린이 행했으며, 김일성은 수행자의 기능을 담당했다(1권, 261쪽).

저자는 같은 시각에서 이 전쟁의 개전과 관련해 김일성이 "거짓말"을 했다고 단언했다. 저자는 "몇 년 후 정반대의 사실로 판명되었던 당시 평양측의 공식발표는 놀라운 사실은 아니었다. 1950년 6월 25일 새벽, 침략행위를 저지른 북측은 자신들의 행위를 '정당화시키고' 잘못을 상대편에게 전가시키기 위해 세계여론을 기만해야만 했기 때문이다"(2권, 16쪽). 결론적으로 저자는 이렇게 썼

다: "김씨 일가는 추악했던 전쟁의 준비 및 도발에 있어서의 평양의 공산주의자들의 역할에 관한 진실을 아직까지도 조선민중들과 세계사회에 은폐하고 있다"(2권, 281쪽). 저자는 그러나 진실이 반드시 밝혀질 것이며, "역사의 법정은 응분의 처벌과 함께 반드시 한국전쟁의 범죄자들을 심판할 것이다"(2권, 283쪽)라는 기대로써 이 책을 끝냈다.

이 책의 저자가 누구인가를 가려놓은 채 이 책을 읽게 하면 "남한사회의 한 극우보수반동의 반공반북주의자가 쓴 책"이라고 성급하게 예단하는 독자도 없지 않을 것이다. 그만큼 저자는 6·25한국전쟁을 일으킨 "두 범죄자들"을 혹독하게 비판하고 있다. 거기서 한 걸음 더 나아가 일제패망 이후의 소련의 북한정책이 잘못된 정책이었다고까지 비판하고 있다.

2) *Uncertain Partners*

이 책은 러시아 학자 혼자 쓴 책은 아니지만 러시아 학자가 공저자들 가운데 가장 선도적인 공저자였기에 이 범주에 포함시켜 다루기로 한다. 이 책 역시 "새로운 자료들"에 크게 의존함으로써 새로운 연구로 평가받기에 충분하다. 우선 그 자료들을 살피면, (1) 러시아정부의 관할로 넘어감으로써 공개 또는 접근이 가능해진 소련의 당 및 국가공안위원회의 자료들, (2) 스탈린이 마오쩌둥(毛澤東)에게 파견했던 개인적 대표 코발레프(I. V. Kovalev)의 개인적 자료들, (3) 소련의 외교 및 군사에 정통한 러시아 전문가들의 증언들, (4) 중국공산당의 자료들 및 중국공산당의 한국전쟁 관련자들의 증언들과 회고록들, (5) 미국 후버연구소 동아시아자료실의 자료들, 그리고 (6) 북한정권의 초기 고위인사들 가운데 러시아로 망명한 인사들의 자료들 및 회고록들 등이 큰 줄거리를 이루고 있다. 그것들 가운데 중요한 82개의 문서들은 부록에 실려 있다. 따라서 그 이전에는 몰랐던, 또는 불분명했던 사실들에 대해 새로운 정보와 해석을 제공하고 있다.

이 책은 러시아의 전문가 곤차로프(Sergei N. Goncharov)와 중국의 전문가 쉐(Xue Litai), 그리고 미국의 전문가 루이스(John W. Lewis) 세 사람이 공저했다는 데서 또 다른 의미를 갖는다. 6·25전쟁에 주요하게 관련된 세 나라에서 각각 한 사람씩 참가해 자료들을 함께 보고 토론을 함께 함으로써 보다 더 균형 잡힌 분석에 도달하기 위해 노력했다는 사실은 이 책의 논지에 대한 신뢰도를 높였다.

그러면 이 전쟁의 기원들과 관련해 이 책이 제시하는 핵심적 내용은 무엇인가? 그것은 이 책의 마지막 장인 제7장 '요약'에 잘 정리되어 있다. 이 '요약'의 213쪽에 따르면, 김일성이 남침을 하자고 1949년 3월 이후 스탈린을 상대로 끈질기게 요구한 것은 사실이지만, 그리고 김일성이 남침을 집행한 것도 사실이지만, "1950년 6월 25일의 침입은 스탈린과 스탈린의 장군들에 의해 미리 계획됐고 축복됐고 직접적으로 지원됐으며, 스탈린의 강력한 요구에 따라 마오에 의해 마음 내키지 않게 후원됐다(The invasion of June 25, 1950, was pre-planned, blessed, and directly assisted by Stalin and his generals, and reluctantly backed by Mao at Stalin's insistence.)."

그러면 스탈린은 왜 그렇게 결정했던가? 이 물음에 대해 이 책은 흥미로운 관찰을 제시한다. 그 결정은 소련과 중국 및 북한 사이에 조정된 일이 없었고 심지어 세밀하게 검토된 일도 없는 상태에서 조금씩 조금씩 그리고 한 부분 한 부분 이뤄져 갔다는 것이다. 전쟁결정과 관련해 세 나라 사이에는 공동분석과 공동결정의 기구도 없었다는 것이다. 그래서 이 책은 214쪽에서 이 결정이 가장 나쁜 종류의 무모한 전쟁수행결정이었다고 주장한다. 이 "되는 대로의(sloppy)" 결정은 특히 스탈린과 마오가 각각 자신들의 속셈을 상대방에 드러내지 않거나 사실을 감추거나 또는 조작해가면서 자신들의 목표를 세운 가운데 취해졌는데, 그 과정에서 한반도의 통일과 같은 문제는 고려의 대상에서 제외되어 있었다고까지 이 책은 주장한다. 그러했기에 이 책은 스탈린과 마오를 "믿을 수 없는 협력자들(uncertain partners)"이라고 보았으며 이 구절로 제목을 삼고 있다.

그런데 이 책이 중요하게 지적하는 대목은 스탈린이 전쟁계획에 마오를 끌어들여 사실상 공범으로 만들어놓았다는 설명이다. 마오가 중국을 소련의 영향에서 벗어난 독자적 길로 이끌어가면서 세계공산권에서의 소련의 패권에 도전하지 않을까 걱정하던 스탈린은, 이 전쟁에 미국이 군사적으로 개입함으로써 북한이 패전하는 경우 북한구출의 부담과 전쟁의 책임을 마오가 지도록 하려는 교활한 속셈에서 그렇게 했다는 뜻이다.

실제로 북한의 초기 의도가 좌절됐을 때 중국은 참전을 통해 막대한 희생을 감당해야 했고 특히 미국을 비롯한 서방세계와의 관계가 크게 악화돼 국제적 고립에 빠져야 했다. 이 책의 이러한 분석은, 이 책 스스로는 그렇게 말하고 있지 않지만, 스노(Edgar Snow)가 자신의 저서(*The Other Side of the River: Red China Today*, New York: Random House, 1962)에서 이미 제시했던 함정설을 연상시킨다. 즉 중국과 미국의 대결을 유도하는 것이 소련의 국가이익에 도움이 된다는 계산에서 북한으로 하여금 남침전쟁을 일으키게 하고 중국으로 하여금 참전하지 않을 수 없게끔 만들었다는 함정설의 그림자가 이 책에서도 엿보인다.

이 책은 공저자들의 위치, 출판사의 비중, 활용된 자료들의 가치 등이 종합적으로 고려되어, 그리고 무엇보다 새로운 관점을 제시했다는 점에서 6·25한국전쟁의 기원들에 관한 논쟁에 큰 영향을 주었다. 보다 구체적으로 말해, 1980년대를 풍미한 신수정주의 학파의 해석에 적지 않은 타격을 주었으며, 1990년대 초 이후 신전통주의 학파의 해석에 큰 보탬을 준 캐스린 웨더스비(Kathryn Weathersby) 교수의 논지를 뒷받침해주었다.

이에 따라 신수정주의 학파의 브루스 커밍스(Bruce Cumings)와 캐스린 웨더스비 사이에 논쟁이 벌어지기도 했는데, 전문가들은 대체로 웨더스비의 논지에 찬성하는 경향을 보였다. 이 논쟁에서 웨더스비 교수는 커밍스에게 사실을 사실대로 인정하지 않는 것은 "부정직"하다고까지 논평했다. 이 논쟁에 대해서는 서평자가 뒷날 따로 다루기로 하겠다.

이 무렵, 소련에서 미국으로 망명한 학자 페트로프(Vladimir Petrov)는 미국 조지워싱턴대학교 동아시아연구소가 발행하던 계간지 *Journal of Northeast Asian Studies* 제8권 제2호(Summer 1994)에 "Mao, Stalin and Kim Il-Sung: An Interpretive Essay"를 발표했다. 이 논문 역시 대체로 *Uncertain Partners*와 흐름을 같이했다.

3) 「한국전쟁의 전말」

앞의 책들을 읽은 뒤 반드시 읽어야 할 책은 「소련의 자료로 본 한국전쟁의 전말」일 것이다. 왜냐하면 이 책은 앞의 책들처럼, 아니 앞의 책들보다 훨씬 폭넓게 소련의 당과 정부 및 관계기관들의 1차 자료들을 활용하면서 주제에 접근했기 때문에, 그러면서도 해석에 있어서 같은 의견을 제시함과 아울러 다른 의견도 제시했기 때문이다.

역자의 서문에 따르면, 이 책은 예프게니 바자노프(Evegenie P. Bajanov)와 나딸리아 바자노바(Natalia Bajanova) 부부가 쓴 미출간의 *The Most Mysterious War of the 20th Century: The Korean Conflict, 1950-1953 Based on Soviet Archives*를 번역한 것이다. 역자가 밝히고 있듯이, 이 책은 한국전쟁에 관한 이론적 분석이라기보다는 자

료 중심의 기술이다. 그러나 단순한 자료집이 아니라 공저자들의 관점으로부터 자료들을 분석하면서 이 전쟁의 전모를 그리고자 시도했다.

이 책은 첫째 1945년 8월에 한반도가 미국과 소련에 의해 분할점령됐던 때로부터 1949년 말까지의 기간에 스탈린이 한반도에서 어떠한 형태의 전쟁계획도 갖고 있지 않았다고 주장한다. 이 점에서 이 책은 「스탈린과 김일성」과는 논지를 달리하고 있고 *Uncertain Partners*와는 논지를 같이하고 있다. 이 책은 둘째 스탈린은 이 시기에 오히려 남쪽이 북침하지 않을까 걱정했다고 주장하고 그 걱정이 결국 이 전쟁 도발의 한 중요한 원인으로 작용했다고 주장한다. 이 점에서 이 책은 *Uncertain Partners*와 논지를 달리한다. *Uncertain Partners*는 북침에 대한 공포가 이 전쟁 도발의 한 원인이었다는 주장은 근거가 없다고 단언했기 때문이다.

이 책은 셋째 1950년에 들어서면서 스탈린은 김일성이 그동안 끈질기게 요구해온 남침계획에 동의했다고 주장한다. 이 점만 놓고 볼 때, 이 책은 김일성주도설의 계열에 속한다고 결론지을 수 있다. 그러나 이 책은, 비록 스탈린주도설이라는 직접적 표현은 쓰고 있지 않다고 해도, 스탈린주도설을 뒷받침하는 분석을 제시하고 있다. 스탈린의 승인이 없었다면 김일성이 개전할 수 없었다는 점, 개전일자를 스탈린이 지정했다는 점, 그리고 전쟁의 모든 기간에 걸쳐 스탈린이 김일성을 철저히 통제하고 있었다는 점 등을 자세히 설명하고 있는 것이다. 이러한 맥락에서, 공저자들은 이 책의 77쪽에서 "[스탈린은] 전쟁개시시기를 결정하였으며, 김일성에게 전쟁의 방법을 지시하였고, 중국과 조선의 지도부가 취할 모든 조치에 대하여 계속해서 지시를 하달하였다"라고 썼다.

이 책은 넷째 이 전쟁이 동서 양대진영의 대립 속에서, 그리고 동서 양대진영의 모두가 "세계대전의 위험을 회피한 채 영향권을 확대할 수 있는 기회가 찾아오는 경우 이 기회를 기꺼이 활용하려고 하는" 상황 속에서, "공산진영의 오판"에 의해 빚어졌다고 결론지었다(237쪽). 이러한 결론은 이 전쟁이 동서 양대진영의 대결이라는 국제정치의 큰 틀 속에서 일어난 것임을 말해준다. 이 점에서 이 책은 이 전쟁을 역시 국제정치의 산물로 파악한 앞의 책들과 흐름을 같이한다. 다만 차이가 있다면 *Uncertain Partners*는 중소관계를 더 중요하게 보았다는 점이다. 그리고 이러한 시각은 한반도의 내적 요인을 이 전쟁의 발발에 있어서 일차적 요인이라고 본 내전설과 대조된다.

3. 한국 학자들의 저술들

1) 소진철 교수의 학위논문과 저서

소진철은 6·25한국전쟁 연구의 선구자적 학자들 가운데 대표적 한국인이다. 그가 1963년에 미국 오클라호마대학교(University of Oklahoma, Tulsa)에 제출해 통과를 본 정치학박사 학위논문 Jin-Chull Soh, "Some Causes of the Korean War of 1950: A Case Study of Soviet Foreign Policy in Korea(1945-1950) with Emphasis on Sino-Soviet Collaboration"이 그것을 말해준다. 이 논문은 글자 그대로 전통주의 학파가 주류를 형성했던 시기에 작성됐으며, 전통주의 학파의 흐름을 그대로 반영하고 있다. 부제가 말해주듯, 이 논문은 이 전쟁을 중소음모설의 큰 틀로부터 접근하면서 특히 스탈린의 주도를 강조했다.

그의 이러한 입장은 그가 미국의 한국문제연구소(Research Institute on Korean Affairs)가 간행하던 계간지 *Journal of Korean Affairs*, Vol. Ⅲ, No. 4(January 1974)에 발표한 논문 "The Role of the Soviet

Union in Preparation for the Korean War"에 잘 요약되어 있다. 소 박사는 그 뒤 같은 시각에서 여러 편의 국문 논문들을 발표했다. 그리고 마침내 그 연장선 위에서, 1990년대에 들어와 공개됐거나 발굴된 소련의 1차 자료들을 원용해 「한국전쟁의 기원」을 상재한 것이다.

이 책은 부제가 말하듯 이 전쟁을 국제공산주의의 음모의 소산이라고 본다. 이와 관련해, 이 책은 247~248쪽에서 "소련수상 스탈린은 오래 전부터 '전쟁'을 '구상'해 왔다. 그리고 북한의 김일성(박헌영도 합세)은 이를 충실히 '실행'에 옮겼으며 중국의 모주석(毛主席)은 전기(前記) 양자와 같은 입장에서 '전쟁'의 성공을 '연대보증'함으로써, 이들은 한국전쟁을 '공모'한 것이다. 이들의 이러한 행위를 외견상으로 볼 때, 이는 마치 법률상의 '공동정범'과 같은 개념으로 이해되어야 할 것이다"라고 썼다.

이렇게 국제공산주의음모설을 강조하면서도 특히 스탈린의 주도를 강조해, 248쪽에서는 "사실 한국전쟁은 스탈린 자신의 '국제공산주의' 운동의 정점에서 이를 시종 '주도'했으며, 그의 '전쟁' 목표는 최종적으로 일본에서도 '미제'를 축출하고 궁극적으로 일본을 '해방'하는 데 있었던 것이다"라고 매듭지었다. 이 일본해방시도설은 소 박사의 저서에서만 보인다.

2) 김영호 교수의 학위논문과 저서

김영호가 버지니아대학교에 1996년에 제출해 통과를 본 정치학박사 학위논문 "Power and Prestige: Explaining American Intervention in the Korean War," 그리고 이 학위논문을 중심으로 국어로 새롭게 다듬은 책은 모겐소(Hans J. Morgenthau) 교수가 권력의 매우 중요한 심리적 측면들 가운데 하나로 파악한 위신(prestige)의 개념을 통해 미국의 한국전쟁 개입을 설명하고자 했다. 그래서

제 1 장 "서론" 다음의 2개의 장인 제 2 장과 제 3 장에서, 특히 제 3 장에서 국제정치에 있어서의 위신의 문제를 집중적으로 분석했다. 그러한 분석틀을 설정한 다음, 제 4 장에서 이 전쟁의 기원들에 관한 통설들을 비교한 뒤 이 전쟁이 스탈린에 의해 주도됐다고 결론지었다.

그러면 저자의 논거는 무엇인가? 그는 기존의 이론들을 모두 살피고 이어 "새로운 자료들"은 물론, 이 전쟁에 관한 미국 국립문서처(NARA)의 1차 자료들도 거의 완벽하게 분석한 뒤, 112쪽에서 이 전쟁을 스탈린의 롤백정책의 부분으로 설명했다("I see the Korean War as part of Stalin's rollback policy."). 그는 이 명제를 국어본 저서의 105쪽에서 "스탈린이 중국공산혁명 이후 새롭게 재편되는 아시아의 전략적 상황과 북한지도부의 무력통일론을 이용하여 미국과의 냉전 대결에서 결정적인 승기를 잡기 위하여 한국을 미국의 세력권으로부터 제거하려는 롤백전략을 추구하는 과정에서 한국전쟁은 발발했다"라고 부연했다.

그러면 특히 제 2 차 세계대전이 끝난 이후 미국에 대해 신중한 대외행태를 보인 스탈린이 무엇에 영향받아 모험적인 대미 롤백전략을 추구했을까? 이 중요한 물음에 대해, 저자는 국어본 저서의 138~139쪽에서 이렇게 대답한다: "스탈린의 한국전쟁 결정에 영향을 주었을 가능성이 있는 요인 중의 하나는 1949년 8월 29일 소련의 핵무기실험 성공이다. […] 소련의 핵무기 보유는 소련에게 직접적으로 군사적 우위를 가져다 주었다기보다는 스탈린에게 심리적인 자신감을 부여하여 간접적으로 한국전쟁 결정에 영향을 주었을 것이다." 그는 이어 139쪽에서 "소련의 핵실험 성공 외에 스탈린의 한국전쟁 결정에 영향을 끼친 또 다른 중요한 요인을 찾는다면 그것은 바로 중소동맹조약의 체결이다"라고 주장했다.

이 부분이 무척 흥미롭다. 저자는 이렇게 부연한다: "스탈린은 롤백전략을 추구하면서 미국의 개입가능성을 완전히 배제하지 않았기 때문에 그것에 대한 대비책을 마련해 두었다. […] 그 대비책 중의 하나는 새로운 중소동맹조약 체결을 통하여 소련-만주-북한을 잇는 거대한 전략적 지대(strategic complex)를 아시아에 창설하는 것이었다. […] 전략적 지대의 창설 외에 스탈린이 미국의 개입가능성에 대하여 마련한 대비책은 김일성으로 하여금 남침 이전에 모택동의 동의를 얻도록 함으로써 중국을 한국전쟁 결정에 연루시키고 유사시에 중공군의 투입을 유도하는 것이었다."

저자의 이러한 분석은 독창적이다. 그동안 한국전쟁의 기원들과 관련해 수많은 가설들이 제시됐고 토론됐지만, 서평자의 의견으로는, 저자의 그러한 분석은 처음 나온 것이라고 생각된다(저자의 논지의 핵심적 부분은 저자가「한국정치학회보」제31집 제 3 호(1997년 가을), 189~207쪽에 발표한 논문 "한국전쟁 원인의 국제정치적 해석: 스탈린의 롤백이론"에 요약되어 있다).

3) 이완범 교수의「한국전쟁」

이 책은 부제가 말하듯 이 전쟁을 국제전이라는 시각에서 접근했다. 저자는 내전적 요인을 어느 정도 인정하면서도 국제적 요인의 중요성을 앞세우고 있다. 이 점과 관련해, 그는 162쪽에서 "한국전쟁의 기원 내지는 발발의 원인을 분석하기 위해서는 미소관계라는 국제적 요인에 대한 고려가 일차적으로 이루어져야 하며, 1945년 직후의 국내적 요인은 국제적 요인에 의해 규정되었으므로 이차적으로 이루어질 국내적 요인에 대한 분석은 국제적 요인의 큰 틀 속에서 이루어질 수 있을 것이다"라고 부연한다.

이러한 시각에서, 그는 보다 더 구체적으로 163~164쪽에서 이렇게 쓰고 있다.

> [한반도의] 주변 4강인 미·소·중·일 가운데 한국전쟁에 관한 한 가장 큰 역할을 한 것은 역시 소련이었다. 소련은 처음부터 물질적 지원과 정신적 승인을 아끼지 않았으며, 미국 참전 후에는 중요한 고비 때마다 북한과 중국을 통제했다.

그렇다면 스탈린이 주도했다는 뜻인가? 그는 "한국전쟁은 김일성이 주도했고 스탈린은 지원했다"라고 본다. 그러나 "스탈린이 승인하지 않았다면 전쟁이 일어났을 가능성은 거의 없었다"고 본다. 그리하여 그는 164쪽에서 "한국전쟁은 김일성의 주도와 스탈린의 지원이 유기적으로 결합되어 일어난 일종의 공동전쟁이었다. […] 추진력의 면에서는 김일성의 힘이 컸지만 정치적 감각이나 국제적 정세판단은 스탈린이 도맡아서 했기 때문에, '김일성의 추진력을 스탈린이 통제' 한 전쟁이라고 할 수 있다"라고 결론지었다.

4) 온창일 교수의 「한민족전쟁사」

온창일 교수의 이 책은 참으로 방대하다. 책 제목이 말하듯, 고조선 이후 한민족이 경험한 역사상의 모든 전쟁을 다뤘기 때문이다. 6·25한국전쟁은 그 가운데 하나로 다뤄지고 있다. 그러면 저자는 이 전쟁의 기원을 어떻게 보았는가? 그는 474쪽에서 "김일성이 요구하고 스탈린이 승인 지원하고 모택동이 동의 참여한 '남조선해방전쟁'"이라고 보았다.

4. 미국 학자들의 저술들

1) *Odd Man Out*

저자는 조지워싱턴대학교의 역사학 및 국제관계학 교수로, 기존의 연구들과 1990년대 이후의 "새로운 자료들" 및 미국측 자료들을 충분히 활용하면서 이 전쟁을 분석했다. 그는 이 전쟁을 기본적으로 미국과 소련 및 중국의 세 나라 최고지도자들과 그들의 보좌관들의 책동과 오판의 복합적 산물이라고 보았다. 따라서 그는 전후 냉전의 국제정치적 큰 틀로부터 이 전쟁에 접근한 것이다. 이 전쟁을 그렇게 보았기에, 그는 남북한 사이의 갈등을 부차적인 것으로 파악했고 이 전쟁은 피할 수 있었던 전쟁이었다고 이해했다.

이 책은 따라서 스탈린주도설에 가까운데, 다른 스탈린주도설과 구별되는 점은 스탈린이 북한의 남침이 실패하도록 유도했다는 논지이다. 북한으로 하여금 남침하게 하되 실패하게 함으로써 결국 중국이 개입하게끔 유도했고, 중국이 참전을 계기로 미국과 대결하게 됨으로써 이 전쟁이 일어나기 5개월 전쯤인 1950년 1월까지만 해도 성숙되어 가던 미국과 중국 사이의 국교수립 분위기를 냉각시켜, 미국과의 국교수립을 통해 소련에 대한 예속을 예방하려 했던 모택동의 계획을 좌절시켰다는 것이다. 모택동은 결국 스탈린의 책략에 빠져 "제외된 사람(odd man out)"이 되고 말았다고 저자는 주장한다. 이 점에서 이 책은 *Uncertain Partners*와 논지를 같이한다고 하겠다.

2) *War and Democracy*와 Weathersby의 논문들

이 책은 1995년에 우드로윌슨국제연구원(Woodrow Wilson International Center for Scholars)에서 열린 한국전쟁과 펠로폰네서스전쟁 모두에 대한, 특히 한국전쟁에 대한 연구를 심화시키고자 한 학술회의에서 발표된 논문들의 모음이다. 왜 한국전쟁을, 아테네와 스파르타 사이의 전쟁인 펠로폰네서스전쟁과 비교할 수 있는가를 설명한 편자들의 서문은 이 책 전체의 성격을 이해하는 데 많은 도움을 준다.

이 서문에 이어, 모두 5부 15장으로 구성되어 있는데, 여기에는 커밍스(Bruce Cumings)의 "When Sparta Is Sparta but Athens Isn't Athens: Democracy and the Korean War," 서대숙(Dae-Sook Suh)의 "The Korean War and North Korean Politics," 오공단(Kongdan Oh)의 "The Korean War and South Korean Politics," 엘런 슈레커(Ellen Schrecker)의 "McCarthyism and the Korean War," 스티븐 휘트필드(Stephen J. Whitfield)의 "Korea, the Cold War, and American Democracy," 신동욱(Dong-Wook Shin)의 "Characters and Characteristics of Korean War Novels" 등이 포함되어 있다.

이 책에 포함된 논문들 가운데 이 종합서평과 관련해 다루고자 하는 논문은 캐스린 웨더스비(Kathryn Weathersby)의 "Stalin and Decision for War in Korea"(85~103쪽)이다. 이 논문을 이해하기 위해 우리는 먼저 그녀가 1993년에 발표한 다음 두 편의 논문들을 읽을 필요가 있다. 첫째가 "Soviet Aims in Korea and the Outbreak of the Korean War, 1945-1950: New Evidence from the Russian Archives," *Working Paper of the Cold War International History Project*(Washington, D.C.: The Woodrow Wilson International Center for Scholars, 1993)이고, 둘째가 "The Soviet Role in the Early Phase of the Korean War: New Documentary Evidence," *The Journal of American-East Asian Relations,* Vol. 2, No. 4(Winter 1993)이다. 이 두 편의 논문들은 이 전쟁의 개전에 스탈린이 깊숙이 개입되어 있었음을 밝혀냄으로써 이 전쟁이 기본적으로 남북한 사이의 내전이었다는 설, 또는 소련은 이 전쟁의 개전에 소극적이었다는 설 등 수정주의 학파 또는 신수정주의 학파의 논지들의 기반을 약화시켰다. 이 논문들은 다른 한편으로 김일성이 이 전쟁의 개전에 얼마나 열성적이었고 적극적이었나를 밝힘으로써 김일성주도설에 가까운 해석을 가능하게 해주었다.

이 논문들에 이어 그녀는 "To Attack, or Not to Attack? Stalin,

Kim Il Sung, and the Prelude to War"를 *Cold War International History Project Bulletin,* No. 5(Spring 1995), pp. 1~9에 발표해 미국학계에서 이 전쟁 개전 이전의 공산 3개국 사이의 협의에 관한 논쟁을 선도하는 자리에 확실하게 섰다. 이어 그녀는 이 책에 또 하나의 논문을 기고한 것인데, 자신의 다른 논문들에서 이미 여러 차례 강조했듯, 100쪽에서 "코리아에서의 전쟁에 대한 결정은 스탈린에 의해 내려졌다"고 결론지었다. 일본이 부흥해 미국과 동맹하게 될 개연성을 내다보면서, 그리고 그러한 동맹이 남한을 아시아대륙에 대한 군사적 공격의 발판으로 삼게 될 것을 방지하기 위해 모험인 줄 알면서 전쟁을 일으켰다는 것이다.

5. 영국 학자의 저술

마지막으로 한 영국 전사(戰史)학도의 책을 살피기로 한다. 이 책의 저자 마이클 히키(Michael Hickey)는 영국공군 소위로 한국전쟁에 참전한 것을 계기로 영국은 물론 캐나다와 호주 및 뉴질랜드, 그리고 인도 등 영연방국가들이 전투의 수준에서나 인도적 수준에서 이 전쟁에 개입한 데 대해 관심을 갖고 이 전쟁을 연구하기 시작했다. 이 책은 그의 평생의 관심의 산물인데, 이 전쟁을 시작에서 휴전까지 전사의 수준에서 서술했다. "새로운 자료들"은 매우 부분적으로 활용한 것이 앞의 저술들과의 차이이다.

이 책 역시 이 전쟁을 스탈린의 전쟁으로 보았다. 스탈린이 미국의 불개입을 예상하고 김일성의 제의를 받아들여 개전에 동의했다는 것이다. 미국의 불개입을 예상함에 있어서 미 국무장관 애치슨(Dean Acheson)의 내셔널 프레스 클럽 연설이 하나의 중요한 자료가 됐다고 이 책은 보았다(29쪽). 스탈린은 일단 개전을 결정한 뒤

1950년 3월부터 북한에 대한 군사적 지원을 강화했다고 덧붙였다(31쪽).

이 책은 김일성을 "가짜 김일성"으로 보았다. 전설적 항일게릴라 지도자인 김일성의 이름을 도용했다는 것이다. 그리고 소련이 장차의 한반도지배에 대비해 자신의 영향 아래 있던 조선인 게릴라들을 소련의 대독(對獨)전쟁에 참전시켜 전쟁을 경험하게 하기도 하고 친소화시키기도 했는데, 김일성은 소련의 그러한 계획의 일환으로 1941년에 모스크바로 파견되어 훈련을 받았고 대독전쟁에 참가했다고 설명했다(11~12쪽). 이러한 설명이 사실이 아님은 이미 많은 자료들을 통해 밝혀졌다.

6. 맺 음 말

이상에서 살폈듯이, 1990년대 초 이후 공개됐거나 발굴된 소련의 많은 새로운 1차 자료들은 6·25한국전쟁이 전후의 냉전적 국제정치의 큰 틀 속에서, 그리고 동북아시아의 대결구도 속에서 스탈린에 의해 주도적으로 일어났음을 보여 주었다. 그리고 그러한 자료들을 활용한 최근의 연구들은 결국 이 전쟁에 관한 전통주의적 해석이 타당함을 보여 주었다. 내전적 요인들이, 또는 한반도의 내부적 요인들이 무시되거나 경시될 수는 없겠으나, 그리고 그것들에 의거해 이 전쟁을 분석한 연구들의 가치가 낮게 평가될 수는 없겠으나, 소련과 중국의 관계 또는 소련과 중국 및 미국의 관계 속에서 자신의 국가이익을 수호하거나 확대하겠다는 적극적인 전략적 계산으로부터 소련이, 특히 스탈린이 남침을 끈질기게 요구하는 김일성을 이용해 선도한 전쟁이었다는 논지가 훨씬 더 설득력 있게 받아들여진다. 동시에 김일성 역시 이 전쟁에 적극적이었다는 점에서 전쟁도발에 대한 책임을 면할 수 없다는 전통주의적 해석이 여전히 유효하다는 논점을 이 책들은 보여준다.

〈출처: 한국국제정치학회, 「국제정치논총」, 제42집 제 1 호(2002년 5월), 297~307쪽〉

한국
전쟁

제3장

한국전쟁의 개전에 관한 북한 **정치파벌**의 입장:

: 김일성과 박헌영의 권력투쟁이 북한의 남침결정에 미친 영향

제 3 장 한국전쟁의 개전에 관한 북한 정치파벌의 입장: 김일성과 박헌영의 권력투쟁이 북한의 남침결정에 미친 영향

1. 머 리 말

한국전쟁의 기원에 대해서는 권위 있는 많은 연구들이 나와 있어서 이제는 이 주제에 대한 우리의 지식은 무척 넓어졌다고 할 수 있다. 그러나 그 연구들의 대부분은 국제정치의 틀 속에서 이 전쟁의 원인을 찾으려고 하였다. 풀어 말해, 미국과 소련의 세계적 대결 속에서 냉전이 열전으로 바뀐 것이 한국전쟁이라고 기존의 연구들은 설명했다.

이처럼 한국전쟁의 기원을 국제정치 맥락에서 찾는 이들은 남북한이 각각 미국과 소련의 세계정책에 철저히 종속되어 있는 것으로 전제했다. 남한이 '북침' 했다고 주장하는 학자들은 미국이 '제국주의 정책' 을 추구하는 과정에서 남한을 '교사' 하여 전단(戰端)을 열게 하자 남한은 이 '지시' 를 그대로 따라갔다고 설명한다. 한편, 북한의 남침에 대해서는 스탈린의 명령에 북한의 김일성이 맹종한 것으로 설명한다.

이 가운데 소련이 북한을 '교사' 했다고 주장하는 기존의 연구들을 종합하여, 시몬즈(Robert Simmons) 교수는 그의 저서 「베이징-평양-모스크바 사이의 긴장된 동맹관계와 그것이 코리아의 내전에 미친 영향」에서 '한국전쟁의 원인에 관한 지배적인 견해는 소련이 6월 25일의 북한의 침략을 완전히 통제(control)했다는 것이다' 라고 요약하고 있다.[1] 이처럼 소련의 세계정책의 연장선상에서 북한의 남침을 해석하려는 경향이 우세했던 것은 개별적인 공산국가의 모든 대외행태가 소련을 정점으로 하는 국제공산주의의 세계적화전략의 일환이라는 맥락에서만 파악했던 일원론적 사고의 영향 때문이라고 하겠다.

이러한 인식은 다음과 같은 이유 때문에 1960년대 종반부터 천천히 교정되어 왔다. 첫째, 공산권이 소련을 정점으로 하여 일치단결해 있는 일석주적(一石柱的) 체제가 아니라는 새로운 시각의 보편화이다. 둘째, 스탈린 치하 소련의 대외행태가 호전적이거나 침략적인 측면보다도 신중하고 자제적인 측면을 더 많이 갖고 있었다는 새로운 해석의 보편화이다. 셋째, 당시 북한 정치지도층의 언동을 기록한 공문서들이 발굴되면서 이들이 한국전쟁의 개전에 열성적이었음이 밝혀졌다. 이러한 새로운 입장에서 당시의 소련·북한관계를 조명해 보면, 북한이 소련의 강력한 영향 아래 있었던 것은 사실이지만 이 전쟁을 주도적으로 구상하고 준비해 나간 쪽은 소련이 아니라 북한이었다는 추론의 도출이 가능하다.

이에 따라 북한이 소련을 설득하면서 한국전쟁을 준비해 나간 배경에 대해 연구하는 학자들이 나오게 되었다. 그들은 연구의 초점에 대해 차이를 나타냈지만 북한 내부의 권력투쟁이 이 전쟁의 개전에 영향을 미친 한 요인이라는 점에 대해서는 대체로 의견을 같이한다.

이처럼 한국전쟁의 기원을 북한의 국내정치와 연관지어 분석한 최초의 연구자는 도쿄에서 민족문제연구회를 운영하면서 월간「コリア評論(코리아평론)」지를 출간하던 고(故) 김삼규(金三奎)였다. 동아일보사 편집국장 출신으로 한반도의 중립화통일을 오랫동안 주장했던 그는 1956년에 도쿄의 가와데쇼보(河出書房: 하출서방)에서 출간한 「今日の朝鮮(“오늘의 조선”)」에서 김일성과 박헌영 사이의 권력투쟁이 이 전쟁의 개전과 유관하다고 시사한 것이다.

이어 펜실베이니아대학교의 이정식 교수가 “한국전쟁 사례연구”라는 미출간 논문에서 그 점을 보다 더 자세히 설명했다. 이에 뒤따라, 이정식 교수의 지도를 받은 김응택(金應澤: Roy U. T. Kim)은 1967년에 펜실베이니아대학교에 제출한 정치학박사학위 청구논문 “중·소분쟁과 북한”에서 남조선로동당의 실질적 당수로 미군정의 체포령에 쫓겨 1946년 여름에 월북한 박헌영이 남침을 주도한 것 같다고 주장했다. 박헌영은 북한 정권에서 부수상 겸 외무상의 고위직을 차지했으나 남한에서 자신의 추종자들이 중심이 된 공산게릴라들이 한국 정부의 소탕작전에 의해 뿌리뽑히는 것에 초조해져서 남침을 추진했을 가능성이 크다는 것이다.

한편, 김정원(金正源) 세종대학교 교수는 당시 북한의 공산주의자들은 그가 어느 파벌에 속해 있었든지 간에 ‘인민해방전쟁’을 열망하고 있었으며, 이것이 그들로 하여금 한국전쟁을 일으키게 만든 주요한 에너지였다고 보았다. 1967년에 존스홉킨스대학교 국제문제대학원에 제출한 정치학박사학위 청구논문인 “정치발전에 있어서의 지도자의 역할에 대한 비교연구: 남한의 이승만과 북한의 김일성”에서 그는 우선 당시 북한의 공산주의자들을 국내파·소련파·연안파·갑산파로 나누었다. 이어 그는 그들이 폭력전쟁 또는 무장투쟁 속에서 공산주의자로 성장한 사실을 중시하면서 그 때문에 무력의존적 성향을 강하게 갖고 있다고 보았다. 이러한 성향의 그들은 한반도의 분단으로 말미암아 그들이 그들 나름대로 오랫동안 꿈꾸어 왔던 ‘조선의 해방과 혁명’은 아직 끝나지 않았다는 믿음을 갖고 있었고, 따라서 ‘조선의 해방과 혁명’을 완성시키기 위해서는 ‘인민해방전쟁’도 사양하지 않는다는 자세에서 전쟁을 일으켰다는 것이다.

이러한 맥락에서 이 전쟁의 기원들을 취급한 연구가 앞에서 소개한 시몬즈의 저서이다. 그는 이 전쟁의 발발이 무엇보다 한반도의 내부적 요소, 그리고 그 하나로서 북한 내부의 권력투쟁과 연결되어 있다고 보고, '코리아의 내전' 이라는 표현을 쓴다. 그에 따르면 김일성과 박헌영이 서로 자신이 '정통 민족해방자' 로서 '남한 인민을 해방시키는 데 앞장섰다' 는 '민족해방자 경쟁' 을 벌이는 과정에서 소련 및 중국과 합의된 개전일사까지 앞당기며 전쟁을 일으켰을 가능성이 있다는 추론을 제시한다.

이상에서 살펴본 연구자들의 해석은 이 전쟁의 기원에 대해 확실히 새로운 시각을 제공했다. 그러나 그들의 해석은 단편적이다. 그들의 어떤 큰 연구 가운데 이 문제를 부분적으로 다루었을 뿐이다. 물론 시몬즈의 연구는 예외적이라고 할 수 있다. 그는 자신의 저서 속에서 상당한 관심을 이 문제에 집중시키고 있는 것이다. 그러나 그는 몇 가지 중요한 자료와 문헌을 자신의 저서에 반영시키지 못했으며 해석에 있어서도 적지 않은 무리를 범한 것 같다.

총괄하건대, 한국전쟁의 기원을 북한의 국내정치와 관련지어 설명한 체계적인 저서는 없다. 이러한 공백을 메우려는 시도가 이 장(章)이다.

2. 북한정권이 수립되기 이전 시기에 있어서 북한의 정치

한국전쟁의 기원을 북한의 국내정치와 연관시켜 이해하기 위해 우리는 전전(戰前) 시기에 전개된 북한의 정치상황을 먼저 살펴보아야 한다. 따라서 여기에서는 우선 북한 정권이 수립되기 이전 시기에 북한 정치에서 나타난 주요한 정치파벌들의 형성 과정을 살피기로 한다.

[1] 다양한 정치파벌들의 형성배경

일제로부터의 해방 직후 북한의 정치에는 크게 보아 다섯 개의 정치파벌이 나타났다. 비공산 민족주의세력, 국내파 공산주의세력(이하 국내파로 약칭한다), 소련파, 만주파, 연안파가 그것이다. 그런데 앞으로의 이해를 위해 이 정치파벌들에 대한 간단한 설명이 있어야 할 것 같다. 심지연(沈之淵) 교수는 이 시기에 북한에서는 천도교 세력이 하나의 정치세력을 형성하고 있다고 보았다. 그들은 실제로 1946년 초에 김달현(金達鉉)을 당수로 한 천도교청우당을 창당한다. 그러나 이 장(章)에서는 논외로 하겠다.

1) 비공산 민족주의세력

비공산 민족주의세력이라고 할 때, 그것은 물론 고당(古堂) 조만식(曺晩植)을 중심으로 하는 국내의 비공산 민족주의자들을 말한다. 이들은 대개 일제치하에서 동아일보사의 김성수(金性洙) 및 송진우(宋鎭禹) 등이 주도한 국산품애용운동인 물산장려운동 중심의 자강운동에 참가하고, 또 이들과 기맥을 통하면서 언론과 교육 및 종교를 방편 삼은 민족운동에 참여한 인사들이었다. 이들 가운데 조만식은 평안도 일대의 교육계와 기독교계에 영향력이 컸으며 일제와 아무런 타협을 하지 않았기 때문에 '조선의 간디'에 비유되기도 하였다. 그는 해방 직후 서울에서 조선건국준비위원회(이하 건준으로 약칭함)가 발족하자 거기에 발맞춰 평안남도 건국준비위원회를 평양에 세웠다.

평양은 평안남도의 도청소재지일 뿐만 아니라 북한의 중심도시이다. 따라서 조만식이 위원장으로 있는 평남 건준은 사실상 북한 정치의 구심점이 되었다.

2) 국내파 공산주의세력

해방 직후의 시점에서 어느 정치세력보다 권력의 기반이 탄탄했던 세력은 국내파 공산주의세력이었다. 그러면 이 세력의 형성과정을 살펴보기로 한다.

코민테른에 의해 승인된 한반도 안의 최초의 공산당 조직인 조선공산당은 1925년 4월 17일에 서울에서 김재봉(金在鳳)을 책임비서로, 그리고 그 산하기관으로서의 고려공산청년회는 그 다음날 역시 서울에서 박헌영을 책임비서로 하여 결성됐다. 하와이대학교 서대숙(徐大肅) 교수의 「조선의 공산주의운동」에 따르면,[2] 그러나 1925년 11월부터 1928년 7월 사이의 네 차례에 걸친 조선공산당 검거사건으로, 조선공산당과 고려공산청년회의 조직은 거의 완전히 깨지고 말았다. 이렇게 되자 코민테른 중앙위원회 정치서기국은 1928년 12월에 이른바 12월 테제를 통해 조선공산당의 재건을 지시했으며, 이에 따라 조선공산당 재건운동이 전개됐다.

이 조선공산당 재건운동에 있어서 주도적 역할을 수행한 공산주의자들 가운데 한 사람이 박헌영이었다.[3] 그는 일제치하의 조선공산주의 운동에서뿐만 아니라 해방 이후의 남북한의 정치에서 주요한 역할을 수행하게 되고, 또 이 장의 주제인 한국전쟁의 기원에도 상당한 영향을 미친 인물이다. 따라서 여기서는 공산주의자로서의 박헌영의 발자취와 관련하여 그의 조선공산당 재건운동을 자세히 살피기로 한다.

충청남도 출생의 박헌영이 공산주의운동에 뛰어든 것은 그가 19세 때인 1919년 3월 1일에 한반도 전역에서 일어난 항일운동에 참가한 뒤 중국 상하이로 건너가 1921년에 고려공산당에 가입하고 그 산하의 고려공산청년동맹의 책임비서로 선출된 때부터였다. 그 뒤 1922년 1월에 모스크바에서 열렸던 제1차 극동인민대표자대회에 참가하고 국내로 잠입하다가 왜경에 체포됐다. 1924년 1월에 만기출옥한 그는 1925년 4월에 25세의 청년으로 조선공산당 산하 고려공산당청년회의 책임비서로 선출됐다. 따라서 그는 젊은 나이에 조선공산주의 운동의 초기 단계부터 깊이 관여한 셈이다.

1925년 11월에 조선공산당 간부들에 대한 검거선풍이 불면서 박헌영도 체포되었다. 그러나 예심 중에 '정신분열증'을 위장하여 광태를 나타냄으로써 병보석을 얻는 데 성공했다. 그는 다시 일본 관헌을 속여 역시 공산주의자인 부인 주세죽(朱世竹)과 함께 두만강을 건너 1928년 11월에 간도(間島)를 거쳐 블라디보스토크로 갔다가 1929년 6월에 모스크바에 도착했다. 여기서 그는 동방노력자공산대학에 들어가 2년 동안 공부했으며, 1932년 1월에 상하이로 가서 그의 오랜 공산주의 혁명동지인 김단야(金丹冶)와 조선공산당 재건문제를 협의하고 「콤뮤니티」라는 잡지를 만들어 국내에 배부하는 등 다양한 활동을 벌였다. 그러다가 1933년 7월에 상하이의 일본 총영사관 경찰에 붙잡혀 국내로 압송됐다.

박헌영이 다시 석방된 때는 1939년이었다. 그는 곧 국내에 남아 있는 공산주의자들의 재규합에 나서 마침내 '콤·그룹'이라고 알려진 공산주의 지하조직을 만들어 내는 데 성공했다. 일제하의 마지막 조선공산주의자 조직인 '콤·그룹'에는 김삼룡(金三龍), 권오직(權五稷), 정태식(鄭泰植), 리관술(李觀述) 등이 가입했다. 그러나 1941년 후반에 이 조직 역시 왜경에 의해 적발되어, 1942년 12월쯤에는 조직원의 대부분이 체포됐다. 박헌영은 간신히 검거를 모면하여 전라남도 광주(光州)의 한 벽돌공장에 노동자로 숨어 지내게 된다.

박헌영 이외에도 각 지역에는 비록 활발하지는 못했으나 그런

대로 명맥을 유지하는 공산주의 지도자들이 있었다. 부산시와 마산시 일대에는 리승엽(李承燁)이, 대구시에는 현준혁(玄俊爀)이, 전북도 일원에는 최판옥(崔判玉)이, 그리고 북한에는 주녕하(朱寧河)와 김용범(金鎔範) 및 박정애(朴正愛) 그리고 오기섭(吳淇燮)과 리주하(李舟河) 등이 각각 활약하고 있었다. 그러나 그들도 역시 1930년대 말 이후에는 왜경의 탄압에 쫓겨 무력한 상태에 빠져 있었거나 또는 전향하기도 했다.

해방과 더불어 이들은 모두 정치의 표면에 나섰다. 그러나 그들은 애초에는 단합을 보지 못하고 크게 보아 두 갈래로 나누어졌다. 이 두 갈래의 움직임에 대해 당시 남한의 좌익운동에 밝은 김남식(金南植)은 자신의 저서인 「실록 남로당」(서울: 신현실사, 1975)의 제 1 장에서 다음과 같이 설명했다.

첫째 갈래가 이른바 장안당(長安黨) 또는 장안파(長安派) 공산당이다. 리영(李英), 정백(鄭栢), 최용달(崔容達), 리승엽, 조일명(趙一明) 등이 중심이 되어 해방 다음날인 8월 16일에 서울시 종로의 장안빌딩에서 결성한 조선공산당이 그것이다. 제일 먼저 결성되기는 했지만, 장안당의 권위는 높지 못했다. 왜냐하면, 당 지도부가 거의 모두 공산주의 운동의 일선에서 이미 탈락했기 때문이다.

둘째 갈래가 박헌영이 중심이 된 이른바 재건당(再建黨)이다. 박헌영은 해방과 더불어, 전주(全州)형무소에서 막 출옥한 김삼룡과 함께 상경하여 '콤·그룹'을 중심으로 8월 20일에 조선공산당 재건준비위원회를 결성하고 이 자리에서 자신이 작성한 '현(現)정세와 우리의 임무'라는 이른바 8월 테제를 잠정적인 정치노선으로 확정지었다. 여기서 그는 노동자와 농민 속에 뿌리박은 조선공산당을 재건할 것을 주장했다.

박헌영의 재건위원회와 8월 테제는 국내의 공산주의자들을 동요시켰으며 그들을 통합시키는 결정적인 계기를 마련했다. 이에 따라 9월 11일에 장안당과 재건당의 제휴 아래 박헌영을 총비서로 한 조선공산당이 재건됐다. 그러나 당의 주도권은 박헌영에게 있었으며 장안파는 당의 지도부에서 거의 제외됐다.

조선공산당이 재건된 9월 11일이면 북한에는 이미 소련군이 점령군으로서 주둔을 끝낸 뒤였다. 그리고 우리가 곧 살펴보는 바와 같이 소련파와 만주파 공산주의자들이 입북해 있을 때이다. 그러나 북한의 국내파 공산주의자들은 그 어느 공산주의세력과도 손잡음이 없이 서울의 조선공산당을 중앙당으로 인정하고 박헌영과 조선공산당의 지도노선을 따르고 있었다. 그러면서 이들 가운데 일부, 예컨대 평안남도 개천군(价川郡) 출신의 현준혁 같은 이는 조만식의 비공산 민족주의세력과 손잡고 건준 평남지부에 참여하고 있었다. 이정식 교수가 지적했듯이, 이들은 '조선의 혁명은 현 단계에서는 부르조아민주주의 혁명의 단계에 있으므로 혁명의 지도력은 조만식과 같은 우익 민족주의자에게서 나와야 한다'고 믿었던 것이다.[4)]

3) 소련파 공산주의자

해방 직후 북한의 정치에 등장한 세 번째 정치세력은 소련파이다. 이들의 기원은 조선왕조 말기로 올라간다. 철종(哲宗) 때 조선에 기근이 들자 함경도의 빈농층 가운데 일부가 연해주 일대로 이주하였다. 이어 1910년에 대한제국이 일제에게 국권을 빼앗기면서 상당수의 한인들이 극동러시아로 망명했다. 전자의 자손 또는 후자 가운데 일부는 러시아에 볼셰비키 혁명이 일어난 직후 그곳에서 한인들이 시작한 공산주의 운동이나 소련공산당에 참여하였다.

그런데 소련 정부는 제2차 세계대전의 종결이 가까워지고 소련군의 한반도 진공을 고려하게 되면서 그들 가운데 100명 내지 200명 정도를 뽑아내어 일종의 행정요원으로 훈련시킨 것으로 알려지고 있다. 미국 국무부가 1961년에 발간한 보고서인 「북한」이란 책에 따르면 그들은 소련의 시민권과 소련공산당 당원자격을 갖고 있었다. 이들은 소련 점령군의 뒤를 따라 북한에 들어왔으며, 소련 점령군사령부의 자리들에 배치됐는데, 허가이(許哥而), 박창옥(朴昌玉), 남일(南日), 박영빈(朴永彬), 김승화(金承化), 박의완(朴義琓), 태성수(太成洙), 박길룡(朴吉龍), 김렬(金烈), 방학세(方學世) 등이 이 그룹에 속했다. 한편, 서대숙 교수는 이 소련파의 영향력은 별로 크지 않았으며 하나의 단결된 정치세력으로 보기 어렵다고 주장한다.

4) 만주파 공산주의자

이 소련파와 공통점이 적지 않으면서도 근본적으로 성격이 다른 정치세력이 이른바 만주파이다. 이들은 평안남도 대동군(大同郡) 출신의 김일성을 중심으로 하는 세력으로서 1930년대 초 이후 만저우에서 항일유격대를 조직해 투쟁하다가 함경남도 보천보(普川堡)에서의 전투를 통해 일제 경찰관들을 사살하기도 했으나 1940년 초 일본 관동군의 토벌작전에 쫓겨 극동러시아로 들어갔다. 이들은 소련 극동군이 조직한 국제여단에 소속되어 주로 블라디보스토크를 수도로 하는 연해주와 하바로프스크를 수도로 하는 하바로프스크주 일대에서 정보활동에 종사하다가 해방과 더불어 소련군의 뒤를 따라 북한으로 들어왔다. 최용건(崔庸健), 김책(金策), 안길(安吉), 김일(金一), 최현(崔賢), 림춘추(林春秋), 서철(徐哲), 리을설(李乙雪), 전문섭(全文燮) 등이 이 그룹에 속한다.

이들에 대해 지적되어야 할 점은, 첫째 이들은 조선공산당의 창당과정에 참여한 사실이 없으며(연령이 어려 그렇게 할 수도 없었다), 중국공산당 만주지부의 하급조직들에서 공산주의자로서의 경력을 시작했다. 우리가 앞에서 살펴본 국내파 공산주의자들에 비교할 때, 그들의 이름은 한반도 내부에서는 덜 알려져 있었다.

둘째, 이 세력은 항일독립운동의 방법으로 무장투쟁을 선택해

10년 넘게 빨치산운동에 참여했기에, 무력의존지향적이라고 하는 점이다. 이들이 북한에 들어와 소련점령군의 비호 아래 북한 권력 구조의 상층부를 장악하면서 어느 다른 세력보다 먼저 군사조직을 갖춰 나가기 시작한 것이 그 점을 말해 주는 일례이다.

이 만주파에 연결되어 함경남도 갑산군(甲山郡)을 중심으로 항일운동에 종사했던 한인 공산주의자들이 있었다. 그들의 적극적 내응이 있었기에 김일성은 1937년에 보천보전투를 성공적으로 마무리 지을 수 있었다. 그들 가운데 권영벽(權永壁)과 리제순(李悌淳)을 비롯한 핵심적 인사들은 일제에 의해 처형됐으나, 나머지 사람들 예컨대, 박금철(朴金喆), 박달(朴達), 리송운(李松雲) 등은 해방과 동시에 출옥하면서 북한의 정계에서 김일성을 열성적으로 뒷받침했다. 그들은 갑산파로 불렸다.

그러한 점에서 만주파와 갑산파는 사실상 하나의 파벌로 보아도 무방하다. 그래서 이 글에서 때로는 그들을 묶어 김일성파라고 쓰기로 하겠다.

5) 연안파 공산주의자

마지막으로 살펴볼 정치세력은 연안파 공산주의자이다. 이들에 대해서는 이정식 교수와 서대숙 교수가 이미 깊이 연구했고, 최근에는 일본 게이오대학 대학원생 스즈키 마사유키(鐸木昌之: 탁목창지)가 좋은 논문을 발표했다.

이 연구들에 따르면, 화북(華北) 일대에서 항일투쟁을 전개하던 한인공산주의자들이 중국공산당 본부가 있던 옌안(延安)으로 가서, 이미 중국공산당의 간부로 활약하고 있던 한인 '장군' 무정(武亭)과 합작하여 1941년 1월 화북조선독립동맹을 발족시켰고 그 산하 군사조직으로 조선의용군을 발족시켰다. 전자의 주석에는 김두봉(金枓奉)이, 부주석에는 최창익(崔昌益)과 한빈(韓斌)이 각각 선출됐으며, 후자의 총사령에는 무정이, 부사령에는 박효삼(朴孝三)과 박일우(朴一禹)가 각각 선출됐다. 1944년 2월 말 현재로 일제의 정보기관은 이 연안파 세력을 그들의 가족까지를 합쳐 300명 내외로 보았다. 함경북도 출신인 무정의 성은 김이므로 그의 성명은 김무정이다. 그러나 그는 그저 무정으로 불렸다.

이 연안파 공산주의자들의 입북은 소련파와 갑산파보다 늦어서 1945년 가을부터 12월 중순에 끝났다. 이들의, 특히 조선의용군의 입북이 순탄하지는 않았다. 소련 점령군 그리고 소련파와 갑산파는 중국공산당의 비호를 받은 조선의용군의 입북을 경계하여 그들이 압록강을 건너 신의주에 들어오자 곧바로 무장을 해제시키고 다시 화북 또는 만저우로 내쫓은 것이다. 이들의 상당수는 1947년 후반부터 1950년 초 사이에야 귀국할 수 있었다.

[2] 소련군 점령 초기의 북한에서 전개된 정치파벌들 사이의 권력투쟁

해방 직후 북한의 정치에서, 소련 점령군을 고려에 넣지 않는다면, 가장 영향력 있는 정치파벌은 비공산 민족주의세력과 국내파 공산주의세력이었다. 그리고 이 양자가 건준 평남지부를 중심으로 부분적으로나마 제휴하고 있었음은 앞에서 이미 지적한 바 있다. 그러나 결국 소련 점령군의 절대적 지원 아래 소련파와 만주파 및 갑산파가 연안파를 끌어들여 정권을 장악하게 된다. 다음에서 이 과정을 이정식 교수와 스칼라피노 교수가 공저한 「코리아에서의 공산주의: 운동」에 따라 설명한다.[5)]

1945년 8월 26일에 평양에 점령군사령부를 개설한 소련극동군 제25군은 8월 말에 우선 건준 평남지부를 해체시키고 그 대신에 공산주의자와 비공산주의자가 반반씩 참가하는 32명의 새로운 인민정치위원회를 구성하게 했다. 위원장에는 여전히 조만식이 선출됐다. 여기에 참가한 공산주의자들은 거의 모두가 국내파였다. 이러한 방식으로 소련 점령군은 북한의 각 도에 인민정치위원회를 구성하게 했다. 이것을 바탕으로 10월 8일에 북조선5도림시위원회를 구성하게 했으며, 10월 28일에 이것에 근거해 북조선산업국, 북조선재정국, 북조선보건국, 북조선교통국, 북조선교육국 등 10개의 국(局)을 개설했는데 그것들을 사람들은 북조선5도제(諸)행정국이라고 불렀다.

이와 비슷한 시기에 소련군 사령부는 마침내 북한에 공산당을 발족시키는 작업에 들어갔다. 물론 김일성의 만주파와 소련파를 중심으로 하는 공산당을 발족시키려는 것이었다. 그리고 바로 이 점 때문에 국내파 공산주의자들로부터 상당히 거센 반발에 부딪히게 되었다. 앞에서 지적했듯이 북한의 국내파 공산주의자들은 서울에서 재건된 박헌영의 조선공산당을 중앙당으로 인정하고 있었다. 그들은 일국일당의 원칙이 지켜져야 하며 이 원칙을 깨뜨리고 북한에 또 하나의 공산당을 만든다면 그것은 조선공산주의운동을 분열시킬 뿐만 아니라 한반도의 분단에 기여한다고 본 것이다.

북한에 공산당을 발족시키려는 소련 점령군 그리고 소련파 및 만주파의 기도에 대해 국내파 공산주의자들이 얼마나 크게 반발했는가는 그 뒤 평양에서 출간된 여러 공식 출판물들에 충분히 기술되어 있다. 이 책들은 모두 '박헌영과 그리고 북한에 있는 그의 앞잡이들이 종파적(宗派的) 방법에 의해 세워진 조직인 서울 당본부의 정통성을 내걸고 진정한 마르크시스트-레닌이스트 공산당을 만들려는' 김일성의 노력을 반대했다고 주장한 것이다.

이러한 반발 때문에 만주파와 소련파는 1945년 10월 13일에 평양에서 조선공산당북부조선분국이라는 이름으로밖에는 당을 만들 수 없었다. 분국이란 단어가 그들에게 얼마나 못마땅했던가는 북한의 공식간행물들이 이 때의 일을 설명할 때 그 단어를 전혀 쓰지 않았다는 점에 의해 반증된다. 오늘날 북한 당국은 '조선공산당북조선중앙조직위원회가 세워졌다' 라거나 '북조선공산당중앙조직위원회가 세워졌다' 라는 표현을 쓰고 있는데, 이것은 모두 역사적 사실에 반대된다.

이처럼 분국이라는 이름 아래 공산당을 발족시키면서 김일성은 박헌영이 당 중앙의 지도자임을 공식적으로 인정했다. 김일성은 분국을 발족시키는 자리에서 행한 연설을 통해 박헌영을 '조선 프롤레타리아 계급의 지도자' 라고 말한 다음, 이러한 모임이 열리도록 허용해 준 점에 대한 감사의 뜻을 표시했다. 그뿐 아니라, 김일성은 '박헌영 동지는 모든 자유주의적 세력들을 몰아내면서 조선공산주의운동의 성취를 과시하고 있다' 고 찬양한 다음, '우리 당은 이론적으로도 잘 무장되어 있지 않을 뿐 아니라 투쟁면에서도 경험이 거의 없으므로 앞으로 많은 장애에 직면할 것' 이라고 전제하고, '그러므로 모든 즉각적인 문제들은 박헌영 동지의 지시 밑에 토론되지 않으면 안 된다' 고까지 말했다.

여기서 한 걸음 더 나아가, 김일성은 '조선의 지리적·정치적 중앙인 서울에 당 중앙을 갖는다는 것은 옳다. 북조선은 당 중앙으로부터의 긴밀한 지도와 그리고 당 중앙과의 긴밀한 연락을 필요로 한다. 중앙이 분국의 정책을 개혁하거나 수정할 필요가 있을 때에는 분국은 그에 복종할 의무가 있다' 라고까지 말했다. 그러나 김일성은 당내 반발 때문에 분국의 책임비서로 선출되지 못했다.

김일성의 이러한 자세에 따라, 박헌영의 조선공산당 중앙위원회는 1945년 10월 23일에 평양의 분국을 승인했다. 이것은 확실히 박헌영이 남북한을 통틀어 한반도의 공산주의운동에 있어서 대표적인 지도자의 자리에 있었음을 말해 주었다.

비록 북부조선분국이 창설됐으나, 만주파와 소련파의 지위가 북한의 정치에서 굳어진 것은 아니었다. 우선 비공산 민족주의세력은 1945년 11월 3일에 조만식을 당수로 하는 조선민주당을 창설하고 공산당에 비판적인 사람들을 결집시켰다.

물론 조선민주당의 창당은 소련 점령군의 정치적 의도에 따른 것이기는 하다. 소련군 사령부는 북한이 복수정당제도를 갖춘 민주주의 사회라는 것을 국제적으로 보여 주고 도시의 상공업자와 중농 및 기독교도들을 자신의 목적에 맞게 조직화하고 포섭하기 위해 반일 지도자로 각인된 조만식을 앞세워 그들의 정당화(政黨化)를 권장했던 것이다. 그러나 조선민주당은 창당과 더불어 북한 주민의 큰 호응을 받아 순조롭게 당세를 확장해 나갔고, 각급 인민위원회에서 소련군의 위력에 의해 위축은 됐어도 자신의 독립성을 유지하면서 독자적인 정책을 주장하고 있었다. 공산당이 조선민주당의 지방당부 회의를 습격하는 등, 갖가지 탄압을 벌인 것은 그 때문이었다.

조선민주당만이 북한 주민의 큰 호응을 받았던 것은 아니다. 이 무렵 그 지도층의 대부분이 귀국한 연안파의 조선독립동맹도 중산층 중심의 온건한 마르크시스트적 정치노선으로 말미암아 일제의 하급관료 출신들과 도시의 중소상공업자들 및 지식인들로부터 상당한 지지를 받았다. 그리하여 그들은 마침내 1946년 3월 30일에 김두봉을 당수로 하는 조선신민당을 발족시킬 수 있었다.

이러한 상황에서 김일성의 지위가 어느 정도 향상된 것은 1945년 12월 하순에 모스크바에서 열린 미국·소련·영국의 3국외상회의를 계기로 해서이다. 국민당의 중화민국 정부는 이 회의에 자신의 외교부장을 파견할 수 없었으나 이 회의의 결정을 받아들였다. 흔히 '코리아에 대한 미·영·소·중 4대국의 신탁통치' 안으로 알려진 모스크바 3상회의의 결정을 조만식이 받아들이지 않자, 소련 점령군은 어떻게 해서든지 대중적 지지가 큰 그를 앞세우려던 기존의 정책을 바꿔 그를 제거해 버리는 대신에 모스크바 3상회의의 결정을 지지하는 김일성을 표면에 내세우기로 결정한 것이다. 이에 따라 그는 소련 점령군의 적극적인 비호 아래 1945년 12월 17일에 열린 조선공산당북부조선분국 제3차 확대집행위원회에서 책임비서로 선출되고, 1946년 2월 8일에 구성된 북조선임시인민위원회의 위원장으로 선출됐다. 즉 당과 행정부를 모두 장악하게 된 것이다.

[3] 김일성의 권력 강화에 기초한 북한에서의 공산정권 창건

1946년에 들어와서 남북한의 공산주의운동에는 커다란 전환이 이루어졌다. 앞에서 소개했던 이정식과 스칼라피노의 공저에 따르면, '1946년 말까지는 공산주의운동에 관한 한, 남한에 대한 북한의 우위가 늘어나고 있다는 점과, 그리고 북한에 있어서는 김일성이 이끄는 소련-갑산파의 계속적인 상승은 명백했던 것이다.'[6] 이것은, 김일성과 박헌영의 관계라는 맥락에서 볼 때, 박헌영의 권력은 점차 약해지고 김일성의 권력이 점차 커졌음을 의미했다. 다음에서 이 과정을 살피기로 한다.

1946년에 들어와 미·소관계가 점차 악화되고 이에 따라 한반도 통일의 가능성도 점점 희박해지면서 남북한을 각각 자신의 정치상황에 맞는 하나의 정치적 실체로 만들려는 미국과 소련의 노력은 뚜렷하게 나타났다. 이것은 북한에서는 소련이 김일성을 중심으로 한 세력의 권력을 강화시키는 것으로 나타났고, 남한에서는 미국이 공산주의세력을 억압하는 것으로 나타났다.

우선 북한의 경우를 보기로 한다. 북한에서는 1946년 3월에 조선공산당북부조선분국이 스스로 자신을 북조선공산당으로 '격상'시키고 이어 8월 30일에 연안파의 조선신민당과 합당하여 북조선로동당을 출범시켰다. 표면적으로 그 합당은 조선신민당의 제의에 따라 이루어진 것으로 말해지고 있다. 또 위원장에 조선신민당 위원장 김두봉을 선출하고 북조선공산당의 김일성과 주녕하를 함께 부위원장에 선출함으로써 조선신민당의 체면이 유지됐다.

그러나 이정식과 스칼라피노의 공저가 지적했듯이, 양당의 합당은 사실상 저항자에 대한 최대한의 압력을 사용한 김일성세력에 의해 계획되고 집행되었을 가능성이 압도적인 것이다. 북조선로동당의 지도층 구성에서도 김일성파와 연안파 및 국내파를 어느 정도 골고루 망라한 인상을 주고 있으나 김일성파의 우세와 국내파의 열세는 이미 뚜렷했다. 어떻든 북조선로동당의 결성으로 당체제에 있어서도 공산당의 '서울 중앙' 이론이 배격되고 북한을 독자적 단위로 하는 단일공산당이 결성된 것을 의미한다.

이에 비해 중앙을 자처하던 남한의 공산주의세력은 공산당에 대한 미군정의 강경한 억압조치에 따라 약화의 길을 밟게 되었다. 그 가장 중요한 계기는 1946년 5월 15일에 발표된 '조선공산당 서울정판사 위폐사건' 이었다. 이철원(李哲源) 군정청 공보부장의 발표에 따르면, 조선공산당 재정부장 리관술과 조선공산당 기관지 「해방일보」 사장 권오직 등은 조선정판사에 지폐 원판이 있음에 착안해 조선정판사에 근무하는 조선공산당 당원들로 하여금 조선은행권을 다량으로 찍어 썼다는 것이었다. 조선공산당은 이 사건을 '조선공산당을 탄압하기 위해 미군정이 조작한 것' 이라고 반박했다. 그러나 미군정은 5월 18일에 「해방일보」를 폐간시켰고 조선공산당 본부를 제외한 다른 사무실들을 폐쇄시키는 등 공산주의자들에 대해 강경한 태도를 취하기 시작했던 것이다.

이에 맞서 조선공산당은 이제까지 '국제민주주의' 노선에 입각해 미군을 해방군으로 규정하고 합법운동을 표방해 왔던 방침을 바꾸어 '미제 타도' 를 내걸고 폭력투쟁을 전개하게 되었다. 여기서 바로 1946년의 '9월 총파업' 과 '10월 인민항쟁' 이 일어났던 것이다. 그러나 그것은 모험주의적인 극좌적 투쟁이었기 때문에 남한 주민들의 지지를 얻을 수 없었다. 이 과정에서 9월 6일에 조선공산당 간부들의 상당수가 체포됐고, 그 다음 날 박헌영에 대한 체포령이 내렸다. 이에 그는 자신의 정치적 기반인 남한을 떠나 북한으로 달아나지 않을 수 없었다.

박헌영과 그의 국내파 추종자들이 북한으로 탈주해 오는 현상은 김일성에게는 반가운 일이 아니었다. 그것은 북한의 정치에서 국내파의 강화를 가져올 수 있었기 때문이다. 이에 1946년 11월에 열린 북조선로동당 중앙위원회는 우선 북한에서 국내파 공산주의자들의 지도자로 여겨진 오기섭을 공개적으로 비판했다. 그가 종파적 행동을 통해 극좌맹동주의의 오류를 범했다는 것이었다.

그렇다고 해서 남한의 공산주의운동 및 사회주의운동이 소멸된 것은 결코 아니다. 남한의 좌익 3당인 조선공산당과 조선인민당 및 남조선신민당의 통합이 추진되어 1946년 11월 23일에 허헌을 위원장으로 하는 남조선로동당이 정식으로 발족한 것이다. 그러나 남로당의 주도권은 여전히 박헌영파에 속해 있었다. 박헌영 스스로도 북한으로부터 이른바 '박헌영 서한'을 보내 남로당을 이끌었다.

남로당은 당시 미군정의 법령과 정당등록법에 따라 합법적인 절차를 밟아 결성된 당이었다. 따라서 법령의 테두리 안에서 합법투쟁을 전개할 수 있었다. 실제로 1947년에 접어들면서 남로당은 당세확장에 주력하는 한편 합법투쟁을 전개하기도 하였다. 그러나 1947년의 7·27투쟁과 8·15폭동, 1948년의 2·7투쟁과 4·3제주사건 및 5·10단독선거반대투쟁 등에서 나타났듯, 일련의 폭력전술의 길을 걸으면서 점점 대중과 유리되어 갔고 당세도 크게 줄어들었다.

'제주 4·3사건'에 대한 한국 정부의 공식적인 입장은 2003년 5월에 국무총리 산하 「제주 4·3사건진상규명 및 희생자명예회복위원회」가 출간한 「제주 4·3사건진상보고서」에 설명되어 있다. 이 문서는 이 사건의 직접적 책임을 '무장봉기'를 개시한 남로당 제주도당에 물었다. 그러나 사건이 악화된 배경에는 미군정, 그리고 한국 정부의 과잉진압 역시 개재되어 있었다고 지적했다.

남로당의 약세는 1948년 8월에 조직체제가 바뀌면서 뚜렷하게 나타났다. 그 간부들이 거의 모두 평양에 와 있는 남로당은 독자적인 중앙위원회를 잃었다. 그리고 남한에는 다만 '서울지도부'가 설치되어 평양의 남북로동당련합중앙위원회의 지휘 아래 들어간 것이다.

남로당이 이처럼 북로당에 거의 완전히 종속된 상황에서 김일성파와 연안파의 제휴 아래 북한의 정권은 그 수립이 준비되어 가고 있었다. 이 과정에 대해서는 저자가 앞의 장(章)에서 이미 자세히 썼으므로 여기서는 중복을 피하고 간단히 쓰기로 한다. 1948년 3월에 북조선로동당 제2차 당대회에서 김일성파는 국내파의 오기섭을 마침내 숙청하여 국내파를 위압한 다음 그 바탕 위에서 당 중앙위원회를 구성했다. 이 중앙위원회에서 김일성파와 연안파의 우위는 확고했고, 이와 더불어 그들은 북한만의 단독정권수립에 박차를 가해 나갔다. 그리하여 1948년 9월 9일에 북한에서의 단독정권인 조선민주주의인민공화국이 수립됐다.

3. 북한정권의 수립으로부터 한국전쟁 발발 직전까지의 시기에서 김일성과 박헌영의 대립

북한 정권의 수립, 그리고 대한민국 정부의 수립은 김일성파와 박헌영의 국내파에게 서로 다른 정치적 의미를 부여하는 것이었다.

북한 정권의 수립은 명백히 김일성파의 정치적 승리를 의미했다. 반면에 박헌영과 그의 지지세력은 이제 남한의 현실적 권력기반을 거의 완전히 상실한 데다가 북한 정권에 '뿌리 없는 손님' 처럼 됐다.

그렇다고 해서 박헌영이 완전히 몰락한 것은 아니었다. 북한 내각의 수상으로는 김일성이 선출되고 최고인민회의 상임위원회 위원장으로는 연안파의 김두봉이 선출됐으나, 박헌영은 내각의 부수상 겸 외무상으로 임명되어, 김일성 및 김두봉과 함께 북한의 권력구조에서 '3거두' 를 형성하고 있었다.

그러나 내각의 요직은 김일성 세력이 장악했다. 무력을 담당하는 민족보위상(국방상)은 김일성의 매우 가까운 친우인 만주파의 최용건이, 경찰력을 장악하는 내무상은 김일성 세력과 동맹한 연안파의 박일우가 각각 담당했다. 박헌영이 상(相)의 지위에 있는 외무성의 경우에도, 소련파 출신의 박동초(朴東礎)가 부상직을 맡아 실질적으로 움직여 나갔다.

이보다 더 중요하게, 박헌영의 남로당은 마침내 북로당에 흡수되고 말았다. 그것은 예정된 코스였다. 김점곤(金點坤) 교수가 지적했듯이, '남로당은 1947년경부터 박헌영 이하 대부분의 수뇌간부들이 월북하여 극소수의 중진급만이 평양 정권에 참여하고 있을 뿐 잔여세력의 대다수는 권력 주변에서 소외되었을 뿐 아니라 위험하고 귀찮은 식객으로 취급되어 멀리 해주에 집결시켜 놓음으로써 무위도식하고 있었다.'[7] 또 1948년 봄부터 여름 그리고 가을에 걸쳐 1만 명이 넘는 남로당원들이 월북했다. 이어 1948년 10월에 한국군에 침투해 있던 남로당계 극렬분자들이 개입되어 전라남도 여수시(麗水市)와 순천시(順天市)에서 일어난 반란폭동은 한국 국민들의 반남로당 감정을 고조시키고 남로당 세력을 더욱 약화시키는 계기가 됐다.

이러한 상황에서 1949년 6월 24일에 김일성은 남북로동당의 합당형식을 통해 조선로동당을 발족시켜 그 위원장이 되면서 남로당을 공식으로 소멸시켰다. 비록 합당의 형식은 취했으나, 그가 인정하는 남로당 중앙위원만이 새로이 발족한 조선로동당의 중앙위원으로 뽑혔으며, 남한의 남로당 지하조직도 그의 지시를 따르도록 강요됐다. 박헌영은 제1부위원장에 선출됐다.

1949년 9월 이후 남로당의 게릴라운동은 계속해서 몰락했다. 한국 국군 2개 사단이 공비토벌에 배치되면서 뿌리가 뽑히기 시작한 것이다. 그리하여 1949년 9월 현재 약 3,500명 정도이던 공비의 규모가 1950년 4월에는 600명 이하로 줄어들었다. 1950년 6월 22일자 소련공산당 기관지 「프라우다」도 남로당 게릴라운동의 실패를 지적하고 있었다.

1950년에 들어서면서 남로당의 치명적 몰락은 확실해졌다. 1950년 3~4월에 남로당 지하조직의 3인 지도부를 형성했던 김삼룡과 리주하와 정태식(鄭泰植)이 모두 한국 경찰에 검거된 것이다. 이로써 남로당은 창당 3년 반 만에 사실상 와해되는 운명을 맞았다.

이러한 상황전개는 김일성파와 박헌영파의 '남조선정략'에 중대한 영향을 미치게 된다. 이 점을 다음에서 살피기로 한다.

[1] 박헌영의 입장

이처럼 정치적으로 완전히 궁지에 몰려 있는 남로당계가 자신들의 실세를 회복하기 위해 무력투쟁에 호소하게 됐다고 많은 권위 있는 연구들이 주장하고 있다. 우선 앞에서 인용했던 김점곤 교수는 다음과 같이 쓰고 있다.

> 남북에 각기 단독정권이 수립되면서 대남정책과 그에 대한 공작마저 완전히 주도권을 박탈당하게 된 남로당계열의 불안과 불평 그리

> 고 초조는 극도에 달하고 있었다. 이러한 상황에서 그들 남로당계열이 북한 내에서 자파(自派)의 세력을 회복할 수 있는 유일한 수단은 그들이 남한에서 괄목할 만한 투쟁을 전개하는 것 이외에 다른 방법이 있을 수 없는 입장이었다. 즉, 그들은 남한에서의 투쟁 성과가 바로 평양에서의 정치적 효과로 반사되는 것을 인식하고 이를 하나의 목표로 삼고 기대하였던 것이다.[8)]

그렇다면 남로당계는 순전히 자신들의 힘을 과시하기 위해서만 남한에서 무력투쟁을 전개했던 것인가? 김 교수는 그렇지 않다고 보았다.

> 그것은 또한 단순히 남한에서의 시위 성과가 북한(평양)에 투영되는 것만을 기대한 것이 아니라 실질적으로는 남한에서의 투쟁은 평양정권의 물리적인 역량에 기대하지 않으면 그의 성취란 바랄 수 없는 것임을 그들은 잘 인식하고 있었다. 그렇기 때문에 남로당은 김일성정권으로 하여금 남침투쟁을 결심하게 하기 위하여 이에 호응할 수 있는 자신들의 정치적 · 군사적 기반이 이미 남한에 구축되어 있다는 것을 북로당 권력층에 납득시키고자 하는 설득 노력의 일단이 남한에서의 '무장(력)투쟁' 으로 나타났다고 볼 수 있는 것이다. 이것은 남로당의 당내세력 만회의 길이 그들의 조직세력의 기반지역인 남한을 공산혁명화함으로써 북한 지역을 지배하고 있는 북로당계 세력과 동등 내지 우위를 확보할 수 있을 것이라는 판단에서 기획된 것이 분명하다.[9)]

이정식 교수와 스칼라피노 교수가 함께 쓴 책도 이와 비슷한 관찰을 제시한다. '월북한 남쪽의 지도자들은 그들의 주도 아래 조선의 평화적 통일을 이룩할 수 있다는 모든 희망을 버렸으며, 또 남조선에서의 게릴라 투쟁이 외부로부터의 대규모 지원 없이는 실패하고 말 것이라는 결론을 내렸다' 고 전제하고, 이렇게 되자 그들은 '38도선 이남 지역의 무력 "해방"에 대한 준비를 시작했다' 고 쓰고 있다.

일본에 있는 인접제국연구소(隣接諸國硏究所)의 한 연구원이 써서 도쿄(東京: 동경)에서 발행되는 월간 「지유(自由: 자유)」(1967년 5월)에 발표한 논문인 "북한조선로동당의 파벌"도 비슷한 견해를 제시한다. 이 논문은 '박헌영은 그가 남조선에 남겨 놓은 당원들이 전쟁에 의해서만 구출될 수 있으며 만일 전조선이 통일된다면 그가 인민 사이의 자신의 인기에 미루어 김일성보다 확실히 더 많은 지지를 얻을 수 있을 것이라고 생각했다'고 전제하고, 그렇기 때문에 박헌영은 북한에 들어온 이후 김일성에게 남침할 것을 요구했다고 주장했다. 해방 당시 조선공산주의청년동맹의 중앙위원회 상임위원 겸 지방부장이었던 조헌준(趙憲俊)도 서울에서 발행되는 월간 「북한」(1973년 11월)에 발표한 "박헌영과 나"에서 '박헌영은 김일성 못지않게 무력침략을 서둘렀다고 나는 알고 있다. 박헌영과 남로당 잔당들은 크레믈린 계획인 무력남침을 김일성에게 부채질하고 서둘렀다'고 회고했다.

앞에서 소개한 김남식도 기본적으로 같은 의견을 나타낸다. 미국 델라웨어대학교에서 한국전쟁의 한반도 내적 원인에 관한 논문으로 정치학 박사학위를 받고 미국 라파예트대학교 교수를 거쳐 국무부에 재직중인 메릴(John Merrill) 교수가 1978년 5~6월에 마련한 면담에서 김남식은 박헌영이 주전파의 지도자였음을 강조했다. 박헌영은 조선로동당의 고위층과 소련 당국에게 북한이 남침을 시작하면 남로당원들이 일제히 봉기할 것임을 납득시켰다는 것이다. 메릴 교수 자신도 김남식의 이 설명이 박헌영의 역할에 대한 다른 설명들보다 비교적 사실에 가까운 것 같다고 평가하고 있다.

게이오대학 정치학과의 오코노기 마사오 교수 역시 비슷한 견해를 제시한다. 오랫동안 한국전쟁의 원인을 깊이 연구해온 그는 "한국전쟁의 내부적 뿌리들"이라는 논문에서 박헌영과 리승엽이 한국전쟁 발발 이전에 각각 발표했던 논설들을 근거로 북한의 남로당 간부들이 남한에 대한 무력도발을 강력히 고취하고 있었다고 주장했다.[10] 리승엽이 조선로동당의 이론월간지 「근로자」(1950년 1월)에 발표한 "조국통일을 위한 남반부 인민의 유격투쟁"과 박헌영이 1950년 3월 27일자 「프라우다」에 발표한 논설을 예로 들면서, 오코노기 교수는 그들이 모두 '남조선 인민의 영웅적 투쟁'을 찬양하고 게릴라 투쟁의 확대와 '조선의 통일'을 강조한 점을 지적한다.

박헌영은 1949년 8월호 「근로자」에 발표한 "8 · 15해방 제4주년에 즈음한 보고서"에서도 '조선의 통일이 지연되면 될수록 남조선의 인명은 더욱더 잃어질 것이므로, 통일은 당과 인민의 가장 중요하고 가장 즉각적인 과제'라고 강조했었다. 또 코민포름의 기관지인 「영원한 평화를 위해, 인민민주주의를 위해」(1950년 3월 24일)에 기고한 논설에서도 박헌영은 남한에서 남로당의 게릴라운동이 점차 잘 조직되어 가고 있으며 더욱 강력해지고 있다고 주장했다. 이러한 주장은 사실과 다르다. 앞에서 지적했듯이, 이 무렵에는 남로당의 게릴라운동이 사실상 뿌리가 뽑힌 상태였다. 그런데도 그는 이 게릴라운동에 대한 큰 기대를 표시한 것이다. 물론 이러한 논설들만 갖고 박헌영이 주전파였다고 단정할 수는 없다. 그러나 그가 개전(開戰)을 옹호하는 입장에 있었다는 심증을 주는 정황증거로는 받아들여질 수 있다.

이처럼 남로당계는 남한에서의 무력투쟁과 그리고 그 연장으로서의 북한에 의한 남침만이 자신들을 정치적 궁지로부터 구출할 수 있다고 믿고 있었다. 그들은 자신들의 행동을 민족해방의 이름으로 정당화할 수 있다고 생각했을 것이다. 남한을 '미제의 식민지'라고 규정하고, '남한의 인민들이 미제의 식민지정책에 의해 착취되고 있다'고 규정한 그들로서는 남한과 남한의 인민들을 '해방'시키는 것은 공산주의자들의 당연한 의무라고 합리화했을 것이다.

한편 남로당원이었던 박갑동(朴甲東)은 자신의 저서 「박헌영」에서 남한의 남로당 지하조직과 북한의 박헌영이 모두 북한의 무력남침을 반대하고 평화통일 노선을 지지했다고 주장했다. 박갑동에 따르면, 박헌영은 1950년 2월에 평양으로부터 서울의 남로당 지하조직에게 '남로당 지하당의 남북통일에 관한 정책입안의 건'을 3월 25일까지 올려 보내도록 지시했으며 이에 따라 정태식이 주동이 되어 보고서를 작성했다. 이 보고서는 우선 '이승만 정부가 대중으로부터 고립되어 있어서 1950년 5월로 예정된 제2대 국회의원 총선도 치르기 어려운 상황'이라고 지적하고, 이러한 상황을 감안할 때 '금후 2년 내지 4년 안에 평화적·정치적 투쟁에 의하여 이승만 정권 대신 언론·출판·결사의 자유를 보장하는 부르조아 민주주의 정부를 다시 수립할 가능성이 있다'고 전망했다. 그러므로 남로당은 평화통일노선을 그대로 지켜야 한다고 건의하면서, '북한쪽에 의한 38도선의 외부로부터의 무력통일은 절대금물이다. 이것은 극좌모험주의로서 외국군의 간섭을 가져올 위험이 있다. 그리고 또 그렇게 한다면 그것은 남북간의 지역적·지방주의적 파쟁의 양상을 열 우려가 있으며 조국의 장래의 운명에 큰 해독의 근원을 만드는 것으로 된다'고 결론지었다.[11] 그러나 이 보고서는 평양의 박헌영에게 전달되지 못했다고 박갑동은 주장한다.

그러면 박헌영의 입장은 무엇이었나? 다시 박갑동에 의하면, 박헌영은 평소에 '남조선혁명은 남조선의 노동자와 농민 및 병사의 동맹에 의한 아래로부터의 레닌식 혁명이 되어야지, 마오쩌둥 노선에 가깝게 인민군에 의한 무력내전방식이 되어서는 안 된다'고 주장했었다. 또 박헌영은 (1) 북으로부터의 남침은 극좌모험주의로서 미군의 간섭을 초래할 위험이 있으며, (2) 남로당이 인민 가운데 뿌리박고 있는 한, 남으로부터의 '북침'을 막을 수 있고, (3) 남의 진보세력이 총선거에서 승리하여 남북간의 평화통일을 기해야 한다고 역설했었다는 것이다.[12] 즉, 남로당 지하당이 작성한 보고서의 내용과 일치하는 의견을 갖고 있었다는 것이다.

박갑동의 이러한 주장들을 뒷받침할 수 있는 자료가 있는 것은 아니다. 앞에서 소개한 메릴 교수는 이 주장들이 '소수 의견' 인 것 같다고 말하면서, 우리에게 알려진 박헌영의 평소의 성격에 비춰 볼 때 박헌영이 과연 그러한 입장을 취했었는지 의문이 간다고 결론지었다.[13] 그러나 영국의 할러데이(Jon Halliday)는 박헌영이 대남 무력도발에 앞장섰다는 주장에는 의문이 많다고 맞섰다. 그는 서울의 미국 정보기관이 한때 박헌영이 '신중한 정책' 을 취하고 있다고 본국 정부에 보고한 사실을 지적하는 한편, 남한의 사정에 정통해서 남로당조직이 사실상 붕괴한 것을 잘 알고 있는 그가 어떻게 남로당원들의 봉기를 전제로 한 남침에 적극적일 수 있었겠느냐고 반문했다.[14]

한편, 서울의 북한연구소 김창순(金昌順) 이사장은 박헌영이 무력노선을 주장한 것은 사실이지만 미군이 참전할 명분을 주지 않는 범위 안에서의 국지전을 제의했다고 1962년 6월 25일자 「한국일보」에 썼다. 앞에서 인용한 김점곤 교수와 김응택 교수도 비슷한 견해로, 이들은 박헌영이 황해도 남단에 있으며 서울에 가까운 옹진반도(甕津半島)를 점령하여 한국 정부와 국민을 당황시켜 놓고 대남협상을 전개할 것을 주장했다고 본다.

전반적으로 볼 때, 박헌영과 그의 남로당계는 전면전이든 국지전이든 전단(戰端)을 열 것을 주장하고 이 노선을 강력히 추진했었던 것 같다. 특히 남한에 '20만 명의 남로당원들이 지하에 잠복하고 있다' 고 호언하고 일단 전쟁이 시작되면 이들이 일제히 '호응봉기' 하여 남한의 적화는 쉽게 이루어질 것이라고 김일성을 자극한 것 같다. 앞에서 인용한 일본의 인접제국연구소의 논문은 '이것이 갑산파가 남조선을 공격하기로 결정한 주요한 이유였다' 고 쓰고 있다. 김일성도 뒷날 박헌영과 남로당 간부들을 숙청하는 재판(1953년)에서 검사의 기소장을 통해 박헌영이 '남로당원의 호응봉기' 운운하는 '허위보고'를 당내에 유포시켰다고 비난했으며, 당원에 대한 연설을 통해서는 이 전쟁 당시 '남조선 인민들을 잘 조직하지 못한' 박헌영과 그의 남로당계를 원망했다.

[2] 김일성파의 입장

김일성과 그의 추종자들이 남한에서의 무장투쟁을 지지하는 한편 '결정적 시기'에 있어서의 전면남침을 추진했다는 것은 여러 가지 정황으로 미루어 신빙성이 간다. 우선 앞에서 인용한 박갑동에 의하면, 김일성은 다음과 같은 여건에 고무되어 무력통일을 구상했다. 첫째, 소련의 대규모의 무기원조와 김일성의 전면남침 구상에 대한 주(駐)평양 소련대사 슈티코프(Terenti Shtykov)의 적극적 지지이다. 둘째, 연이은 풍작에 따른 군량의 장기적 비축이 가능했던 점이다. 셋째, 1949년 5월에 집단적으로 월북한 한국 군인들을 통해 한국군의 내부사정을 파악했다고 과신한 점이다. 넷째, 1949년에 완료된 주한미군의 철수, 그리고 남한을 미국의 극동방위선에 포함시키지 않은 1950년 1월의 저 유명한 애치슨 미 국무장관의 기자회견에 비추어 미국이 남한을 포기했다고 오판한 점이다. 다섯째, 남로당의 실질적 붕괴에 따라 남한 내부에서 인민혁명이 일어날 가능성이 거의 없어졌다고 판단한 점이다.[15)]

박갑동의 이러한 분석을 뒷받침할 수 있는 공식적인 자료 또는 1차 자료가 발견된 것은 아니며 따라서 얼마만큼 신뢰할 수 있는 것인지 알기 어렵다. 따라서 이 분석을 논외로 하고 생각해볼 때, 김일성은 남로당파와의 권력관계에서 적어도 다음의 두 측면을 고려한 것 같다.

첫째, 김일성과 그의 추종자들은, 김점곤 교수가 지적했듯이, 남로당의 기반인 남한이 남로당의 주도적인 정치적·군사적 역할에 의해 공산화되는 것을 바라지 않았다. 왜냐하면, 만일 그렇게 되는 경우, 공산화된 남한의 정치적 주도권은 궁극적으로 남로당에 의해 장악될 것이기 때문이다.

둘째, 김일성은 '민족해방을 위한 투사로서의 경쟁'에서 박헌영을 압도해야 할 필요를 느꼈던 것 같다. 이 점은 특히 앞에서 인용한 일본의 인접제국연구소와 시몬스 교수에 의해 강조되고 있다. 이들에 따르면, 공산주의자로서의 경력이나 '민족해방을 위한 투쟁경력'에 있어서 김일성을 앞지르고 있다고 주장하는 박헌영이 조선로동당 간부들에게 '모스크바에서 남침해도 좋다는 신호만 오기를 기다리는 김일성과 같은 지도자가 정말 민족해방의 투쟁가이냐'고 물으면서 자신처럼 '남조선해방'에 적극적이어야 한다고 주장하자, 김일성은 '민족해방자'로서의 자신의 상(像)을 강력히 부각시키기 위해 전면남침에 앞장서게 됐다는 것이다. 그뿐 아니라, 다시 시몬즈 교수에 따르면, 김일성은 박헌영보다 서둘러 전면남침을 추진하기 위해 결국 스탈린 및 마오와도 양해된 남침의 D-데이인 1950년 8월 초순보다 거의 2개월이나 앞당겨 개전하여 그들을 모두 놀라게 했다는 것이다.

여기서 시몬즈는 스웨어린겐(Rodger Swearingen)과 랭거(Paul Langer)가 함께 쓰고 하버드대학교 출판부가 1952년에 발행한 「일본의 적기(赤旗): 1919년부터 1951년까지의 국제공산주의운동」에 인용된 자료를 재인용하고 있다. 이들은 도쿄의 한 비공산주의적 연구소가 1950년 6월 21일에 발행한 연구소 뉴스레터의 기사를 소개했는데, 이에 따르면 일본의 조총련 및 좌파조직의 간부들이 1950년 4월 초 지바겡(千葉縣: 천엽현)의 어느 곳에서 비밀회합을 갖고 결의문을 채택했다. 이 결의문은 우선 남한의 이승만 정부와 일본의 요시다 시게루(吉田茂: 길전무) 정부를 타도하기 위한 강력한 투쟁이 요청되며 이 투쟁은 '우리의 남조선 동지들의 게릴라활동 그리고 일본 공산주의자들의 활동과 조정되어 수행돼야 한다'고 선언했다. 이 결의문은 이어 '북조선 군대는 조국의 통일을 위해 우계(雨季) 초에 남정(南征: southern campaign)을 수행할 것이다. 그들은 중공군의 지원을 받을 것이다. 이 목적의 성취를 촉진하기 위해 우리는 제국주의적 공업의 파괴를 겨냥한 게릴라 활동에 참가할 것이다. 우리의 활동은 앞으로 어떤 지시가 있을 때까지는 8월로 예정된다'고 밝히고 있다.

이 자료에 근거해 시몬즈는 북한과 소련 및 중공 사이에 합의된 남침예정일이 8월 초였던 것으로 추정한다. 한편, 힌튼(Harold Hinton) 교수도, 아무런 자료를 밝힘이 없이, 남침예정일이 8월이었는데 김일성이 6월로 바꾼 것 같다고 주장했다.[16)]

이러한 추론들이 학계에서 정설로 받아들여지고 있는 것은 아니다. 시카고 소재 일리노이대학교의 고병철(高秉喆: B. C. Koh) 교수는 시몬즈의 저서를 평가한 서평을 「미국정치학회보(*American Political Science Review*)」 제71권(1977년 9월)에 발표했는데, 이 서평에서 김일성과 박헌영의 경쟁이 어떻게 6·25 동란으로까지 연결되었는가에 대해서는 보다 설득력 있는 증거의 제시가 요청된다고 주장했다. 또 미국 조지아대학교의 스투어크(William Stueck) 교수는 「세계정치(*World Politics*)」 제28권 제4호(1976년 7월)에 발표한 서평에서 6·25 동란의 발발에 적어도 소련은 놀라지 않았으며 이것은 시몬즈 교수의 주장과는 달리 소련이 개전일을 알고 있었음을 말한다고 주장했다.

1950년 여름 국무부 본부에서 정책기획단의 일원으로 이 전쟁을 분석했던 소련 전문의 직업외교관 볼런(Charles Bohlen)도 그의 회고록에서 '전쟁이 소련에 의해 시작된 것이 아니라, 북한인들의 독자적 행동에 의해 시작된 것이라는 주장은 어린아이 같은 넌센스이다' 라고 단언한다. 볼린은 뒷날 소련대사와 필리핀대사 및 프랑스대사를 역임한다.[17] 1978년에 주오고론샤를 통해 「冷戰の起源(“냉전의 기원”)」을 발간한 도쿄공업대학(東京工業大學)의 나가이 요노스케(永井陽之助: 영정양지조) 교수 역시 소련이 6·25의 개전일을 몰랐다는 것은 납득할 수 없다고 주장했다.

4. 잠정적인 결론

이상에서 살폈듯이, 한국전쟁의 기원들에 북한 내부의 권력투쟁이 깊이 개재되어 있었던 것 같다. 물론 이러한 결론이 정설로서 받아들여질 수 있기 위해서는 보다 많은 자료들의 발굴과 증언들의 청취가 요청된다. 그러나 적어도 현재의 시점에서 명백히 말할 수 있는 것은 김일성파와 박헌영파의, 또는 북로당파와 남로당파의 권력투쟁은 북한이 왜 전면남침의 길을 선택했느냐를 분석함에 있어서 중요하게 고려되어야 할 요인이라는 점이다. 또 그들 사이의 입장과 논쟁을 우리가 보다 더 권위 있는 자료들을 바탕으로 보다 더 자세하게 밝혀 낼 수 있다면 이 전쟁의 성격을 이해하는 데 큰 도움이 될 것이라는 점이다.

註

1) Robert R. Simmons, *The Strained Alliance: Peking, P'yongyang, Moscow and the Politics of the Korean Civil War*(New York: The Free Press, 1975), pp. 102~103.

2) Dae-sook Suh, *The Korean Communist Movement, 1918~1948* (Princeton: Princeton University Press, 1967), pp. 69~92.

3) 박헌영의 생애와 정치활동에 대한 상세한 기록은 다음에 있다. 박갑동, 「박헌영: 그 일대기를 통한 현대사의 재조명」(인간사, 1983). 저자는 조선공산당의 기관지 「해방일보」 정치부 기자로 있었으며 박헌영을 추종하여 좌익운동을 하다가 6·25전쟁 직후에 월북했다. 북한에서는 문화선전성 구라파부장을 지냈으나 1953년에 박헌영과 그의 남로당계가 숙청된 뒤 검거됐다가 1957년에 북한을 탈출했으며 홍콩을 거쳐 일본으로 망명했다고 본인은 주장했다. 한때는 도쿄에서 임영수(林英樹)라는 필명으로 남로당과 북한에 관해 글을 썼으나 뒷날 본명으로 김일성반대운동에 참가했다. 이 책은 박헌영에 대해 지나치게 호의적이며 또 기록에 근거하지 않은 얘기들을 적지 않게 담고 있어서 매우 조심스럽게 다뤄져야 한다.

4) Chong-sik Lee, "Politics in North Korea: Pre-Korean War Stage," in Robert A. Scalapino(ed.), *North Korea Today*(New York: Frederick A. Praeger, 1963), p. 6.

5) Robert A. Scalapino and Chong-sik Lee, *Communism in Korea,* 2 vols. (Berkeley: University of California Press, 1973), Ⅰ(*The Movement*), pp. 327~378.

6) 위와 같은 책, 364쪽.

7) 김점곤, 「한국전쟁과 노동당전략」(박영사, 1973), 210쪽.

8) 위와 같은 책, 211쪽.

9) 위와 같음.

10) Masao Okonogi, "The Domestic Roots of the Korean War," in Yonosuke Nagai and Akira Iriye(eds.), *The Origins of the Cold War in Asia*(New York: Columbia University Press, 1977), p. 316.

11) 박갑동, 앞의 책, 224~245쪽.

12) 민족문제연구회(편), 「朝鮮戰爭史: 現代史の再發掘("조선전쟁사: 현대사의 재발굴")」(東京: ユリア評論社, 1967) 가운데 제 1 부.

13) John Merrill, "Internal Warfare in Korea, 1948~1950: The Local Setting of the Korean War," in Bruce Cumings(ed.), *Child of Conflict: The Korean-American Relationship, 1943~1953*(Seattle: University of Washington Press, 1983), p. 160.

14) 위의 책, 167쪽.

15) 위와 같음.

16) Harold C. Hinton, *Three and A Half Power: The New Balance in Asia*(Bloomington: Indiana University Press, 1975), p. 47.

17) Charles E. Bohlen, *Witness to History, 1929~1969*(New York: W.W. Norton, 1973), p. 294.

보론 Ⅲ 김일성과 박헌영 모두 남침 계획에 적극적이었다: 공개된「6·25 관련 러시아 자료*」

지난 1994년 7월 20일에 한국 외무부는 1994년 6월 초 러시아 외무부로부터 넘겨받았던 6·25관련 소련 외무부 공식문서들을 전부 공개했다. 한국 외무부는 원문 그대로 공개하면서 동시에 자신의 번역문도 배포했다.

저자는 이 번역문을 처음부터 끝까지 세 차례 읽었다. 그 결과, 이 문서들이야말로 우리 겨레 모두에게 엄청난 재앙을 불러일으켰던 이 전쟁의 진상을 밝혀주는 데 결정적인 역할을 수행할 수 있는 자료들이라는 믿음을 확실하게 갖게 됐다.

새삼스럽게 강조할 필요조차 없이, 이 자료들(이하「6·25관련 러시아 외무부 자료」또는「자료」라고 부르기로 한다)은 기본적으로 한국전쟁의 기원들에 관한 논쟁에서 제기됐던 많은 쟁점들 가운데 여러 부분들에 대해 명쾌한 대답을 주고 있다. 또 이 전쟁이 일어난 때로부터 1953년 7월 27일에 정전협정이 맺어진 무렵까지 3년 정도의 기간에 관해서도 많은 새로운 정보를 제공하고 있다.

한국전쟁의 자료들의 새로운 큰 탄광이라고 부를 수 있는 이 소중한 자료들은 연구자의 관심과 필요에 따라 몇 개의 측면들로부

---

* 이 자료에 대한 저자의 좀 더 자세한 분석은 다음에 있다. Hakjoon Kim, "Russian Foreign Ministry Documents on the Origins of the Korean War," *Korea and World Affairs,* Vol. 20, No. 2(Summer 1996), pp. 248~271.

터 재조명될 수 있다. 그러나 지면의 제약 때문에 저자로서는 한국전쟁의 기원들이라는 측면에서만 다시 살피려고 한다.

[1] 김일성, 1949년 1월부터 남침 계획

그러면 「6·25관련 러시아 외무부 자료」는 한국전쟁의 기원들을 둘러싼 논쟁들과 관련해 어떤 해석이 정확했음을 보여주는가? 결론부터 말해, 이 자료는 신전통주의 학파의 해석이 진상에 제일 가까웠음을 보여주고 있는데, 그 점을 다음에서 꼼꼼하게 따지기로 하겠다.

첫째, 이 「자료」는 북한의 김일성이 아무리 늦게 잡는다고 해도 이 자료의 출발 시점인 1949년 1월부터 대한민국에 대한 전면적 무력침공의 계획을 세워 놓고 매우 적극적으로 추진했음을 보여준다. 한 마디로 말해, 김일성이 발의자였음을 의문의 여지없이 보여주고 있는 것이다. 그 실증적 보기들을 몇 가지 들면 다음과 같다.

(1) 김일성은 전면 남침 계획을 갖고 스탈린의 동의를 얻기 위해 스탈린을 만나게 해 달라고 북한 주재 소련 대사 테렌티 슈티코프(Terenti Shtykov)에게 여러 차례 졸라댔다. 슈티코프는 김일성의 계획에 대해 신중한 입장을 취하면서도 스탈린과의 회담을 성사시켰다.

(2) 슈티코프 대사의 주선으로 1949년 3월 초 모스크바를 방문하고 스탈린과 회담한 김일성은 자신의 전면남침 계획을 설명하고 동의를 요청했다. 이 「자료」의 표현으로는, 김일성은 '남조선에 대한 무력침공과 무력에 의한 조선통일에 관한 소련 지도부의 의견을 물었다.'

(3) 슈티코프 대사는 휴가차 모스크바로 떠나기에 앞서 북한

지도자들과 면담을 가졌다. 1949년 8월 12일에 슈티코프에게 '남조선이 조선민주주의인민공화국의 평화적 통일안을 거부하고 있으므로 대남 공격을 준비할 수밖에 없다'고 말했다. 슈티코프가 보다 더 신중히 판단하라고 권고하자 '김일성은 대남 공격의 당위성과 대남 공격을 위한 조선인민군에 대한 소련의 기술과 무기의 추가 지원의 필요성을 강조했다.'

(4) 1950년 1월 17일에 '김일성은 소련 대사관의 이그나티예프(Alexander Matveevich Ignatiev) 참사관과 펠류쉔코(V. I. Pelishenko) 참사관에게 이제는 중국의 통일이 완료됐으므로 남조선을 해방시킬 차례라고 말했다. […] 김일성은 남조선 인민이 자신을 신임하고 있으며, 남조선 인민은 통일을 바라고 또한 조선민주주의인민공화국이 우수한 군대를 보유하고 있는 것을 알고 있다고 강조했다.'

이상에서 단편적으로 보았듯이, 김일성은 소련을 상대로 남침 계획을 끈질기게 설득했다. 그뿐만 아니라, 이 「자료」는 김일성이 마오쩌둥을 상대로도 똑같은 일을 되풀이했음을 여기저기서 보여주고 있다.

[2] 슈티코프 소련 대사의 역할

둘째, 김일성의 끈질긴 제의를 슈티코프 대사가 회의적으로 보았음을 「6·25관련 러시아 외무부 자료」는 말해 준다. 아래에서 몇 가지 실증적인 보기들을 지적하기로 한다.

(1) 1949년 8월 12일에 슈티코프 대사는 '북조선 지도부의 계획 및 그들의 상황 분석에 의문을 제기했다.' 김일성의 남침 계획에 대해 슈티코프 대사는, 이 자료의 표현으로는, '냉담한 반응'을 보였다.

(2) '소련 대사의 냉담한 반응 뒤, 김일성은 38도선 인접 남조선 지역인 강원도 삼척에 해방 구역 건설 문제를 제기했으나, 소련 대사는 그러한 계획의 결행은 더 철저한 준비 및 상황 판단 뒤에나 가능하다고 답변했다.'

(3) 슈티코프 대사는 스탈린에게 보낸 1949년 8월 27일자 보고서에서 다음과 같은 이유로 말미암아 북한의 대남 공격이 불가하다고 결론을 내렸다.

① 현재 조선반도에는 2개의 국가가 존재하며, 그 가운데 남조선은 미국 및 기타 국가들에 의해 승인됐으며, 북의 공격 때, 미국은 남에 대한 무기와 탄약의 공급뿐 아니라, 일본군의 파견을 통해 남을 지원할 가능성이 있다.

② 북의 대남 공격은 미국에 의해 소련에 대한 모략 선전에 이용될 수 있다.

③ 정치적 측면에서 북의 공격은 남과 북의 인민 대다수의 지지를 얻을 수 있으나, 군사적 측면에서 볼 때 북은 아직 남에 대해 압도적 군사력을 갖추지 못하고 있다.

여기서 우리는 슈티코프 대사가 어떤 사람인지 알아볼 필요를 느낀다. 그는 소련의 정치경찰, 즉 비밀경찰의 우두머리 베리야(Lavrenti P. Beria)에 직접 연결된 정치장교 계통의 장군이었다. 그는 북한을 점령한 소련극동군 제25군을 지휘하는 소련극동군의 군사위원으로 제25군에 지시를 내렸다. 쉽게 말해, 그는 소련 점령 아래서의 북한을 사실상 총감독했던 북한의 실질적 지배자였다. 김일성을 북한 정권의 최고 권력자 자리에 올려 놓은 사람이 바로 그였고 따라서 북한에서 김일성의 으뜸가는 '상전'이었다. 그는 북한에서 소비에트정권이 들어서면서 북한 주재 대사가 됐다.

전통주의적 학자들 가운데 어떤 학자들은 슈티코프의 그러한 배경에 주목하면서, 그가 남침 계획에 열성적이었으며 심지어는 김일성의 남침 욕구를 부채질했다고까지 추측했다. 스탈린을 설득한 것도 그였다고 추측하기도 했다. 우리가 제3장 제3절에서 보았듯, 박갑동도 대체로 그러한 취지로 주장했다. 그러나 앞에서 살폈듯이 슈티코프는 김의 남침 계획에 대해 비판적이었고 신중한 자세를 취한 것으로 드러났다.

[3] 소련공산당 중앙위원회의 검토

셋째, 소련공산당 중앙위원회가 김일성의 남침계획안을 검토했다는 사실이다. 저자가 알기로, 소련에서 중요한 고위급 정책결정의 기관인 소련공산당 중앙위원회가 남침안을 공식으로 검토했다는 사실은 이번에 처음 밝혀졌는데, 이것은 스탈린이 김일성의 남침 계획을 얼마나 조심스럽게 다뤘는가를 말한다.

소련공산당 중앙위원회의 태도 역시 신중한 것이었다. 이 기관의 1949년 9월 24일자 결정 내용은 다음 세 가지로 요약된다.

(1) 남조선에 대한 공격 개시는 시기적으로 적절하지 못하다.

(2) 남조선에 대한 공격은 조선민주주의인민공화국의 침략 행위로 여겨질 것이며 조선민주주의인민공화국의 내전도발 의도로 평가될 것이다. 그렇게 되면, 미국이 조선민주주의인민공화국의 침략 문제를 국제연합 총회에 제소하여 국제연합으로부터 미군의 남조선 파병에 대한 승인을 받아낼 수 있는 구실을 제공할 수 있으며, 남조선에 대한 외군 점령의 장기화는 결국 조선 통일의 지연으로 귀착될 것이다.

(3) 김일성 수상은 조선의 평화적 통일의 가능성을 너무 도외시해서는 안 된다.

소련공산당 중앙위원회의 이러한 결정은 스탈린에게 보고됐으며, 스탈린은 이것을 지침으로 만들어 슈티코프 대사에게 내려보냈다. 슈티코프는 1949년 10월 4일에 스탈린의 지침을 김일성에게 통보했다. 김은 이 지침을 '소극적으로 받아들였다.' 이것은 스탈린의 지침에 대해 김이 불만을 가졌음을 의미했다.

[4] 스탈린, 김일성의 남침 계획에 처음에는 회의적

넷째, 스탈린 스스로도 김일성의 남침 계획에 대해 회의적이거나 신중하게 반응했다. 「6·25관련 러시아 외무부 자료」로부터 몇 가지 실례를 뽑아 보기로 한다.

(1) 1949년 3월 5일에 모스크바에서 열린 스탈린과 김일성 사이의 회담에서, '스탈린은 북조선 군대가 남조선 군대에 대해 절대적인 우위를 확보하지 못하는 한 공격에서는 안 된다고 답변했다. 그는 남조선에 미군이 아직도 주둔하고 있고 미국과 소련 사이의 38도선 분할에 관한 합의를 상기시켰다.' 결국 스탈린은 '남조선이 북조선을 공격하는 경우에 대한 반격만을 승인했다.'

(2) 김일성은 1950년 1월 17일에 슈티코프 대사에게 '3일 만에 끝낼 수 있는 옹진작전을 허락만 해 주면 며칠 안에 서울에 들어갈 수 있는데 왜 옹진반도의 공격을 허락하지 않는지 스탈린의 도움말을 듣고 싶다고 말했다.'

스탈린이 서명한 전보가 1950년 1월 30일에 평양으로 타전됐다. 이 전문은 '김일성의 불만은 이해가 되나 조선민주주의인민공화국의 지도자는 남조선 문제에 대해서 치밀한 준비를 해야 하며 이것을 실현하기 위해 지나친 모험을 해서는 안 된다는 것을 이해해야 한다'고 말했다.

[5] 스탈린, 마침내 김일성의 남침 계획을 승인

다섯째, 이처럼 신중성을 보이던 스탈린은 1950년 4월에 모스크바에서 김일성을 다시 만났다. 스탈린과 김일성 사이에 전쟁을 준비하기 위한 두 번째 회담이 1950년에 있었다는 사실은 1990년 4월 20일에 소련의 역사학자 미하일 스미르노프(Mikhail Smirnov)가 모스크바방송을 통해 행한 한국어 방송에서 처음 밝혀졌었다. 이 방송에 대해서는 저자가 「신동아」 1990년 6월호에 발표했던 "소련은 한국전쟁을 어떻게 보는가"에서 자세히 다뤘다.

그런데 「6·25관련 러시아 외무부 자료」는 이 사실을 공식적으로 확인했다. 그뿐만 아니라, 그 시기와 토론 내용까지 밝히고 있다. 이 「자료」에 따르면, 이 회담을 강하게 요청한 쪽은 김일성이었다. 이 「자료」의 표현으로는, '김일성은 항상 공격에 관해 집착하고 있기 때문에 남조선의 상황에 대한 스탈린의 조언을 듣고 싶다는 소원을 여러 차례 강조했다. 스탈린의 동의는 1950년 1월 30일에 전달됐다. 김은 대단히 만족스러워했다.'

김일성은 박헌영과 함께 4월 하순에 모스크바를 방문하고 스탈린을 만났다. 이 회담에서야 비로소 스탈린은 '북조선이 통일 과업을 개시하는 데 동의했다.' 스탈린은 '국제환경이 유리하게 변하고 있다' 고 설명하면서 동의한 것이다.

그러면서도 스탈린은 중국의 마오쩌둥으로부터도 반드시 동의를 받으라고 강조했다. 이 자료의 표현으로는, 이 회담에서 스탈린과 김일성은 '최종 결정은 중국과 북조선에 의해 공동으로 이루어져야 하며, 만일 중국쪽의 의견이 부정적이면 새로운 협의가 이루어질 때까지 결정을 연기하기로 합의했다.'

여기서 우리는 스탈린의 치밀함과 교활함을 동시에 확인하게 된다. 스탈린이 김일성에게 '국제 환경이 유리하게 변하고 있다' 고 말했을 때 그는 아마도 3개월 전인 1950년 1월에 있었던 미국 국무장관 딘 애치슨의 전국기자클럽에서의 연설을 염두에 두었을 것이다. 애치슨은 이 연설에서 미국의 동아시아 방위선을 발표했는데 대한민국은 그 방위선 밖에 있었으며, 따라서 많은 사람들은 미국이 대한민국의 방위에 대한 사명을 버리고 있다고 풀이했다. 스탈린은 그 풀이를 받아들였던 것 같다. 또 이 무렵이면 중국공산당의 중국대륙 제패가 실현되어 동아시아는 공산주의의 큰 물결 속에 잠기고 있다는 믿음을 가졌던 것 같다.

그뿐 아니라, 스탈린이 김일성에게 마침내 동의하기 한 달 앞선 1950년 2월 14일에는 모스크바에서 소련과 중국 사이에 30년의 유효기간을 갖는 상호우호동맹조약이 체결됐다. 이 조약은 미국과 일본을 가상적(假想敵)으로 상정하고, 만일 이 두 나라와, 그리고 이 두 나라와 제휴한 나라들이 소련이나 중국을 침략하는 경우 소련과 중국은 함께 맞서 싸운다고 다짐했다. 스탈린은 이 조약이 동아시아에서 소련의 방위에 큰 도움을 준다고 믿었을 것이다.

[6] 스탈린, 마오를 함정으로 유인

이처럼 '국제 정세가 유리하게 변하고 있다'는 점을 인정해 김일성의 남침 계획안에 동의하면서도 스탈린은 중국을 어떻게 해서든지 끌어넣으려고 했다. 이것은 만일 미국이 예상과는 달리 군사적으로 개입해 오는 경우 북한을 도와야 할 모든 짐을 소련 대신 중국이 지게 만들려는 스탈린의 계략에서 나온 것일 것이다.

여기서 우리는 미국의 언론인 에드거 스노(Edgar Snow)의 소모설(the attrition theory) 또는 함정설(the trap theory)을 다시 음미하게 된다. 중국공산당이 역사적인 장정(長征)을 끝낸 뒤 본거지로 삼은 옌안을 방문해 중국공산당의 실상을 알렸던, 그리고 그 뒤 죽을 때까지 중국공산당 간부들과 절친했던 스노는 '스탈린이, 소련의 큰 도움 없이 독자적인 힘으로 중화인민공화국을 수립한 마오쩌둥이 유고슬라비아의 티토(Iosif B. Tito)처럼 탈소자주노선을 걷게 되는 것이 아닌가 두려워해 미국과 싸움을 시켜 스스로 국력을 소모하게 하는 계략을 세운 것이 한국전쟁이었는데, 마오가 그만 스탈린이 파놓은 함정에 빠져 결국 한반도에서 미국과 전쟁을 하게 된 것'이라고 설명했었다. 「6·25관련 러시아 외무부 자료」는 스노의 이 설명이 마오를 위한 변명만이 아님을 말해준다.

스탈린의 치밀함 또는 교활함은 그가 북한의 지도자들이나 중국의 지도자들, 심지어는 평양과 베이징에 주재하는 소련 대사관들과 이 전쟁에 관해 교신할 때 자신의 이름 대신 필리포프(Filippov) 또는 핀시(Fyn-Si)라는 가명을 쓴 사실에서도 드러난다. 그는 끝까지 자신의 개입을 감추려고 했던 것이다.

[7] 중국공산당의 역할

여섯째, 이 전쟁의 계획수립과 준비과정에서 중국공산당의 역할이 보다 선명하게 드러났다. 그 구체적 증거들을 이 「자료」는 다음과 같이 제시하고 있다.

(1) '김일성은 1949년 5월 14일에 조선로동당 중앙위원이며 조선인민군 정치국장인 김일(金一)의 중국 방문 결과를 슈티코프 대사에게 설명했다. 김일은 만저우의 사실상의 최고 권력자인 가오강(高崗: 고강) 중국공산당중앙동북국 제1서기 겸 동북군구사령관과 면담했으며 저우언라이(周恩來: 주은래) 총리 겸 외교부장 및 주더(朱德: 주덕) 중화인민공화국 부주석 겸 국방부장과는 네 차례, 마오와는 한 차례 만났다. 마오와 김은 조선반도의 상황에 대해 상세

히 논의했으며, 중국 지도부는 어느 순간에도 기습전이든 지구전이든 수행할 수 있는 준비를 갖추어야 함을 강조했다. 마오는 지구전이 되는 경우 일본이 남조선쪽에 가담할 수도 있을 것이나 소련과 중국이 조선과 인접해 있으므로 이를 두려워할 필요는 없으며, 최악의 경우 북조선을 돕기 위해 중국군을 파견할 수도 있다는 의견을 피력했다.'

(2) '1950년 4월 25일에 모스크바로부터 평양으로 돌아온 김일성은 베이징 주재 조선민주주의인민공화국 대사 리주연으로부터 마오와의 면담 결과를 보고받았다. 김일성에 따르면, 마오는 조선의 통일은 무력에 의해서만 가능하며 미국이 남조선과 같은 작은 나라 때문에 3차 대전을 시작하지는 않을 것이므로 미국의 개입을 두려워할 필요가 없다고 했다.'

(3) '김일성은 마오쩌둥과 만나기 위해 1950년 5월 13일에 외부에는 전혀 알리지 않고 베이징에 도착했다. 주요 의제는 다음과 같았다. 첫째, 마오에게 무력 통일의 의향을 전달하고 스탈린과의 모스크바 회담 결과를 설명하는 것. 둘째, 통상조약의 서명 문제를 논의하는 것. 셋째, 모스크바에서 논의됐던 그 밖의 문제들에 관해 그 결과를 마오에게 설명하고 조선로동당과 중국공산당 사이의 보다 긴밀한 접촉 문제를 논의하는 것 등이었다.

김일성은 5월 13일 저녁 늦게 마오와 면담했다. 김은 스탈린이 4월의 모스크바 회담 때 현재의 국제환경은 과거와는 다르므로 북조선이 행동을 개시할 수 있으나 최종 결정은 마오와의 협의를 통해 이뤄져야 한다고 말했음을 설명했다.

마오쩌둥은 스탈린에게 그의 개인적 설명을 요청했다. 마오는 곧 스탈린으로부터 김의 설명이 맞는다는 메시지를 받았다. 스탈린의 확인을 받고 나서 마오는 5월 15일에 김과 구체적으로 의견을 교환했다. 마오는 만일 미군이 참전한다면 중국은 병력을 파견해 북한을 돕겠다고 말했다. 그는 소련은 미국과 38도선 분할에 관해 합의했기 때문에 전투 행위에 참가하기가 불편하지만 중국은 그와 같은 의무가 없으므로 북조선을 도와줄 수 있다고 설명했다.

그는 중국이 타이완을 점령한 뒤에 북조선이 남조선에 대한 작전을 시작하면 북조선을 충분히 도울 수 있을 것으로 생각한다고 말했다. 그러나 북조선이 현 시점에서 작전을 개시할 것을 결정함으로써 이 작전이 두 나라 사이에 공동의 과제가 됐으므로 이에 동의하고 필요한 협력을 제공하겠다고 말했다.'

여기서 강조하고 싶은 것은 1950년 5월에 김일성과 마오 사이에 회담이 있었다는 사실이 알려진 것은 최근에 와서였다는 점이다. 소련 주재 북한대사로 일하다가 1950년대 후반에 소련으로 망명했던 리상조(李相朝) 박사가 1989년에 서울을 방문하고 한국전쟁의 기원들에 관해 증언하는 가운데 그 사실을 자세한 설명 없이 소개했고, 또 미국의 캐스린 웨더스비(Kathryn Weathersby) 교수가 1993년 가을에 발표한 논문에서 그 사실을 비교적 자세한 설명과 함께 소개했다. 러시아어를 해독하는 여류 사학자 웨더스비 교수는 김일성과 마오쩌둥 사이의 회담에 관한 1차 자료를 보고 소련 외무부가 1966년에 작성한 배경 설명 자료를 찾아냈던 것이다. 이렇게 볼 때, 김-마오 회담에 관한 러시아쪽의 1차 자료는 이번에 처음 공개된 셈이다.

이 자료를 통해 명백해진 것은 중국의 역할에 관한 수정주의자들이나 신수정주의자들의 이제까지의 해석이 모두 틀렸다는 사실이다. 그들은 마오는 김일성의 남침 계획을 전혀 몰랐거나, 알았다고 해도 그저 어렴풋하게 '뭔가 일이 진행되고 있구나' 정도로 알았거나 남침이 임박해서 알았을 것이라고 추측해왔던 것이다. 더구나 커밍스 같은 사람은 1950년 5월에 김일성이 중국을 비밀리에 방문했다는 사실을 썼던 사람들을 뭘 모르는 사람들인 것으로 조롱하기조차 했는데, 이 새로운 사실 앞에 그는 그 조롱을 취소하지 않으면 안 되게 됐다.

중국의 역할을 인정하는 신전통주의자들도 중국의 역할이 적극적이지는 않았고 소극적인 것이었다고 분석해 왔다. 그러나 「6·25 관련 러시아 외무부 자료」는, 중국의 지도부가 아무리 늦게 잡는다고 해도 1949년 5월부터 북한 지도부의 남침 계획을 알고 있었으며 지원을 약속했음을 보여준다.

이렇게 볼 때, 중국의 역할에 관해서는, 전통주의자들의 해석이 진상에 가까웠음을 이 「자료」는 입증하고 있다. 그러나 마오가 이 전쟁의 계획수립과 준비과정에서 전통주의자들이 강조했던 만큼이나 매우 적극적이거나 열성적이지는 않았음도 이 자료는 보여준다. 마오는 '만일 미국이 군사적으로 개입해 온다면' 돕겠다고 밝혔다는 사실, 그리고 스탈린의 연락이 있은 뒤에야 비로소 김일성의 요청에 구체적으로 응했다는 사실이 상기돼야 할 것이다.

여기서 지적하고 싶은 것은 1949년 12월 하순부터 1950년 2월 중순까지 소련을 방문한 마오쩌둥이 1950년 2월 14일에 스탈린과 중·소 우호동맹조약을 체결하는 과정에서 한반도에 대해 토론이 있었는가의 여부, 그리고 만일 있었다면 그 내용은 어떤 것들이었을까라는 중요한 물음에 대해 이 「자료」는 사실상 침묵하고 있다는 사실이다.

이 「자료」는 '마오쩌둥이 1949년 12월 16일에 모스크바를 공식 방문했다. 마오는 당시 스탈린과의 회담 때 남조선점령문제는 논의되지 않았다고 1956년 3월에 회고했다'만 말하고 있을 뿐, 그 이상 아무런 말도 않고 있다. 이 회담 때 스탈린의 중국어 통역을 맡았다가 뒷날 소련 외무부의 아시아담당 차관이 된 미하일 카피차(Mikhail Kapitsa) 교수는 저자에게 '이 자리에서 북조선의 남침 계획은 전혀 논의되지 않았다' 고 말했다. 과연 이 회담은 김일성의 남침 계획을 전혀 다루지 않았을까?

[8] 새롭게 밝혀진 박헌영의 역할

일곱째, 북한의 부수상 겸 외무상이었던 박헌영의 역할이 보다 더 자세하게 드러났다는 사실이다. 새롭게 알려진 보기들을 아래에서 지적하기로 한다.

(1) 슈티코프 대사가 1949년 8월 12일에 김일성을 만났을 때 박헌영도 자리를 함께했다. 김일성과 마찬가지로 박헌영도 대남 공격의 불가피성을 역설했다.

(2) 소련공산당 중앙위원회가 1949년 9월 24일에 북한의 남침 계획을 억제시키는 지침을 마련했을 때 그 지침은 김일성에 대해서뿐만 아니라 박헌영에 대해서도 전달됐다. 이 지침에 대해 김일성과 마찬가지로 박헌영도 '소극적으로 받아들였다.'

(3) 김일성이 1950년 5월에 마오쩌둥과 회담하기 위해 베이징을 비밀리에 방문했을 때 박헌영은 김일성을 수행했다. 김과 마오의 회담에 박 역시 참석했다.

박헌영은 외무상이었으므로 주요한 외교적 협상에 당연히 참석한 것으로 풀이될 수 있다. 그러므로 새롭게 밝혀진 박헌영의 그러한 행적이 새로운 뜻을 갖지 않은 것으로 풀이될 수 있다. 그러나 이 「자료」가 새롭게 밝힌 옹진반도 작전에 관한 정보들이 박에 대해 전혀 말하지 않은 사실은 주목돼야 할 것이다. 왜냐하면 이제까지 문제의 옹진반도 작전은 박의 대남전쟁론이 아니라 대남협상론에 연결되어 있었기 때문이다.

수정주의론자들에 따르면, 박헌영은 평소에 대남협상론을 옹호했다. 그는 북한군이 서울에 가까운 황해도 남쪽 끝의 옹진반도를 점령하면 서울의 민심이 크게 흔들릴 것이고 그때 북한이 남한 정부를 상대로 협상을 제의하면 남한 정부는 북한의 제의를 받아들이지 않을 수 없게 되며, 따라서 북한의 주도 아래 남북의 평화적 통일이 성취될 것이라고 주장했다는 것이다.

여기서 한 걸음 더 나아가, 몇몇 수정주의자들은 1950년 6월 25일에 북한이 취한 군사적 행동은 남한 전체의 점령과 공산화를 목표한 것이 아니었다고 주장했다. 북한은 서울을 점령한 뒤 큰 혼란에 빠진 남한 정부를 상대로 통일을 위한 협상에 들어가려고 했다는 것이다.

그러나, 문제의 옹진반도 작전과 관련해 이 「자료」는 정반대의 사실들을 말하고 있다. 이 작전을 제의한 사람은 김일성이었으며 김일성은 이 작전이 성공하면 곧바로 서울을 침공하고 서울 점령에 성공하면 남한 전체를 공산화하려고 했다는 사실이 명명백백하게 밝혀진 것이다. 여기서 덧붙일 것은 이 「자료」는 이 작전에 관해 비교적 자세히 설명하면서 박에 대해서는 전혀 말하지 않고 있다는 사실이다.

[9] 김일성과 박헌영, 미군의 개입도 예상

마지막으로 지적하고자 하는 것은 김일성과 박헌영 모두 전쟁이 시작되면 상황에 따라 미국이 참전할 수도 있음을 예상했다는 사실이다. 이 「자료」의 표현으로, 평양주재 소련대사관의 툰킨(Grigory Ivanovich Tunkin) 공사와 면담하면서 "김일성과 박헌영은 내전시 미군개입 방식이 남조선군 지원을 위해 국민당의 중국군 및 일본군의 파견, 미 해·공군에 의한 남조선군 지원, 미국 교관단의 직접 참전으로 이루어질 것으로 본다는 견해를 표명했다."

[10] 맺 음 말

이상에서 저자는 「6·25관련 러시아 외무부 자료」를 주로 한국전쟁의 기원 논쟁에 국한해 개관해 보았다. 이 전쟁의 다른 쟁점들에 대해서도 앞으로 이 자료를 중심으로 새롭게 살피기로 하겠다.

마지막으로 강조하고 싶은 것은 이번 자료로써 이 전쟁에 관한 연구가 사실상 마무리됐다고 생각하는 것은 잘못이라는 점이다. 이 전쟁에 관한 연구는 이제부터 본격적으로 시작될 수 있다는 점이 오히려 강조돼야 할 것이다. 그리하여 특히 이 전쟁의 직접적인 피해자인 우리 한민족의 손에서 이 전쟁에 관한 결정적인 연구서가 나오게 되기를 기대한다.

〈출처: 「신동아」, 1994년 9월호〉

한국 전쟁

제4장

한국전쟁의 시기에 남북한 각자가 자신의 **동맹국**들과 가졌던 관계

제 4 장 한국전쟁의 시기에 남북한 각자가 자신의 동맹국들과 가졌던 관계

1. 머 리 말

한국전쟁의 기원에 관해서는 이미 여러 각도로 살펴보았다. 그러므로 여기서는 이 전쟁의 모든 기간(1950년 6월 25일~1953년 7월 27일)을 통해 남북한이 자신의 동맹국들과 가졌던 관계, 즉 남한이 미국을 비롯한 국제연합 참전국들과 가졌던 관계 그리고 북한이 중화인민공화국(이하 중국으로 부른다) 및 소련과 가졌던 관계를 살피기로 한다.

우리는 전시의 동맹관계라고 하면, 공동의 적을 눈앞에 둔 상태이므로 어느 때보다도 협조의 측면이 두드러졌을 것으로 생각하기 쉽다. 그러나 이 전쟁 때 서방권 내부와 공산권 내부를 각각 면밀히 분석하면 협조의 측면과 함께 갈등의 측면도 드러난다. 우선 서방권을 보면, 남한과 미국 사이에 갈등이 잦았고, 미국과 영국 사이에는 물론이거니와 미국 정부 안에서도 의견대립이 빈번했다. 이어 공산권을 보면, 북한과 소련 및 중국 사이에, 그리고 중국과 소련 사이에도 입장의 차이가 여러 차례 나타났었다.

이 점을 염두에 두면서 저자는 이 글을 통해 이 전쟁의 전개과정을 다시 구성해 보고자 한다. 그렇게 함에 있어서 저자는 37개월 동안 계속된 이 전쟁을 전쟁의 국면의 전개양상에 따라 다섯 기간으로 나누고자 한다.

제 1 기는 1950년 6월 25일부터 1950년 9월 중순까지의 시기로, 남침을 개시한 북한의 압도적인 군사력으로 한반도의 동남방에 위치한 경상북도 대구시와 경상남도 부산시 및 마산시 일대를 제외한 남한 전역을 석권했던 시기이다. 제 2 기는 1950년 9월 중순부터 1950년 10월 하순까지의 시기로, 한국의 군과 경찰의 대구시 사수와 국련군의 인천시 상륙작전의 극적인 성공을 계기로 국련군이 반격을 계속해 한·만국경으로까지 접근함으로써 북한 정권이 붕괴직전까지 이르렀던 시기이다.

제 3 기는 1950년 10월 하순으로부터 1951년 4월 초순까지로, 중국군이 개입함으로써 '완전히 새로운 전쟁'이 시작되고 국련군이 다시 후퇴하던 시기이다. 제 4 기는 1951년 4월 초순부터 1951년 6월 중순까지로, 국련군의 '대량보복'에 의해 국련군이 전투의 주도권을 다시 장악하여 군사적 균형을 이룬 시기이다. 제 5 기는 1951년 6월 중순부터 1953년 7월 27일까지의 시기로, 전쟁과 함께 휴전회담이 진행된 화전양양(和戰兩樣)의 시기이다.

그런데 이 장에서는 한국전쟁 기간에 제기된 갖가지 휴전안들과 그리고 휴전회담에 대해서는 간략히 다루기로 한다. 그 문제는 제 5 장에서 체계적으로 분석하기로 한다.

2. 북한군의 석권기

[1] 조선인민군의 남침 개시와 서울 점령

1950년 1~2월 이후 38도선 주변에서 소규모의 군사적 충돌을 계속 일으켜 오던 북한은 6월 25일 새벽 드디어 전면남침을 개시했다. 북한의 전면남침은 하나의 잘 준비된 기습이어서 한국 정부와 미국 정부를 모두 놀라게 하였다.

한국전쟁의 기원들에 관한 책을 수정주의의 시각에서 처음 출판한 미국 언론인 스톤(I. F. Stone)은 미국 정부가 북한의 남침 소식을 듣고 놀랐다는 주장에 대해 이의를 제기했다. 미국 정부는, 적어도 도쿄의 맥아더 사령부는 이미 알고 있었으며 전혀 놀라지 않았다는 것이다. 그러나 이 전쟁 당시 서울주재 미국대사관의 1등서기관 노블(Harold Noble) 박사가 남긴 일기와 비망록을 보면 미국 정부와 한국 정부에게 북한의 남침은 정말로 큰 놀라움이었다. 당시 한국의 대통령이던 이승만 박사의 미망인 프란체스카(Francesca Donner) 여사가 1983년에 서울의 「중앙일보」에 연재한 "6·25와 이승만 대통령"을 보아도 한국 정부의 놀라움과 혼란을 확인할 수 있다.

북한의 공격은 빨라, 6월 27일에 한국의 수도 서울의 외곽인 창동과 미아리에 방어선을 설정한 한국군을 붕괴시켰다. 이날 한국 육군본부는 경기도 수원시(水原市)로 후퇴했고 정부는 그보다 훨씬 남쪽인 충청남도 도청 소재지 대전시(大田市)로 피난했다. 6월 28일에 북한군은 서울을 점령했다.

그런데 북한군은 서울 점령 사흘 동안 별다른 움직임을 보이지 않았다. 오늘까지도 북한군의 '서울 3일'은 수수께끼로 남아 있다. 어떤 학자들은 남한 각지에서 이미 지하에 들어갔던 남로당원들이 호응봉기할 것을 기다리느라고 가만히 있었다고 풀이한다. 또 다른 학자들은 '북한이 서울을 점령한 유리한 여건 아래 남한과 협상하려고 진격을 정지하고 있었다'고 풀이한다. 이 두 번째 해석은 주로 수정주의자들로부터 나왔다. 그들은 북한이 처음부터 전면남침의 뜻이 없었고 더더구나 남한을 공산화할 계획이 없었다는 자신들의 주장의 한 논거로 그러한 해석을 제시했다. 또 어떤 다른 학자들은 강원도 춘천시(春川市) 일대에서 한국군이 뜻밖에 잘 싸워 북한군의 진공(進攻)을 막았기에 북한군이 예정했던 날짜에 서울에 들어갈 수 없었고 따라서 이미 서울에 들어와 있던 북한군이 그들을 기다리느라고 머물러 있었다고 설명했다.

어떻든 이 일은 생사의 갈림길에 있던 남한을 살려 준 귀중한 시간이었다. 북한군이 남침 사흘 만에 서울을 점령한 여세로 그대로 밀어붙였다면 남한으로서는 최악의 상태를 맞았을지도 모른다고 개전 직후 한국 육군의 참모총장으로 임명됐던 정일권(丁一權) 장군은 주장했다. 미군의 참전도 실기(失機)했을 것이고 인천 상륙작전도 없었을 것이라는 것이다.

[2] 미국의 즉각적인 개입

북한군의 기습에 대한 놀라움 속에서도 트루먼(Harry S. Truman) 미국 대통령은 즉각적인 응전을 결심하여 이제까지의 과소개입정책으로부터 적극적인 지원으로 전환했다. 그러면 그는 왜 이렇게 신속한 지원을 결정했는가? 트루먼의 「회고록」 제 2 권에 따르면, 그가 북한의 남침을 소련의 세계적화 시도의 일환으로 보았으며, 직접적으로는 미·일 군사안보체제에의 대항조치로 인식하여 한반도가 공산화하는 경우 그것이 일본의 국내정치에 미칠 영향을 걱정했기 때문이다.

이러한 국제정치적인 판단 밖에 미국의 국내정치에 대한 계산도 작용했다. 가드너(Lloyd Gardner)에 따르면, 당시 미국의 공화당을 비롯한 우파세력은 민주당이 집권한 뒤 중국이 공산화하고 동남아시아에 공산반란이 속출하는 데 나타나듯이 아시아에 공산주의가 팽창했다고 주장하면서 민주당 정권의 아시아정책을 비판해 왔다. 그런데 한반도에서도 공산군의 남침을 방관한다면 민주당 정권은 더욱더 어려움에 빠지리라고 느꼈기 때문에 이러한 사태를 미리 막기 위해 민주당 출신인 트루먼 대통령은 신속한 대응조처를 취했다는 것이다.[1)]

이러한 입장을 지닌 트루먼 행정부는 국제연합 안전보장이사회에 대해 긴급회의의 소집을 요청했다. 이에 따라 6월 25일 일요일 오후 3시에 열린 안보리에서 주(駐)국제연합 미국대표부 차석대표 그로스(Ernest Gross) 대사는 북한이 남한에 대해 '무력공격'을 가했다고 주장하고 그 무력공격은 '평화파괴행위'라고 비난한 다음, 북한군이 즉각적으로 적대행위를 중지하고 군사력을 38도선 이북으로 철퇴시킬 것을 요청했다. 미국의 제안은 9 대 0으로 가결됐다. 당시 안전보장이사회는 거부권을 갖고 있는 상임이사국 5개국(미·영·불·소·중화민국)과 거부권이 없는 비상임이사국 6개국(인도·유고슬라비아·이집트·노르웨이·쿠바·에콰도르)으로 구성되어 있었다. 때마침 소련대표는 장기결석중이어서 거부권을 행사할 수 없었다. 공산국가이면서도 소련의 외교노선으로부터 벗어난 유고슬라비아는 기권했으며, 그 대신 사태의 진상을 파악하기 위해 북한대표를 출석시키자고 제의했는데 이 제의는 1 대 6 및 기권 3으로 부결됐다.

안전보장이사회의 결의는 북한의 군사행동을 정지시킴에 있어 아무런 효과를 가져오지 못했다. 안전보장이사회는 국제연합한국위원단(UNCOK)에게 결의의 실행을 맡겼으나, 이 위원단은 6월 26일에 '북한과 접촉하려는 모든 노력은 부정적 반응에 직면했으며, 과거의 경험으로 미루어 북한은 안보리의 결의를 무시할 것으로 보인다'는 비관적인 보고를 보내왔다. 실제로 북한의 군사행동은 계속됐으며, 대한민국 정부는 국제연합에 대해 '효과적인 조처'의 필요성을 호소했다.

그리하여 6월 27일에 안전보장이사회는 '군사공격을 격퇴하고 그 지역의 국제평화와 안전을 회복하는 데 필요한 원조를 대한민국에 제공할 것'을 결의했다. 이와 더불어 트루먼 대통령은 도쿄의 미 극동군 사령관 맥아더(Douglas MacArthur) 원수에게 대한민국에 대한 해·공군의 지원을 개시하라고 명령하고, 미 제 7 함대로 하여금 중국군이 타이완을 공격하지 못하도록 막으면서 동시에 타이완의 국민당 정부가 중국본토를 공격하지 못하도록 조처하라고 지시했다. 이어 6월 30일에 트루먼 대통령은 맥아더 사령관에게 해·공군뿐만 아니라 지상군을 투입할 권한과, 군사상 필요한 경우에는 38도선 이북의 군사목표를 공격할 수 있는 권한을 부여했다는 사실을 발표했다. 이튿날 주일 미 제24사단 제21연대 제 1 대대가 부산에 상륙함으로써 미 지상군의 개입이 시작됐다. 미 극동군 사령관 맥아더 원수는 제24사단장 딘(William Dean) 육군소장을 주한미군 총사령관으로 임명했다.

바로 이날 영국과 프랑스는 국제연합군사령부를 설치하고 국제연합 회원국들의 무력원조를 미국 정부의 단일지휘 아래 둔다는 내용의 공동결의안을 안전보장이사회에 제출했다. 이 공동결의안은 7월 7일에 7 대 0으로 가결됐는데, 소련은 여전히 결석했고 인도와 이집트 및 유고슬라비아는 기권했다. 이에 따라 노르웨이 출신의 국제연합 사무총장 리(Trygve Lie)는 주(駐)국련 미국대표단 수석대표 오스틴(Warren Austin) 대사를 통해 국제연합기를 미국 정부에 전달했으며, 트루먼 대통령은 즉시 미 극동군사령관 맥아더 대장을 국제연합군 총사령관으로 임명했다.[맥아더 장군은 필리핀 정부에 의해 원수로 임명된 일이 있으며, 필리핀은 그 당시 미국의 주권 아래 있었기 때문에 법적으로 그의 원수 경력은 미국 정부에 의해 인정됐다. 그 뒤 미국 대통령에 의해서도 원수로 임명됐다.]

[3] 대한민국 정부의 대응

미국 정부의 단호한 결정은 한국 정부를 크게 고무시켰다. 비록 남침에 쫓겨 피난길에 들어선 형편이지만, 국련군의 반격으로 오히려 통일의 기회를 잡을 수 있다고 판단했기 때문이다. 따라서 한국 정부는 미국 정부에 적극 협력했다. 6월 29일에 맥아더 원수가 서울의 한강전선을 시찰하고 곧바로 수원에 내려왔을 때 이승만 대통령은 모든 협력을 약속했다.

보다 구체적으로, 7월 12일에 대전에서 맺은 협정을 통해 한국 정부는 주한 미군의 형사재판권을 미군에게 허용했다. 이 협정을 흔히 대전협정이라고 부른다. 이어 7월 15일에 이 대통령은 한국군의 작전지휘권을 '현재의 교전 상태가 계속되는 기간 동안' 국련군 총사령관 맥아더 원수에게 '양도(assign)'하는 뜻을 밝힌 '서한(letter)'을 맥아더 원수에게 보냈다. 이로써 한국군과 국련군은 단일사령부의 지휘 아래 통합됐다. 이 대통령의 조치는 한국군과 국련군의 상호협조와 작전능률을 극대화하기 위해 '현재의 교전 상태가 계속되는 기간 동안' 잠정적으로 취해진 한국 정부의 양해사항이었다.

이어 이 대통령은 7월 19일에 '국련군의 작전목표가 전전원상(戰前原狀: *status ante bellum*)의 회복, 즉 38도선에서의 진격정지에서 그쳐서는 안 되며, 북진통일을 완수해야 한다'는 내용의 친서를 트루먼 대통령에게 전달했다. 이 대통령의 이 친서는 개전 이후 처음으로 38도선의 존폐에 관한 한국 정부의 공식입장을 담은 것이다.

[4] 북한군의 끈질긴 공격과 국제연합군의 사투

한·미간의 이러한 협력 속에서도 전세는 계속 불리했다. 7월

5일 서울 남쪽의 경기도 오산(烏山)에서 미군 및 한국군, 그리고 북한군 사이에 최초의 전투가 있었으나 북한군에게 밀렸으며, 7월 12일에 충청남도 신탄진(新灘津) 부근의 금강(錦江)을 끼고 방어선을 구축했으나 여기서도 밀려 7월 16일 충청남도 대전시로 후퇴했다. 미 제24사단은 대전 방어에 최선을 다했으나 실패하고 사단장 딘 소장은 북한군에게 포로로 잡혔다. 국련군의 대전 패전으로 말미암아 원래 병력이 매우 적었던 전라남북도 일대는 짧은 시일 안에 북한군에게 장악됐다. 한편, 국련군은 마지막으로 경상남북도를 관류하는 낙동강(洛東江) 방어선을 형성했다.

이와 더불어 미군의 전투부대는 계속 증강됐다. 8월 2일에는 제 1 해병 임시여단이 부산항에 도착했고, 제 2 사단도 세 차례에 걸쳐 부산항에 도착했다. 8월 3일부터 16일까지 5개 대대 이상의 전차부대가 도착했다. 한편, 맥아더 장군은 낙동강 방어선의 붕괴에 대비해 부산에 가까운 또 하나의 방어선을 준비하도록 지시했다. 이에 따라 미 제 8 군 사령관으로 주한 국련군 지상군 사령관으로 임명된 워커(Walton Walker) 중장은 자신의 공병참모 데이비드슨(Garrison Davidson) 준장에게 예비진지를 설치하도록 명령했는데, 그 결과 데이비드슨 선이 구축됐다.

그러나 북한군의 공격도 끈질겨 9월 초 전황은 다시 국련군에 불리하게 돌아갔다. 이렇게 되자 도쿄의 맥아더 사령부는 '최악의 경우에는 미 제 8 군을 일본으로 철수시키고 한국군의 2~3개 사단을 포함한 약 10만 명의 요인들을 괌(Guam)이나 하와이로 후퇴시킨다' 는 내용의 계획을 극비리에 세웠다.

이 계획을 전달받은 워커 사령관은 한국군 총사령관 겸 육군참모총장 정일권 소장에게 이 계획을 알리면서 '어느 범위의 사람들과 어느 사단들을 후퇴시킬 것인가를 극비리에 선정하라' 고 지시하고 이 대통령에게도 보고하지 말라고 강조했다. 그러나 한국군 총사령관으로서 국군통수권자인 대통령에게 보고하지 않을 수 없었다. 그리하여 정 장군은 은밀하게 이 '비중지비(秘中之秘)'를 보고했다. 이 대통령은 격노했다. 그는 '워커에게 말하시오, 목숨을 아끼는 미국인은 떠나라고. 그러나 한국군, 아니 한국인은 어느 한 사람도 한국에서 후퇴하지 않을 것이오. 물론 나도 남을 것이오'라고 말했다. 정 장군은 대통령의 기백과 투혼에 큰 감명을 받았고 대통령의 말을 워커에게 전하지 않았다고 1985년에 동아일보사가 발간한 자신의 회고록 「6·25비록: 전쟁과 휴전」에서 밝혔다.

9월 5일부터 13일까지 경상북도의 경주시(慶州市)와 영천군(永川郡)을 중심한 쌍방의 전투는 정점에 도달했다. 일본 방위대학(防衛大學)의 사사키 하루다카(佐佐木春隆: 좌좌목춘륭) 교수가 1977년에 출판한 「한국전비사」에 따르면, 이 전투에서 국련군이 패배하는 경우 그것은 사실상 대한민국의 붕괴를 의미하는 것이었다. 이처럼 사활이 걸린 전투에서 국련군은 다행스럽게도 마침내 북한군 제15사단을 궤멸시켰다. 그리하여 이 시점부터는 국련군의 반격이 전개될 수 있었으며 9월 15일에는 서해안의 인천과 동해안의 강릉(江陵)에서 동시에 상륙작전도 감행될 수 있었다.

[5] 북한·소련·중공의 '불협화음(?)'

이상에서 살폈듯이, 개전 초기에 서방진영의 결속이 과시됐다. 반면에, 비록 북한군의 진격이 계속되기는 했으나 북한과 중국 및 소련의 3각관계에는 여러 측면들에서 조정이 덜 된 모습들 또는 비협조적 모습들이 많이 드러났다.

첫째, 북한의 남침 개시일이며 국련의 한국전 개입을 가능하게 만든 중요한 결의안이 통과된 6월 25일의 안전보장이사회에 소련이 결석한 점이다. 물론 소련이 이날 하루만 결석한 것은 아니고

'중화인민공화국이 국련에서 중국을 대표해야 하는데 이것이 거부되고 있음에 항의한다'고 주장하면서 그 표시로 1950년 1월부터 결석해 왔다. 그렇다고 해도 북한의 남침 계획을 정확히 알고 있었고, 그것에 따라 국련 안보리가 소집될 것으로 예상했다면, 늦어도 1개월 전쯤부터는 출석했어야 하지 않았겠는가?

둘째, 개전 초기에 소련이 나타낸 공식반응은 납득하기 어려울 정도로 미온적이었다. 울람(Adam B. Ulam) 교수가 지적했듯이, 소련은 '남조선이 북침을 개시했다'는 북한의 주장을 미국이나 국련에 전혀 전달하지 않았고 오히려 북한군의 38도선 이북으로의 후퇴를 위해 영향력을 행사해 줄 것을 요청하는 6월 27일자 미국의 각서를 전달받고 있었다. 이에 대한 소련의 6월 29일자 해명은 부드러웠다. 소련은 '남조선이 북침했다는 것이 우리의 정보'라고 주장했을 뿐, 미국의 군사행동이 가져올 결과나 전쟁의 확대 가능성에 대한 경고 같은 것을 완전히 생략했다. 그 대신 소련의 해명은 '조선의 내부문제에 있어서의 외세의 간섭을 용납할 수 없다'고 지적하는 것으로 그쳤다.[2)]

콜코 부처(Joyce and Gabriel Kolko)도 이 점을 크게 주목한다. 그들이 당시의 소련 신문들을 분석한 결과, 소련 신문들은 이 전쟁의 발발과 그 진전에 관해 영국의 로이터즈(Reuters)와 프랑스의 에이에프피(AFP) 및 미국의 에이피(AP)를 비롯한 서방통신사들의 보도를 그대로 옮기고 있었으며, 소련공산당 기관지인 「프라우다」는 미국 정부가 소련 정부에 보낸 각서의 전문을 소련의 해명문 전문과 함께 게재하고 있었다.[3)]

소련의 다른 매체들도 7월 2일까지는 이 전쟁을 소홀히 취급했다. 이 전쟁이 '제3차 세계대전'으로 확대될 위험이 있다고 떠들 만한데도 그러한 논평은 전혀 없었고 오히려 언어학과 문헌학에 대한 스탈린의 논문들을 크게 소개했다. 물론 전세가 북한에게 유리하게 전개되었기 때문에 소련의 매체들이 이 전쟁을 가볍게 다뤘다는 해석도 가능하다. 그러나 개전 초기에 소련이 나타낸 공식적 및 대외적 태도는 미국과의 직접적 대결을 회피하겠다는 것이었으며 따라서 북한과의 결속의 정도(程度)에 의문을 제기시켰던 것이다.

셋째, 소련의 대북 군사원조가 7월 말 이전까지는 별로 두드러지지 않았다는 점이다. 시몬즈(Robert Simmons) 교수에 따르면, 개전 초기에는 평양에 주재하는 소련 군사고문단원의 수도 많지 않았다고 한다. 또 7월 하순에 「뉴욕 타임스」의 도쿄특파원은 도쿄의 맥아더 국련군 총사령부가 북한군에서 소련군 장교나 정치공작원을 거의 발견하지 못했다는 사실을 보도했다. 이러한 점들에 미루어, 소련과 북한의 협조가 긴밀하지 못했던 것 같다고 시몬즈 교수는 추정했다.[4)]

넷째, 이 전쟁에 대한 중국의 태도 역시 미온적이었다는 점이다. 호주국립대학교의 피처럴드(Charles P. Fitzgerald) 교수는 중국이 개전 48시간 뒤에야 비로소 중국공산당 기관지 「런민리바오(人民日報: 인민일보)」에 평양발신을 인용해 보도한 사실을 지적하면서 중국과 북한 사이의 협조가 만족스럽지 않았다는 가설을 제시했다.

확실히 개전 초기에 중국의 관심은 타이완문제에 집중되어 있었다. 당시 베이징주재 인도대사로서 중국 수뇌부와 가까웠던 파니카르(K. M. Panikkar)는 '마오쩌둥 중국공산당 주석이 한반도문제를 중국에게는 거리가 먼 문제로 여기고 있다'고 7월 13일에 본국 정부에 보고했다. 이 때의 중국 신문들을 보아도 중국공산당 지도부의 그러한 태도를 알 수 있다. 예컨대, 6월 30일부터 7월 6일 사이 「런민리바오」는 이 전쟁에 관한 거의 모든 기사들을 후면에 싣고 있었으며, 북한에 대한 지원 같은 것을 전혀 언급하지 않았다.

다섯째, 중국은 국제연합에서 북한의 입장과 상반되는 입장을 취하고 있었다는 점이다. 당시 북한은 국제연합에서의 해결은 물론 모든 평화적 해결방안들에 대해 전혀 관심이 없었다. 그런데 7월 13일에 인도가 중화민국이 아니라 중화인민공화국에게 국제연합 대표권을 주어 중화인민공화국을 국련 안보리에 출석시키고 이 안보리에서 한반도문제를 해결할 것을 제의하자 북한의 묵살에도 불구하고 중화인민공화국은 이 제의를 받아들였다. 사실 중화인민공화국은 이 전쟁이 일어나기 훨씬 이전부터 미국과 정상적인 관계를 유지하려고 노력했고 국련의 대표권을 획득하려고 시도했다. 따라서 중화인민공화국이 인도의 제안을 수락했다는 것은 중화인민공화국으로서는 당연한 일이었으나 북한의 속전속결 노선과는 어긋나는 것이었다.

이상에서 저자는 이 전쟁 제 1 기에 있어서 남북한과 그들의 각각의 동맹국들과의 관계를 살폈다. 다음에는 이 시기에 한반도문제에 대해 취해진 국련의 결정들에 관한 법률논쟁들을 간단히 살핀다.

[6] 한국전에 관한 법률논쟁

6월 25일에 소집된 국제연합 안전보장이사회에 소련 대표가 결석한 채 한반도문제에 대한 표결이 있었음은 앞에서 지적했다. 이 표결에 관해 소련 정부는 소련 대표의 결석은 자동적인 법적 거부권의 효과를 지닌다고 주장했다. 즉 '소련의 불참으로 국련 헌장에 명시되어 있는 안보리 상임이사국의 일치된 투표를 결여했으므로 그 투표는 불법적이다' 라는 것이었다.

소련의 이러한 주장에 대해, 국련 사무총장 리와 안보리의 대다수 국가들은 반대했다. 특히 리 총장은 북한의 남침을 나치독일이 자신의 조국 노르웨이를 기습 침공했던 것과 같은 종류의 불법행위로 단정하고, '잘 계산되고 조심스럽게 계획된 명백한 침략에 단호하게 대처해야 한다'고 주장했다. 리 총장은 이 때문에 소련의 적의(敵意)를 사서 뒷날 재임에 실패한다.

이 전쟁에 참가한 국련군의 성격에 관해서도 법률적인 논쟁이 있었다. 여기서 공통적으로 나타난 의견은 두 가지였다. 하나는 참가국의 자발적 행위에 의존해야 하는 지극히 제한된 성격의 집단안보라는 해석이고, 다른 하나는 국련 헌장 제51조에 규정된 '집단방위를 위한 동맹'이라는 해석이었다. 첫 번째 해석이든, 두 번째 해석이든 그러한 성격의 국련군이 국련기를 사용함이 옳으냐에 대해서는 미국의 국제법학자들 사이에서도 의견이 달랐다.

사실 대한민국에 대해 군사력을 제공한 나라들은 22개 국가에 이르렀으나 그들 가운데 16개 국가의 병력만이 '사용할 만한 규모와 질'의 것이었다. 그것들 가운데 미국의 병력이 제일 커서, 지상군의 50.32%와 해군의 85.89% 및 공군의 93.98%를 미군이 충당했다. 그 다음이 한국으로, 지상군의 40.10%와 해군의 7.45% 및 공군의 5.65%를 한국군이 충당했다.

이렇게 볼 때 다른 참가국들의 군사적 기여는 상징적인 것이었다. 그러나 그 상징의 의미는 컸다. 미국은 자신의 냉전목표 달성을 위한 정책의 도구로 국련을 이용한다는 비판을 받기는 했으나, 국련기 아래서의 국제연합군의 작전은 공산군과의 힘의 경쟁에서 국제연합군의 정신적 사기를 크게 높였다.

3. 국제연합군의 반격기

한국전쟁의 제1기, 즉 6월 25일부터 국련군의 인천·강릉 상륙일 9월 15일까지의 82일 동안 국련군의 모든 군사적 노력은 부산항 주변의 교두보를 지키고 국련군이 남해(南海) 속으로 밀려나는 것을 막는 단 하나의 목표에 집중되었다. 국련군의 각오도 비장했다. 그 점은 워커 사령관이 7월 29일에 경상북도 상주군(尙州郡)에 설치된 미 제25사단 본부에서 행한 연설에 잘 나타나 있다. 그는 '우리들의 후방에는 더 이상 물러설 방어선이 없다. [2차 대전 때 독일군에 쫓겨 영국군이 철수했던 프랑스 북부의 항구도시] 덩케르크(Dunkirk)의 재판(再版)이나 [일본군에 의해 미국군이 철수를 강요당한 필리핀] 바타안(Bataan)의 재판은 있을 수 없다' 고 말문을 연 그는 '부산으로 철수한다는 것은 사상최대의 살육을 의미하게 되므로 우리는 끝까지 싸워야 한다. 우리들은 같이 싸우다가 같이 죽는 것이 나을 것이다' 라고 매듭지었다. 이것이 유명한 '맞서라. 그렇지 않으면, 죽음밖에 없다(Stand or Die)' 의 연설이다.

이러한 비장한 결의 아래 싸웠기에 국련군은 '국련군이 남해 속으로 밀려 나가는 것을 막는다' 는 최종목표를 성취할 수 있었다. 그뿐 아니라, 북한군에 대한 반격이 효과를 나타내기 시작하여, 북한군의 '9월공격' 을 좌절시켰다. 이 과정에서 북한군의 제15사단이 한국군 제 8 사단에 의해 섬멸됐으며 9월 8일에는 북한군 최고사령부의 총참모장 강건(姜健)이 포살됐다. 강(姜)은 1930년대에 만저우에서 김일성 빨치산부대에 입대한 뒤 일관되게 김을 추종했다.

[1] 인천 상륙작전의 성공

그러나 국련군 반격의 결정적 계기는 1950년 9월 15일에 인천과 강릉에서 감행된, 특히 인천에서 감행된 상륙작전의 성공이었다. 이 작전은 맥아더 사령관의 지시 아래 라이트(William Wright) 소장이 주관하는 통합전략기획단에 의해 구상됐다. 이 구상에 대해 브래들리(Omar Bradley) 대장이 의장으로 있는 국방부의 합동참모본부는 반대의견을 내놓았다. 조수와 지형을 고려하건대 인천 상륙작전은 매우 위험하다는 것이었다.

그러나 맥아더 사령관은 굽히지 않았다. 서울 서방 20마일에 위치한 인천은 서울로 접근할 수 있는 가장 짧은 거리의 항구이므로 인천 상륙을 통해 서울을 점령하는 경우 그것이 주는 심리적 영향은 엄청나게 클 것이며, 또 북한군의 허리를 절단시킬 수 있을 것이라고 주장했다. 그는 이 상륙작전계획이 채택되지 않는다면 국련군이 낙동강전선에서 입고 있는 막대한 희생은 계속 강요될 것이라고 내다보면서, '우리 병사들이 도살장에 들아가는 소와 같은 상태를 연출함을 방관하시겠습니까' 라고 반문했다. 이어 그는 '우리는 결단을 내려야 합니다. 그러지 않으면 우리는 죽음을 면할 수 없습니다. 인천 상륙작전은 절대로 실패하지 않을 것이며 반드시 성공할 것이고, 10만의 생명을 구출할 것입니다' 라고 결론내렸다. 그의 이러한 신념에 찬 호소에 합동참모본부는 마침내 동의했다.[5)]

이에 따라 알몬드(Edward Almond) 소장을 사령관으로 하는 제10군단이 편성되어 인천 상륙작전을 담당하도록 결정됐으며, 9월 12일에 261척의 대수송선단이 부산항을 출발했다. 기함인 미조리함에는 인천 상륙작전의 총지휘관인 국련군 사령관 맥아더 장군과 그의 여섯 참모들이 동승하고 있었다. 9월 15일에 마침내 작전이 개시돼, 인천항 앞의 월미도(月尾島)를 장악한 데 이어 곧바로 인천시 남부에 상륙했다. 북한군은 2개 사단병력으로 최용건을 사령관으로 하는 서울방위사령부를 편성했으나, 한국군의 해병대가 9월 27일에, 이어 국련군이 9월 28일에 마침내 서울을 완전히 수복했다. 이에 따라 9월 29일에 이승만 대통령은 맥아더 사령관과 함께 공로로 서울에 도착하여 서울을 대한민국 정부의 관할 아래 넘기는 수도 탈환식에 참석했다. 이 자리에서 맥아더는 '지금부터 우리들은 대한민국 국민에 관한 책임을 귀정부에 맡기고 다시 군무에 전념할 각오입니다' 라고 선언했다.

공산치하에서 시달리던 많은 서울 시민들이 길거리로 쏟아져 나왔다. 그들은 굶주리고 헐벗은 상태였으나 한국군과 국련군의 북진을 뜨겁게 성원하면서 조국이 대한민국의 주도 아래 하루빨리 통일되기를 기원했다.

[2] 국제연합군이 38도선을 넘다

국제연합군의 성공적인 반격이 확고해지면서 서방진영 및 중립 국가들의 일각에서는 전전원상(戰前原狀)의 회복이라는 조건 아래, 즉 북한군을 38도선 이북으로 철퇴시키는 조건 아래 국련군의 진격을 멈추게 하고 이 테두리 안에서 이 전쟁을 해결하려는 움직임이 제기됐다. 8월 1일에 국련 안보리의 의장이 되는 것을 계기로 삼아 안보리에 복귀한 국련주재 소련대사 말리크(Jacob Malik)도 코리아의 남북대표들을 국련에 동시 초청해 문제를 해결하자고 제의했다.

그러나 미국의 태도는 확고해, 국련주재 미국대사 오스틴은 북한 정권의 완전한 붕괴, 즉 대한민국에 의한 한반도 통일만이 국련군의 목표임을 선언했다. 대한민국 정부도 '38도선의 존재를 부인한다'고 선언하면서 국련군의 북진에 의한 한반도의 통일을 강조했으며, 이 점에서 한국과 미국의 목표는 일치하고 있었다. 이 때 호주, 브라질, 네덜란드, 노르웨이, 파키스탄, 필리핀, 영국도 미국의 입장을 지지하는 공동결의안을 제출하여 '필요한 경우에는 무력을 써서라도 국련군의 주도 아래 한반도를 통일시킨다'는 태도를 밝혔다. 그러나 국련군이 38도선을 넘어 북진해도 좋다는 최종적인 결정은 내려지지 않고 있었다.

이러한 상황에서 10월 1일에 우선 한국군은 드디어 38도선을 넘어 북으로 진격했다. 돌이켜 보건대, 이 결정은 한국군으로서는 무척 어려운 결정이었다. 당시 한국 육군의 참모총장 정일권 장군에 따르면, 그는 미국 정부와 한국 정부로부터 엇갈리는 지시를 받고 있었다. '미국 정부가 명령할 때까지 1명의 병사라도 38도선을 넘어서는 안 된다'는 것이 맥아더 사령관의 지시인 반면에, '맥아더 사령관에게 위임한 작전지휘권은 언제든지 되돌려 받을 수 있으니 그의 명령에 따르지 말고 북진하여 조국의 통일을 실현하라'는 것이 이승만 대통령의 엄명이었다.

정 총장은 양자 사이에서 고민했다. 이 때 동해안을 북상하던 제1군단 제3사단으로부터 전보가 날아들어왔다. '전위인 제23연대는 38도선 북방 600야드 지점에 있는 고지로부터 북한군의 맹렬한 사격을 받고 있다. 부대의 안전을 도모하기 위해 600야드 전진하거나 600야드 철수해 산록에 의지해야 한다. 어떻게 하면 좋을까?'라는 내용이었다. 이 전보에 의지해 정 총장은 워커 사령관에게 '장병의 생사가 달린 문제이므로 전진을 허락해 달라'고 역설하자 워커 사령관은 '순수한 전술적 차원의 행동이라는 조건 아래 인가한다'고 알려 왔다. 이에 따라 제23연대는 38도선을 돌파한 것이다. 오늘날 대한민국은 38도선을 돌파했던 10월 1일을 '국군의 날'로 삼고 있다.

10월 2일에 맥아더 사령관은 국련군이 38도선을 넘어서도 좋다는 미국 정부의 최종 결정을 한국 정부에 알리면서 북한 정권의 항복을 요구하는 최후통첩을 발표했다. 그러나 국련군이 38도선 이북으로 진격해도 좋다는 서방의 공동결의안이 아직 국련을 통과한 것은 아니었다. 여기서 국련군의 38도선 북상을 막으려는 공산진영의 외교적 노력이 시도됐다. 이 노력을 살피기에 앞서 우선 북한과 중국 및 소련의 3각관계를 살핀다.

[3] 점점 커지는 중국의 관심

우선 중국은 소련의 국련 안보리 결석이 결정적으로 공산진영에 가져온 정치적 손실에 대한 불만을 감추지 않았다. 예컨대, 「런민리바오」는 7월 27일에 사설을 통해 '소련대표의 결석 기간에 국련은 조선에 대한 미제 침략의 도구가 됐다'고 주장하여 소련의 국련 정책을 간접적으로 비판하고 안보리에서 미국 주도의 결정을 막지 못한 결과를 낳은 소련의 안보리 결석을 암묵적으로 비판했다.

소련의 미온적 태도에 대한 북한의 불만 역시 간접적으로 표현됐다. 예컨대, 북한의 「로동신문」은 7월 13일에 사설을 통해 '미국이 조선에서 "직접적" 침략을 감행하고 있는 반면, 소련은 조선문제의 해결은 조선인에게 넘겨져야 한다고 주장하면서 정의의 전쟁을 "도덕적"으로 지지하고 있다'고 주장했는데, 이것은 '직접적 침략'에 대한 '직접적 원조'가 아니라 '도덕적 지원'에 머물고 있는 소련을 함축적으로 비판한 것으로 풀이됐다.

이러한 중국과 북한의 불만 표시에 대해 소련은 여전히 소극적인 반응만을 보였다. 예컨대, 모스크바의 방송은 7월 18일에 중국어 방송을 통해 이 전쟁의 직접적 위협이 되고 있는 것은 중국의 안전임을 강조했을 뿐 이 전쟁이 소련의 안전에 관련된다는 표현을 전혀 사용하지 않음으로써 소련은 이 전쟁에 군사적으로 개입하지 않을 것임을 암시했다. 소련의 방송은 여기서 그치지 않고 북한을 '구출'하기 위한 군사적 부담을 져야 할 나라는 중국임을 암시하기 시작했다. 예컨대, 모스크바의 방송은 8월 31일과 9월 11일에 중국어 방송을 통해 '미제의 조선 침략의 궁극적 목표는 중국 침략에 있음을 중국 인민은 드디어 깨닫고 있다'고 강조했다. 이러한 모스크바의 방송의 주장에 대해 베이징방송은 흥미 있는 답변을 보냈다. 이 방송은 9월 1일에 '중화인민공화국은 북한에 군사적 및 해군의 지원을 제의했으나 북한은 그것이 불필요하다고 대답했다' 고 변명한 것이다.

이러한 미묘한 상황 속에 8월 13일에 이르러서야 비로소 평양 주재 초대 중국대사가 부임했다. 그러나 그의 신임장 제정사에 북한에 대한 중국의 지원을 암시하는 문구는 전혀 없었다. 이틀 뒤 '조선의 해방 5주년' 에 대한 마오쩌둥 당주석과 저우언라이 총리 겸 외교부장의 축전도 역시 마찬가지였다. 한편 북한의 신문 및 방송 또는 지도층의 연설들에서도 중국에 대한 지원요청은 간접적인 표현이라도 전혀 발견되지 않았다. 북한이 지원을 요청하고 있는 대상은 소련뿐이었다.

[4] 중국군의 파병을 둘러싼 중·소교섭

이러한 '불협화음' 속에서 결국 중국의 참전이 결정된다. 이 결정을 둘러싼 3개국 사이의 교섭내용은 공식문서상 전혀 밝혀지지 않고 있다. 다만 당시 도쿄와 타이베이(臺北: 대북) 및 홍콩에서 수집된 서방쪽 정보를 종합하면, 8월에 베이징에서 열린 중 · 소 고위회담에서 이 문제가 거론되고 소련의 압력에 의해 중공의 참전이 결정됐다고 한다.

예컨대, 8월 17일의 「뉴욕타임스」 보도에 따르면, 8월 초 소련 부총리 몰로토프(V. M. Molotov)가 베이징을 비밀리에 방문하고 마오쩌둥과 회담했는데, 여기서 '국련군이 38도선을 넘어서서 대규모 반격을 개시하는 경우 중국은 만저우로부터 15만 명을 파병해야 할 것' 임을 강력히 요청했다. 마오는 처음엔 완강히 거절했으나 마침내 받아들였다. 그리하여 중국이 그 규모의 병력을 파병하기로 하고 그 병력에 대해 소련은 군사장비를 공급한다는 합의에 이르렀다. 타이완(臺灣: 대만) 정부도 같은 내용의 정보를 맥아더 사령부에 전달했다. 중국군의 한국전 참전문제에 관해 가장 권위 있는 책인 화이팅(Allen S. Whiting) 교수의 「중국이 압록강을 건너다」도 중국군 포로들의 심문을 근거로 '8월 초 소련의 압력 아래 소련이 화력을 공급하는 대신 중국은 인민지원군을 파견하기로 결정했다' 라고 썼다. 그러나 화이팅 교수는 소련의 압력이 중국의 한국전 개입의 일차적 요인이라고는 보지 않았다. 중국의 안전에 대한 중국 스스로의 우려가 일차적 요인이었고 소련의 압력은 이차적 요인이라고 보았다.[6)]

도쿄주재 소련대사관의 정보원으로 1954년에 서방으로 망명해 「라이프(*Life*)」지(1954년 12월)에 "극동에서의 붉은 사기와 음모"를 발표한 라스트보르보프(Yuri A. Rastvorvov)도 비슷한 견해를 제시했다. 가솔린과 비행기 및 화포력의 결핍을 이유로 한국전 개입을 거부한 마오에게 스탈린이 계속 압력을 가했으며, 결국 중국에 '모든 종류의 지원을 약속' 한 뒤에야 마오의 동의를 얻어냈다는 것이다. 힌튼(Harold Hinton) 교수 역시 소련의 압력을 강조하면서, '마오는 최종 결정에 이르기까지 사흘 낮 밤 동안 마루를 밟으며 고뇌했다' 고 주장한 국민당계 중국인 학자 쪼우찡웬(周鯨文: 주경문)의 견해를 지지하고 있다.

이들에 비해, 한국 외무부 외교안보연구원의 박두복(朴斗福) 교수는 이색적인 분석을 제시한다. 타이베이의 중국문화대학에서 "중공이 한국전에 참가한 원인의 연구"로 박사학위를 받은 그는 자신에 대한 스탈린의 뿌리깊은 불신을 없애기 위해 마우쩌둥은 펑더화이(彭德懷: 팽덕회)와 첸윈(陳雲: 진운)이 강력히 반대했는데도 스탈린이 바라는 방향에 맞춰 파병했다고 보았다. '중국혁명이 승리한 뒤 스탈린은 중국이 유고슬라비아로, 그리고 내가 티토로 변질될 것으로 의심했다. 그 뒤 모스크바에서의 중·소 우호동맹조약 체결 역시 일장(一場)의 투쟁을 통해 이루어졌다. 스탈린은 처음에 서명을 원하지 않았으나 2개월에 걸친 담판의 결과 겨우 서명했다. 그러면 스탈린은 언제부터 우리를 믿게 되었는가? 항미원조(抗美援朝) 때부터 믿게 되었다. 즉, 1950년 겨울에 가서 그는 우리가 티토가 아니고 유고슬라비아가 아님을 믿게 되었다'라는 마오쩌둥의 「강화(講和)」(1962년)가 그 점을 증명한다고 박 교수는 주장했다.

이러한 정보와 분석의 진위를 가리기란 현재로서는 거의 불가능하다. 그러나 8~9월께 한반도문제에 대해 보여 준 중국의 태도에 비춰 보건대, 이 전쟁에 대한 중국의 새로운 자세가 8월 하순께 어느 정도 굳어졌다는 분석이 가능하다. 이 시기에 중국은 저우언라이 외교부장의 대(對)국련 공식성명(8월 20일)과 「쓰지에쥐쉬(世界知識: 세계지식)」의 논설(8월 26일)을 통해 한반도문제에 대해 보다 강경히 주장하기 시작한 것이다.

우선 저우의 성명은 '조선은 중국의 인방(隣邦)이다. 중국 인민은 조선문제의 해결에 대해 보다 더 큰 관심을 갖지 않을 수 없다'라고 주장했는데, 이 성명은 중국이 타이완문제보다 한반도문제를 우선시한 최초의 것으로 풀이된다. 「쓰지에쥐쉬」의 논설은 여기서 한 걸음 더 나아가 '미제의 조선 침략이 특히 중국의 안전을 중대하게 위협하고 있으며 중국 인민은 그러한 미제의 조선 침략을 허용할 수 없다'고 경고했다. 이 잡지는 중국 외교부의 의견을 대변하는 주간지이다. 따라서 서방외교관들은 이 논설을 중국이 이 전쟁에 개입하려는 강력한 암시로 받아들였다.

소련의 공식 태도도 훨씬 더 강경해졌다. 예컨대, 국련주재 소련대사 말리크는 8월 22일에 전쟁이 불가피하게 확대될 것임을 경고하면서, 이러한 경우에는 공산군의 증원이 있을 것임을 예고했다.

그런데 여기서 한 가지 유의할 점은 중국과 소련의 강경한 자세가 국련주재 미국대사 오스틴의 8월 17일자 연설에 뒤따라 나왔다는 사실이다. 오스틴이 국련군의 군사적 목표를 전전원상의 회복, 즉 38도선에서의 진격정지에 두지 않고 한반도의 통일에 두고 있음을 명백히 선언하고 이 점에 대해서는 타협이 전혀 없을 것임을 분명히 밝혔음은 앞에서 이미 지적했었다. 이처럼 미국의 강경한 태도가 확실해지자 중국과 소련은 한반도문제에 대해 강경한 자세를 갖추게 됐다고 볼 수 있다.

그러나 중국은 국련군이 38도선을 넘어 북진하는 것을 어떻게 해서든지 막아 보려고 하였다. 그리하여 9월 24일에 저우언라이는 국련 사무국에 '미국의 공군기가 조·만 국경선을 넘어서 만저우의 안둥에 공격을 가했다'는 전보를 발송하면서, '국련의 회원국들이 전쟁의 불꽃을 중국으로 확대하려는 미국의 침략적 범죄에 귀머거리와 벙어리처럼 머물러 있어서는 안 된다'고 호소했다. 이어 9월 25일에 중국군 육군 참모총장 대리 니룽전(聶榮臻: 섭영진)은 베이징 주재 인도대사 파니카르를 불러 '미국인들이 조·중 국경선에까지 접근해 오는 경우 중국인들은 팔짱을 낀 채 앉아 있기만 하지는 않을 것이다'라고 말하면서 이 경고가 국련에 전달되기를 기대했다.

9월 30일에는 공식적인 항의가 개진됐다. 저우는 국무원(國務院)에서 '중국 인민은 중국에 대한 외국의 침략을 절대로 관용하지 않을 것이며, 중국의 이웃나라가 제국주의자들에 의해 야만적으로 침략되는 것을 방관하지 않을 것'이라고 선언하고, '세계 인구의 4분의 1을 차지하는 중국 인민의 이해관계를 무시하거나 5억 중국 인민을 국련에서 제외시킨 채 중국에 직결된 동방의 이 문제를 자의적으로 해결하려는 자들의 두개골은 깨지고 말 것이다'라고 경고했다. 이처럼 강경한 자세를 과시하면서 중국은 소련과 1950년 2월에 체결했던 우호동맹조약을 9월 30일에 소련과 함께 비준했다.

이 시점에서는 중국과 소련 사이에 중국의 참전을 둘러싼 협상이 매듭지어졌을 것이다. 그 구체적인 자료는 이제까지 발표된 것이 없는데, 중국쪽 연구자들은 중국이 파병하면 소련은 공군을 보내 돕겠다고 약속했을 것이라고 지금도 믿고 있다.

[5] 중국, 개전의 명분을 제시하다

중국의 이러한 강경자세는 미국 안에서 '전략논쟁'을 불러일으켰다. 미국의 군사정책이 중국의 참전을 가져와 이 전쟁이 결국 중국과 미국의 군사적 대결로 확대되는 것이 아니냐는 우려가 나타난 것이다. 특히 트루먼 대통령과 애치슨 국무장관 및 마셜 국방장관은 모두 이 전쟁이 중국과 미국의 직접적 대결로 확대된다면 그것은 결국 소련이 파놓은 함정에 미국이 빠지는 것이라고 판단하여 중국과의 대결을 피하는 범위 안에서 군사작전을 수행하도록 맥아더 사령관에게 훈령하고 있었다.

트루먼은 다시 9월 27일에 맥아더에게 자세하게 훈령을 내렸는데, 여기서 트루먼은 '38도선 이북에 진격하는 것은 소련 또는 중공의 주력군이 북한에 진입하고 있지 않거나, 또는 참전 기도(企圖)에 대한 발표가 없거나, 그 밖에 북한 안에서 군사적으로 소련군 및 중공군의 위협에 직면하지 않으리라는 확신이 있을 경우에 한한다'고 전제했다. 트루먼은 이어 또 '어떠한 경우에서도 또 어느 휘하병력을 막론하고 만저우 국경이나 소련 국경을 넘어서는 안 되며, 정책상 소·만 국경에 인접한 지역일지라도 한국인 이외의 부대를 사용해서는 안 된다. 이와 동시에 38도선의 이북 지대에서 작전할 경우, 육·해군의 지원작전이 소련과 만저우 영내에 미쳐서는 안 된다'고 매듭지었다. 그러나 우리가 뒤에 살펴보게 되듯이 맥아더는 자신의 군사작전이 중국의 참전을 가져오지 않을 것으로 믿고 있었다.

38도선을 넘어서라도 북한을 궤멸시켜야 한다는 미국 정부의 입장은 미국 안에서도 대체적인 지지를 받았다. 상원의 공화당 원내총무인 노울랜드(William Knowland) 의원은 '침략자를 추격하지 않는 것은 공산주의자들을 유화시키는 것' 이라고 공박했고, 주요한 신문들도 전쟁의 재발을 막기 위해 북한군을 궤멸시켜야 한다고 공개적으로 주장했다. 노동당 출신의 영국 외무장관 베빈(Ernest Bevin)은 '한반도의 인위적 분할은 이제 종료되어야 한다' 고 공개적으로 발언했다.[7] 그러나 그들 역시 미국의 군사작전이 중국의 참전을 불러올 가능성에 대해서는 걱정했다.

이러한 상황에서, 앞에서 이미 지적했듯이, 10월 1일에 한국군은 38도선을 넘어섰고, 국련군의 38도선 북상을 허용해 줄 것을 요청한 서방쪽의 공동결의안이 국련 총회의 표결을 기다리고 있었다. 따라서 중국으로서는 이 표결의 통과를 막아야만 했다. 여기서 10월 2일 깊은 밤에 저우언라이 외교부장은 베이징주재 인도대사 파니카르를 외교부로 불러 '만일 국련군이 38도선을 넘어 북진하는 경우 중국은 조선에 개입하지 않을 수 없다' 고 선언하고, 그러나 한국군만이 38도선을 넘는 경우 중국은 그러한 조처를 취하지 않을 것이라고 말했다.[8] 이로써 중국은 '개전의 명분' 을 분명히 했다.

파니카르 대사는 저우언라이의 발언을 본국 정부에 곧바로 알렸으며, 인도 정부는 이것을 곧바로 미국 정부는 물론 소련과 영국 및 스웨덴 정부에도 중계했고, 이곳들의 미국주재 대사들은 각각 자신들의 본국 정부에 알렸다. 트루먼 대통령은 자신의 「회고록」 제 2 권에서 저우의 발언을 전달받았다고 시인했다.

그러나 트루먼은 파니카르 대사를 불신하고 있었다. 풀어 말해, 트루먼은 파니카르 대사가 '과거에 여러 차례 중공을 위한 게임을 벌여 왔다' 는 선입견을 갖고 있었다. 그리하여 파니카르 대사의 전언을 '중공 선전의 전달' 로 여겼고, 특히 저우의 의도를 국련군 북상안이 통과되는 것을 막기 위해 국련을 협박하려는 '대담한 시도' 로 판단하여 그것을 무시했다. 그뿐 아니라 한국군의 북상을 인가하는 지시를 맥아더 사령관에게 내렸다.

[6] 국제연합, 국제연합군의 38도선 북상을 허용하다

한국군이 38도선을 넘었다는 사실이 알려지자 영국 정부는 그것에 뒤따를 것으로 예상되는 국련군의 38도선 북상에 대해 신중하게 대처할 것을 미국 정부에 제의했다. 국련군이 38도선을 넘어서면 이 전쟁이 연장될 것이라고 주장한 영국 정부는 국련군을 1주일 정도 38도선에서 머무르게 하고 북한이 항복하지 않으면 진격하겠다고 위협하는 방법을 취하자고 권고했다. 그러나 미국 정부는 이 권고를 무시했다.

10월 7일에 국제연합 총회는 마침내 국련군의 38도선 북상을 허용하는 서방쪽의 공동결의안을 통과시켰다. 찬성 47표, 반대 5표, 기권 7표였다. 그러면 이 결의안의 구체적 내용과 그 정치적 의미는 무엇이었나? 이 결의안은 우선 '한반도 전체에 안정상태를 보증하기 위한 모든 적절한 조치들을 취할 것' 을 권고하고, 이어 '한반도에 통일·독립·민주 정부를 세우기 위해 국련의 관리 아래 총선거의 실시를 포함하는 모든 입법적 조치들을 취할 것' 을 요구했다. 그리고 그 목적을 이룩하기 위해 국제연합한국통일부흥위원단(UNCURK)을 설치해 이미 있던 국제연합한국위원단과 대체하기로 결의했다. 마지막으로 이 결의안은 '국련군은 이상의 2개 항에 명시된 목표를 성취하는 데 필요한 경우가 아니고는 더 이상 한반도의 어떤 지역에도 주둔할 수 없다' 고 규정했다.

이 조항들을 살필 때, 미국과 국련이 이 결의문을 작성함에 있어서 한반도의 통일을 일차적 목표로 삼았던 것은 아니었음을 쉽게 알 수 있다. 왜냐하면, 군사작전의 결과에 따라 한반도에 안정상태가 보증될 경우 통일정부의 수립이 실현될 수 있다는 뜻이 강하기 때문이다. 이처럼 '통일정부의 수립' 보다 '안정상태의 보증' 을 앞세운 데는 미국 나름의 계산이 깔려 있었다. 구체적으로 말해, 중국이나 소련과의 전면전 회피를 전제로 이 전쟁을 수행하던 미국은 만일 중국이나 소련의 개입에 의해 북한 전역의 점령이 사실상 어려워지게 될 경우 국제적 위신을 손상받지 않고 곤경에서 벗어날 수 있는 정치적 유연성을 확보하려고 했던 것이다.[9)]

[7] 중국의 참전 가능성이 커지자 트루먼과 맥아더가 만나다

국련의 결의에 따라 국련군은 10월 7~8일 드디어 38도선을 넘어 북진하기 시작했다. 이제 중국이 주사위를 던질 차례가 되었다. 「런민리바오」는 10월 9일에 국련 결의안이 전쟁을 극동에 확대시키려는 의도라고 지적하고 '모든 중국 인민은 사태의 진전을 주시해야 한다' 고 경고했다. 같은 날 평양의 「조선중앙통신」은 '조선 인민이 미제와의 투쟁에서 홀로 있지 않다는 중국 인민들의 수천 통의 메시지가 김일성 수상에게 밀려오고 있다' 고 보도했다. 10월 10일에 저우언라이는 '조선전쟁은 처음부터 중국의 안전에 대한 중대한 위협이었다' 고 규정하고 이 전쟁에서 '중국 인민은 수수방관하지 않을 것' 이라고 선언했다.[10)] 저우의 이 선언은 「런민리바오」와 「다오궁바오(大公報: 대공보)」를 비롯한 중국의 모든 유력지들에 보도됐다. 그것은 중국의 참전에 대비해 중국 인민들을 동원하기 위한 조치로 풀이되었다.

여기에 더하여 북한의 부수상 겸 외무상 박헌영은 10월 14일에 '미국이 조선전쟁에서 일본 군인을 사용하고 있다' 고 주장하는 전보를 국련 안보리에 보냈다. 중공의 「런민리바오」는 10월 17일에 박헌영의 이 주장을 크게 보도했다. 1950년 2월에 체결된 중·

소 우호동맹조약은 '일본 또는 일본과 제휴한 나라들에 의한 침략의 재개에 두 나라가 공동대처한다' 고 선언했었다. 따라서 서방의 외교전문가들은 박의 주장을 크게 보도한 이 신문의 배후에는 이 조약에 근거한 중국과 소련의 개입결정이 있는 것이 아닌가 하는 추측을 제시했다.

이처럼 중국의 참전 가능성이 커지자 이 문제를 협의하기 위해 트루먼 대통령은 맥아더 사령관과 10월 15일에 회담을 갖기로 결정했다. 문제는 장소였다. 트루먼 대통령의 보좌관들은 도쿄와 워싱턴의 중간지점인 하와이를 요구했으나 트루먼 스스로 '귀관이 느낄 때 만약 한반도의 상황 때문에 장거리 여행으로 자리를 비울 수 없다면 웨이크섬(the Wake Island)을 선택해도 좋다' 는 대안을 제시했다. 맥아더는 '대통령 각하를 15일 아침 웨이크섬에서 만날 수 있다면 반가울 것' 이라고 답변했다. 그리하여 트루먼은 7,500킬로미터를, 맥아더는 3,000킬로미터를 날아갔다.

두 사람의 회담은 어떤 의미에서는 두 '국가 원수들' 의 회담이었다. 애치슨 국무장관의 표현대로, '맥아더는 일본과 남한의 천황이었다.' '태평양의 시저' 라고 불린 맥아더는 실제로 2차 대전이 끝난 뒤에도 한 차례도 본국을 방문하지 않고 도쿄에서 군림하고 있었으며 그의 추종자들에 의해서는 '미국의 장차의 대통령' 으로 받들어지고 있었다. 이러한 맥아더는 트루먼에게 경의를 갖지 않았으며 따라서 두 '국가 원수들' 사이의 관계는 좋지 않았다.

웨이크섬의 비행장에는 맥아더가 기다리고 있었다. 그러나 트루먼이 열대의 날씨인데도 말끔한 신사복에 모자를 썼음에 비해 맥아더는 트루먼의 표현으로는 아마 20년은 충분히 썼을 기름기투성이의 쭈그렁 모자를 쓰고 단추도 제대로 채우지 않은 셔츠차림으로 나왔다. 그들은 곧바로 군용 막사로 들어가 한 시간 동안 아무도 배석하지 않은 상태에서 회담했다.

이 회담의 내용에 대해, 트루먼은 자신의 「회고록」 제 2 권에서, 그리고 맥아더 역시 자신의 「회고록」에서 상세히 설명하고 있다. 또 스파니에(John W. Spanier) 교수가 쓰고 하버드대학교 출판부가 1959 년에 간행한 「트루먼과 맥아더의 논쟁, 그리고 한국전쟁」이나, 히긴스(Trumbell Higgins)가 쓰고 옥스퍼드대학교 출판부가 1960 년에 간행한 「코리아와 맥아더의 몰락」과 같은 책에 잘 분석돼 있다.

이 책들을 종합해 보면, 맥아더가 중국의 참전 가능성이 거의 없다고 대답한 것은 사실인 것 같다. '전쟁의 첫째 달 또는 둘째 달에 개입했더라면 그것은 결정적이었을 것' 이라고 전제한 맥아더는 '그러나 이제 개입한다면 대살육이 있을 뿐' 이라고 답변하면서 이 전쟁은 끝난 것이나 다름없으며 오는 추수감사절(11월 23일)까지면 한반도에서의 공산군의 저항은 끝나며 크리스마스까지면 미 8 군을 일본으로 돌려보낼 수 있다' 는 자신감마저 보였다고 트루먼은 주장했다.

[8] 소련의 입장

이제까지 우리는 중국의 입장과 이에 대한 미국의 반응을 살폈다. 그러면 소련의 입장은 어떠했나?

우선 지적돼야 할 것은 이 전쟁이 일어난 뒤, 특히 국련군 반격기에 있어서 소련의 한국전쟁관을 말해주는 자료는 많지 않다는 점이다. 국련에서의 소련 대표의 연설과 흔하지 않은 소련 지도층의 연설이 주요 자료일 뿐이며, 이 전쟁에서 공산군에게 잡혀 소련군 장교들에게 신문을 받았다가 귀환한 병사들의 진술, 미군에 잡힌 공산군 포로들의 신문 진술, 이 전쟁에 관한 당시 소련인의 소설 따위의 보충자료들밖에 없다는 자료상의 약점이 있다.

이러한 자료들을 종합하면, 소련은 이 전쟁에 말려들어 미국과 직접적 대결에 돌입하게 되는 것을 극도로 우려하고 있었음이 뚜렷하다. 당시 이 전쟁에 관한 소련인의 입장은 1951년 9월에 발표된 소련인 차코프스키(Alexander Chakovsky)의 소설 「자신의 초소에 서 있는 황첸」에서 발견된다.[11] 이 소설에 따르면, 미국은 1950년 여름에 첫째 소련군의 직접적 개입에 의한 제3차 세계대전의 발발과, 둘째 미군이 소련과의 전면전을 시작하려고 블라디보스토크의 배후로 이동한다는 2개의 대안만을 갖고 있었다는 것이다. 바꿔 말해, 소련은 미국이 소련과의 직접적 대결만을 생각하고 있다고 믿고 있었다는 것이다. 따라서 소련은 그러한 미국과는 어떠한 충돌도 해서는 안 된다고 결심하고 있었다는 것이다.

[9] 김일성의 피신과 이승만의 평양 연설

이처럼 중국과 소련의 입장이 엇갈린 상황 속에서 한국군과 국련군의 북진은 계속됐다. 서부전선에서는 10월 8일에 경기도 개성시(開城市)를 점령했고, 동부전선에서는 10월 5일에 강원도 북방의 고성군(高城郡) 장전면(長箭面)에 도달했으며, 중부전선에서는 10월 10일에 강원도 철원군(鐵原郡)에 도달했고 곧 함경남도 원산시(元山市)를 향해 진격해 들어갔다. 대체로 이 시점에서 미 극동해군 참모차장 버크(Arleigh Albert Burke) 소장은 일본 군인들의 도움을 받아 원산 앞바다에 부설된 수뢰를 제거했다.

북한군이 곳곳에서 무너지자 김일성은 10월 12일에 스탈린에게 간접적인 표현으로 소련의 지원을 요청하는 친서를 보냈다. 그러나 스탈린의 회답은 지극히 짧은 것으로서 '조선 인민의 투쟁이 성공적으로 종결되기를 바란다'는 내용일 뿐, 북한군을 도와주겠다는 의사의 표시는 전혀 없었다.

그뿐 아니라, 10월 22일의 「뉴욕타임스」의 보도처럼, 북한으로부터 소련 군사고문들과 기술자들을 본국으로 소환하고 북한군이 후퇴하기에 앞서 소련제 군장비들과 물자들을 파괴하거나 감춰 북한군에 대한 자신의 지원을 입증하는 자료들을 없애고자 하였다. 사실 이 시기에 소련이 북한에 제공한 무기래야, 미 육군부가 1952년에 발간한 「중공군에 관한 편람」에 따르면, 10년쯤 낡은 구형의 무기에 지나지 않았는데도 이처럼 조심한 것이다. 소련은 확실히 미국과의 직접적 대결을 두려워하고 있었다.

이러한 상황 속에서 김일성은 10월 16일 새벽 2시에 소련제 고급 승용차 볼가를 타고 평양을 빠져나갔다. 이 사실은 그를 호위하던 북한군 장교 한 명이 한국군 제 7 연대에 투항한 뒤 밝힌 것으로 앞에서 소개한 정일권의 「6·25비록」에 자세히 기록되어 있다. 이 기록에 따르면, 그날 새벽 평양 지역에는 가을비가 세차게 내렸다고 한다. 슈라라는 소련 이름의 김정일(金正日), 즉 김일성의 큰아들로 오늘날 북한의 사실상의 통치자인 김정일은 당시 만 9세로 이미 10일 전에 만저우의 창춘(長春: 장춘)으로 피신했다. 이제는 김일성의 피신 차례인 것이다. 그는 평안남도 순천군(順川郡)과 평안남도 개천군(价川郡)을 거쳐 청천강(淸川江)을 건너 평안북도 희천군(熙川郡)에 도착했는데, 이 무렵 반공주민들이 봉기해 그의 승용차 피난길이 막혔다. 그리하여 그는 차도를 포기하고 적유령(狄踰嶺) 산맥으로 숨어 들어 산길을 헤매기 시작했다. 그리하여 10월 26일에 만저우와의 접경지대인 평안북도 강계군(江界郡)에 겨우 도착할 수 있었다.

바로 이날 이승만 대통령은 함경남도 원산시에 그 모습을 나타냈다. 원산 시민의 환영대회가 열린 것이다. 이 자리에서 그는 '우리가 지금 우리 민족 모두가 바라고 있는 국토통일과 민족통합을 목전에 두고 있다. 우리가 서로 돕고 사랑하며 하나로 뭉칠 때는 살 것이요, 서로 미워하고 흩어지면 죽을 것이다' 라고 연설했다.

이 연설은 북한에서 행한 이 대통령의 첫 연설이었으며, 많은 원산 시민들은 열광적으로 받아들였다.

이 대통령은 10월 30일에 북한의 수도 평양에서도 연설했다. 공산치하로부터 해방된 평양 시민들 가운데 10만여 명이 참석한 이 대회에서 그는 '나라와 겨레를 사랑하는 마음으로 한 덩어리가 되어 공산당을 몰아내고 남북통일을 완수하자'고 호소하고 '이 자리에 모인 평양 시민 여러분이 앞장서서 압록강까지 진격하자'고 매듭지었다. 다수의 평양 시민들은 이 연설을 뜨겁게 환영했다.

4. 중국군의 개입과 국제연합군의 후퇴

앞에서 설명했듯이 1950년 10월 15일에 웨이크섬의 회담에서 맥아더 사령관은 트루먼 대통령에게 중국의 참전 가능성이 거의 없을 것이라고 다짐했었다. 그러나 그 회담으로부터 나흘이 지난 10월 19일에 중국군이 아무런 발표 없이, 그리고 국련군에게 전혀 탐지되지 않은 채 처음으로 압록강을 건넜다. 이 때 국련군은 함경남도 도청소재지인 함흥시(咸興市)를 점령한 데 이어 북한의 수도 평양을 막 점령하고 있었다. 이것은 북한의 대부분과 수도가 국련군에 의해 장악됐을 때 중국군의 개입이 시작되었음을 의미한다.

[1] 중국군의 개입 과정

그러면 중국군의 개입은 어떻게 이뤄졌는가? 이 문제에 대해 권위 있는 해답을 주는 자료가 1980년에 발표됐다. 중국공산당 중앙학교 산하 당사연구실(黨史研究室) 소속의 연구원으로 추정되는 야오슈(姚旭: 요욱)가 발표한 논문인 "미국에 대항하고 조선을 지원한 현명한 정책──중국 인민지원군이 출국하여 참전한 30주년을 기념하며"가 그것이다. 이 논문은 중국공산당 내부에서만 배부되는 잡지 「당사연구(黨史研究)」에 실린 것으로, 예일대학교 정치학과의 이홍영(李鴻永) 교수가 한양대학교 중소연구소의 계간지 「중소연구」(1984/85년 겨울호)에 해설과 더불어 번역을 실었다.

이제까지 전혀 알려지지 않았던 새로운 많은 정보들을 담고 있는 이 논문에 따르면, 10월 2일에 미국 정부의 허락 아래 한국군이 38도선을 넘자 그날로 마오는 당 간부들을 소집했다. 그리고 '지원군이라는 명의로 군대 일부를 조선 영토에 파병하여 미군과 그 주구인 이승만 군대와 전투함으로써 조선 인민을 구원하기로 결정했다. [⋯] 그렇게 하는 것이 필요하다. 만일 조선 전역이 미군에 의해 점령된다면 조선혁명은 실패할 것이고, 미국의 침략야욕은 한층 더 창궐하여 동방 전체에 불리한 상황을 초래할 것이다' 라고 말했다.

그 때로부터 이틀 뒤인 10월 4일 오후 한 대의 비행기가 시안(西安: 서안)으로부터 베이징에 도착했다. 비행기에서 내린 사람은 베이징으로 불려 온 펑더화이 장군으로, 그는 당시 시안에서 서북방면의 군사작전을 지휘하고 있었다. 다음 날 그는 당 정치국 확대회의에 참석하여 한 마디의 발언도 없이 단지 출병문제에 관한 의견들을 듣기만 했다. 10월 6일에야 그는 중국군의 출병을 찬성한다고 밝히면서, '만일 미국이 우리에게 전쟁을 선포하고 군대를 보내어 공격해 온다면, 그 때는 중국의 해방이 조금 지연되는 셈으로 치자' 고 말했다.

국련군의 38도선 북상을 허용한 서방결의안이 10월 7일에 국련 총회를 통과하자 마오는 중국인민지원군을 조직하라는 명령을 내렸다. 원래는 린비아오(林彪: 림표)가 사령관직을 맡기로 되어 있었으나, '그는 적을 호랑이처럼 무서워한 나머지 병을 빙자하여 그

직을 사양했다.' 그리하여 펑더화이가 사령관직을 맡았다. 이 때 그는 '누가 감히 칼을 잡고 말을 탈 것인가. 오로지 나 펑더화이뿐이다' 라고 외쳤다. 그러면 당 정치국 확대회의는 미국이 핵무기를 쓸지도 모른다는 생각은 전혀 하지 않았던가? 그렇지 않다. 그 문제도 충분히 검토했다. 결론은 핵무기를 쓰지 않을 것으며, 따라서 전쟁은 재래식 전쟁이 될 것이라는 전망이었다.

회의가 끝나자 펑은 곧 선양(瀋陽: 심양)으로 가서 10월 9일에 군의 간부회의를 열고 '마오쩌둥 주석의 영도 아래 미 제국주의자들을 격파시킬 수 있다' 는 점을 믿도록 교육시킬 것을 강조했다. 이어 김일성이 보낸 밀사 박일우를 만나 전쟁 수행의 계획을 상세히 논의했다.

10월 10일에 펑더화이는 자동차로 한반도와 중국의 국경지대에 있는 안둥에 도착해 상황를 살폈다. 그러고 나서 마오에게 '원래는 먼저 2개 군과 2개 포병사단을 선발하려고 했는데 압록강 다리가 공습으로 파괴됐기 때문에 우세한 병력을 집중시키는 데 불리하며 전기(戰機)를 잃을 가능성이 있으므로 부대 전체를 압록강 남쪽으로 집결시키기로 결정했습니다. 타당성 여부를 지시하기 바랍니다' 라고 물었다. 마오는 펑의 건의를 받아들였다.

10월 13일에 마오쩌둥은 다시 한 번 출병의 중요성을 강조했다. '우리 군대가 조선전쟁에 참전하는 것이 유리하다. 우리의 출병은 우리 나라와 조선, 그리고 동방과 전세계에 모두 유리하다. 만약 우리가 출병하지 않은 상태에서 적이 압록강 연안을 공격하게 되면 국내와 전세계 반동세력의 기염은 고양될 것이므로 모든 면에서 불리해진다. 첫째로 그와 같은 정세는 동북에 불리하고, 동북군 모두가 그 사태 때문에 묶이게 되며 또한 남만저우의 전력이 적에 의해 제압될 것이다. 결론적으로 우리는 마땅히 참전해야 하며, 만일 참전하면 그 이익이 엄청난 데 비해 참전하지 않는다면 손해가 막대할 것이다.' ── 이것이 그의 연설의 요지였다.

이날 펑더화이는 북한으로 들어가 김일성을 만난 뒤 전투에 참가하여 전황을 관찰한 다음 그 결과를 마오에게 보고했다. 10월 19일에 마침내 중국군은 '적을 기습하기 위해 몰래 압록강을 건넜다.'

야오의 논문에 따르면, 그 당시 스탈린은 '김일성 동지는 장래 중국 국경 안에 망명정부를 수립할 것'이라고 마오에 알려 왔다. 그리고 이처럼 위급한 상태에 빠진 북한 정권을 구출하려면 중국이 적어도 6개 사단을 파견해야 한다고 권고해 왔다. 그러나 중국은 '일단 행동을 개시한 뒤 16개 사단을 출동시켰다.' 중국의 이러한 결정을 보고, '처음에는 우리들을 민족주의자가 아닌가 하고 의심했던 스탈린은 눈물을 흘리며 중국이 가장 좋은 동지임을 인정했다.' 그뿐 아니라, '스탈린은 이제 자신의 그릇된 생각을 고치고 우리를 진정한 무산계급의 국제주의자로 믿게 됐다'고 야오는 썼다.[12)]

중국군의 개입은 우리의 입장에서 볼 때 분명히 외세의 개입이었다. '민족해방자'를 자처한 김일성과 그의 동료들은 중국군이라는 외국군을 끌어들인 것이다. 이로써, 우리가 다음에서 살펴보는 바와 같이, 대한민국에 의해 민족의 통일이 이루어질 수 있었던 좋은 기회가 아깝게도 사라진다.

[2] 북한 지역 행정권에 대한 한·미 사이의 견해 차이

10월 25일에 한국군은 마침내 압록강변의 평안북도 초산군(楚山郡)을 점령했고 미 제24사단은 평안북도 도청소재지로 북한의 임시수도가 된 신의주에 접근하고 있었다. 이제 대한민국에 의한 한반도의 통일은 눈앞에 닥쳐온 것 같았다.

이러한 시점에서 한국정부와 그리고 사실상 미국 정부가 대표하는 국련군 당국 사이에 특히 북한에 대한 행정권 문제를 둘러싸고 미묘한 갈등이 전개됐다. 한국 정부는 이 대통령의 10월 17일자 성명에서 표시됐듯이 한국 정부의 '행정권'을 행사하기 위해 자신이 임명한 관리들을 북한에 파견하려고 했다. 그러나 국련군 당국은 북한은 잠정적인 기간 국련군 당국의 행정 아래 놓인다고 선언하고 자신의 관할 아래 북한에서 선거가 실시될 것이라고 발표했다.

[3] '완전히 새로운 전쟁'

그러나 10월 25일에 있었던 한국군과 중공군 사이의 첫 교전은 상황을 완전히 바꾸었다. 맥아더 사령관은 중국군 개입의 증거가 뚜렷함을 인정하면서도 '보다 확증적인 근거가 드러날 때까지 조급한 결론을 보류하라'고 지시했다. 그러나 투입된 중국군의 규모가 큰 것으로 판단되자 그는 11월 5일에 중국군의 참전을 국련에 보고하면서 '완전히 새로운 전쟁'이 시작됐음을 알렸다. 중국군의 출현으로 말미암아 '이 전쟁은 국련군 사령부의 권한 범위를 벗어나 국제연합과 세계 여러 나라들의 정치수뇌급에서 해결책이 제시돼야 할 전쟁으로 바뀌었다'는 것이다.

중화인민공화국 외교부도 11월 11일에 중국의 '인민지원군'이 이 전쟁에 개입했음을 공개적으로 처음 시인했다. 이와 더불어 중국군은 대대적인 반격을 취하면서 계속 남쪽으로 쳐 내려왔고, 이때부터 약 2개월 동안 미군은, 스탠포드대학교 조지(Alexander L. George) 교수의 표현을 빌린다면, '미군의 역사상 가장 긴 기간의 후퇴'를 경험하게 됐다.

그 결과 중국군은 12월 26일에 38도선을 넘고 12월 말까지 38

도선 이북의 북한 전역을 점령하고 1951년 1월 4일에는 서울을 점령했다. 이에 따라 국련군은 평양 철수(12월 4일 완료)와 흥남 철수(12월 24일 완료) 및 서울 철수(1·4후퇴)를 경험해야 했으며, 이 소용돌이 속에 워커 미 제8군 사령관이 전사하여 1950년 12월 26일 리지웨이(Matthew B. Ridgway) 중장이 그 후임으로 부임했다. 이 시기의 전황을 앞에서 소개한 야오의 논문은 이렇게 기술했다:

> 적군은 평양을 점령한 뒤 우리들의 출병 가능성을 고려하지 않았기 때문에 제1선의 병력을 단지 13만 명으로 편성했다. 더욱이 동부와 서부의 두 전선으로 갈라져 서부전선은 미 제8군이 지휘했고, 동부전선은 미 제10군이 지휘했는데, 두 군 사이에는 상호 통솔관계가 없었을 뿐 아니라, 큰 허점이 남아 있었다. '추수감사절까지는 조선전쟁을 끝낼 수 있다'고 선언하면서 군대를 둘로 나누어 무모하게 진격했기 때문에 각 연대 또는 각 대대 사이에 서로 연락이 없다는 점이 그것이다. 펑더화이 동지는 이에 대해 '적은 우리의 행동을 알기 전까지는 무모하게 북상할 것이므로 우리 군대는 기동성 있는 전쟁을 수행하여 적을 섬멸할 것'이라고 지적했다. 우리는 실제로 그러한 기회를 이용하여 적에게 극심한 타격을 주었다.

중국군이 참전하면서 소련군도 북한에 대한 군사적 지원을 어느 정도 베풀었다. 이 사실은 소련 과학아카데미 극동연구소가 1983년 12월에 간행한 「극동의 제(諸)문제」에 게재된 안드레예프(경제학박사 후보)와 오시포프(법학박사 후보)의 공동논문 "소련과 조선민주주의인민공화국 — 상호이익을 위한 협력방침"에서 공개됐다. 이 논문은 중국군의 참전과 더불어 중국의 동북지방에 소련의 1개 항공사단이 배치되어 북한군과 중국군 부대의 배후를 지원했고, 전투상황의 악화에 대비하여 5개 기갑사단을 북한에 파견할 준비를 갖추고 있었다고 썼다.

[4] 미국 내부의 갈등, 그리고 미국과 서유럽 동맹국들 사이의 갈등

중국군의 참전이 알려진 시기로부터 중국군의 본격적 반격이 개시된 시기까지 약 1개월 동안 미국 본국 정부와 맥아더 사령부,[13] 그리고 미국과 서유럽 동맹국들 사이에 미묘한 외교전이 진행됐다. 우선 미국 본국 정부와 맥아더 사령부와의 관계를 본다.

맥아더 사령관이 중국군의 개입을 차단시키기 위한 보다 강력한 조처를 강조하자, 국무부는 맥아더가, 애치슨 국무장관의 표현으로는, '군사적 모험주의'의 길을 걷고 있다고 보면서 그것이 낳을 국제정치적 문제들을 두려워했다. 합동참모본부의 견해도 비슷했다. 그러나 인천 상륙작전 계획에 반대했던 합참은 맥아더의 성공에 완전히 압도되어 맥아더가 취하는 거의 독자적인 행동을 견제할 자신감을 잃고 있었다. 그 점에 있어서는 애치슨도 비슷했다.

한편, 맥아더는 맥아더대로 국무부나 합동참모본부를 사실상 무시하고 현지 사령관으로서의 판단을 앞세웠다. 예컨대, 앞에서 지적한 트루먼의 9월 27일자 명령을 사실상 어기고 맥아더가 좀더 적극적인 군사노선을 취했을 때 합동참모본부는 '명령 위반에 대한 설명'만을 요구했고, 여기에 대한 맥아더의 답변은 '군사적 필요성'이라는 매우 간단하고 기계적인 것으로 끝났다.

다음으로 미국과 서유럽 동맹국들과의 관계를 본다. 영국과 프랑스 및 캐나다를 비롯한 서유럽 동맹국들은 맥아더의 군사노선이 결국 중국군과 국련군 사이의 확전을 낳을 것임을 두려워했다. 그들은, 특히 나토(NATO), 곧 북대서양조약기구의 회원국들은, 미국과 중국 사이에 전면전이 벌어지는 경우 미국이 나토에 대한 방위 의무를 성실히 수행할 수 없게 될 것이며 그것은 서유럽이 소련의 함정에 빠져드는 첫 걸음이라고 걱정했다. 이 점은 '소련은 중공으로 하여금 미국과 국제연합의 힘을 견제하게 함으로써 유럽의 방위력 증강을 방해하고 있다. 따라서 국련은 모든 수단을 동원해 중공과의 전쟁에 빠져 드는 것을 회피해야 한다'는 처칠(Winston Churchill) 의원의 영국 하원에서의 연설에 잘 나타났다.

서유럽 동맹국들은 또 중국과의 전쟁 확대는 종국적으로 중국과 서방이 협력해 나갈 수 있는 가능성을 막아버리는 한편 중국과 소련의 동맹을 더욱 굳게 만들어 줄 위험성을 안고 있다고 보았다. 특히 영국이 이 점에 대해 민감했는데, 이미 중국을 승인한 영국으로서는 중국을 차라리 국제연합에 가입시켜 건전한 역할을 수행하게 하는 길이 현명할 것으로 비쳤다.

이러한 배경에서 영국 노동당 정부의 애틀리 총리는 12월 4일에 미국을 방문하여 트루먼 대통령과 회담을 갖고 '두 나라는 협상을 통해 종전을 추구한다'는 점에 합의했다. 이와 동시에, 아시아·아랍권 13개국도 한반도문제의 평화적 해결을 골자로 하는 결의안을 국련에 제출하여 통과시켰다.

이처럼 국제사회에서 휴전의 분위기가 익어가자 한국 정부는 실망했다. 한반도의 통일을 위해서는 중국과의 전면전까지도 각오해야 한다고 확신한 한국 정부에게 국제사회의 움직임이나 특히 트루먼 행정부의 태도는 결국 미국과 국련이 전전원상의 회복만으로 이 전쟁을 끝내려는 조짐으로 보였던 것이다. 그러나 미국 안의 반공분위기도 높아져, 하원과 상원은 각각 1951년 1월 19일과 1월 23일 국련이 중공을 '침략자'로 규정해 줄 것을 요구하는 결의안을 통과시켰고, 트루먼 행정부도 국내 보수파를 무마하기 위해 이 방향으로 움직였다. 한국 정부는 이러한 움직임에 상당히 고무됐다.

[5] 북한과 중국의 관계

한편 북한을 살피면, 중국군의 개입으로 일단 숨을 돌린 김일성은 12월 4일에 한·만 국경선에 가까운 평안북도 강계군에서 조선로동당 중앙위원회 제3차 전원회의를 열고 전국(戰局)을 분석했다. 그는 우선 개전 직후 남한의 대부분을 점령했던 제1기와 '외국의 간섭에 의해 후퇴를 강요당한' 제2기를 각각 비판했다. 그는 이어 '우리는 이제 적에 대한 최후의 승리를 위해 맹렬한 투쟁을 수행하고 있는 제3기에 있다'고 주장하고, 이 시기에 '조선에서 완전히 미제를 축출하여 민족의 통일을 성취해야 한다'고 역설했다. 이 때 김일성은 자신의 정치지도권에 도전해 온 연안파의 제2인자격인 북한군 제2군단장 무정에게 평양 실함의 책임을 지워 숙청했다

무정은 마오쩌둥 및 주더(朱德: 주덕)를 비롯한 중국공산당 수뇌부와 함께 장정(長征)에 참가했던 거물이다. 이러한 경력의 무정이 이 전쟁에 개입한 중공군을 배경으로 권력기반을 넓힐 것을 두려워해 그를 숙청한 것이다. 그러나 그가 명령을 제대로 수행하지 못했고 부하들에게 '봉건군벌'처럼 굴었던 것도 사실이다. 김일성은 무정을 숙청하면서 소련파 김렬, 그리고 자신의 만주파 김일 및 림춘추 등도 문책했다. 그러나 그들은 다시 고위직에 오른다.

중국군의 개입은 확실히 북한 정권을 절체절명의 위기로부터 구출했다. 그렇다고 하여 중국군이 북한에서 '은인'으로 뽐내는 행동을 하지는 않았고, 비교적 기율 있게 처신했던 것 같다. 중국군의 이러한 행동은 마오쩌둥의 지시의 결과였을 것이다. 앞에서 소개한 야오의 논문이 밝혔듯이, 마오는 출병 전인 10월 8일에 '우리 중국인민지원군은 조선 국경 안으로 들어간 뒤 조선인민군, 조선 민주정부, 조선로동당과 기타 민주당파 및 조선 인민의 수령 김

일성 동지에게 우애와 존경을 보이고, 군사기율과 정치기율을 엄격히 보여야 한다. 그것은 군사임무를 완수하는 하나의 대단히 중요한 정치의 기초이다' 라고 지시했다. 마오는 또 '중국 인민지원군은 조선의 산 하나, 물 한 방울, 풀 한 포기, 나무 한 그루라도 애호해야 한다. 그렇게 하는 것이 정치의 기초이다' 라고 거듭 강조했던 것이다. 바로 이러한 지시를 충실히 따랐기 때문에, 야오의 논문에 따르면, '중국 인민지원군은 조선 인민들로부터 큰 칭찬을 받았다.'

그러나 국련군 극동사령부가 1950년 12월과 1952년 2월 및 1952년 4월에 수집한 정보들에 따르면, 북한 주민들의 대부분은 중국군의 개입으로 전쟁이 길어지게 될 것으로 내다보면서 중국군에 대해 냉담했다고 한다. 한국군과 국련군이 북한으로 진격해 들어갔을 때 상당한 규모의 북한 주민들이 뜨겁게 환영했었던 점을 상기할 때 중국군에 대한 그들의 냉담은 조금도 이상한 일이 아니라고 하겠다. 국련군 극동사령부의 정보들은 또 북한군과 중공군 사이의 작전상의 갈등이 잦았고 따라서 군사적 협력이 긴밀하지 못한 측면들이 많았다고 보고했다.

5. 국제연합군의 재공세와 전선의 교착

[1] 중국군의 군사적 목표

앞에서 인용한 야오의 논문은 한반도에서의 중국군의 군사목표에 대해 흥미 있는 주장을 담고 있다. 즉, 중국은 한반도를 북한의 주도 아래 통일시켜주려는 목표를 세웠던 것이 아니라 북한의 구출로써, 바꿔 말해, 전전원상의 회복으로써 휴전을 성립시킨다는 목표를 세웠던 것이라는 주장이다. 야오의 표현으로는, 당시 중국의 지도층은 '조선의 통일목표는 장래에 실현될 수 있는 것이지, 이 전쟁에서는 성취될 수 없는 것'이라는 생각을 가졌다는 것이다. 그렇기 때문에 중국군은 출병 때 '적을 모두 남쪽 바다에 처넣는다'라고 말하지도 않았고 '전(全) 조선을 해방한다'고 주장하지도 않았다고 그는 회고했다.[만일 이것이 사실이라면 그 의미는 크다. 이 전쟁 당시에 중국의 지도층이 추구한 목표가 한반도의 통일이 아니라 현상의 유지였다면 오늘날에는 더욱더 현상의 유지를 지지하고 있을 것이다.]

그리하여 다시 야오에 따르면, 중국군이 38도선 이북의 북한 전역을 점령하고 38도선을 조금 더 넘어 서울까지 장악함으로써 북한의 안전이 더 이상 위협받지 않게 되자 펑더화이는 '1951년 1월 7일에 갑자기 추격정지를 명령했다.' 이 때 평양주재 소련대사 라주바예프(Vladimir N. Razyvaev)는 계속 남진할 것을 건의했으나 펑은 이것을 거절했다. 스탈린은 라주바예프 대사를 나무라면서 펑의 '선견지명'을 높이 평가함과 아울러 펑을 '당대의 군사가'라고 칭찬했다.

[2] 맥아더의 확전론과 트루먼의 반대

중국의 이러한 주장이 얼마나 진실된 것인지 현재로서는 말하기 어렵다. 어떻든 국련군은 그 당시로서는 중국군이 계속 남진할 의사를 갖고 있는 것으로 파악하고 이것을 막기 위한 전략을 구상하고 있었다.

특히 맥아더 사령관은 중국에 대한 과감한 보복조치를 마련했다. 그는 1950년 12월 30일에 본국의 합동참모본부에 대해 (1) 중공 해안의 봉쇄, (2) 중공 본토의 군수산업시설 폭격, (3) 장제스 군대의 파한, (4) 장제스 군대의 중국본토에 대한 견제공격을 건의했다. 그는 미국이 이러한 조치를 취하지 않고 한반도에서 전면철수를 단행한다면 중공군의 침공 위협은 보다 더 중요한 지역에 대해 가중될 것이며 그 결과 보다 많은 전력의 투입이 요청될 것으로 내다보았다. 그러나 합동참모본부는 '일본의 방위와 국련군의 전력 보존에 주로 유의하면서 막대한 손실을 방지하기 위해, 철수가 필요하다고 판단될 때까지 축차적인 방어작전을 수행하라'고 답변할 뿐이었다.

맥아더는 이 답변을 '명백히' 이해하기 어렵다고 주장하면서, '국련군의 전면철수를 피하기 위해 중공에 대해 보복조처를 취하든지, 아니면 일본의 방위와 국련군의 전력 보존을 위해 한반도를 포기하든지 양자택일해야 한다'고 맞섰다. 이에 대해 트루먼 대통령은 1951년 1월 13일에 '공산군의 침략행위가 시정될 때까지 미국은 정치적으로나 군사적으로 침략의 결과를 결코 인정하지 않을 것이라는 입장을 세계에 밝혀야 한다'고 전제한 다음, '최악의 경우 국련군은 제주도와 같은 남한 연안의 섬으로 철수해 전투를 계속할 수도 있다'고 말했다.

맥아더와 본국 정부 사이에 이견이 오가는 사이 국련군은 전세를 수습하고 공세로 돌아갔다. 그리하여 국련군은 1951년 3월 초순 이후 전선의 주도권을 장악했고, 3월 15일에 서울을 다시 탈환했으며 3월 30일께까지는 38도선까지 밀고 올라갔다. 이로써 이 전쟁을 국지화시킬 수 있는 가능성이 열렸다.

전황이 국련군에게 어느 정도 유리하게 전개되고 무엇보다 전 전원상의 회복이 이루어질 것으로 내다보이면서 국련에서는 다시 휴전이 논의되기 시작했다. 미국의 우방으로 이 전쟁에 참가한 나라들도 국련군의 38도선 재북상에 반대하면서 만일 미군이 단독으로라도 재북상하기로 결정한다면 자신들은 한국에서 철수하겠다는 의사마저 나타냈다. 이러한 분위기에서 트루먼 대통령은 중국과의 정치적 협상을 통해 휴전을 성립시키기로 마음먹었다. 그리고 3월

20일에 맥아더에게 그러한 취지의 성명이 가까운 장래에 발표될 예정임을 통고했다.

맥아더는 트루먼의 이 결정을 좌절시키기로 결심한 것 같다.[14] 그리하여 그는 3월 24일에 본국 정부와의 아무런 협의 없이 중국에 대한 공식성명을 발표했는데, 그 내용은 중국을 자극시키기에 충분했다.

여기서 그는 우선 '국련군에게 가해지고 있는 작전상의 제약에도 불구하고 중공은 한국을 무력으로 정복할 수 없다. 중공은 현대전에 필요한 물자를 생산할 수 있는 공업능력을 갖고 있지 못하기 때문이다. 따라서 만일 국련이 전쟁을 한반도에만 한정시키려는 [···] 노력을 포기하고 중공 연안이나 내륙으로 군사작전을 확대한다면, 중공은 그 순간 군사적으로 참화를 면하지 못할 것임을 뼈저리게 알 것이다'라고 주장했다. 이러한 입장으로부터 그는, '그러므로 타이완 문제나 중국의 국련대표권 문제와 같은 것들을 떠나서 한반도 문제를 곧바로 해결하기로 결심한다면 전혀 어려울 것이 없다'고 주장했다. 그는 중국대륙에의 전면적인 확전으로써 한반도 문제를 해결지을 수 있을 것임을 암시한 것이다. 그러면서도 그는 중공군의 현지 사령관과 자신 사이의 '야전에서의 휴전협상'을 제의했다. 이 성명은 일개 군사령관의 단독 성명으로는 너무나 대담한 것이었다. 그뿐 아니라, 트루먼 대통령이 추구하려는 중국과의 협상을 사실상 어렵게 만든 것이었다.

이 성명에 뒤이어 맥아더는 4월 5일에 하원 공화당 원내총무 마틴(Joseph Martin) 의원이 자신에게 보낸 3월 2일자 답장을 공개해 트루먼 대통령을 더욱 격분시켰다. 아시아 중시정책을 강조하면서 논평을 요구한 마틴의 서한에 대한 이 답장에서 맥아더는 우선 트루먼의 유럽 중시정책, 그리고 유럽을 중시해야 하기 때문에 결과적으로 아시아를 경시하는 경향을 비판했다. 그는 이어, '우리가 아시아에서 공산주의에 패배한다면 유럽의 붕괴는 불가피해질 것이지만, 우리가 아시아에서 공산주의를 이겨낸다면 유럽은 전쟁을 회피하게 될 것이며 평화를 유지하게 될 것'이라고 주장했다. 결론적으로 그는, '우리는 승리하지 않으면 안 된다. 승리를 대신할 수 있는 것은 없다'고 말했다.

맥아더의 3월 24일자 공식성명을 보고 그의 해임을 결심했던 트루먼 대통령은 더 이상 지체할 수 없었다. 애치슨 국무장관과 브래들리 합동참모본부 의장을 비롯한 주요 보좌관들이 거의 예외 없이 맥아더의 해임에 동의했다. 마셜 국방장관도 같은 의견을 제시했다. 그리하여 트루먼 대통령은 4월 10일에 라디오 방송을 통해 맥아더 장군을 극동군 사령관직에서 해임한다고 발표했다. 이와 더불어, 트루먼 대통령은 '우리가 한반도에서 추구하고 있는 목표는 제한전에 의한 제 3 차 대전의 방지'라고 선언했다. 맥아더의 후임으로는 8군 사령관 리지웨이 대장이 임명됐고, 8군 사령관에는 밴플리트(James Van Fleet) 중장이 임명됐다.

맥아더의 해임이 알려지자 중국으로의 확전을 걱정하던 서방국가들은 크게 안심했다. 그러나 미국 의회에서는 서방국가들이 트루먼 행정부에게 맥아더의 해임을 위해 압력을 가한 것이 아니냐고 따졌다. 트루먼은 그런 일이 전혀 없었고 있을 수도 없는 일이라고 해명했다. 트루먼은 그 대신 문민우위의 원칙으로써 설명했다. 즉, 국군통수권자인 대통령의 명령에 잘 따르지 않는 현지 사령관의 해임이라는 범위 안으로 설명을 제한했다.

맥아더의 해임은 미국이 휴전을 향해 움직인다는 명백한 의사의 표시였다. 한편, 공산군은 1951년 4~5월 '춘계대공세'를 폈으나 인명의 큰 손실을 겪었을 뿐이고, 이 시점에서 전선은 완전히 교착됐다.

[3] 맥아더 청문회

한편, 해임당한 맥아더는 4월 16일에 도쿄를 떠났다. 그는 곧 미국으로 돌아왔으며, 「알려지지 않은 한국전쟁 이야기」라는 책을 1982년에 출판한 미국 언론인 굴든(Joseph Goulden)의 표현을 빌리면, '마치 찬사를 받기 위해 귀환한 정복자와 같았다.' 미국의 우파는 맥아더를 '신비적 재능을 지닌 영웅'처럼 간주한 반면에, 트루먼에 대해서는, '우리를 좌익분자들과 국련에 팔아먹은 백악관 안의 유다와 같은 자', '캔자스시티 출신의 소심하고 어리석은 정치가', 또는 '붉은 청어'라고 조소했다. 뉴욕의 「저널 어메리칸」지는 '트루먼이 맥아더를 해임할 때, 약물에 중독되어 있었다'고 암시했다. 맥아더가 마침내 워싱턴에 도착했을 때, 언론은 트루먼과 애치슨에 대한 비난을 고조시키고 있었다. 특히 공화당계 신문들은 애치슨을 '영웅을 거세시킨 협잡꾼'으로 몰아붙였다. 트루먼 대통령을 탄핵해야 한다는 주장도 나왔다.

이러한 분위기 속에서 맥아더는 4월 19일에 양원합동회의에서 연설하도록 초대받았다. 이 연설에서 그는 트루먼의 이름을 한 차례도 지칭하지 않으면서 트루먼의 '아시아 공산주의에 대한 유화정책'을 공격했다. 그는 '노병은 절대로 죽지 않는다. 다만 사라질 뿐이다'라는 말로써 자신의 연설을 끝냈다.

맥아더의 연설은 엄청난 찬사와 감동을 불러일으켰다. 미주리주 출신의 하원의원 쇼트(Dewey Short)는 '우리는 오늘 하느님이 이곳에서 연설하는 것을 들었다. 그는 살아 있는 하느님이며, 그의 목소리는 하느님의 목소리였다.'라고까지 찬양했다. 많은 의원들이 소리를 내며 울기도 했다. 어느 한 저명한 상원의원은 '만일 이 연설이 좀더 길어졌다면, 아마도 그를 백악관으로 모시자는 행진이 있었을 것'이라고 말했다. 다만 트루먼이 텔레비전으로 바라보다가

'철딱서니 없는 짓을 하고 있군. 여편네들처럼 울고 짜는 그 얼간이 같은 의원들의 꼴이라니!' 하며 혀를 찼다.

맥아더의 인기는 계속 치솟았다. 그가 뉴욕시로 돌아갔을 때 약 7백만 명으로 추산되는 사람들이 창가와 지붕 위에서조차 내려다보았다. 그러나 그에게는 상원의 청문회가 기다리고 있었다. 그는 자신의 정당성을 만천하에 공개적으로 입증하기 위해 만반의 준비를 갖췄으며, 마침내 5월 3일에 상원 군사위원회와 외무위원회의 합동청문회가 열렸다. 이 청문회의 기록이 1951년에 미국 국회에 의해 「극동에 있어서의 군사상황」이란 책자로 출판되었는데, 전 6권 총 3,691쪽의 방대한 양이다.

맥아더는 서류 가방도 들지 않고 맨손으로 혼자 증언대에 섰다. 71세의 노령에도 불구하고 그는 건강을 과시하면서 해박한 지식을 동원하며 담담한 어조로 자세히 대답해 나갔다. 다만 웨이크섬에서 중국군이 개입하지 않을 것이라고 장담한 부분에 대해서는 책임을 전가했다. '한 국가가 전쟁에 착수할 것인가의 여부에 관한 정보는 일개 교전지역의 사령관이 입수할 수 있는 성질의 정보가 아닙니다. 그러한 정보는 그 전에 본인에게 정확히 주어져야 마땅했던 것입니다' 라고 그는 대답했다.

청문회는 5월 5일까지 3일 동안 계속됐다. 시간이 흐를수록 의원들은 '맥아더의 신화가 주는 압력' 에서 벗어나 점차 날카로운 질문들을 던져 나갔다. 그들은 맥아더의 확전론의 근거와 그것이 가져올 수 있는 위험성을 집중적으로 질문했다. '중공으로 확전해도 소련은 군사적으로 개입하지 않을 것으로 예상했다' 는 맥아더의 답변에 코네티컷주 출신의 상원의원 맥마흔(Brien McMahon)은 '중공이 군사개입하지 않을 것으로 오판한 장군이 소련의 군사개입에 대해 오판하지 않을 것으로 어떻게 확신할 수 있겠는가?' 라고까지 물었다.

맥아더는 점점 감정적인 호소로 나갔다. 그는 미군 65,000명과 한국군 14만 명 및 무수한 민간인들이 죽었고 북한군과 중공군은 75만 명의 사상자와 14만여 명의 포로를 냈다고 말한 다음, '본인은 이제까지 그러한 참화를 목도한 적이 결코 없습니다. 본인은 아직 생존해 있는 사람들 가운데서 누구 못지않게 많은 피와 재앙을 본 사람이라고 생각합니다만, 그곳에 마지막으로 있었을 때 본인은 속이 확 뒤집히는 것 같았습니다. 파괴되어 나뒹구는 잔해와 수천 명의 아낙네와 어린애들의 울부짖는 모습——이 모든 것을 보았을 때, 본인은 구토하고 말았습니다' 라고 말했다. 그는 이어, '자, 이래도 여러분들이 그 전쟁을 무한정 지속시킨다면 여러분들은 인류 역사상 전대미문의 학살사태를 영속화시키고 있는 것입니다' 라고 주장하고, '그래서 본인은 전쟁을 종식시킬 어떤 특별한 노력을 우리가 해야 한다고 생각합니다' 라고 말하면서, 결국 미국이 유럽에서뿐만 아니라 아시아에서도 동시에 전쟁을 수행해야 한다는 뜻으로 답변했다.

이에 대해 맥마흔 상원의원은 '오늘날 유럽에서 우리가 소련의 공격에 버틸 태세가 되어 있다는 말입니까?' 라고 물었다. 맥아더는 '본인은 여러 차례에 걸쳐 본인의 담당지역 밖의 문제에 대해 본인을 끌어들이지 말 것을 당부했습니다. 세계방위에 대한 본인의 생각은 이 자리에서 본인이 증언할 성질의 것이 아닙니다. 지금 그 문제들에 대해 본인은 권위자인 척할 생각이 없습니다.' 라고 후퇴했다. 이러한 식의 질의와 응답이 계속되면서 다시 굴든의 표현을 빌리면, '맥아더는 스스로를 특정한 지역에 대한 관심과 지식만을 지닌 사령관으로 격하시켰다.' 바꿔 말해, 그는 '일본이라는 성역에서는 외교관들과 직업적 군사전문가들보다 뛰어난 견해를 지닌 세계전략의 대가인 것처럼 행동할 수 있었으나 이제는 더 이상 그렇게 할 수 없었다.'

5월 7일부터 몇 주에 걸쳐 행정부에 대한 질문이 계속됐다. 답변대에 선 행정부의 고위관리들과 장성들은 맥아더의 '견해와 행위'에 대해 '거의 직접적으로 어긋나는' 증언을 계속했다. 마셜 국방장관은 맥아더가 미국으로 하여금 중공으로의 확전뿐만 아니라 소련과의 총력전의 위험을 감수하도록 만들고자 했다고 주장했다. 보다 구체적으로 마셜은 '맥아더 장군은 우리가 동맹국들을 잃고 전 세계 자유인들의 결속을 해치는 대가를 치르고서라도 우리가 중공에 뛰어드는 것을 원했습니다. 그는 그러한 조치의 결과 서부유럽이 이미 중부유럽과 동부유럽을 잠식한 수백만의 소련 군대의 공격에 노출된다고 해도 우리가 그렇게 하기를 원했습니다.'라고 주장했다.

맥아더의 주장들 가운데 문제 삼을 만한 것으로 으뜸가는 것은 장제스 군대의 전투능력에 대한 주장이었다. 그는 미국의 병참지원이 제공될 경우 중국본토 작전을 충분히 감당할 수 있고 1급 전투원의 힘을 발휘할 가능성을 보이는 50만 군대라고 평가했었다. 그러나 마셜의 평가는 달랐다. 그는 맥아더 스스로가 1950년 8월에 타이완으로 파견한 37명의 장교로 구성된 조사단의 보고서를 인용하면서, 장제스 군대의 '훈련상태와 장비상태가 육 · 해 · 공군을 불문하고 너무도 수준 이하여서 타이완 자체의 방위도 그들에게 의존할 수 없는 형편'이라고 평가하고, 결국 맥아더가 들먹인 '50만 병력'이란 것은 다른 곳으로의 참전은커녕 자위조차도 기대할 수 없는 존재였다고 주장했다. 합동참모본부 의장 브래들리 장군은 한 걸음 더 나아가 장제스 군대의 사기는 너무 형편없어서 첫 회전에서 공산주의자들에게 투항할지도 모를 지경이라고 증언했다.

애치슨 국무장관도 증언대에 섰다. 그는 맥아더의 계획에 따른다면, 미국은 '전략적으로 아무런 가치도 없는 전쟁'에 빠져들 위험이 있었다고 주장했다. 즉, 중공에 대한 확전은 중공과 군사동맹조약을 맺은 소련의 개입을 가져왔을 것이라고 그는 강조했다. 그렇게 되면 맥아더의 생각대로 전쟁이 일찍 끝나는 것이 아니라 장기화될 것이라고 전제한 애치슨은 '우리는 맥아더가 전쟁을 끝내려 하지 않는 점을 두려워했다'고 답변했다.

청문회 전체를 통해, 공화당은 트루먼 행정부와 더 나아가 그의 전임자 루즈벨트 대통령을 포함한 민주당 정권이 집행했던 대외정책들의 '연속적 실패'를 공격했다. 청문회가 열리고 있는 1951년 그 다음 해에 대통령 선거가 실시된다는 정치일정이 공화당 의원들의 공격을 더욱 날카롭게 했다. 1952년에 공화당이 옹립한 아이젠하워(Dwight Eisenhower) 장군의 대통령 당선은 이러한 배경과 결코 무관하지 않았다.[15]

6. 화전양양 속의 휴전협상의 시기

전선이 교착된 1951년 5월 중순부터 미국과 국련에서 휴전논의가 활발히 일어났다. 특히 5월 17일 존슨(Edwin C. Johnson) 미국 상원의원이 국련이 휴전을 이끌도록 촉구하는 결의안을 제출하고 이 제의가 소련의 신문과 방송에 크게 보도된 것을 계기로 휴전논의는 더욱 활기를 띠었다. 중국의 신문과 방송은 이미 4월 하순 이후 '국련이 한국전쟁의 평화적 해결을 마련해야 한다'고 주장했었다. 그 뒤 국련에서 리 사무총장과 캐나다의 피어슨(Lester Pearson) 외무장관 및 미국의 애치슨 국무장관이 각각 전전원상의 회복이라는 선에서의 휴전안을 제의했다. 소련도 드디어 6월 23일에 국련 대표 말리크의 연설을 통해 휴전에 동의했다.

통일을 염원하던 남북의 한인들에게는 유감스러운 일이었지만, 쌍방의 참전국가들은 거의 예외 없이 휴전을 바라고 있었다. 서방의 참전국가들은 전쟁의 계속은 서유럽 국가들과 미국 사이의 동맹을 약화시킬 뿐이며 따라서 결과적으로 소련만을 이익 보게 만든다고 주장하고, 중국을 소련권으로부터 분리시켜 오히려 중국과 소련 사이의 민족주의적 대립을 조장시키는 것이 바람직하다는 정책을 제시하기도 했다. 중국도 지쳐 있었다. 긴 내전 끝에 정부를 수립한 때로부터 1년이 겨우 지난 시점에서 참전한 중국으로서는 어떠한 참화를 가져올지 모를 확전을 예상하느니 휴전의 길을 택하는 것이 유리했다. 소련으로서도 미국의 확전 가능성을 봉쇄하는 길이 안전했다.

국련군 사령관 리지웨이 대장의 현실적 입장도 휴전으로의 방향전환에 부분적이나마 이바지했다. 그가 1967년에 출판한 「코리아의 전쟁」을 보면, 그는 전임자 맥아더와는 달리 이 전쟁이 제한전쟁일 수밖에 없음을 인식하고 있었다. 그러므로 그는 '군사적 신중성'을 유지했고 '군사적 교착'을 받아들일 수밖에 없음을 인정하고 있었다.[16)]

휴전회담은 7월 10일에 개성에서 시작됐고, 10월 8일부터는 판문점에서 진행됐다. 그리하여 첫 회담으로부터 25개월 만인 1953년 7월 27일 오전 10시에 휴전협정이 조인됐다.

7. 맺 음 말

이상의 기술을 요약한다면 그것은 이 전쟁이 제한전쟁이었다는 사실이다. 이 점을 자세히 설명하기로 한다.[17)]

첫째, 전장(戰場)의 제한이다. 모든 전투행위는 한반도에만 국한되었으며, 미국과 소련 및 중국의 성역이 보장됐다. 미군의 성역으로 일본이, 소련의 군사적 지원의 성역으로 시베리아가, 중국군의 성역으로 만저우가 각각 폭격의 대상에서 제외됐다.

둘째, 공격목표물 특히 폭격목표물에 대한 제한이다. 미국은 전쟁 초기에는 북한의 군사적 목표물에 한정하여 폭격했고 점차 산업적 목표물로 확대했다. 그러나 한반도와 소련의 접경지대 그리고 한반도와 중국의 접경지대에 대해서는 폭격을 금지시켰다. 중국도 남한에 대해서는 거의 공중 폭격하지 않았다.

셋째, 미국과 소련은 한반도의 국지전이 자신들 사이의 직접적 대결로 확대되는 것을 끝까지 거부했다. 또, 미국은 한반도에서의 국지전이 중국대륙으로 확대되는 것을 거부했다.

넷째, 무기사용의 제한이다. 트루먼 대통령과 아이젠하워 대통령이 각각 핵무기 사용의 가능성을 암시했던 것은 사실이나 미국은 결코 핵무기를 사용하지 않았다. 소련은 비록 1949년에 핵무기를 획득했다고 해도 그것을 사용할 생각을 가질 수조차 없었다.

다섯째, 미국과 소련은 각각 현지인 병력 또는 대리인 병력을 대규모로 사용했다. 미국은 남한군과 참전 15개 국가의 군대를, 소련은 북한군과 중국군을 사용했다.

여섯째, 추구하는 목적의 제한이다. 미국과 소련은 결국 전전 원상에 준하는 상태의 회복에서 전투행위를 정지시켰다. 여기서 하버드대학교 쉘링(Thomas Schelling) 교수가 흥미 있는 관찰을 제시했다. 한반도의 지형, 즉 3면이 바다로 둘러싸여 있다는 점, 북방의 국경선이 압록강과 두만강에 의해 분명히 설정되어 있다는 점, 19세기 이후 강대국들에 의해 여러 차례 제시된 남북 분단선으로서의 38도선의 존재가 휴전선으로 쉽게 인식되고 있었다는 점 등이 이 전쟁을 국지화시키는 데 크게 이바지했다는 것이다.

이러한 주장에 대해 한 논문은 제한전의 개념화가 그렇게 단순한 일은 아니라고 지적한다. 이 논문은 미국은 그 힘의 행사에 있어서 '제한전'이었겠지만, 북한에게는 전력투구의 총력전이었다고 분석한다. 이 논문은 또 1950년 10월에 미국이 38도선에서 진격을 정지하지 않고 북진함으로써 대한민국에 의한 통일을 시도하려 했었음을 상기시키면서, 이 전쟁이 목적의 추구에 제한이 있었다는 통설에 부분적인 이의를 제기한다.[18)]

註

1) Lloyd C. Gardner, "Introduction," Lloyd C. Gardner(ed.), *The Korean War*(New York: Quadrangle Books, New York Times Co., 1972), p. 4.

2) Adam B. Ulam, *Expansion & Coexistence: The History of Soviet Foreign Policy, 1917~1967*(New York: Praeger Publishers, 1968), p. 521.

3) Joyce and Gabriel Kolko, *The Limits of Power: The World and United States Foreign Policy, 1945~1954*(New York: Harper & Row, 1972), p. 586.

4) Robert R. Simmons, *The Strained Alliance: Peking, P'yongyang, Moscow and the Politics of the Korean Civil War*(New York: Free Press, 1975), pp. 116~119.

5) 김양명(金陽明), 「한국전쟁사」(서울: 일신사, 1976), pp. 198~202.

6) Allen S. Whiting, *China Crosses the Yalu: The Decision to Enter the Korean War*(New York: Macmillan Co., 1960), p. 90.

7) Joseph C. Goulden, *Korea: The Untold Story of the War*(New York: McGraw-Hill, 1982), p. 238. 이 책은 국내에서 김쾌상(金快相)에 의해 역간됐다.

8) K. M. Panikkar, *In Two Chinas: Memoirs of a Diplomat*(London: George Allen & Unwin, 1955), p. 108.

9) 김양명, 앞의 책, pp. 229~230.

10) 이러한 내용들은 저자의 다음 책에서 상세히 분석되고 있다. Hakjoon Kim, *The Sino-North Korean Relations, 1945~1984*(Seoul: The Korean Research Center, 1985), pp. 81~82.

11) 이 소설의 요지는 *Current Digest of the Soviet Press*(1951년 10월 20일), pp. 9~12에 영어로 번역되어 있다.

12) 스탈린의 언동의 출전에 대해 야오는 각주에서 '1984년 4월 16일의 천이(陳毅: 진의) 외교부장 동지 담화기록'이라고 쓰고 있다.

13) 이 양자 사이의 갈등을 면밀히 분석한 논문으로 다음의 역사학박사 학위논문이 있다. Roy K. Flint, "The Tragic Flaw: MacArthur, The Joint Chiefs, and the Korean War"(Duke University, 1976).

14) 이 때로부터 맥아더가 해임될 때까지의 과정은 다음 책에 자세히 분석되어 있다. Ronald J. Caridi, *The Korean War and American Politics: The Republican Party as a Case Study*(Philadelphia: University of Pennsylvania Press, 1968), 제 6장.

15) 미국의 유명한 여론조사 전문가인 해리스(Louis Harris)가 1952년 여섯 차례에 걸친 여론조사를 실시한 결과 1952년 대통령선거전에서 가장 중요한 쟁점으로 나타난 것은 코리아의 전쟁이었다. 그러나 미국 미시간대학교 조사연구소의 결론은 달랐다. 이 연구소의 유권자 조사에 따르면 1952년 대통령선거에서 국내문제가 압도적인 쟁점이었다. 주 14의 책, pp. 210~212.

16) Matthew Ridgway, *The Korean War*(New York: Popular Books, 1967), pp. 180~183.

17) Bernard Brodie, "Limited War," in John Garnett(ed.), *Theories of Peace and Security: A Reader in Contemporary Strategic Thought*(New York: St. Martin's Press, 1970), pp. 213~234; Robert McClintock, *The Meaning of Limited War: The Diplomacy of Force and the Force of Diplomacy under the Pax Ballistica*(Boston: Houghton Mifflin Co., 1967), 제 4장("The War in Korea, 1950~1953"); Morton H. Halperin, *Contemporary Military Strategy*(Boston: Little, Brown & Co., 1967), pp. 95~99.

18) Colonel William E. Legro, "The Why and How of Limited War," *Military Review*(1970년 7월), pp. 33~38.

보론 Ⅳ 중국의 6·25전쟁 참전과 다섯 차례의 공세

1. 북한군의 패퇴와 중국의 참전 결정

[1] 국제연합군의 인천 상륙작전 성공 이전의 중국

중화인민공화국은 1950년 6월 25일에 한반도에서 전쟁이 일어났을 때로부터 약 7주 정도의 시기에는, 우리가 제4장에서 보았듯, 자신에게 매우 심각한 문제로 여기지 않았다. 그러나 8월 초순에 들어서서 한국군과 국제연합군이 북한군에 대해 반격을 가할 수 있는 확실한 발판을 마련하게 되자 자신의 일차적 관심을 이 문제에 쏟기 시작했다.

마오쩌둥은 국제연합군이 인천이나 군산 같은 곳에서 기습적인 상륙작전을 벌이게 되면 전세가 뒤집힐 수 있다고 중국공산당 지도층 내부에서 말하기도 했고 8월 13일에는 마침내 평양에 중국 초대 대사로 니즈량(倪志亮: 예지량) 장군을 부임시켰다. 그는 1900년에 태어났으며 팔로군 129사단 참모장을 지낸 뒤 만저우의 한 군구(軍區) 사령관을 지냈다.

이와 동시에 중국은 한중 국경지대에 군대를 크게 증강시켰다. 참전하게 될 가능성에 대비하여 군대의 훈련과 작전준비를 8월 말까지 완료하도록 동북군구(東北軍區) 사령관 가오강(高崗: 고강)에게 지시했다. 시한은 뒷날 9월 말까지로 연기되지만, 이것은 중국이 이미 이 시점에서 참전을 고려하기 시작하고 있었음을 보여준다.

다른 한편으로 중국은 소련과의 협의에 들어가게 됐다. 예상하지 못했던 미군의 대규모 개입과 그것에 따른 전세의 역전 가능성에 당황하게 된 소련은 중국에 대해 북한을 군사적으로 적극 지원하도록 압력을 가하기 시작했기 때문이었다.

이처럼 중국이 소련과 어려운 협상을 계속하던 무렵에 한반도의 정세는 확실히 뒤집혀질 가능성을 보이고 있었다. 8월 중순 이후 국제연합군의 반격은 점점 뜨거워지면서 힘을 얻고 있었다. 국제연합군의 반격이 성공하는 경우 그들은 38도선을 넘어서서 북한을 완전히 점령할 뿐만 아니라 한중 국경선을 넘어 만저우로 그리고 중국본토로 공격해 올 것 같았다.

여기서 중국의 관심은 점차 자신의 안전에 쏠리게 됐다. 그리하여 9월 1일에 저우언라이는 북한주재 중국대사관의 핵심적 인물로 자신이 배치해놓은 차이청원(柴成文: 시성문)을 베이징으로 불렀다. 차이는 1915년에 태어나 1937년에 팔로군에 참가해 정보 계통에서 성장했으며 이 때 북한대사관의 참사관이었다. 저우는 차이에게 이 전쟁에 중국이 파병하는 경우 무슨 어려움이 뒤따르겠느냐고 물었다. 차이는 북한의 도로와 철도 상황이 너무 좋지 않고 통역요원들이 모자라 효과적인 전투 수행이 어려울 것이라고 답변했다. 이 사실로 미루어 이 시점에 중국은 참전을 진지하면서도 구체적으로 검토하고 있었던 것으로 보인다.

[2] 국제연합군의 인천 상륙 직후 중국의 결정

1950년 9월 15일에 국제연합군이 인천 상륙작전에 성공하는 것을 보면서 중화인민공화국의 지도층은 중국의 참전이 피할 수 없게 됐다는 결론에 도달했다. 그리하여 마오쩌둥은 우선 만저우의 최고 실력자인 가오강에게 조선에 파병하는 것은 불가피해졌으므로 파병 준비를 서두르라는 편지를 보냈다. 이와 동시에 중국 정부는 5명의 무관을 북한주재 중국대사관에 파견해 현지 상황을 자세히 살피도록 조처했다.

북한주재 중국대사관의 핵심 요원으로 저우언라이로부터 직접 지시를 받아온 차이청원은 즉시 김일성과 회담하고 중국 정부의 결정을 통고했다. 중국 정부쪽에서 1990년 8월 24일에 발표한 자료에 따르면 김일성은 대단히 기뻐하면서 비서 하앙천(何仰天)을 불러 5명의 중국 무관들에게 당과 정부 및 군대의 모든 기관들이 모든 지원을 베풀어 줄 것을 보장하는 김일성 명의의 신임장을 만들어주도록 지시했다. 이 신임장을 지니고 5명의 중국 무관들은 9월 하순부터 1개월 가까이 전선의 각 지역을 철저히 조사했다.

이러한 예비조처를 취한 뒤 9월 20일에 저우언라이는 총리의 자격으로 조선에서 중국군이 취할 군사작전상의 기본원칙을 확정지었다. 여기서 그는 조선에서의 전쟁은 지구전이 될 것이며 중국군은 자력에 의한 전쟁을 계속할 준비를 갖춰야 할 것이라고 강조했다. 마오는 곧 동의했다.

10월 1~2일은 역사적인 날이었다. 10월 1일에 대한민국 국군은 38도선을 넘어섰고 10월 2일에 국제연합군 역시 38도선을 넘어섰으며 맥아더 국제연합군 총사령관은 북한정권의 무조건 항복을 요구하는 최후통첩을 발표했던 것이다. 이와 동시에 미국을 비롯한 서방 8개국은 국제연합군의 38도선 이북으로의 진격을 승인하고 국제연합군의 북한정복에 기초한 남북통일안을 지지해 줄 것을 요청하는 공동결의안을 내놓고 있었다.

제일 다급해진 사람은 김일성이었다. 그는 10월 1일 밤 북한주재 중국대사를 불러 "맥아더는 내가 두 손을 들기를 바라지만 나는 그런 짓을 해본 일이 없다"고 농담조로 말하고 두 주먹을 휘두르면서 결코 항복할 뜻이 없음을 역설한 뒤 만저우의 중국군이 하루 빨리 압록강을 건너와야 한다고 요청했다. 동시에 부수상 겸 외무상 박헌영을 중국으로 비밀리에 보내 마오를 만나서 군사적 개입을 요구하도록 했다. 이 때 박을 수행한 이가 뒷날 휴전회담 때 북한 대표로 나오는 연안파의 리상조였다.

이튿날 마오는 마침내 중대한 결정을 내렸다. 항미원조(抗美援朝) 곧 미국에 대항하고 조선을 지원한다는 명분 아래, 그리고 그것이 보가위국(保家衛國) 곧 집을 지키고 나라를 방위하는 것이라는 명분 아래 중국인민지원군의 이름으로 파병한다고 결정한 것이다. 여기서 지원군이라고 할 때 支援軍이라는 말 대신에 志願軍이라는 말을 쓴다는 결정도 내렸다. 중국 인민들의 자발적인 참여라는 뜻을 강조하고 싶었기 때문이었다. 마오는 중국의 참전 결정을 전보로 스탈린에게 곧바로 알렸다.

한반도에서의 전쟁에 중국군을 참전시키기로 한 결정은 마오의 일생일대에서 '가장 어려우면서 뛰어난' 결정이었다고 그의 비서들은 주장했다. 물론 이러한 주장에 대해 반론이 있을 수 있다. 그러나 그가 마지막 결정을 내릴 때까지 며칠 동안 잠을 제대로 잘 수가 없어 수면제를 먹어야 했다는 그의 비서들의 회고를 믿는다면, 그의 고뇌가 컸음을 짐작할 수 있다.

그러면서도 중국은 국제연합군의 38도선 북상을 공식 재가하는 서방결의안이 국제연합에서 통과되는 것을 막기 위한 마지막 노력을 보였다. 동시에 펑더화이에게 참전을 준비시켰다. 이것들에 대해서는 제4장에서 자세히 설명했기에 여기서는 다루지 않기로 한다.

[3] 스탈린의 배신

이 시점에서 저우언라이는 비밀리에 모스크바를 방문하고 10월 9일 이른 아침에 스탈린과 회담했다. 저우는 스탈린에게 중국의 결정을 통고하면서 이미 약속했던 대로 군사적 원조를 베풀어줄 것을 요청했다.

스탈린은 머리를 돌렸다. 약속했던 공군 지원이 불가능하다고 냉담하게 대답하면서 중국의 참전으로 미국을 도발시켜 이 전쟁이 제3차 세계대전으로 확대되지 않을까 두려운 만큼, 굳이 무리해서 김일성 정권을 북한 땅에 유지시키려고 하는 것보다는 김일성으로 하여금 만저우에 망명정부를 세우도록 권고하는 것이 어떻겠느냐고 제의하기조차 했다. 결정적인 순간에 스탈린은 배신자의 얼굴을 보인 것이다.

외교의 천재라는 저우언라이의 호소도 소용없었다. 별수 없이 저우는 이 사실을 마오에게 전보로 알리면서 소련의 공군지원 없이도 중국이 미국과의 전쟁에 들어갈 것인지를 중국 지도부가 결정해야 할 시점에 왔다고 역설했다.

마오쩌둥은 10월 13일에 당 정치국 비상회의를 소집했다. 그는 비장한 어조로 소련의 공군지원 없이도 중국은 한반도에서 싸워야 한다고 강경하게 선언했다. 이제 와서 참전 결정을 철회할 수 없다는 것이었다. 김일성 정권이 무너지고 나면 미군은 만저우로, 중국대륙으로 전쟁을 확대시킬 것이 확실하며 그렇게 되면 중국의 사회주의 혁명과 더 나아가 동아시아의 사회주의 혁명이 위태롭게 된다고 판단했기 때문이다. 그래서 스탈린에 의한 배신의 쓴맛을 감수하면서 마오는 10월 13일에 다시 한 번 출병의 불가피성을 강조하고, 북한주재 중국대사에게 파병 결정을 김일성에게 공식 통고하라고 지시했다.

13일 밤 니 대사는 김일성의 지하방공호 집무실을 방문했다. 마오의 말을 전해 듣자 김은 펄쩍 뛰면서 손바닥을 치며 "정말 잘됐어"하고 소리쳤다.

2. 중국군의 한국전쟁 참전

1950년 10월 19일에 중화인민공화국이 중국인민지원군의 이름 아래 파견한 중국군은 중국공산당 당사연구실의 표현으로는 '적을 기습하기 위해 몰래 압록강을 건넜다.'

[1] 국련군을 패퇴시키는 것이 목표

중국군이 비밀리에 압록강을 건넌 직후인 10월 20일에 중국인민지원군 총사령관 펑더화이는 북한에서 김일성과 박헌영을 만났다. 이 자리에서 펑은 중국군의 군사작전과 관련해 세 가지 가능성을 제시했다.

첫째는 국제연합군을 제거함으로써 공산측의 주도 아래 조선문제를 합리적으로 해결한다.

둘째는 국제연합군을 제거하지는 못하지만 공산군은 그 나름으로 기반을 확보함으로써 전세를 교착시킨다.

셋째는 국제연합군을 제거하지도 못하고 공산군 나름의 기반을 확보하지도 못해 중국으로 되돌아가게 된다.

펑더화이는 자신은 첫째 목표의 달성을 위해 최선을 다하겠다고 다짐했다. 이것은 마오쩌둥의 의견과도 일치하는 것이었다. 이 점에 비추건대, 중국은 일차적으로 자신의 안보를 위해서 참전한 것이 사실이지만 혁명주의에 입각해 참전한 것도 사실이다. 앞에서 지적했듯이, 마오는 조선의 사회주의 혁명과 중국의 사회주의 혁명, 그리고 동아시아의 사회주의 혁명을 살리기 위해서는 조선에서 국제연합군을 몰아내고 북조선 노선에 따른 통일이 이뤄져야 한다는 뜻을 지녔던 것이다.

이처럼 매우 야심적인 목표를 설정했다고 해서 중국군이 처음부터 공격적인 자세를 취하지는 않았다. 국제연합군의, 특히 미군의 공군 화력에 대한 공포심이 사병들 사이에 광범위하게 퍼져 있었기 때문에 방어적인 자세를 취했다.

그러나 막상 북한에 들어와 본 뒤 펑더화이는 생각을 바꿨다. 국제연합군의 북진이 너무나 빨라 그저 방어만 하고 있을 시간도 공간도 없다고 판단했던 것이다. 그래서 그는 국제연합군이 중국군의 참전을 눈치채지 못하고 있음에 착안하여 기습 공격을 가하기로 결심했다. 마오도 동의했다.

그리하여 10월 25일에 제1차 공세를 적극적으로 폈다. 국제연합군과의 접촉을 피하면서 여기저기에서 유리한 진지들을 확보해 놓고 국제연합군을 교묘하게 유도한 뒤 기동전법을 구사한 것이다. 11월 8일까지 계속된 제1차 공세의 결과는 엄청난 성공이었다. 중국쪽 자료에 따르면, 이 때 15,000명의 대한민국 국군이 전사했으며 압록강까지 진격했던 대한민국 국군은 청천강까지 후퇴하지 않을 수 없었다. 중국의 입장에선 무엇보다 중요하게 중국군의 사기가 크게 올라갔다.

[2] 미군 역사상 '가장 부끄러운 후퇴'

중국군이 첫 번째 공세에서 승리를 거뒀는데도, 그래서 한반도에서 '완전히 새로운 전쟁'이 시작됐다고 보고해 놓고도, 맥아더는 중국군의 전쟁수행 능력을 제대로 평가해 주지 않았다. 인천상륙작전의 성공으로, 그리고 파죽지세의 쾌속 북진으로 조성됐던 자신감이 여전히 넘쳐 흐르고 있었던 것이다. 그가 "중국군은 내 손아귀에 있다"면서, 중국군을 과소평가해서는 안 된다는 충고를 뿌리친데는 맥아더 특유의 자신감이 깔려 있었음이 사실이다.

노련한 펑은 맥아더의 자신감 또는 오만함을 거꾸로 이용하고자 했다. 그래서 제 2 차 공세를 취하기에 앞서 그는 전군에게 의도적으로 아주 약해 보이라고 명령했다. 모든 부대는 30킬로미터씩 후퇴하되 매우 유리한 위치들을 장악하고 국제연합군에게 타격을 가할 수 있는 가장 좋은 기회를 주의 깊게 기다리라고 지시한 것이다. 마오는 이 작전을 지지했다.

1950년 11월 25일부터 제 2 차 공세를 시작하면서 이틀 동안 중국군은 엄청나게 큰 압력을 국제연합군에 가할 수 있었다. 그리하여 국제연합군은 계속해서 후퇴하지 않을 수 없었는데 그 후퇴는 조나단 폴락(Jonathan Pollack) 교수의 표현으로는 '미국의 군사(軍史)에서 가장 부끄러운 후퇴' 였다. 그 결과 중국군과 북한군은 12월 4일에 평양을 다시 장악했으며, 12월 중순까지는 북한의 거의 전지역을 다시 장악했다. 이 공세는 12월 24일에 끝났다.

두 차례의 공세가 모두 승리하자 마오쩌둥은 국제연합군을 제거하고 미군을 한반도로부터 철수시켜 공산군쪽의 입장에서 볼 때 합리적인 테두리 안에서 한반도 문제를 해결한다는 애초의 첫째 목표가 달성될 수 있을 것이라는 낙관적 견해를 갖게 됐다. 현지의 사정에 밝은 펑은 마오보다는 좀더 신중히 평가했다. 그는 국제연합군의 주력이 꺾이지 않았음에 주목하면서 중국군은 38도선까지만 내려가서 전쟁 이전의 원상을 회복하는 것으로 만족해야 한다고 주장했다. 그러나 펑은 '군사에서도 천재' 이며 최고 권력자인 마오를 따르기로 했다.

[3] 펑더화이의 신중한 작전

이처럼 중국군이 군사적으로 승리를 거듭하는 가운데 38도선에 접근하자 국제연합에서는 여러 가지 휴전안들이 나왔다. 특히 영국을 비롯한 서방의 참전국들이 주동이 되어 중화인민공화국을 국제연합 안전보장이사회에 출석시켜 한반도 문제와 타이완 문제를 토론하게 하는 결의안을 통과시켰다.

중국은 외교부의 소련·동유럽국장 우슈챤(伍修權: 오수권)을 대사 겸 특파대표로 임명하여 국제연합에 파견했다. 교수와 군인 출신으로 저우가 키워 준 우는 11월 27일에 국제연합 정치위원회에, 그 이튿날에 국제연합 안전보장이사회에 각각 참석했다. 중국 대표가 국제연합 회의에 참석한 것은 그 때가 처음이어서 국제사회의 큰 관심을 받았다.

우슈챤의 입장은 전장(戰場)에서의 우세를 반영하는 듯 매우 강경했다. 휴전에 대해서는 관심을 보이지 않고, 한반도에서 미군을 비롯한 모든 외국군의 철수를 실현시키기 위해 효과적인 조치를 취해야 한다는 데 역점을 둔 것이다.

미국의 입장 역시 강경했다. 비록 영국과의 갈등을 깊게 하지 않으려고 휴전의 원칙에 동의한다는 미·영 공동성명을 발표하기는 했으나 기본적으로는 속전을 옹호했으며, 1951년 2월 1일에 국제연합 총회에서 중국을 침략자로 규정짓는 결의안을 통과시키는 데 성공했다.

한편 중국은 제3차 공세를 개시하기로 결정했다. 마오쩌둥은 우선 저우언라이와 더불어 1950년 12월 초 김일성과 베이징에서 회담하고 조·중 합동군사본부를 펑더화이를 총사령관으로 하여 발족시키기로 합의했다. 그 기초 위에서 1950년 12월 31일부터 제3차 공세가 시작되어, 1951년 1월 4일 서울을 점령하는 데 성공했다. 제 3 차 공세의 마지막 날인 1월 8일까지는 37도선까지 내려갈 수 있었다.

이 시점에서 펑더화이는 작전을 멈췄다. 노련하고 신중한 펑은 거듭되는 승전에 취하지 않고 상황을 면밀히 분석했는데 국제연합군이 여전히 군사기술에서 우위를 차지하고 있으므로 중국군의 배후에서 상륙작전을 감행할 수 있다고 판단했기 때문이다. 그렇게 되는 경우, 중국군은 군수품과 식량의 보급이 부족한 데다가 통신이 원활하지 못해 효과적으로 저항하지 못하리라고 정확히 내다보았다. 그래서 그는 국제연합군의 계속적인 후퇴가 중국군을 깊숙이 유인하면서 지치게 만들려는 함정이 아닌가 의심하기도 했다.

3. 중국군의 후퇴와 휴전

[1] 펑더화이-마오쩌둥의 담판

중국인민지원군 총사령관 펑더화이의 판단은 비교적 정확한 것이었다. 국제연합군은, 특히 미군은 후퇴를 거듭하면서도 중국군이 무기와 탄약을 포함한 군수품의 부족에 시달린다는 사실을 놓치지 않았으며, 대규모의 반격을 준비하고 있었던 것이다.

전황을 이렇게 분석했기에, 이 무렵 펑은 명예로운 휴전을 구상하게 됐다. 한강 이남을 국제연합군에게 넘겨주고 어느 시점에 휴전을 성립시키는 것이 바람직하다고 판단한 것이다. 그러나 스탈린의 배신을 감수하면서도 참전을 결심했던 마오는 달랐다. 그는 1951년 1월 28일에 펑에게 전보를 보내 제 4 차 공세를 준비하라고 명령하면서 제 4 차 공세도 성공하면 미국은 중국과 북한에게 유리한 방향으로 휴전에 응하게 될 것이라고 전망했다.

그렇다고 해서 마오가 휴전을 최종적 안으로 굳히고 있었던 것은 아니다. 그는 제 4 차 공세가 만족스럽게 전개돼 충청남도 대전시와 경상북도 안동군 이북의 점령에 성공하게 되면 2~3 개월의 휴식과 준비기간을 거친 뒤 마지막 공세인 제 5 차 공세를 펴야 한다고 제의하면서, "그렇게 하는 것이 우리들에게 모든 방면에서 더욱 유리할 것"이라고 결론지었다.

펑더화이는 마오쩌둥의 명령을 받아들여 1월 29일에 조·중합동본부의 회의에 그대로 보고했다. 그러나 막상 제 4 차 공세를 개시하면서 펑은 마오가 전선의 상황을 정확히 모르고 있다고 생각하게 됐다. 중국군 병사들은 군수품과 식량의 결핍은 둘째로 하고 엄동설한에 눈길을 맨발로 다녀야 할 정도로 최소한의 보급도 제대로 받지 못하고 있었기 때문이다. 그래서 그는 마오에게 이 사실을 문서로 보고하면서 제 4 차 공세가 좌절될 가능성에 대비할 것을 건의했다.

제 4 차 공세는 사실상 이미 1월 27일에 시작되어 우선 2월 16일까지 계속됐다. 그러나 펑이 걱정했던 대로 중국군은 국제연합군의 강력한 화력 앞에 상당한 희생자를 내지 않으면 안 됐다. 승전의 가망은 없어 보였다.

여기서 펑더화이는 2월 17일을 기해 기동방어전으로 전환하도록 지시하면서, 서울을 포기함으로써 국제연합군의 주력을 38도선 부근으로 유인한 뒤 거기서 궤멸시키겠다는 계획을 세웠다. 그 계획을 집행하기 위해서는 마오의 동의가 필요했다. 그래서 사흘 뒤 그는 베이징으로 비행하여 '피곤과 시장함을 무릅쓰고' 우선 마오의 숙소를 찾았다. 자고 있기 때문에 깨울 수 없다는 비서에게 그는 "당장 만나야겠다"고 크게 소리쳤다.

[2] 제5차 공세 실패로 휴전 전환

자리는 곧 마련됐다. 여기서 펑더화이는 중국군이 얼마나 어려운 처지에서 싸우고 있는가를 솔직하게 자세히 알려주고 이어 전쟁이 빨리 끝날 수 없는 이유를 설명했다. 현지 사령관의 강력한 건의 앞에 마오쩌둥도 타협할 수밖에 없었다. 그리하여 "가능하다면 빨리 승리를 거두도록 하라. 그러나 가능하지 않다면 천천히 승리를 거두도록 하라"고 애매모호한 말투로 지시했다.

말하자면, 전쟁이 빨리 끝날 수 없다는 엄연한 사실을 마오가 받아들인 것이다. 이에 마오 스스로도 1951년 3월 1일에 스탈린에게 이 전쟁이 빨리 끝나지 못하고 길어질 수 있음을 전보로 알렸다. 이 전쟁의 장기화를 명문으로 시인한 것은 이것이 처음이었다.

확실히 전세는 뒤바뀌고 있었다. 국제연합군은 3월 초순 이후 전선의 주도권을 장악했고 3월 15일에는 서울을 다시 찾았으며 3월 30일께까지는 38도선 가까이로 밀고 올라갔다.

이 시점에서 서방국가들은 다시 휴전안들을 제의했다. 전쟁 이전의 원상이 회복되게 되었으니 38도선을 경계로 휴전하자는 움직임이 확산된 것이다. 미국정부도 마침내 휴전을 결심하게 됐으며 그리하여 중국 대륙으로의 확전을 옹호해 온 맥아더 국제연합군 총사령관을 해임했다.

그러면 이러한 움직임들에 대해 중국은 어떻게 대응했던가? 하루 빨리 휴전을 성립시키는 쪽으로 움직였던가?

대답은 부정에 가깝다. 마오쩌둥은 제4차 공세에서 중국군이 좌절과 후퇴의 쓴맛을 보아야 했지만 소득이 적지 않았다고 계산한 것이다. 1988년에 베이징에서 출판된 인민해방군 군사과학원의 공식 전사(戰史)에 따르면, 국제연합군은 중국군의 완강한 저항 때문에 하루에 겨우 1.3킬로미터 진격하면서 무려 900 병사의 사상자를 내야 했다. 그만큼 국제연합군의 진격은 늦어졌으며, 그 동안 중국군은 1951년 한 해에 60만 명을 새로 징집하는 계획을 집행해 나가는 것을 비롯하여 여러 방면으로 전력을 증각하는 등 제5차 공세에 유리한 조건을 조성할 수 있었다. 종합하건대, 중국군은 점령했던 공간을 내주는 대신에 장차의 마지막 결정적 공세를 위한 시간을 벌었다는 것이다.

이러한 자신감을 안고 중국군은 1951년 4월 21일에 제4차 공세를 매듭지음과 동시에 4월 22일부터 제5차 공세에 들어갔다. 3월 중순에 다시 북한으로 돌아온 펑도 전력증강에 고무되어 제5차 공세를 준비했는데 그는 "이 공세는 아주 중요하다. 우리는 이 공세를 통해 전장에서의 주도권을 되찾지 않으면 안 되고 전쟁을 단축시키지 않으면 안 된다"고 선언했다.

그러나 제5차 공세는 대체로 실패로 끝났다. 국제연합군의 저항은 완강했던 것이다. 5월 16일부터 새로운 공격을 집중적으로 가했으나, 5월 23일에는 중국 스스로가 인정했듯이 참전 이후 가장 큰 인명손실을 겪지 않으면 안 되었다.

제5차 공세의 실패를 통해 중국군은 비로소 국제연합군의, 특히 미군의 군사장비와 공군력 및 병참이 얼마나 막강한가를 절실히 깨닫았다. 중국국민당과의 내전에 쓰였던 마오의 전략전술도 현대적 전략과 무기 앞에서 위력을 발휘할 수 없음을 절감했다. 그리하여 마오는 휴전을 받아들이는 쪽으로 돌아서게 되었다.

[3] 국련군 축출계획의 포기

마침 미군은 1951년 5월 31일에 소련을 상대로 휴전교섭을 공식적으로 추진했으며 소련은 받아들였다. 소련은 곧바로 중국에 알렸다. 그리하여 마오쩌둥은 6월 초에 김일성을 베이징으로 은밀히 불러 휴전 문제를 협의했다. 이 자리에는 저우언라이도 참석했다. 3자는 미국이 제안한 대로 전쟁 이전의 원상을 회복하는 테두리 안에서 휴전을 성립시키되 한반도에서 모든 외국군을 철수시키는 문제를 강력히 다루기로 합의했고, 그 결과를 소련에 알렸다. 6월 중순에 중국공산당 중앙위원회는 휴전안을 채택했다. 이로써 중국은 국제연합군을 군사적 수단을 통해 한반도로부터 축출한다는 원래의 계획을 포기한 셈이 됐다.

이러한 배경에서 1951년 6월 23일에 국제연합주재 소련대사 야콥 말리크는 미국이 내놓았던 휴전안을 공식 수락했다. 중국은 곧바로 지지했다. 이로써 7월 10일부터 휴전회담은 시작됐다. 중국은 덩화(鄧華: 등화) 중장과 셰황(解方: 해방) 소장을 대표로 내보냈는데, 국제연합군 대표단은 셰황 소장이 사실상 북한 대표단과 중국 대표단을 모두 지휘하는 것으로 보았다.

휴전회담은 2년이나 계속됐다. 이 기간을 제한된 지면에서 다루기 어렵기에 여기서는 간략히 한 가지만 다루기로 한다. 그것은 공산군 대표단 특유의 지연전술, 특히 "회담하면서 때리고 때리면서 회담한다"는 탄탄따따 따따탄탄(談談打打 打打談談: 담담타타 타타담담)의 팔자전술(八字戰術)을 꺾기 위해 1952년 여름에 북한의 주요 지역에 대한 북폭을 강화했으나 큰 효과를 보지 못했다는 사실이다.

다만 북폭의 강화가 중국군을 포함한 공산군 전체에 큰 손해를 준 것은 사실이다. 그래서 저우는 1952년 8월에 모스크바를 방문하고 스탈린에게 군사 및 경제 원조를 늘려 줄 것을 요청했으나 결과는 시원치 않았다.

1953년 3월에 스탈린이 죽으면서 비로소 공산군쪽은 휴전을 서두르게 되었고 7월 27일에 마침내 휴전이 성립됐다. 30여 년의 내전으로 시달릴 대로 시달렸다가 중화인민공화국을 세운 지 1년이 조금 지나 조선에서의 전쟁에 개입해 2년 가까이 싸우지 않으면 안 됐던 중국으로서는 그 시점에서 휴전이 매우 바람직했던 것이다.

4. 요약과 결론

중국은 국제연합군이 첫 번째 반격에 성공하여 38도선을 넘어 북진함과 아울러 무력에 의한 남북통일, 곧 북한 정권의 붕괴를 추구함을 확인하면서 군사적 개입을 결심했다. 국제연합군이 추구하는 노선은 중국의 국가적 안전을 위협한다고 판단했던 것이다.

이러한 판단에 추가된 것이 마오쩌둥 특유의 혁명주의였다. 그는 북한 정권의 붕괴는 한반도에서 사회주의 또는 민족주의 혁명의 좌절을 뜻하며, 그것은 중국의 혁명을 위협하고 더 나아가 동아시아의 혁명을 위축시킨다고 보았던 것이다. 여기서 그는 소련이 원래 약속했던 군사원조를 거부했는데도 대규모의 병력을 파견하게 됐던 것이다.

이 전쟁에 뛰어들 당시에 마오쩌둥은 한반도에서 국제연합군을 축출함으로써 공산측에 유리한 방향으로 한반도 문제를 해결하겠다는 야심을 갖고 있었다. 몇 차례의 공세가 성공하면서 자신의 그러한 야심이 달성되는 것처럼 보였다.

그러나 국제연합군의, 특히 미군의 현대과학적 무기와 탄약 및 기술은 중국군의 그것을 월등히 앞선 것이었다. 여기서 그는 좌절을 맛볼 수밖에 없었고 전전원상의 회복이라는 테두리 안에서의 휴전을 받아들이게 됐던 것이다.

■ 이 글을 씀에 있어서 다음 두 편의 논문으로부터 도움을 받았다.

1. Jian Chen, "Chinas' Changing Aims during the Korean War, 1950~1951," *The Journal of American-East Asian Relations* Vol. 1, No. 1(Spring 1992), pp. 8~41.

2. Chak Wing David Tsui, "Strategic Objectives of Chinese Military Intervention in Korea," *Korea and World Affairs,* Vol. 16, No. 2 (Summer 1992), pp. 338~364.

〈출처: 「월간조선」, 1992년 11월호. 이 월간지에 게재됐던 원고에서 이 책의 앞의 장(章)들의 내용과 겹치는 것들은 삭제했다.〉

한국전쟁

제5장

한국전쟁 기간에 제기된 **휴전안**들의 내용과 그 의미

제 5 장 한국전쟁 기간에 제기된 휴전안들의 내용과 그 의미

1. 머 리 말

한국전쟁 기간에 서방쪽과 공산쪽 그리고 중립진영으로부터 갖가지 휴전안들이 계속해서 제기됐다. 그 휴전안들의 구체적 내용은 무엇이었나? 그 휴전안들이 갖는 정치적 의미는 어떤 것이었나? 이러한 휴전안들에 대해 남북한은 각각 어떤 태도를 보였는가? 이러한 물음들에 대한 해답을 여기서 찾아보기로 한다.

이 전쟁 기간에 제기된 휴전안들을 오늘날의 시점에서 분석하는 작업은 의미가 크다. 그 당시의 휴전안들을 보면, 한반도 문제를 보는 강대국들과 국제사회의 기본시각이 명백히 드러나는데, 그 기본시각은 그 때로부터 30여 년이 지난 오늘날에도 거의 변함이 없다. 그러므로 이 전쟁 당시의 휴전안들을 검토해 보면 오늘날의 시점에서 또는 앞으로 국제사회가 한반도문제를 어떻게 처리하려고 하는지에 대한 암시를 얻을 수 있다.

2. 한국전쟁 초기의 휴전안들

한국전쟁을 휴전시키려는 최초의 제안은 북한이 남침을 개시한 바로 그 날 국제연합에서 미국에 의해 제시됐다. 국제연합 미국대표단 차석대표 그로스(Ernest Gross) 대사는 북한이 남한에 대한 적대행위를 즉각 중지하고 북한군을 38도선 이북으로 철퇴시켜야 한다고 제의했고, 이 제의는 국제연합 안전보장이사회에서 가결됐다.

그러나 북한이 이 제의를 무시하고 남침을 계속하자, 미국은 6월 27일에 국련 안보리에 '북한의 군사공격을 격퇴하고 그 지역의 국제평화와 안전을 회복하는 데 필요한 원조를 대한민국에 제공할 것'을 제의했다. 미국의 이 제의에 대해 안보리의 비상임이사국인 유고슬라비아는 반대의 뜻을 표시하면서 북한에게 다시 한 번 정전을 요청하자고 제의했다. 유고슬라비아 대표는 또 남북한대표들을 동시초청하여 정전에 합의할 수 있도록 국련이 조정작업을 맡자고 주장하기도 했다.

그러나 국제연합의 서방쪽 분위기는 북한군의 무력도발 행위를 응징해야 한다는 데 귀일하고 있어서 휴전안은 대체로 외면됐다. 그렇다고 하여 서방쪽이 미국의 군사노선을 완전히 따라가는 것은 아니었다. 예컨대, 영국과 캐나다는 한반도에서의 국련군의 목표는 북한군을 38도선 이북으로 격퇴시키는 것, 즉 전전원상(戰前原狀)의 회복에 한정시켜야 한다는 것을 염두에 두고 있어서 한반도에서의 국련군의 군사작전이 미국에 의해서보다는 철저히 국련에 의해 감시돼야 한다는 점을 강조했다. 국련 사무총장 리(Trygve Lie)도 국련에 '대(對)한국지원조정위원회'를 설치해 이 기구로 하여금 국련군의 군사작전을 감시하게 하자고 제의했다. 이러한 제의는 물론 미국에 의해 거부됐다.

저자가 제4장에서 이미 지적했듯이, 이 전쟁 초기에는 서방진영의 단결이 과시됐다. 그러나 그 단결은 차차 흔들림을 보였는데, 중화인민공화국을 승인한 나라들과 승인하지 않은 나라들의 사이가 벌어지기 시작했다. 왜냐하면, 중화인민공화국을 승인한 나라들은 중화인민공화국에게 국련대표권을 부여하여 중화인민공화국을 국련

안보리에 참석시키고 이 새 안보리에서 한반도문제를 해결하려는 움직임을 나타냈기 때문이다.

이 가운데 그러한 방향으로 움직인 가장 대표적인 나라는 인도였다. 이 당시 인도의 입장을 잘 설명하는 책이 간주(M. Ganju) 박사가 쓴 「인도의 대외정책」이다.[1] 이 책에 따르면, 네루(Pandit Jawaharlal Nehru) 총리는 한반도의 분단을 '인위적'인 것으로 보고, 따라서 인도는 이것을 인정하지 않는다는 뜻에서 남북한 어느 쪽도 승인하지 않고 있었다. 그러나 네루는 북한이 남한을 전면남침했다고 평가했으며 이것이 한반도의 평화를 깨뜨렸다는 점을 인정했다. 그러면 한반도의 평화를 회복시키는 방법은 무엇인가? 네루는 장제스의 국민당 정부를 내쫓고 중화인민공화국을 국련에 참가시킨 다음 국련 안보리에서 해결책을 마련해야 한다고 주장했다. 실제로 인도는 그러한 안을 7월 13일에 국련에 내놓았다. 중국은 이 안을 찬성했다. 그러나 미국은 반대했다.

이 무렵 주한(駐韓) 영국공사관은 엉뚱한 구상을 갖고 있었다. 당시 한국의 임시수도 부산으로 피난한 영국공사관의 대리공사 소우브리지(Henry Sawbridge)는 이 전쟁이 국련군의 승리로 끝나고 나면 국련이 이 나라의 행정을 담당해야 하며 일본인들을 행정요원들로 써야 한다고 런던에 건의했다. 오랫동안 일본에서 근무했고 또 일제 치하의 조선에서도 근무했던 직업외교관인 그는 한국의 형편이 일제 때보다도 못하다고 평가하고 결국 일본인이 되돌아와 통치하는 것이 역사의 순리라고까지 주장했다. 다행히 영국 외무성은 이 제의를 '완전히 비현실적'인 것으로 평가하여 기각했다.[2]

3. 국제연합군이 반격하던 시기의 휴전안들

국련군의 성공적인 반격이 확고해지면서, 그리하여 북한군을 38도선 이북으로 철퇴시킬 가능성이 뚜렷해지면서, 서방진영과 공산진영 및 중립진영 모두로부터 휴전안이 제기됐다. 이제 '전전원상(戰前原狀)의 회복'이 가능해졌으니 그 선에서 정전을 성립시키자는 것이었다.

[1] 소련의 휴전안

그 첫 움직임은 소련으로부터 나왔다. 1950년 8월 1일 국련안보리에 복귀한 주(駐)국련 소련대표 말리크(Jacob Malik)는 8월 4일 (1) 중화인민공화국의 대표와 '남·북조선 인민대표'를 불러 안보리의 한반도문제 토의에 참여시키고 (2) '조선에서의 전쟁을 종식시키고 동시에 조선에서 모든 외군을 철수시킬 것'을 제의했다. 말리크는 특히 '남·북조선 인민들의 대표' 문제에 대해, '조선에는 남과 북, 남의 당국과 북의 당국의 2개의 정부 진영이 있다. 내부투쟁과 내란이 조선을 싸우고 대립하는 2개의 진영, 2개의 정부 진영으로 분열시켜 왔다. 한 정부 진영은 이승만에 의해, 다른 정부 진영은 김일성에 의해 영도되고 있다'고 말했다. 소련이 남북한의 지위에 대해 예외없이 '조선민주주의인민공화국 대 이승만 괴뢰정권'이라는 표현을 써 왔음에 비추어 말리크의 새로운 표현은 소련이 남북한의 지위에 동등성을 부여하려는 정책변화를 의미하는 것으로 해석됐다.

[2] 미국의 거부

말리크의 제의에 대해 미국은 부정적이었다. 미국은 국련군에 의한 한반도의 통일, 따라서 대한민국에 의한 북한의 흡수통합을 추구하고 있었기 때문이다. 그러나 영국과 인도는 말리크의 제의에 대해 긍정적이었다. 8월 11일에 주(駐)국련 영국대표 젭(Gladwyn Jebb) 경은 북한군의 38도선 이북으로의 철수로써 종전하자는 내용으로 동의하고, 8월 14일에 주(駐)국련 인도대표 라우(Benegal N. Rau) 경이 이에 재청했다. 라우 대사는 안보리의 비상임이사국으로써 위원회를 구성해, 이 위원회로 하여금 외군이 철수한 뒤의 한반도문제를 다루게 해 한반도문제를 '비(非)강대국화' 시킬 것을 제의했다. 한편, 북한을 국련의 신탁통치 아래 두자는 안도 다른 비상임이사국 대표들에 의해 제기됐다.

그러나 미국의 결심은 흔들리지 않았다. 더구나 맥아더 원수에 의한 인천 상륙작전이 성공하고 북한군이 후퇴하게 되자 미국은 무력으로 북한을 완전 굴복시킬 것을 역설했다. 이러한 미국의 정책에 동조하여 서방 8개국은 9월 30일에 '무력에 의한 북한의 점령과 국련 관찰 아래서의 남북총선거에 의한 통일정부의 수립' 을 요구하는 공동결의안을 내놓았다. 휴전 가능성은 사실상 봉쇄됐으며 따라서 북한 정권의 붕괴는 눈앞에 닥친 것이다.

[3] 소련의 새 휴전안

북한에게 매우 위급한 상황에서 소련의 비신스키(Andrei Vyshinski) 외무장관은 10월 7일에 국련 정치위원회에 한반도문제의 해결을 위한 7개항 결의안을 제안했다. 이 전쟁이 일어난 뒤 소련이 내놓은 최초의 구체적 한반도문제 해결안인 이 결의안의 구체적 내용은 다음과 같다.

(1) 조선에 있어서의 즉각적인 휴전
(2) 모든 외군의 즉각적 철수
(3) 남북총선거를 통한 통일의회의 구성
(4) 남북 같은 수의 대표로 남북공동위원회를 구성해 그 위원회로 하여금 조선반도를 잠정적으로 통치할 것
(5) 조선에 접경한 국가들의 대표들을 포함시킨 새 국련위원단을 구성하여, 이 위원단으로 하여금 남북총선거를 감시하게 할 것
(6) 새로 구성되는 조선 정부에 대해 경제원조를 베풀 것
(7) 새로 구성되는 조선 정부를 국련에 가입시킬 것

비신스키의 제안은 국련 관찰 아래서의 남북총선거와 남북동등권의 바탕 위에서 남북공동임시정부를 수립하자는 것이다. 원래 소련은 국련 관찰 아래서의 남북총선거안을 거부했었다. 따라서 비신스키의 제안은 최소한 표면적으로는 소련이 이 점에 관해 양보할 뜻이 있음을 나타낸 것이다. 그러나 당시의 군사적 상황에 비추어 미국과 남한에게 비신스키의 제안은 다음과 같은 몇 가지 무리한 요구를 포함하고 있었다.

(1) 북한군이 사실상 거의 붕괴하고 있는 상황인데도 38도선에서 휴전하자고 요구한 점
(2) 통일정부를 세우기에 앞서 미군을 철수시키자고 요구한 점
(3) 남한의 인구가 훨씬 많음에도 불구하고 남북의 동등권을 주장한 점
(4) 소련과 중화인민공화국을 포함시켜 새로이 국련위원단을 만들자고 주장한 점
(5) 그러한 주장을 통해 사실상 중화인민공화국의 국련 가입을 요구한 점

결국 비신스키의 제안은 국련군의 북진을 저지시키고 북한 정

권을 존립시키자는 데 그 목적이 있었다.

[4] 인도의 타협안

이처럼 서로 대립되는 소련안과 서방안의 타협점을 찾으려고 시도한 나라는 인도였다. 주(駐)국련 인도대사 라우는 서방 공동결의안의 기본목적에 동의하면서도 국련군 사령관에게 북한 지역에서의 군사작전 수행권을 묵시적으로 허용한 일부 조항에 대해서는 그것이 한반도에서의 긴장을 증대시킬 것이라는 이유를 내세우며 반대했다. 그는 두 안의 타협점을 찾기 위해 국련에 소위원회를 구성할 것을 제의했다.

주(駐)국련 미국대표단 수석대표 오스틴(Warren Austin) 대사는 우선 라우안에 미온적으로 동의했다. 그러나 그는 라우안은 결국 '침략자'를 도와주게 된다고 주장하고, 서방안과 소련안 사이에는 어떠한 타협점도 없다는 비신스키의 발언에 비추어 라우의 노력은 결국 헛일로 끝날 것이라고 경고했다. 비신스키는 오스틴의 주장을 부인하고, 라우안은 지지를 받을 만한 가치 있는 '새로운 상황'을 만들어 냈다고 논평했다. 캐나다는 라우안이 어떤 긍정적 결과를 낳으리라고는 생각하지 않았다. 그러면서도 인도의 소외를 피하기 위해 서방안에 약간의 수정을 가할 수 있는 가능성을 찾으려고 노력했다.

10월 4일에 국련 정치위원회에서 인도안은 24 대 32 및 기권 3으로 부결됐다. 찬성표가 24표에 이르렀다는 것은 협상을 통해 휴전을 성립시키자는 주장에 대한 지지가 꽤 넓었음을 의미했다.

[5] 서방안의 가결

그러나 서방안과 소련안 가운데 어느 하나만을 선택하지 않으면 안 되게 되었을 때 대부분이 서방으로 기울어졌다. 같은 날 정치위원회는 비신스키안을 46 대 5 및 기권 8로 부결시키고, 서방안을 47 대 5 및 기권 7로 가결시켰다.

이에 따라 캐나다는 서방안을 수정하려던 구상을 포기했다. 그 대신 피어슨(Lester B. Pearson) 외무장관은 북한과의 외교적 접촉이 이뤄질 때까지 서방안의 총회 표결을 연기할 것을 미국의 애치슨 국무장관에게 제의했다. 애치슨은 이 제의에 공감을 표시하고 트루먼 대통령에게 보고했다.

그러나 트루먼 대통령은 군부의 조언을 받아들여 이 제의를 기각했다. 트루먼 스스로도 이 시점에서는 더 이상의 타협은 필요하지 않으며, 국제연합군에 의한 한반도 통일이 성취돼야 한다는 믿음을 갖고 있었다. 이에 따라 서방안은 총회에 회부됐고, 10월 7일에 47 대 5 및 기권 7로 통과됐다. 인도와 유고슬라비아 및 아랍 국가들이 기권했다.

4. 중국군이 개입한 시기의 휴전안들

국련 총회의 재가에 따라 국련군의 북진이 계속되고 중국군이 참전했다. 이와 더불어 국련군 안에서도 휴전 논의가 다시 활발해졌다.

[1] 영국의 휴전 노력

맥아더 장군은 11월 5일 중국군의 참전을 국련에 보고하고, 11월 8일에 중국군의 보급로를 끊기 위해 북한의 신의주와 만저우의 안둥을 잇는 교량을 폭파했다. 이것을 보고 국련군에 파병한 서방국가들 사이에서도 맥아더에 대한 경계심이 표면화됐다. 그들은 맥아더가 전쟁을 만저우에까지 확대시키려 한다고 비판하고 그렇게 되면 세계대전이 일어나게 되므로 이 단계에서 맥아더의 '군사적 모험주의'를 억제시키고 휴전을 성립시켜야 한다고 주장했다. 그들은 휴전을 성립시킬 수 있는 조건으로 북한의 일정한 지역을 완충지대로 만들자고 제의했다. 그렇게 함으로써 국련군이 중국에 대한 공격의 의사가 전혀 없으며 국련군은 중국 국경선과 압록강의 수풍수력발전소 댐을 범하지 않을 것임을 중공에 보여 줄 수 있다고 그들은 설명했다.

이 문제에 있어서는 영국이 적극적이었다. 영국 국방부의 합동참모본부는 한·만 국경과 38도선 사이의 중간지역에서 정전할 것을 미국에 건의했고 외무장관 베빈(Ernest Bevin)은 그 정전선 이북의 북한 지역을 완충지대로 만들 것을 제의했다. 프랑스와 캐나다도 이에 동의했으며, 이에 따라 워싱턴에 주재하는 영국과 프랑스 및 캐나다 대사들은 이 안을 놓고 미 국무부와 협의를 시작했다.

[2] 미국의 대응

그러면 미국 정부의 입장은 어떠했나? 우선 합동참모본부의 견해를 살피기로 한다. 합참은 한반도가 세계적 차원에서 미국에게 전략적으로 중요하지 않다고 전제하고, 따라서 중국이 소련의 공·해군력의 물질적 지원을 받고 참전한 것이라면 그것은 미국과 소련에 의한 제 3 차 대전을 의미하므로 될 수 있는 대로 빨리 한반도에서 철수해야 한다고 건의했다. 그러나 중국이 소련의 군사적 지원 없이 참전했다면 한·만 국경 가까이에 방어선을 구축해야 한다고 주장했다. 그러면서도 합참은 중국군 참전의 문제를 정치적 수단에 의해 해결하도록 모든 노력이 취해져야 한다고 덧붙였다.[3)]

합참의 건의에 대해, 애치슨 국무장관은 압록강의 양쪽으로 10마일씩 벌어진 20마일 폭의 비무장지대를 수립하도록 중국을 설득시킬 수 있는 가능성이 있을까에 대해 생각했다. 그는 이 안으로써 수풍 댐과 한·만 국경이 침해되지 않을 것이라는 보장을 중국에 줄 수 있을 것으로도 생각했다. 그러나 중국은 그 대가로 결국 한반도로부터 모든 외군을 철수시켜야 한다고 주장할 것이며, 미국이 이 주장을 받아들이는 경우 그것은 남한의 포기를 의미하므로 곤란하다고 결론지었다.

이러한 협의를 거쳐 미국 대통령 직속의 국가안보회의는 11월 9일에 트루먼 대통령에게 대통령이 취할 수 있는 몇 가지 잠정조처들을 건의했다. 이 건의는 '중국군의 현재의 행동만으로는 미국의 전략을 결정하기에 불충분하다'고 지적하고, 따라서 중국군의 진의를 파악하기 위해 집중적인 노력이 기울여져야 한다고 주장했다. 이 건의는 어떠한 확고한 정책이 결정될 때까지 맥아더에게 내린 훈령은 아무런 변화 없이 유지돼야 한다고 결론지었으나, '한·만 국경에 관한 문제들을 평화적으로 안정시키기 위한 정치적·경제적 바탕을 다양한 정치적 통로들을 통해 추구해야 한다'고 지적하여 중국과의 휴전도 고려할 것을 제시했다.

그러나 맥아더는 북한의 일부 지역을 완충지대로 만드는 조건으로 중국과 휴전한다는 식의 구상을 반대했다. 이 점에 대해 그는 그의 「회고록」에 이렇게 썼다.

> 그러한 제의가 갖는 근시안적 성격에 항의하면서, 나는 그 제의를 1938년에 나치독일에게 체코슬로바키아의 즈데텐란트를 할양하는 것에 비유했다. 이 "완충"지대라는 것은 6월 25일에 국련이 취한 결정의 정신을 위반할 뿐 아니라 중공의 침략을 조장하는 신호가 될 것이며, 아마도 더 중요하게는 극동에서 우리의 정치적·군사적·심리적 지위를 파산시키는 것이 될 것이다.

이러한 인식 때문에서뿐만 아니라, 인천 상륙작전의 성공으로 위신이 크게 올라 있었던 그는 중공이 감히 국련군에 대항해 싸우는 일을 하지 못할 것이라고 믿었기 때문에 중공에 대한 타협책에 반대했다.

이 때 맥아더가 얼마나 자신감에 꽉 차 있었느냐는 당시 이 전쟁에 참가한 캐나다 구축함대 사령관 브로크(J. V. Brock) 제독의 회고에 잘 나와 있다. 브로크 제독이 중국의 대규모 군사개입 가능성을 경고하자 맥아더는 '그들은 내 손아귀에 있소. 내 손아귀에 말이오' 라고 주먹을 불끈 쥐며 답변했다. 브로크가 다시 만일 중국군이 소련으로부터 공군지원을 받는다면 어떻게 될 것인가를 묻자, 맥아더는 '그들은 결코 지원을 받지 못할 것이오. 나는 공·해군의 완전한 우위를 차지하고 있소. 나는 그들을 내 손아귀에 넣고 있소' 라고 답변했다.

맥아더의 강경론은 결국 미국 행정부 안에서 큰 반대를 받지 않았다. 인천 상륙작전에 반대했었던 합동참모본부는 맥아더의 성공에 완전히 압도되어 맥아더의 사실상의 독자적인 행동노선을 견제할 자신감을 잃고 있었다. 트루먼 대통령도 전시에는 현지 사령관의 판단을 따를 수밖에 없다는 입장을 취하고 있었다. 애치슨 국무장관도 맥아더가 '군사적 모험주의' 를 밟고 있다고 생각을 하면서도 맥아더가 중국군의 힘을 완전히 파악할 때까지는 어떠한 휴전노력도 좌절시킬 것이라고 판단했다. 그래서 애치슨은 영국에게 국련에서 휴전을 위한 주도권을 취하도록 설득했다.

이 때 영국은 휴전에 적극적이었다. 이러한 시점에 애치슨의 권고가 있자, 영국은 휴전을 위한 보다 더 활발한 움직임을 보였다. 그 첫 조치가 중국군의 개입을 국련에 처음 공식 통고한 11월 5일자 맥아더의 특별보고서를 심의하는 안보이사회의 회의에 중화인민공화국 대표를 초청하자는 결의안의 제출이었다. 11월 8일에 이 결의안은 8 대 2(타이완과 쿠바) 및 기권 1(이집트)로 가결됐다. 이틀 뒤 영국은 미국 및 프랑스 등 6개 안보이사국들과 공동으로 '국련군은 결코 중화인민공화국의 국경을 침범하지 않을 것이며, 한국전쟁을 한반도 밖으로 확대하지 않을 것'이라고 선언하고 '이 조건 아래 중국군은 한반도에서 철수해야 한다'는 내용의 결의안을 제출했다. 이 결의안은 11월 30일 안보리에서 소련의 거부권 행사로 부결됐다.

[3] 참전국들의 반응

영국은 막후외교도 활발히 벌였다. 11월 22일에 베빈 외무장관은 중국주재 영국대사관과 인도대사관을 통해 국련의 군사활동이 중국에 대해 아무런 적의를 갖고 있지 않다는 점, 그리고 중국의 국경이 존중될 것이라는 점을 저우언라이 총리 겸 외교부장에게 알렸다. 이 무렵 베빈 외무장관은 애틀리 총리에게 영국이 한반도문제의 해결을 위해 주도권을 행사해야 한다고 강조하고 있었는데, 실제로 영국은 그러한 방향으로 움직였다.

영국의 휴전운동은 국련 참전국가들의 지지를 받았다. 국련 참전국들은 맥아더가 이 전쟁을 만저우로 확대시킬 것을 두려워하면서 미국을 견제해야 한다고 판단했다. 따라서 그들은 11월 하순에 '참전 16개국위원회'를 구성하고 군사적·정치적 상황에 관한 정보들을 서로 교환했다. 그러나 이 위원회가 어떤 실질적 대안을 내놓을 정도는 아니었다.

이처럼 국련 참전국들이 휴전을 추구하는 상황에서도 맥아더는 11월 24일에 공산군을 붕괴시키기 위한 마지막 공격을 개시한다는 특별성명을 발표했다. 이 특별성명에는 맥아더의 자신감이 꽉 차 있다. 그러나 이틀 뒤 85만 명 규모의 중국군이 대대적인 공세를 취하면서 국련군은 후퇴하지 않을 수 없었다. 그리하여 11월 30일에 맥아더는 중공군의 군사목표가 방어적인 것이 아니라 한반도 안의 모든 국련군을 붕괴시키고 한반도 전역을 점령함에 있다고 지적하면서 일단 미 8군의 단계적 후퇴를 합동참모본부에 건의했다.

5. 국제연합에서의 미·중 외교대결

이제 우리의 관심을 중화인민공화국으로 돌려 보자. 앞에서 저자는 국련 안전보장이사회가 영국의 주도 아래 중국의 안보리회의 참석을 초청하는 결의안을 가결시켰음을 지적했었다. 이에 대해 중국의 저우언라이 총리 겸 외교부장은 11월 11일에 성명을 내고 '미국의 타이완 침략과 조선에 대한 무력간섭은 불가분의 관계에 있는데도 안보리가 조선문제만을 다루려고 하므로 참석할 수 없다'고 발표했다.

그러한 중국이 군사적 우세를 외교적으로 활용하기 위해 태도를 바꿨다. 중국은 그 명분을 9월 25일자 안보리 결의에서 새롭게 찾았다. 즉, 안보리는 에콰도르의 제의에 따라 11월 15일 이후 타이완문제를 토의하기 위해 중화인민공화국 대표를 초청하기로 가결했었는데, 베이징 정부는 뒤늦게 이 초청을 수락한다고 발표한 것이다.

[1] 중화인민공화국 대표의 안전보장이사회 참석

중국은 곧 국무원 외교부 소련·동유럽국 국장 우슈챤을 대사겸 특파대표로 임명하여 국련에 파견했다. 그는 22세에 중국공산당에 가입하고 상하이 후단(復旦: 복단)대학 교수를 거쳐 군사지도자로 활약했으며 1946년에는 저우언라이의 지휘를 받는 군사조정부 동북지역 책임자로 임명됐었다. 이 인연으로 그는 저우에 의해 외교부의 소련·동유럽국 국장으로 발탁됐고 다시 국련대표로 기용된 것이다. 그가 1983년 8월부터 5회에 걸쳐 베이징에서 발행되는 격주간지 「쓰지에쥐쉬(世界知識: 세계지식)」(제16호~20호)에 발표한 "在外交部 8年的 經歷(외교부에서의 8년의 경력)"은 국련에 참가하게 된 경위와 국련에서의 활동을 상세히 회고하고 있다.[4]

중국 대표단은 11월 27일에 국련 정치위원회에 출석했다. 중국 대표단이 국련회의에 출석한 것은 이번이 처음이었다. 따라서 중국 교포들은 물론이거니와 언론매체들 및 외교사절들은 중국 대표단을 주시했다. 그러나 미국 대표단은 중국 대표단을 냉정하게 대했다. 이 때의 상황을 우는 이렇게 회고했다.

> 나는 공교롭게도 영국 대표의 옆자리에 앉았는데 영국 대표 옆에는 바로 미국 대표단의 존 델레스가 앉아 있어 거리가 1미터 정도밖에 되지 않았다. 그러나 이 고지식한 제국주의 분자는 내가 곁에 있는 것을 알고 있으면서도 억지로 우리의 존재를 의식하지 않는 것처럼 앉아 있었다. 나는 그의 태도에 개의하지 않고 초면의 이 미국인을 한 번 쳐다보았다. 다만 그의 얼굴 전체에 씌인 냉정한 표정, 아래로 늘어진 입술, 안경 뒤에 숨어 있는 두 눈을 볼 수 있었다. 그는 빽빽하게 바보처럼 앞만 내다보았을 뿐 고개를 들어 우리를 쳐다볼 용기마저도 없었다. 새로운 중국과 그 대표단을 보고도 못 본 것처럼, 듣고도 못 들은 것처럼 하는 그의 완고한 태도에 화가 치밀면

서도 가소로운 생각이 들었다.

11월 28일에 국련 안보리는 중국 대표단이 제출한 '미국의 타이완 침략에 대한 결의안'을 토론하기 시작했다. 이 토론에서 중국은 강경한 태도를 보였다. 중국 대표단은 안보리가 (1) 미국의 타이완 침략 행위와 조선에 대한 무력 간섭을 공개적으로 비난하며 미국에게 구체적인 제재를 가할 수단을 채택하고, (2) 미군을 타이완에서 즉시 철수시키는 효과적인 조처를 채택하며, (3) 조선에서 미군을 비롯한 모든 나라들의 군대들을 철수시키고 조선의 내부 문제를 조선인 자신들에게 맡기기 위해 즉시 효과적인 조처를 취해야 한다고 주장했다. 소련은 중공의 입장을 지지했다. 그러나 안보리의 표결에서 중국이 내놓은 결의안은 9 대 1로 부결됐다.

중국이 제출한 결의안은 부결됐으나 중국 대표단의 사기는 꺾이지 않았다. 이 때의 중국 대표단의 분위기는 앞에서 소개한 우의 회고록에 잘 묘사되어 있다. 그는 이렇게 회고했다.

> 장제스 집단의 '대표' 쟝팅후(蔣廷黻: 장정발)는 긴 탁자의 왼쪽 4~5번째의 좌석을 차지하고 있었고 나의 좌석은 같은 탁자의 오른쪽 첫 번째에 있었으며, 마침 나와 정면으로 마주칠 수 있었다. 내가 의분에 찬 심정으로, 우리나라를 침략하고 장제스 집단을 비호하고 있는 미 제국주의자를 고발할 때, 그는 한쪽에서 머리를 숙이고 손으로 이마를 가린 채 그의 얼굴모습을 감추고 있었다. 어떤 기자가 당시 그의 모습을 상가집 개의 궁상과 같다고 묘사했다.

이어 우는 '이것은 나로 하여금 마오쩌둥 동지가 "중국 인민은 일어섰다"라고 장엄하게 선포한 그 위대한 뜻을 절실하게 느끼게 하였다'라고 쓰고, '그러므로 우리는 용기와 신념을 갖고 국련에서 험난한 투쟁을 벌여 나갔다'라고 자랑했다.

[2] 미·영 정상회담

이처럼 미국과 중공의 대결이 불가피해진 팽팽한 분위기에서 트루먼 대통령은 11월 30일에 기자회견을 통해 중공이 한반도에 '침략' 했다고 비난한 다음 중공의 '침략'을 막기 위해 원자폭탄을 사용할 수 있다는 뜻을 암시했다. 트루먼의 이 암시는 중립국가들은 물론 서방 참전국들마저 놀라게 만들었다. 그들은 미국과 중공 사이에 전면전이 벌어질 것을 두려워했고 그 경우 핵전으로까지 확대될 것을 두려워했다. 특히 서방의 참전국들은 그러한 확전이 북대서양조약기구(나토)에 대한 미국의 지원을 사실상 어렵게 만들 것으로 보았고, 그것을 막기 위해서라도 휴전을 성립시켜야 한다는 입장을 취했다.

미국과 중국의 확전 가능성을 가장 두려워한 서방 참전국은 영국이었다. 사학자 알렌(H. C. Allen)이 쓴 「영국과 미국의 관계사」에 따르면, 트루먼의 원자폭탄 사용 암시 발언으로 '영국과 미국 사이의 선린관계의 그래프는 진주만피습 이후 최하위점으로 내려갔다.' 그리하여 애틀리 영국 총리는 당시 영국을 방문한 프랑스 총리 및 외무장관과 회담하고 프랑스 의견은 물론 영연방의 의견도 참작하여 미국과 의견을 조정하기로 결정했다.

실제로 애틀리는 12월 4일에 미국을 방문해 트루먼에게 2단계 휴전안을 내놓았다. 제 1 단계는 미국의 중국 승인이다. 현재의 우세한 전황에 미루어 중국은 몇 가지 요구들에 대한 사전양보를 받지 못하면 휴전에 응하지 않을 것이므로, 미국이 우선 중국을 승인하고 이어 중국을 국련에 가입시켜야 한다는 것이다. 제 2 단계는 휴전협상의 시작이다. 중국에게 국련대표권을 준 다음 휴전협상을 개시하고 휴전조약을 체결하고 나서 한반도 문제와 타이완 문제를 비롯한 극동의 여러 문제들을 정치적으로 타결하라는 것이다.[5]

이에 대해 트루먼은 완전히 다른 의견을 내놓았다. 그는 우선 국련군을 증강시키고 중국에 대한 정치적·경제적 제재를 가해 중국에 대한 국련의 협상력을 높여야 한다고 주장했다. 그러한 조처들을 통해 중국으로 하여금 심각한 군사적·경제적 고통을 겪게 만든 다음 휴전협상을 개시해야 한다고 주장했다. 그리고 이 휴전협상이 성공한 다음에 한반도 문제와 타이완 문제를 비롯한 극동 문제의 해결을 위한 정치회담을 열어야 한다고 주장했다.

이처럼 미국과 영국의 견해가 대치된 가운데 중국군은 12월 5일에 평양을 점령하고 남진을 계속했다. 이에 따라 중국군의 진격을 38도선에서 정지시키고 그 테두리 안에서 휴전을 성립시키자는 논의가 국련에서 다시 대두됐다.

우선 국련주재 인도대사 라우는 본국 정부의 훈령에 따라 12월 5일에 아시아·아랍권 12개국과 함께 중국과 북한에게 중국군과 북한군의 진격을 38도선에서 정지하고 극동의 위험을 해결하기 위해 필요한 방안을 검토할 수 있는 여유를 줄 것을 우(伍)를 통해 요청했다. 그 12개국은 버마, 이집트, 이라크, 레바논, 파키스탄, 이란, 필리핀, 사우디아라비아, 시리아, 예멘이다. 같은 날 캐나다의 피어슨 외무장관도 휴전을 강력히 주장했다. 그는 전선의 안정 → 휴전협상의 개시 → 휴전협정의 체결 → 한반도의 장래와 타이완의 지위 및 중국의 국련대표권 문제를 포함한 극동문제의 해결을 위한 일반 정치협상의 개시라는 수순을 제의했다.

이러한 국련 내부에서의 움직임은 영국의 대미협상의 지렛대로 활용되었다. 국련의 영국대표단은 '우리 정부가 따라야 할 정책은 국련이 결정하는 정책이며 그러므로 국련 총회에서 다수를 차지하는 의견을 따라갈 것이다' 라고 발표했다.

미국은 이러한 분위기를 받아들였다. 그리하여 12월 9일에 발표된 트루먼과 애틀리의 공동성명에서 두 수뇌는 협상을 통해 종전을 추구할 용의가 있음을 선언했다. 그러나 트루먼은 중국의 국련 대표권을 인정할 수 없다는 입장을 밝혀, 이 문제에 대해서는 애틀리와 의견을 달리함을 분명히 했다. 이로써 미국은 실질적으로는 중국과의 협상을 배제하면서도 중국과의 협상을 옹호하는 참전동맹국 및 중립국에 원칙적으로 동조하는 태도를 보였다.

[3] 트루먼 대통령, 국가비상사태 선언

트루먼 대통령과 애틀리 총리의 회담이 열리고 있는 12월 6일에 도쿄에서는 미 육군 참모총장 로튼 콜린스(J. Lawton Collins) 대장이 참석한 가운데 전략회의가 열렸다. 여기서 맥아더는 그의 지론인 중국 해안의 봉쇄, 중국 본토의 폭격, 국부군의 최대한 활용, 원자탄의 사용을 되풀이했다. 그러나 이러한 제안들이 받아들여지지 않는다면, '중공군이 38도선에서 남진을 정지한다는 조건' 아래 휴전에 응하는 것이 최선의 길이라고 주장했다. '조건'을 보다 구체적으로 풀어, 그는 (1) 중공군과 북한군이 38도선을 월경해서는 안 되며, (2) 38도선 이남에 있는 북한 게릴라는 38도선 이북으로 철수해야 하고, (3) 새로운 '국련위원단'을 구성하여 휴전안의 실시를 감시해야 하며, (4) 미 8군은 경인(京仁)지구를 계속 지켜야 한다고 제의했다.

이어 맥아더는 이러한 조건 아래 휴전이 성립되기까지는 국부군의 즉각적인 파한이 허용돼야 하며 국련군의 병력이 계속 증강돼야 한다고 주장했다. 만일 국련군 병력의 실질적인 증강이 빨리 이뤄지지 않는다면, 국련군 사령부는 한반도에서 철수할 수밖에 없다고 말했다. 콜린스 참모총장은 맥아더의 견해에 대체로 동의했으나 중공군이 국련군을 한반도 밖으로 밀어낼 수 있으리라고는 보지 않았다.

콜린스 참모총장의 귀국보고와 트루먼·애틀리 회담에 바탕을 두어 미국 정부는 휴전을 거부하는 것은 아니지만 실질적으로는 속전을 옹호하는 결정을 내렸다. 명예로운 조건 아래라면 '정전'과 '전쟁의 평화적 해결'이 바람직하지만 만일 협상에서 중국이 타이완과 인도차이나로부터 미군의 철수를 휴전의 반대급부로 요구한다면 결코 수락될 수 없으며, 만족할 만한 해결방안이 찾아지지 않는다면 미국은 철수를 강요당할 때까지 한반도에서 싸울 것을 결정했다. 이에 따라 트루먼 대통령은 12월 15일에 민주당과 공화당의 의회 지도자들과 회담을 가진 뒤 국가비상사태를 선포하고 육·해·공군 3군과 민방위력의 강화를 발표했다. 이와 동시에 북대서양조약기구를 강화하고 중국과의 확전 가능성에 대비해 군사력을 증강시키기 위한 구체적인 조처들을 취해 나갔다.

[4] 정전3인위원회의 구성과 활동

이러한 상황 속에서 아시아·아랍권 13개국은 중국과의 정전교섭을 계속했다. 우선 인도대사 라우는 12월 9일에 중국대표 우슈챤으로부터 중국 정부가 그들의 휴전안을 조심스럽게 검토하고 있으며, 그들이 '될 수 있는 대로 빨리 전투를 끝내려고 한다'는 반응을 들었다. 이에 13개국은 12월 12일에 '만족할 만한 휴전안'을 마련할 3인위원회의 구성을 정치위원회에 제의했다. 필리핀을 제외한 나머지 12개국은 또 '현존하는 문제들의 평화적 해결안'을 마련할 위원회의 구성을 정치위원회에 요청했다. 제1안이 우선 투표에 부쳐져 52 대 5 및 기권 1로 가결됐다. 반대 5표는 소련권으로부터, 기권 1표는 타이완 정부로부터 나왔다. 이에 총회 의장인 이란인 엔테잠(Nasrollah Entezam)은 인도대표 라우와 캐나다 대표 피어슨과 더불어 정전 3인위원회를 구성했다.

그러나 이 정전 3인위원회는 미국과 중국의 지지를 받지 못했다. 피어슨의 회고에 따르면, 정전안에 대한 미국의 지지는 국련의 분위기를 무마하기 위한 표면적인 것에 지나지 않았다. 실제로 12월 11일에 미국 정부의 국가안보회의가 아시아·아랍권 13개국의 휴전안을 검토했을 때, 참석자들의 대부분은 '휴전은 군사적 견지에서 찬성할 수 없다. 그러나 만일 우리가 휴전을 반대한다면 우리의 우방들은 우리가 평화적 해결에 반대하는 것으로 생각할 것이므로, 우리는 휴전에 동조하는 것 같은 태도를 취하지 않을 수 없다'는 의견을 내놓았다.[6] 중국도 내심으로는 정전안을 탐탁하게 여기지 않았다. 당시 국련 사무총장 리의 회고록 「평화를 위하여」에 따르면, 우슈챤은 '인도는 조선전쟁에 파병한 나라가 아니므로 그들의 견해는 심각하게 고려할 대상이 아니다'라고 말했다. 우의 공식 연설도 타협의 여지를 보이지 않았다.

상황이 이렇게 불리했는데도 정전 3인위원회는 정전에 대한 기대를 포기하지 않았다. 이 때(12월 15일) 마침 국련군 사령부에서 (1) 정전, (2) 38도선을 남방한계선으로 하고 그 위로 20마일 폭의 비무장지대 설정, (3) 휴전을 보장할 군대의 배치, (4) 한반도 전역에 자유롭고 무제한적으로 접근할 수 있는 국련위원단을 창설하여 이 위원단으로 하여금 휴전을 감시하게 할 것, (5) 병사와 장비의 강화 또는 대치의 금지, (6) 1 대 1의 포로 교환, (7) 국련에 의한 휴전조치의 확인을 제의했다. 그러자 정전 3인위원회는 이 제의가 중국과의 토의를 위한 합리적인 기초라고 생각했다. 이에 12월 16일에 엔테잠 총회 의장은 우 대표와 중화인민공화국 정부에 이 내용을 알리고 면담을 요청했다.

여기서 우리가 유의해야 할 점은 이러한 휴전제의들이 나온 시점은 앞에서 지적한 트루먼 대통령의 비상사태선언이 발표된 시점과 일치한다는 사실이다. 그러므로 중국의 입장에서 볼 때 국련군의 휴전제의와 정전 3인위원회의 휴전제의가 모두 성실성이 없는 것으로 여겨질 수 있다. 어떻든 12월 16일 저녁에 우 대표는 리 총장에게는 자신이 3일 안에 뉴욕을 떠나도록 본국으로부터 훈령을 받았다고 통고하고, 라우 대사에게는 정전 3인위원회와 협상할 수 없다고 알렸다. 이와 더불어, 중국은 그 스스로가 정전 3인위원회의 구성에 참가하지 않았기 때문에 이 위원회의 구성은 불법적이므로 그것을 상대로 협상할 수 없다는 서한을 엔테잠 의장에게 보냈다.

휴전에 관한 중국의 입장은 12월 22일자 「런민리바오」에 자세히 실렸다. 여기서 중국 정부는 우선 엔테잠에게 보낸 서한의 내용을 되풀이하고 미국은 다만 미군이 패주하고 있기 때문에 휴전안을 지지할 뿐이라고 주장했다. 중국 정부는 이어 미국이 순전히 군사적 기초 위에서 휴전을 제의하고 정치협상을 그 뒤로 돌리는 것은 그들이 다시 싸우기 위해 '숨쉴 여유' 만을 바라고 있기 때문이라고 지적했다. 중국 정부는 이어 '조선 문제는 미국의 타이완침략 문제와 중국의 국련 대표권 문제와 분리될 수 없는 문제인데도 아시아·아랍 13개국은 바로 이 점을 간과하고 선(先)휴전·후(後)정치협상의 미국 정책을 추종하고 있다' 고 비난했다. 중국 정부는 결론적으로 '조선문제의 평화적 해결을 위한 협상의 기초로서 (1) 조선으로부터의 모든 외군의 철수, (2) 조선인에 의한 조선 문제의 해결, (3) 미 제국주의 침략군의 타이완으로부터의 철수, (4) 중화인민공화국의 국련대표권 획득을 제시한다' 고 밝혔다.

중국의 강경한 태도에 직면한 정전 3인위원회는 그들의 외교적 노력을 일단 포기하기로 결정하고, 1951년 1월 3일에 국련 정치위원회에 '만족할 만한 정전안의 논의를 계속할 수 없으며, 정전에 대한 어떠한 권고안도 이 시점에서 마련할 수 없다' 고 보고했다. 이들의 보고는 한반도에서의 전황과 일치하고 있었다. 중국군은 북한군과 함께 1950년 12월 26일에 38도선을 넘어 1951년 1월 4일에 서울을 점령하고 남진을 계속했다. 이에 미국은 중국이 휴전안을 반대하고 평화적 해결의 통로를 봉쇄하고 있다고 비난하면서, 자유세계는 '침략자는 저지되지 않으면 안 된다'는 단결된 의견을 과시해야 한다고 주장했다.

[5] 정전3인위원회가 제시한 5개 원칙

미국의 이러한 강경노선에 맞서, 정전을 위한 노력이 계속되어야 한다고 주장한 나라는 노르웨이와 영국이었다. 이 두 나라의 국련대표들은 정전 3인위원회가 국련이 취할 행동의 원칙을 마련할 것을 요구하는 결의안을 제출하여 통과시켰다. 이에 따라 정전 3인위원회는 여러 차례 깊은 토의를 거듭했다. 이 과정에서 인도 대표 라우는 그 전과는 달리 점차 중국의 요구에 순응해 나갔다.[7)]

이렇게 정전 3인위원회는 여러 차례의 수정을 거친 뒤 1951년 1월 11일에 정전과 정치적 해결의 바탕이 될 수 있는 다음과 같은 내용의 5개 원칙을 정치위원회에 제출했다.

(1) 평화를 회복하기 위해 다른 조처들을 취하는 과정에서 정전은 즉시 이뤄져야 한다. 그러나 정전이 새로운 공세를 취하기 위한 연막으로 사용되지 않도록 적절한 조처가 아울러 취해져야 한다.
(2) 정전이 이뤄지면, 평화 회복을 위해 한 걸음 더 나아간 조처가 추구되어야 한다.
(3) 통일정부를 수립하기 위해 모든 비(非)코리안 군대는 적절한 단계에 의해 한반도에서 철수해야 하며, 남북의 코리안들이 통일정부를 수립할 수 있도록 국련의 원칙 안에서 적절한 조처가 취해져야 한다.
(4) 그러한 절차에 의해 통일정부가 수립될 때까지, 코리아의 행정과 평화와 질서의 유지를 위해 국련의 원칙 안에서 적절한 잠정조처

가 취해져야 한다.

(5) 휴전협정에 도달하면 국련 총회는 미·영·소·중의 대표를 포함한 적절한 기구를 수립하여 국련 헌장의 테두리 안에서 극동 문제 ── 무엇보다 타이완 문제와 중국의 국련대표권 문제 ── 의 해결을 시도한다.[8)]

이 5개항 원칙의 작성에 직접 참여한 캐나다의 피어슨 외무장관은 이 원칙이 중화인민공화국 정부가 제시한 '모든 타당한 점들'을 포함하고 있다는 자신을 나타냈다. 그의 자신에도 근거가 있다. 왜냐하면, 제 1 항과 제 2 항은 휴전협상이 종결되기 이전에도 전반적인 평화협상이 시작될 수 있다는 융통성을 보였고, 제 3 항은 모든 외군의 단계적 철수를 규정했다. 그럼으로써 전보다는 중국의 주장에 가까워진 것이 사실이다.

그러나 문제는 제 5 항이다. 제 5 항은 실질적으로 중국의 국련대표권을 포함한 전반적인 극동 문제의 토론 이전에 휴전이 성립되어야 한다는 점을 명백히 하고 있는데, 이것은 중국이 일관되게 반대해 온 것이었다. 더욱이 전황이 중국에게 유리한 형편이었으므로 이것이 받아들여질 것으로 기대되지 않았다.

미국 정부도 내심으로는 이 휴전안에 부정적이었다. 그러나 휴전에 대해 호의적인 동맹국들과 국련의 분위기를 거스르기 어려웠다. 그러므로 표면적으로는 그 안에 대한 지지를 표시했다. 그러나 중국이 그 안을 거부할 것이라는 '열렬한 희망'과 '믿음'을 갖고 있었다. 당시 미 국무장관인 애치슨의 회고록에 따르면, 미국은 '만일 중공이 정전 3인위원회의 5개항 휴전안을 거부한다면 그 때는 휴전을 지지한 국련 회원국들도 제정신으로 돌아와 중공을 침략자로 규정하려는 미국의 노력에 동조할 것이다'라고 기대했다.[9)]

이 휴전안에 대한 국련 정치위원회의 토론에서 대체로 다음 네 가지의 의견이 나타났다. 첫째, 미국을 포함한 일부 국가들은 이러한 휴전협력이 유엔을 '약화' 시키고 '모욕' 하는 것이며 중공은 침략자로 규정되어야 한다고 주장했다. 둘째, 인도를 포함한 일부 국가들은 모든 것을 종전 그 자체에 종속시키고, 코리아와 타이완 및 중국의 국련대표 문제들을 즉시 중국과 협상해야 한다고 주장했다. 셋째, 캐나다를 포함한 일부 국가들은 중공을 침략자로 규정하기에 앞서 평화적 해결을 위한 노력을 한 번 더 시도함으로써 평화적 해결에 대한 서방의 확고한 열망과 결의를 과시해야 한다고 주장했다. 이러한 노력 없이는 한국 문제에 관해 국련에서 서방의 단결을 유지하기 어렵다고 이들은 주장했다. 그러나 이들은 그러한 노력의 결과와 전망에 대해서는 비관적이었다. 넷째, 소련권은 실질적으로 국련 참전군의 일방적 철수를 주장했다.

1951년 1월 13일에 국련 정치위원회는 50 대 7 및 기권 1의 결의로 이 휴전원칙안을 통과시켰다. 그리고 이 내용을 사무총장이 중국 정부에 전달하도록 위임했다.

[6] 국제연합에서의 미·중 대결

그러나 중국은 1월 17일의 답변서에서 이를 거절했다. 이 휴전원칙안은 여전히 선(先)휴전·후(後)정치협상안이며 따라서 국련군에게 '숨쉴 여유'를 주기 위한 것일 뿐으로 '진정한 평화'를 낳을 전망이 없다는 것이다. 이와 동시에 중국은 다음과 같은 네 대안들을 제시했다.

(1) 조선전쟁을 초기에 종식시키기 위해 조선으로부터 모든 외군을 철수시키고 조선의 국내문제를 조선인 스스로에 의해 해결할 수 있는 합의의 기초에 관심을 가진 국가들 사이에 협상이 개시되어야 한다.

(2) 협상의 주제는 타이완과 타이완해협으로부터 미군의 철수, 그리

고 극동의 관련된 문제들을 포함해야 한다.

(3) 협상에 참가한 국가들은 중국·소련·영국·미국·프랑스·인도·이집트의 7개국이어야 한다. 유엔에 있어서 중화인민공화국의 정당한 위치는 7개국회의의 개시로부터 확립되어야 한다.

(4) 7개국회의는 중국 안에서 열려야 한다.

중국 정부의 이 제안은 미국 정부로부터 맹렬한 비판을 받았다. 애치슨 국무장관은 중공이 '평화에 대한 세계적 요구를 거만하게 무시하는 것'이라고 비난하고, '우리는 중공이 유엔에 대한 도전을 중지할 의사가 없다는 사실을 정면으로 그리고 침착하게 직시하지 않으면 안 된다'고 선언했다. 이와 더불어 하원과 상원은 각각 1월 19일과 23일에 국련이 중공을 '침략자'로 규정해 줄 것을 요구하는 결의안을 통과시켰다. 트루먼 행정부도 민주당 정권의 아시아 '유화정책'을 공격하는 국내 보수세력을 무마하기 위해 이 방향으로 움직였다.[10] 미국 정부는 드디어 1월 20일에 중공을 '침략자'로 규정하고 중공군의 철수와 한반도에 있어서 국련의 활동에 대한 모든 지원을 요구하는 결의안을 국련에 제출했다.

미국의 입장은 그리스, 터키, 필리핀을 포함한 동맹국들과 라틴아메리카 국가들의 지지를 받았다. 이에 대해 소련권은 중국의 제안이 '극동상황을 해결하기 위해 토의돼야 할 모든 쟁점들을 구체적으로 나타낸 최초의 진정한 평화계획안'이라고 옹호했다. 그리고 아시아·아랍권과 영국·캐나다·프랑스 등은 여전히 미국과 중국의 입장이 접근되어야 한다고 생각했다. 특히 인도의 라우는 중국의 제안이 정전 3인위원회 안에 대한 '공공연한 거절'이 아니라 '부분적 수락, 부분적 불수락, 부분적 설명요청, 부분적 반대제안'이라고 해석하면서 탐색을 계속해야 한다고 주장했다.

영국과 캐나다도 중국안의 애매성을 지적하면서 중국쪽의 선명한 해답을 들을 것을 주장했다. 캐나다 정부는 중국안에 대한 세

가지 의문을 이렇게 지적했다.

(1) 중국안의 제 1 항에 언급된 외군은 중국군을 포함하는가?
(2) 협상의 시기에 관해 중국은 전반적 정치쟁점에 대한 협상이 휴전에 선행되어야 한다고 주장하는 것인가?
(3) 국련에 있어서의 대표권에 관해, 국련에 있어서 중국의 대표자로서 중국 정부를 승인하는 것이 회의에 대한 동의의 선행조건인가?

캐나다 정부의 이 질문은 인도 정부를 거쳐 중국 정부에 전달됐고, 중국 정부는 1월 22일에 인도 정부를 통해 캐나다 정부와 국련 정치위원회에 다음과 같은 해명서를 보냈다.

(1) 모든 외군이 조선에서 철수되어야 한다는 원칙이 수락되고 실행에 옮겨진다면, 중화인민공화국 정부는 중국인민 '지원군'이 중국으로 귀환하도록 권고할 책임을 맡을 것이다.
(2) 조선전쟁의 종결과 조선문제의 평화적 해결에 관하여 두 단계로 진행할 수 있다.
   ① 7개국회의의 첫 회합에서 제한된 시기 동안의 휴전이 합의될 수 있고 협상이 더 진전되도록 휴전이 실시된다.
   ② 조선으로부터 외군을 철수시킬 단계와 조처, 조선의 내부문제를 조선인 스스로에 의해 해결할 수 있도록 할 단계와 조처의 구상, 타이완과 타이완해협으로부터 미군의 철수, 그 밖의 극동 문제 등에 대한 합의가 이뤄져야 한다.
   ③ 국련에서 중화인민공화국의 합법적 지위가 명확히 인정된다는 것이 보장되어야 한다.[11)]

인도의 라우 대사는 이 안을 검토하기 위해 48시간 휴회할 것을 제의했다. 이 제안에 대해 미국 대사 오스틴은 미국결의안의 심의를 계속할 것을 요구했다. 그러나 27 대 23 및 기권 6의 표결로 인도안이 채택됐다. 미국 정부는 이것이 '불필요한 방해요, 지연'이라고 비난하고, 특히 캐나다가 미국과 협의 없이 중공과 협상하고 있다는 불만을 표시했다. 이에 대해 캐나다 정부는 냉담한 반응을 나타냈다. 총리 권한대행 겸 대외담당국무장관 로렌트(Louis St. Laurent)는 이 사건이 미국과 캐나다 사이의 역사에서 가장 심각한 분쟁들 가운데 하나였다고 회고했다.

이 무렵 미국과 캐나다 사이에만 분쟁이 있었던 것이 아니다. 영연방 참전국가들은 미국이 중국과 휴전에 들어가야 한다는 강한 믿음을 갖고 있었다. 대체로 미국의 강력한 압력 아래 '썩 내키지 않는 파병'을 했던 그들로서는 이제 전쟁 이전의 원상이 회복되는 상황이므로 휴전을 성립시켜 더 이상 피해를 낳지 않는 것이 바람직하다는 입장이었다.

그러면 다시 중국의 회답으로 돌아와, 중국의 회답에 대한 각국의 반응을 살펴본다. 우선 미국은 철저히 냉담한 태도를 취했고, 중국을 '침략자'로 규정해야 한다는 종래의 주장을 되풀이했다. 에콰도르, 베네수엘라, 파라과이, 타이완도 미국을 지지했다. 그러나 캐나다는 중국의 해명은 사실상 선(先)휴전·후(後)정치협상을 '최초로, 꽤 분명한 말로' 인정한 것이므로 '고무적'이며 '희망적'인 것이라고 해석했다. 따라서 이러한 상황에서 중국을 '침략자'로 규정한다면, '협상의 가능성'을 위협할 것이라고 주장했다. 이와 동시에 앞서 지적한 12개국안(1950년 12월 12일)을 제의했던 아시아·아랍국가들은 1월 25일에 자체안에 대한 수정안을 제의했다. 이 수정안은 1월 17일자 중국의 답변서에 대한 '모든 필요한 설명'을 청취하고 한반도 문제와 극동 문제를 해결하기 위해 중국이 제의한 7개국회의의 소집을 요구했다.[12)]

영국은 중국의 답변서가 '선(先)휴전'의 원칙을 완전히 거부한 것이 아니며 '모든 외군의 철수'가 중국군의 철수를 포함하는 것이 분명하다는 등의 이유를 들어 중국안에 대한 아시아·아랍권 및 캐나다의 해석에 대체로 찬성했다. 그러나 중국의 의사를 반드시 더

탐색해야 하느냐의 문제에 대해서는 회의를 나타냈다. 한편 레바논은 미국안에 대해 2개의 수정안을 제출했다. 첫째, 중공이 '국련의 모든 제의를 거부했다' 라는 표현을 '국련의 제의를 수락하지 않았다' 라는 보다 부드러운 표현으로 수정했다. 둘째, '중재위원회' 안을 제의하고 이 위원회가 '그의 노력에 있어서 만족스러운 진전' 을 보고한다면 미국안에 규정된 '집단조처위원회' 의 활동은 유예된다는 조항을 추가했다. 영국과 프랑스 및 캐나다도 미국에게 미국안의 수정을 요구했다. 그들만이 아니었다. 이 때의 국련 분위기를 분석한 미국 브라운대학교 구드리치(Leland M. Goodrich) 교수의 연구에 따르면, 국련 회원국들 가운데 미국안에 대한 반대가 컸다. 따라서 미국은 레바논의 수정안을 받아들이지 않을 수 없었다.[13)]

미국이 레바논의 수정안을 받아들였다고 해도 중공을 '침략자' 로 규정하는 기본 내용에는 변함이 없었다. 여기서 '침략자' 라는 낙인을 피하기 위한 중국의 외교적 노력이 끈질기게 전개됐다. 중국은 우선 1951년 1월 28일에 인도를 통해 만일 미국이 국련에서 자신을 '침략자' 로 규정짓는 데 성공한다면 중국은 '조선에서의 평화성취를 위한 어떠한 가능성에 대해서도 문을 닫겠다' 는 뜻을 미국에 전달했다.

그러나 미국안은 1월 30일에 국련 정치위원회에서, 2월 1일에 총회에서 각각 44(영국과 캐나다 포함) 대 7(소련블록, 버마, 인도) 및 기권 8(아프가니스탄, 이집트, 인도네시아, 파키스탄, 스웨덴, 시리아, 예멘, 유고슬라비아)로 통과됐다. 캐나다도 결국 미국안에 가표를 던졌다. 피어슨 대사는 12개국안은 '부정확' 하고 결론 없는 긴 토론을 유도할 너무 많은 시간 여유를 주고 있어서 찬성할 수 없다고 비판하고 이에 비해 수정된 미국안은 '정전과 정치협상을 위한 꽤 만족할 만한 기구' 를 규정하고 있다고 평가했다.[14)] 수정된 미국안에 찬성한 대부분의 국가들은 그 안이 휴전을 완전히 포기한 것이 아니라는 점을 지지의 이유로 들었다. 그러나 특히 북대서양조약기구의 회원국을 포함한 유럽국가들은 그들의 부표가 구미동맹의 균열을 노정하게 됨을 두려워했다.

미국안의 통과에 따라 엔테잠 의장은 중재위원회의 구성에 나서 3인정전위원이었던 라우와 피어슨에게 다시 위원직을 제의했다. 그러나 이들이 거부함에 따라 스웨덴의 그레프트스톰(Sven Greftstrom)과 멕시코의 네르보(Luis Padillo Nervo)로 대체하고 자신을 포함시켜 위원회를 구성하고 중국과 접촉을 벌였다. 그러나 아무런 진전을 이루지 못했다. 이에 따라 미국은 중국과 북한에 대한 전쟁물자금수조처안을 제의하여 이것을 5월 18일에 총회에서 통과시켰다.

6. 국제연합군이 반격하던 시기의 휴전안들

1951년 1월 20일경 국련군은 전선을 안정시키고 다시 서서히 진격하기 시작했다. 이에 따라 미국 정부는 미국이 한반도에서 취할 행동의 선택지들을 생각하게 되었다. 1951년 2월 6일에 합동참모본부는 국무부와의 협의 아래 다음과 같은 가능한 선택지들을 고려했다.

첫째, 전면적·군사적 노력에 의한 공산군의 소탕과 무력에 의한 한반도의 통일,

둘째, 한국의 완전한 포기,

셋째, 중국으로의 확전,

넷째, 현 전선에서의 무한정한 교착상태,

다섯째, 협상을 통한 해결 등이었다.[15)]

그러나 이 연석회의는 결론에 도달하지 못했다. 합동참모본부

는 국무부가 한국 문제에 대한 '정치적' 목표를 먼저 세워야 거기에 맞춰 군사작전을 수행할 수 있다고 주장하고 국무부는 군사상황의 전개를 좀더 두고 본 뒤에야 '정치적' 목표를 설정할 수 있다고 주장했기 때문이다. 그러나 '문민우위'라는 미국의 정치전통에 따라 국무부가 우선 '정치적' 목표의 설정에 나서고, 목표가 설정될 때까지 기존의 군사정책, 즉 '공격적 방어'를 수행하기로 결정했다.

국무부는 즉시 이 전쟁에 참전한 국련군 구성국들에게 앞서 지적한 다섯 선택지들을 중심으로 협의했다. 이에 대해 이들의 대부분은 국련군의 38도선 이북으로의 진격에 반대할 뿐만 아니라 이러한 반대에도 불구하고 만일 미군이 단독으로 북진하는 경우에 한국에서 철수하겠다는 뜻을 분명히 했다. 이에 따라 애치슨은 결국 전전원상의 회복이라는 선에서 문제를 해결하지 않으면 안 된다는 방침을 굳히고 2월 23일에 마셜 국방장관에게 국련군의 진격이 38도선에서 정지되도록 새로운 명령을 내릴 것을 대통령이 고려하도록 건의할 것을 요청했다. 그러나 전투가 계속되는 한, 맥아더는 적의 공격준비를 저지시키기 위해 해군과 공군력을 38도선 이북으로 사용하는 것은 허용되어야 한다는 것을 분명히 했다.

마셜은 애치슨의 요청안을 합동참모본부와 육·해·공 3군장관에게 회부했다. 3군장관들은 애치슨안이 '합리적'이라고 판단했다. 특히 육군장관과 공군장관은 애치슨안을 정부의 공식정책으로 채택해서 대내외적으로 선언해야 한다고 주장했다. 그러나 해군장관은 이 점에 대해서는 의견을 달리했다. 만일 미국 정부의 그러한 의도가 공표되는 경우, 국련군의 효과적인 군사행동은 저해될 것이며, 따라서 참전우방국들에게는 미국이 그들과의 사전협의 없이는 '어떠한 새로운 주요한 조처'는 취하지 않을 것임을 알리는 것으로 충분하다고 주장했다.

그러나 합동참모본부는 애치슨안에 반대했다. 국련의 '정치적' 목표가 바뀌지 않는 한, 국련군이 정치적 이유로 38도선 이북으로의 진격이 금지되어서는 안 된다는 것이다. 합참과 맥아더 및 리지웨이 8군 사령관은 모두 국련군의 북진이 허용되지 않는다면 이것은 공산군의 재침 준비기간으로 이용될 뿐이라고 강력히 주장했다. 마셜은 이들 주장에 동조해 애치슨에게 그의 안을 대통령에게 건의하지 말도록 권고했다.

이처럼 국무부와 국방부의 협의가 계속되고 있는 사이에, 리지웨이의 군사작전은 진전되어 3월 초순부터 전선의 주도권은 국련군에 의해 완전히 장악됐다. 3월 15일에 서울이 재탈환됐고 38도선에의 당도가 가까워졌다.

이에 따라 국가안보회의와 국무부 및 국방부의 정책수립가들은 국련군이 비로소 군사적 우위를 차지하게 된 만큼 중공이 휴전안에 좀더 '유순한 태도'를 보일 것이라는 합의에 도달했다. 이들은 또 사실상 전전원상의 회복이 이뤄진 만큼 국련군의 애초의 목표도 달성됐다고 보고 이것을 휴전의 정치적 명분으로 받아들였다.

참전우방국들도 마찬가지 견해였다. 이들은 이번이야말로 휴전을 성립시킬 수 있는 가장 좋은 기회라고 주장했다. 예컨대, 캐나다의 피어슨 외무장관은, 만일 국련군이 38도선에서 '사실상 휴전'의 입장을 취한다면, 그 '군사적 안정'의 바탕 위에서 협상을 재개해야 한다고 주장했다.

미국 정부는 3월 22일에 참전우방국들과의 협의를 거쳐 대통령이 발표할 휴전제의안의 기초를 완료했다. 이 안은 국련군이 '침략자'를 1950년 6월에 '불법적 침략이 개시된 지역 부근'으로 '큰 손실'을 입혀 격퇴시켰다고 전제하고, 이 지역에 '평화와 안정의 회복의 문제'가 남아 있는 만큼 국련군은 전투를 종식시키고 전쟁의 재개를 방지할 조처를 취할 준비가 되어 있음을 밝혔다. 이 안은 더 나아가 한국으로부터 '외군철수'를 포함한 여러 문제들을 해결할 정치협상을 제의하고 있다. 그러나 이 휴전제의안은 끝내 발표되지 않았다.

휴전을 결심하면서 미국 정부는 확전을 옹호해 온 맥아더 국련군 총사령관을 해임했다. 이와 동시에 중국군의 춘계공세가 중국군과 북한군의 큰 손실 속에 저지됐다. 이제 서방국가들은 중국이 한반도 장악의 불가능을 인식하고 협상에 응할 것이라는 희망을 갖기 시작했다. 사실 이즈음 중국과 소련이 '협상에 의한 해결을 모색하기 위해 여러 가지 암시를 던지고 있다'는 '상당한 풍문'이 돌고 있었다.

이러한 분위기에서 존슨(Edwin Johnson) 미국 상원의원은 1951년 5월 17일에 한국전 발발 1주년에 38도선에서 휴전을 성립시키도록 촉구하는 결의안을 제의했다. 소련의 관영매체들이 이 제의를 크게 보도하자, 서방은 소련이 휴전에 관심을 보인 것으로 해석했다. 이러한 움직임은 5월 26일에 행해진 캐나다 피어슨 외무장관의 휴전제의 연설, 그리고 6월 1일에 행해진 유엔 사무총장 리의 휴전제의 연설에 의해 뒷받침됐다. 특히 리는 공산군이 38도선 이북으로 '격퇴'된 이상 그 부근에서 휴전이 성립돼 평화와 안전이 회복된다면 국련의 목표는 달성된 것이라고 주장했다. 같은 날 애치슨도 상원에서 코리아의 통일이 '전쟁의 목표'인 것으로 이해되지 않는다고 선언하고, 다음날 38도선 부근에서의 휴전은 '코리아에 있어서 군사적 목표를 성취하는 것'이라고 반복했다. 며칠 뒤 리는 '코리아에 있어서 휴전성취에 관한 구상'을 국련 회원국들에 배부했다. 여기서 그는 쌍방의 전선군사령관들이 정치적 쟁점들을 제외하고, 다만 휴전문제에만 국한시켜 협상할 것을 제의했다.

이러한 배경에서 미국 정부는 마침내 휴전을 주도하기 시작했다. 국무부는 5월 하순에 당시 미국의 외교관으로 프린스턴대학교에서 연구생활을 하던 케난으로 하여금 '개인 자격' 으로 주(駐)국련 소련대사 말리크를 은밀히 만나 그에게 휴전을 성립시키기 위한 '가능한 방도' 를 탐색하기 위해 두 사람이 회합할 것을 제의하도록 맡겼다. 케난은 곧 말리크에게 국무부의 뜻을 전했다. 말리크가 소련의 협상용의를 분명히 하면서 회합 제의를 받아들이자, 그들은 5월 31일과 6월 5일에 뉴욕의 롱 아일랜드에서 회합을 가졌다. 이 회합에서 말리크는 소련이 될 수만 있다면 빨리 휴전협상을 시작할 용의가 있음을 거듭 밝혔다. 말리크는 소련 정부의 진의를 나타내기 위해 이 전쟁이 정치적으로 해결될 수 있고, 해결되어야 한다는 뜻을 6월 23일에 발표했다.[16] 말리크의 제의는 단순한 전장에서의 휴전이었다. 여기에는 중국이 주장해 온 3개의 선행조건, 즉 (1) 한반도로부터 모든 외군의 철수, (2) 타이완의 중국으로의 귀속, (3) 중국의 국련대표권 획득이 빠져 있었다. 그러나 휴전에 대한 중국의 지지는 확실한 것이었다.

이에 미국 정부는 주(駐)소 대사 커크(Alan Kirk) 제독으로 하여금 소련의 입장을 분명히 파악하도록 훈령했다. 6월 27일에 그로미코(Anderi Gromyko) 외무차관은 커크 대사에게 소련은 '순전히 쌍방 군사령관 사이의 군사문제에 대한 논의' 에 관심이 있을 뿐, '정치적 또는 영토적 문제' 는 논의에서 제외한다는 뜻을 전달했다.[17] 다음 날 리 사무총장은, 국련군 사령관은 기존의 국련 안보리 결의에 의해 그러한 군사협상을 진행할 권한이 부여되어 있다고 말했다. 이에 1951년 7월 8일에 국련군과 공산군 사이에 휴전회의 개최에 대한 합의가 이뤄졌다.

이상에서 살폈듯이 코리아의 휴전안은 서방쪽에서 먼저 나왔다. 흔히 휴전안은 소련의 말리크가 처음 제의한 것으로 믿어지고 있다.[18] 그러나 그렇지 않다는 것이 위의 설명에서 분명해졌다. 미국 존슨 상원의원의 5월 17일자 제의와 캐나다 피어슨 외무장관의

5월 26일자 연설 및 리 국련 사무총장의 6월 1일자 연설을 받아서, 그리고 케난의 6월 5일자 제의에 응해서, 말리크가 6월 23일에 응답했던 것이다.

7. 맺 음 말

위에서 살펴보았듯이, 참전국가들은 거의 예외 없이 남북한 어느 한쪽에 의한 군사적 통일을 지지하지 않고 오직 전전원상의 회복을 추구했다. 그렇기 때문에 국련군이 북진해 38도선에 접근했을 때나 중국군이 남진해 38도선에 접근했을 때 반드시 휴전안이 제기됐던 것이다.

실제로 휴전협정은 전전의 원상이 회복된 선에서 성립됐다. 다만 38도선이 휴전선으로 바뀌었을 뿐이다. 이제까지도 많은 사람들은 한반도가 38도선에 의해 분단되어 있다고 생각하는데, 그것은 잘못이다. 한반도는 오늘날 38도선에 의해 분단되어 있는 것이 아니라 휴전선에 의해 분단되어 있으며, 따라서 1953년 7월 27일의 휴전협정은 한반도의 분할선을 38도선으로부터 휴전선으로 옮겼다고 말할 수 있다.

이 전쟁의 시기에 열강이 이미 남북한의 어느 한쪽에 의한 무력통일을 지지하지 않고 전전원상의 회복을 지지했다는 것은 어떤 의미를 갖는가? 그것은 열강이 오늘날에도 그리고 앞으로도 한반도의 현상변경을 지지하지 않고 현상유지를 지지함을 의미한다.

註

1) M. Ganju, "The Korean Conflict," *India's Foreign Policy*(Bombay: The New Book Co., 1951), 제 4 장.

2) 이 사실은 라종일(羅鍾一: Ra, Jong-Yil) 교수의 "Political Settlement in Korea: The British Views and Policies with regard to the Internal Political Arrangements in Korea in the Autumm of 1950"에 잘 나와 있다. 이 논문은 한국 국제정치학회의 논문집「국제정치논총」제23집(1983), pp. 151~171에 실려 있다.

3) 이 점은 당시 미 육군 참모총장의 회고록에 잘 나와 있다. J. Lawton Collins, *War in Peacetime: The History and Lessons of Korea*(Boston: Houghton Mifflin Co., 1969), pp. 205~207.

4) 이 회고록은 한양대학교 중소연구소가 발행하는 계간지「중소연구」, 제 8 권 제 1 호(1984년 봄)와 제 2 호(1984년 여름)에 번역되어 있다. 저자는 이 역문에 의존했다.

5) 이 점은 애틀리의 회고록인 *As It Happened*(London: Heinemann, 1954), p. 200에 잘 나와 있다.

6) Denis Stairs, *The Diplomacy of Constraint: Canada, the Korean War, and the United States*(Toronto: University of Toronto Press, 1974), p. 123. 이 책은 한국전쟁 동안 캐나다가 취한 입장을 객관적으로 설명하고 있다.

7) 이 점은 3인위의 일원이었던 피어슨 캐나다 외무장관의 증언이다. 앞의 책, p. 162.

8) 캐나다 외무부가 발행한 *Documents on the Korean Crisis*(Ottawa: King's Printer, 1951), pp. 29~30.

9) Dean Acheson, *Present at the Creation: My Years in the State Department*(New York: W. W. Norton, 1969), p. 513.

10) Lloyd C. Gardner, "Introduction," in Lloyd C. Gardner(ed.), *The Korean War*(New York: Quadrangle Books, New York Times Co., 1972), p. 19.

11) Canada, Department of External Affairs, *Documents on the Korean Crisis*, p. 34.

12) United Nations, General Assembly, *Official Records*(First Committee), A/C, I/SR, pp. 431, 544.

13) Leland M. Goodrich, *Korea: A Study of U.S. Policy in the United Nations*(New York: Council on Foreign Relations, 1956), pp. 161∼166.

14) Stairs, 앞의 책, p. 175.

15) Collins, 앞의 책, p. 263.

16) Acheson, 앞의 책, p. 534. 그리고 George F. Kennan, *Memoirs, 1950∼1953,* 제 2 권(Boston: Little, Brown, 1967), pp. 36 ff.

17) Royal Institute of International Affairs, *Documents on International Relations, 1951*(London: Oxford University Press, 1954), p. 633.

18) 예컨대 Raymond Aron, "Reflections on American Diplomacy," *Daedalus,* Vol. 91, No. 4(Fall 1962), p. 721.

한국
전쟁

제6장

한국[조선]정전협정의 성립과정

제 6 장 한국[조선]정전협정의 성립 과정

1. 머 리 말

6·25전쟁이 발발한 시점으로부터 1년이 지난 1951년 6월 하순부터 시작된 정전협상은 2년 1개월의 긴 시간 동안 575회의 공식회의를 갖고 1,800여 만 단어를 소비한 다음, 1953년 7월 27일에 한국[조선]정전협정의 형태로 끝난다. 여기서는 이 협상의 모든 과정을 살피기로 한다.

2. 한국[조선]정전협상에 관한 자료들과 연구들

본론에 들어가기에 앞서 이 협상에 관한 자료들과 연구들 가운데 중요한 것 몇 가지를 간단히 소개하고자 한다.

[1] 기본적인 자료

1) 미국쪽 자료

우선 미국쪽 자료로는 국제연합군쪽, 즉 미국쪽의 초대 수석대표였던 조이(C. Turner Joy) 해군중장이 쓴 「공산주의자들의 협상

방법」이 있다. 조이 중장은 또 이 시기에 관한 개인일기를 남겼는데, 그것은 그가 죽은 뒤 「전투 속에서의 협상」이란 책으로 출판됐다. 그는 약 11개월 동안 수석대표직에 있었기 때문에 그의 관찰은 휴전협상의 전반기에 한정되어 있다. 그러나 특히 그의 일기는 비교적 솔직하게 쓰여져 중요한 자료로 인정된다. 그의 후임은 육군 중장 해리슨(William K. Harrison)으로, 미국의 제 9 대 대통령 해리슨(William Henry Harrison)의 직계후손이었다. 해리슨 수석대표는 정전회담이 조인될 때까지 이 직을 맡았다. 그러나 그는 회고록을 남기지 않았다. 한편 국련군대표단의 참모였던 배처(William Vatcher)는 정전회담의 전체 기간을 상세히 분석한 「판문점」이란 귀중한 기록을 남겼다.

맥아더(Douglas MacArthur) 원수에 이어 국제연합군 제 2 대 사령관을 지낸 리지웨이(Matthew B. Ridgway) 대장의 「코리아의 전쟁」은 제 7 장과 제 8 장이 이 협상을 다루고 있다. 리지웨이는 1951년 4월에 국련군 사령관으로 승진해 1952년 5월에 아이젠하워(Dwight Eisenhower)의 후임으로 북대서양조약기구 최고사령관으로 옮길 때까지의 약 13개월 동안 이 협상의 시작과 그 진행과정을 지휘했다.

리지웨이 사령관의 후임인 클라크(Mark W. Clark) 대장은 「다뉴브강에서 압록강까지」라는 회고록을 남겼다. 이 책은 제16장부터 제20장까지가 이 협상을 다루고 있다. 클라크 대장은 국련군 사령관으로 국련군을 대표해 이 협정에 서명했다. 그리고 협상의 모든 기간에 걸쳐 미국 육군참모총장으로 있었던 콜린스(J. Lawton Collins) 대장도 「평화시의 전쟁: 한국전의 역사와 교훈」이란 회고록을 남겼다. 이 책은 제13장과 제14장이 이 협상을 다뤘다. 한편 미 국방부 전사처(戰史處)가 이 전쟁에 관련해 발간한 책들도 무척 좋은 자료인데, 그 가운데 허미즈(Walter G. Hermes)의 「휴전의 천막과 싸우는 전선」을 지적할 수 있다.[1)]

2) 영국쪽 자료

영국은 이 전쟁의 휴전을 적극 추진한 나라로서 미국의 입장과 다른 입장을 때때로 취했다. 그러므로 영국의 자료 분석도 중요한데, 영국 정부의 자료로서 대표적인 것은 이 협상에 관한 두 권의 책이다. 두 권 모두 주제목은 「코리아」이다.[2]

3) 공산권 자료

공산권의 자료는 안타깝게도 구하기 어렵다. 공산군쪽의 수석대표는 북한의 부수상 겸 북한군 총참모장인 남일 육군중장이었고, 중국인민지원군을 대표한 셰황(解方: 해방) 소장과 덩화(鄧華: 등화) 중장이 대표단의 일원이었다. 이들의 회고록이나 일기 같은 것은 나와 있지 않다. 그렇다고 하여 북한이나 중국 또는 소련이 이 협상에 관한 체계적이며 공개적인 자료집을 출간한 것도 아니다. 따라서 이 협상에 관한 공산권의 입장을 공산권 자료를 통해 분석하기 쉽지 않다. [중국에서는 뒷날 몇몇 회고록들 또는 자료들이 출간됐다. 우선 차이청원(柴成文: 시성문)과 짜오롱티엔(趙勇田: 조용전)은 1990년에 베이징의 해방출판사를 통해 「판문점담판」을 출판했다. 이 책은 윤영무(尹永茂)에 의해 번역됐고 한백사에 의해 1991년에 「중국인이 본 한국전쟁: 판문점담판」으로 출판됐다. 이어 홍셰즈(洪學智)가 1991년에 베이징의 해방군문예출판사를 통해 「항미원조전쟁회억」을 출판했다. 이 책은 홍인표(洪仁杓)의 번역으로 1992년에 고려원에서 「중국이 본 한국전쟁」이란 제목 아래 출판됐다.]

4) 한국쪽 자료

그러면 한국쪽 참가자의 기록으로는 어떤 것이 있는가? 여기서 우선 설명해야 할 점은, 국련군 대표단의 일원으로 참가하는 한국

군대표 1명은 국련군 사령관이 임명했다는 사실이다. 제 1 대가 백선엽 소장, 제 2 대가 이형근(李亨根) 소장, 제 3 대가 유재흥(劉載興) 소장, 제 4 대가 이한림(李翰林) 소장, 제 5 대가 최덕신(崔德新) 소장이었다. 이 가운데 최덕신 소장이 1955년에 「내가 겪은 판문점」이란 회고록을 출간했다.

국련군 대표단의 한국군 연락장교였던 이수영(李壽榮) 대령은 월간지 「신동아」에 발표한 자신의 회고록에서 이 때의 경험을 기록했다. 한편 한국전쟁 발발 직후 육군 참모총장이었으나 휴전협상이 진행되던 당시에는 제 2 사단장 그리고 이어 제 2 군단장을 맡았던 정일권 중장의 회고록인 「6·25비록: 전쟁과 휴전」은 제10부에서 휴전협상을 다뤘다.육군 헌병부사령관으로 1953년 6월에 이승만 대통령의 지시 아래 반공포로를 석방한 작업에 참여했던 송효순(宋孝淳) 대령의 「대석방」 역시 휴전협상에 관한 당시 한국 군부의 시각과 그리고 반공포로 석방을 둘러싼 정책결정과정을 보여준다.

협상에 직접 참가한 사람이 남긴 기록은 아니지만, 그것에 준하는 기록으로 우선 펜실베이니아주립대학교 교수 올리버(Robert Oliver) 박사의 저서를 지적할 수 있다. 이승만 대통령의 친구이면서 개인적 고문이었던 그는 이 대통령과 주고 받았던 서한과 기타 1차 자료를 활용해 「이승만, 그리고 미국의 대한개입」이란 책을 냈는데, 이 책의 제18장과 제19장이 휴전협상을 다뤘다.

언론인 정성관(鄭成觀)의 「판문점의 비사」와 김석영(金錫營)의 「판문점」 역시 좋은 기록물이다. 그리고 한국일보 정치부차장 박실(朴實)이 쓴 「한국외교비사」는 제10장이, 서울신문사가 펴낸 「한국외교비록」은 제27장과 제28장이, 각각 정전협상에 대한 한국쪽의 입장을 다뤘다. 조규하(曺圭河) 등 동아일보사의 세 기자가 관련자들의 증언을 바탕으로 쓴 「남북의 대화」 제 8 장과 제 9 장이 정전협상을 다뤘다. 한편 남로당원 출신인 박진목(朴進穆) 씨가 미군 수사

기관과의 협력 아래 남북을 오가며 비공식적으로 벌였던 정전협상 운동은 그의 회고록에 잘 나와 있다.[3)]

[2] 기본적인 연구

1) 한국쪽 연구

한국 학자의 연구로는 미국 드럭셀대학교 정치학과의 김웅택(Roy U. T. Kim) 교수가 쓴 "한국휴전협상"이란 논문이 있다. 김 박사는 공산권 전문가로 러시아어도 해독하기 때문에 소련쪽 자료까지 활용하여 무척 독창적인 분석을 제시하고 있다. 육군사관학교의 김양명(金陽明) 교수가 쓴 「한국전쟁사」는 전사적인 수준에서 제12장을 이 문제에 바치고 있으며, 고려대학교의 이호재(李昊宰) 교수는 이승만 대통령의 대미외교를 분석한 책에서 이 문제를 다뤘고, 육군사관학교의 온창일(溫暢一) 교수는 미국 캔자스대학교에 제출한 박사 학위논문에서 이 문제에 관한 미국 군부의 입장을 상세히 분석했다. 이에 앞서, 한국의 직업외교관으로 이 휴전협상을 마무리 짓는 단계에서 대미교섭에 참가했던 한표욱(韓豹頊) 당시 주미대사관 참사관이 미국 미시간대학교에 제출한 정치학박사학위논문은 한국이 정전협정에 동의하는 대가로 미국으로부터 한·미 상호방위조약을 얻어내는 과정을 자세히 분석했다.[4)]

2) 미국쪽 연구

이 휴전협상에 관한 미국인들의 연구들 가운데 우선 지적할 수 있는 것은 전사연구가인 호이트(Edwin P. Hoyt)의 「판문점으로 간 유혈의 길」이다. 직업적인 저술가로 전사 분야에서 이미 18권의 책을 썼고, 이 전쟁에 대해서도 이미 2권을 쓴 그는 이 전쟁에 관한 세 번째 책으로 이 책을 출판했다. 이 책은 중국군의 참전으로부터 시작해 휴전협정이 체결되기까지의 모든 과정을 전사적인 차원에서 상세히 기술했다. 역시 직업적 저술가로 11권의 책을 쓴 굴든(Joseph C. Goulden)의 「알려지지 않은 한국전쟁의 이야기」도 제21장으로부터 제24장까지를 이 문제에 바치고 있다.

시몬즈(Robert R. Simmons)의 저서는 제 7 장과 제 8 장에서 이 휴전협상을 분석했는데, 주로 휴전협상을 둘러싼 소련과 중국 및 북한의 3자 관계에 초점을 맞췄다. 한편 미국의 입장을 비판적인 시각에서 날카롭게 분석한 학자는 스탠퍼드대학교의 번슈타인(Barton J. Bernstein) 교수이다. 그는 세 편의 논문들을 통해 미국이 '냉전적 승리'에 집착해 협상에 임한 결과 사실상 휴전을 지연시키게 됐다고 주장한다. 미국의 입장에 대해 역시 비판적인 프리드먼(Edward Friedman)과 기팅스(John Gittings)도 각각 논문을 발표하여, 미국의 '핵공갈' 정책을 분석했다. 한편 휴전협정의 체결을 계기로 한·미 상호방위조약이 맺어지는 과정에 대해서는 코치(John Kotch) 박사가 논문을 썼고 포로송환 문제에 대해서는 알라파트(George Alapatt)가 박사학위논문을 썼다.[5]

3) 영국쪽 연구

한국 휴전협상에 관한 (그리고 한국전쟁 전체에 대한) 영국 학자의 저서로 가장 뛰어난 것은 푸트(Rosemary Foot) 여사의 「잘못된 전쟁」이다. 이 책은 이 전쟁에 대한, 그리고 휴전협상에 임한 미국의 정책수립가들을 날카롭게 비판한다. 서섹스대학교 교수(현재는 옥스퍼드대학교 교수)인 저자는 이 책의 제 5 장부터 제 8 장까지를 휴전협상의 분석에 바치고 있다.

이 책보다 훨씬 앞서서 출판된 책은 리스(David Rees)의 「코리아의 제한전」이다. 이 책의 제 3 부가 정전협상을 다루고 있다. 또 존스(F. C. Jones)의 논문인 "코리아의 정전"은 정전협상을 외교사적

으로 세밀하게 기술했다.[6)]

[3] 저자의 연구

저자는 이 정전협상에 관해 아무런 독창적인 연구를 하지 못했다. 따라서 이 장은 위에서 열거한 자료들과 연구들을 저자 나름대로 다시 정리하려는 시도이다. 그러나 여기서 저자가 약간 독창적으로 설명한 부분이 한 곳 있다. 그것은 휴전안에 대해 북한의 정치지도층 사이에 대립이 있었다는 대목이다. 물론 이것에 대해서도 미국 미주리대학교의 한국인 정치학자 조순승 교수가 일본의 김삼규의 저서에 바탕을 두고 짧게 설명했었다.[7)] 조 교수의 간단한 설명을 뒷받침하고 훨씬 자세히 설명할 수 있는 1차 자료를 저자는 찾아낼 수 있었고 따라서 이 부분에 대해서는 자세히 쓰겠다.

3. 개성에서의 예비회담

[1] 국제연합군과 공산군의 공식성명

우리가 앞 장에서 이미 살폈듯이 미국과 소련이 정전의 원칙에 합의한 직후, 미국의 트루먼 대통령은 국련군 총사령관인 리지웨이 대장에게 현지에서 휴전회담의 가능성을 토의하기 위해 공산군 대표를 초청할 수 있는 권한을 부여했다. 그리하여 리지웨이 총사령관은 1951년 6월 30일에 방송을 통해, '공산군쪽이 정전회담을 희망한다는 통지를 한다면, 본관은 국련군대표를 지명하고 또 회담의 시일을 제의할 것'이라고 성명했다. 그는 이 성명에서 회담의 장소로 북한 원산항 안의 덴마크 병원선 유틀란디아(Jutlandia)를 제시했다. 그는 '중립적 위치'를 제시함으로써 처음부터 '타협의 분위기'를 조성하려고 했다.

공산군쪽 반응은 7월 1일에 나왔다. 조선인민군 최고사령관 김일성과 중국인민지원군 총사령관 펑더화이의 공동명의로 북경방송을 통해 '우리들은 귀하의 대표와 회담하는 데 동의한다고 귀하에게 말할 권한을 부여받았다'라고 전제하고, '이 회담이 38도선상 개성에서 열리기 바라며, 만일 귀하가 동의한다면 우리 대표는 1951년 7월 10일에서 15일 사이에 귀대표와 회담할 준비가 되어 있다'고 제의했다.[8] 이어 7월 2일에 「베이징리바오(北京日報: 북경일보)」는 '이번의 정전회담은 38도선을 정전선으로 할 것'이라고 주장했다.

베이징방송의 성명에 접한 미국 정부의 실무진의 반응은 신중했다. 첫째, 미국은 북한의 내각수상이며 당의 위원장으로서 최고집권자인, 그리하여 '조선민주주의인민공화국 원수'라는 칭호를 가진 김일성이 펑더화이와 더불어 '우리는 […] 권한을 부여받았다'라는 표현을 사용한 점에 유의했다. 누구로부터 그런 권한을 받았다는 뜻인가? 혹시 소련으로부터?

둘째, 개성이라는 장소가 문제였다. 개성시는 38도선으로부터 남쪽으로 3마일 정도에, 그리고 임진강 서쪽의 '무인지(無人地)'에 있었다. 무인지에 있다는 사실이 '중립성이 있는 도시'라는 인상을 서방쪽에 줄 수 있으나, 개성은 고려왕조의 수도였고 또 1951년 7월 현재 공산군이 장악하고 있어서 개성에서의 회담은 공산군쪽에게 '정치적으로나 심리적으로 결정적인 이익'을 줄 위험성이 있었다. 셋째, 시일이 문제였다. 정전에 대해 불만이었던 전선의 리지웨이 총사령관도 공산권이 제안한 회담일자는 받아들여서 안 된다고 주장했다. 그때까지 기다리면 중공군이 재공세를 펼 수 있는 준비가 끝날 것이므로, 정전협상을 시작하려면 날짜는 그보다 훨씬 앞당겨져야 한다고 제의했다.

대한민국 역시 정전에 대해 강력히 반대했다. 이미 6월 27일에 '무서운 새 전쟁의 서곡이 될 수 있는 어떠한 휴전안도 수락할 수 없다'고 성명했던 대한민국 정부는 6월 30일에 휴전에 대한 반대를 뜻하는 5개항의 입장을 밝혔다. (1) 중공군은 한반도에서 철퇴할 것, (2) 북한군은 무장해제할 것, (3) 국련은 제3국의 북한원조를 방지할 것, (4) 한반도 문제에 관한 국제회의에는 대한민국 대표를 참가시킬 것, (5) 대한민국의 주권 및 영토보전에 분쟁을 일으킬 어떠한 결정이나 또는 어떠한 계획에도 반대한다는 것이 그것들이었다. 이와 더불어 7월 1일에 임시수도 부산에서는 '정전반대 국민총궐기대회'가 열렸다.

그러나 트루먼 행정부의 수뇌부는 정전회담이 하루빨리 열려야 한다는 강박관념에 쫓기고 있었다. 애써서 겨우 손에 잡은 정전의 기회를 '작은 문제들' 때문에 놓칠 수 없다는 인식이었다. 그리하여 리지웨이 총사령관에게 시일문제는 조정하되 장소문제는 양보하라고 지시했다. 이에 따라 리지웨이는 개성을 받아들이되 다만 시일은 다시 결정하기로 하고 예비회담부터 열자고 제의했다. 공산군쪽도 이 제의에 응해, 1951년 7월 8일에 개성 중심지 북방에 있는 저명한 실업가의 저택 내봉장(來鳳莊)에서 양쪽 연락장교단에 의한 예비회담이 열렸다.

[2] 개성의 예비회담

국련군쪽 연락장교단 단장으로는 미 공군의 키니(Andrew J. Kinney) 대령이 임명됐다. 키니 일행이 회담 장소에 도착했을 때, 그들은 공산군쪽이 이미 자신들에게 유리하도록 선전경기를 벌이고 있음을 깨달았다. 공산군쪽 병사들은 기관총을 휘두르며 서방쪽 취재기자들에게 공포감을 주기도 했으며, 그리하여 마치 국련군쪽이 적진에 들어와 화평을 애걸하는 듯한 인상을 자아내려고 한 것이다.

공산군쪽의 이러한 심리전은 회의장 건물로 들어갔을 때도 계속됐다. 키니 일행이 무심코 남쪽을 바라보는 의자에 앉았을 때 공산군쪽에서는 북쪽을 바라보는 의자로 바꿔 앉도록 고집했다. '우리는 여기가 편합니다' 라면서 키니 일행이 바꿔 앉기를 거부하자 공산군쪽도 더 이상 권하지 않았다. 나중에야 키니는 강화회담에서 승자가 남면(南面)하고 패자는 북면(北面)함이 동양의 전통임을 알았고, 공산군쪽이 자신에게 왜 북면하도록 고집했었던지를 알았다.

키니는 본회담에 참석할 국련군 대표단의 명단을 제출하고 공산군 대표단의 명단을 요구했다. 공산군쪽은 3시간의 휴회를 요청했고, 국련군쪽은 이를 받아들였다. 휴회 동안 공산군쪽은 음식과 담배를 가져왔다. 그러나 국련군쪽은 이것들을 모두 거절하고 자신들이 준비한 음식을 먹었다. 이처럼 처음부터 차가운 분위기가 감돌았다.

세 시간의 휴회 뒤, 공산군쪽은 자신들의 대표단 명단을 제출했고, 이틀 뒤인 7월 10일에 역시 개성에서 본회담을 열 것을 제의했다. 이와 더불어 국련군 차량은 앞으로 백기를 달 것을 요청했다. 키니는 돌아와 리지웨이 총사령관에게 장소가 바뀌어야 한다고 건의했다. 그러나 이미 주사위는 던져졌다. 본회담을 하루라도 빨리 열어야 한다는 것이 그에게 주어진 지시였다. 그리하여 그는 공산군쪽 제의를 모두 받아들였다.

4. 개성 본회담의 시작

1951년 7월 10일에 예정대로 개성에서 본회담이 열렸다. 먼저 양쪽 대표단에 대해 살펴본다.

[1] 국제연합군쪽 대표단

국련군쪽의 수석대표는 미 해군 극동지역 사령관 조이 중장이었다. 리지웨이 총사령관이 직접 뽑았다. 정전회담에서 공산군대표들이 국련군 대표들을 자극해 국련군 대표들로 하여금 공공연하게 화를 내게 하여 회의장을 뛰쳐나가게 만드는 '충동작전'을 쓰거나 정반대로 몇 시간씩 끌면서 지치게 만드는 '권태전술'을 쓸 것이라고 계산한 리지웨이는 따라서 국련군 수석대표는 어떠한 도발적 언동에 대해서도 침착하면서도 강경하게 맞설 수 있는 인물이어야 한다고 판단했다. 즉 '여섯 시간 정도 앉아 있으면서도 눈 한 번 깜짝하지 않고 오줌 누러 갈 생각조차 하지 않는' 협상가가 필요하다고 생각했다. 이러한 리지웨이에게 조이는 적임이었다. 조이는 제2차 세계대전을 겪으며 많은 훈장을 받았고, 공산주의자들과 공산주의 이데올로기를 증오하고 있었으며, 적을 굴복시키는 가장 좋은 방법은 적을 파괴하는 것이라는 믿음을 갖고 있었다. 이러한 그에게 이 전쟁에서 국련군에게 가해지고 있는 정치적 제약은 큰 불만이었다.

조이 수석대표를 보좌할 대표로 리지웨이는 2차 대전의 베테란들로부터 선발했다. 유럽전선에서 보병연대를 지휘했었고 이 때 미 8군 참모차장으로 있던 호지스(Henry Hodges) 소장, 북아프리카에서 공중전을 지휘했었고 이 때 미 극동공군 부사령관으로 있던 크레이기(Laurence C. Craigie) 소장, 태평양전쟁에서 구축함전투를 대담하게 지휘해 용맹을 떨쳤었고 이 때 미 극동해군 참모차장으로 있던 버크(Arleigh A. Burke) 소장이 선발됐다. 한국군으로부터는 제 1 군단장 백선엽 소장이 선발됐다. 당시 한국의 미 군사지도자들은 백 소장을 '한국 육군에서 아마도 가장 유능한 장교'로 보았다고 굴든의 「알려지지 않은 한국전쟁의 이야기」는 쓰고 있다. 당시 정일권 중장은 이 무렵 미 육군참모대학에 유학중이었다.

여기서 강조돼야 할 점은 한국군 대표를 한국 정부가 뽑지 않고 국련군 사령관이 한국 정부와의 상의 없이 독자적으로 뽑았다는 사실이다. 이것은 제 1 대 백선엽 소장으로부터 제 5 대 최덕신 소장까지 모두 마찬가지였고, 그들은 국련군 사령부의 방송발표를 듣고서야 자신들이 정전회담대표로 뽑혔음을 알았다. 이것을 이승만 대통령은 몹시 싫어했고, 한국군 대표들은 국련군 사령부와 한국 정부 사이에 샌드위치격이 되어 고뇌가 많았다. 이들의 인사를 받는 자리에서 이 대통령은 언제나 '자네가 무슨 대표라지?' 하고 물으면, 그들은 '국련군 총사령관의 임명을 받았으나 한국군의 대표라고 생각합니다'라고 답변했으며, 그제야 이 대통령은 '그 대답이 좋아. 자네가 수석대표가 되어야 하는 것인데 …'라고 반응했다고 한다.

대표단이 구성되면서 국련군의 아시아 전문가들이 중공군대표들과 북한군대표들을 다루는 방법에 관해 강의했다. 아시아 전문가들은, 동양인은 체면을 몹시 존중하며 따라서 불필요하게 상대방의 체면을 손상시키지 않도록 각별히 배려해야 한다고 설명했다. 여기에 더해 리지웨이 총사령관은 통역의 중요성을 강조했다. 영어와 중국어 및 한국어가 모두 쓰이는 만큼 어떠한 오역이나 번역상의 부정확성이 발생하지 않도록 노력하라고 지시했다.

[2] 공산군쪽 대표단

공산군쪽 수석대표는 남일이었다. 남일은 '소비에트 한인,' 곧 소련파로서, 일제의 식민통치를 피해 중앙아시아의 소련령으로 이주한 집안에서 출생한 소련 시민이었다. 그는 2차 대전 때 소련 육군 대위로 스탈린그라드에서 나치독일군과 싸웠고, 뒷날 사단의 참모장으로 승진해 폴란드 수도 바르샤바 탈환전에서 전공을 세우기도 했다. 소련군이 북한을 점령했을 때 북한으로 들어왔고, 김일성 정권이 세워진 뒤 교육성 부상이 되어 교육성을 공산정권의 주요한 선전기구로 전환시켰다. 그는 곧 북한군의 남침계획 수립에 깊이 개입했으며, 정전회담이 열리던 때에는 부수상으로 북한군 총참모장을 겸임하고 있었다. 그는 정전회담에서 자신의 감정을 전혀 나타내지 않는 것으로 유명해졌다.

남일 중장을 보좌하는 북한군 대표는 전선사령부(前線司令部) 총참모장 리상조 육군소장이었다. 그는 일제치하에서 중공군에 가담해 국부군과 싸운 경력이 있는 연안파의 간부였다. 그 역시 일제 패망 직후 북한으로 돌아왔다. 정전회담에서 그는 파리가 얼굴에 앉아도 꼼짝않고 앉아, '강철 같은 자기 억제'를 보여 주려고 노력한 사람으로 알려졌다. 또 한 사람의 북한군 대표는 육군 제1군단 총참모장 장평산(張平山) 소장이었다.

중공군에서는 셰황 소장과 덩화 중장이 대표로 참가했다. 이 가운데 셰황이 사실상의 수석대표였다. 남일은 이름이 수석대표였지 실제에 있어서는 셰황의 지휘를 받는 것 같다고 국련군쪽에서는 보았다.[9] 그러면 셰황은 어떤 사람인가? 그는 일본과 소련의 군사학교에서 수학하고 1936년에는 시안(西安: 서안)에서 장제스를 납치했던 이른바 시안사변에서 중요한 역할을 수행했다. 그러나 1940년부터 1945년 사이 그는 중국을 점령한 일본군을 위해 일했으나,

일제가 패망한 뒤 숙청되거나 강등되지 않고 계속 승진했고 마침내는 '중국인민지원군'의 총참모장직을 맡아 휴전협상에 참석하기에 이르렀다. 그는 소련의 정보기관에 연결되어 있었고 따라서 소련이 배후에서 지원했던 것 같다. 회담 도중 그는 동료 대표들과의 상의 없이 발언했고, 선전적인 문구 같은 것도 사용함이 없이 직설적으로 말했다.

[3] 공산군쪽의 심리전

정전회담이 시작된 7월 10일에 공산군쪽은 처음부터 심리전을 펼쳤다. 우선 국련군 대표단을 안내하는 석 대의 공산군 차량들에는 정장을 한 공산군 장교들이 빈틈없이 타고 있었고, 그들은 계속해서 승리를 의미하는 V자 표시를 하고 있었다. 여기에 국련군 대표단의 차량은 백기를 달고 있어서, 공산군쪽이 찍어 전세계에 내보낸 사진은 국련군이 '항복'하러 가는 인상을 만들어 냈다.

이어 회담장에서 공산군은 남면하여 앉았다. 그뿐 아니라, 국련군 대표들이 앉는 의자를 작은 것으로 배치해 놓아 국련군 대표들이 무심코 앉았을 때 국련군 대표들은 공산군 대표들을 올려다보아야 하였다. 이 장면을 공산군쪽 사진기자들이 부지런히 찍었다. 조이 수석대표의 항의로 새 의자가 들어왔으나, 이 때는 이미 국련군 대표들이 왜소해 보이는 사진 촬영이 끝난 뒤였다.

휴회중에는 공공연한 협박이 있었다. 중무장한 공산군 경비원들이 국련군 대표들과 그 수행원들을 따라 다니며, 때로는 총을 겨누기도 하고, 때로는 '나는 40명의 미군을 죽인 사람'이라고 떠들기도 했다.

[4] 의제의 합의

이러한 분위기에서 회담이 열리면서 쌍방 대표는 각각 자신의 의제를 내놓았다. 우선 국련군의 조이 수석대표는 '정치적인 사항이나 경제적인 문제는 토의하지 않을 것이며, 한반도 문제와 관계없는 어떠한 군사적인 사항도 토의하지 않을 것' 이라고 전제한 뒤, '휴전회담은 오직 전쟁을 끝내기 위한 협상에만 국한되어야 한다' 고 선언했다. 그는 아울러 '정전협상이 성립되고 정전위원회가 임무를 개시할 때까지 전투는 계속될 것' 임을 밝혔다. 이어 그는 다음과 같은 9개항의 의제를 제출했다.

(1) 의제의 채택
(2) 국제적십자사의 위치설정 및 국제적십자사의 포로수용소 방문권
(3) 코리아에 대해서만 관련된 순전히 군사적인 문제들로의 토론의 제한
(4) 코리아에서 전쟁과 군사 행위의 재발의 방지를 보장해 줄 조건 아래 코리아에서 전쟁과 군사 행위의 재발의 중지
(5) 코리아를 가로지르는 비무장지역에 관한 합의
(6) 군사정전위원회의 구성과 권한과 기능
(7) 군사감시조들에 의한 코리아 안에서의 감시의 원칙에 관한 합의
(8) 군사감시조들의 구성과 기능
(9) 전쟁포로에 관련된 조처들

국련군쪽 제의에 대해 공산군쪽 수석대표 남일은 기본적으로 이 전쟁 발발 직전의 상태로 돌아감을 의미하는 내용을 제의했다. 그는 우선 정전을 즉각 성립시킬 것을 주장했다. 그러나 그는 정전의 성립과 더불어 (1) 38도선을 군사분계선으로 하여 남북 각 10킬로미터의 지역을 비무장지대로 설정하고, (2) 조선 안에 있는 모든 외국군을 짧은 시일 안에 철수시키며, (3) 포로를 교환할 것

을 제의했다.

국련군쪽은 공산군쪽의 제의가 지나치게 단순하다고 판단하면서, 공산군쪽이 국련군쪽과 같이 의제를 하나하나 적어서 제출해 줄 것을 요구했다. 이와 더불어 외군의 철수 문제는 '정치적 문제'라고 주장했다. 한 마디로, 공산군쪽 제의는 북한군이 전면남침해 오기 직전의 군사상황과 똑같은 상황을 만들려는 것이라고 주장했다.

국련군 수석대표 조이 중장은 이날 회의가 끝난 뒤 자신의 일기에 남일에 대해 언급했다. '남일은 날카롭고 영리하고 자신만만한 젊은 사람이다. 남일은 35세의 많지 않은 나이임에도 불구하고 소련군에 봉사한 그의 체험과 철저한 훈련으로 무장된 진실한 공산주의자이다'라고 그는 평가했다.

7월 11일의 회담에서도 양쪽은 크게 대립했다. 국련군쪽이 국제적십자사의 포로수용소 방문 문제를 제기하자, 공산군쪽은 그것이 '정치적'인 문제라고 지적하고, '정치적' 문제를 제기하는 국련군쪽을 심하게 공격했다. 한편 국련군쪽은 회담지역의 분위기가 자유스러워야 한다고 주장했다. 즉 회담지역에서의 이동의 자유가 보장돼야 하며, 이러한 원칙에서 볼 때 회담지역 안에서 총을 휘두르며 다니는 일은 없어야 하겠다고 제의했다. 이와 더불어 서방쪽 기자들이 회담장소에 쉽게 접근할 수 있도록 허용돼야 한다고 제의했다.

7월 12일에 남일은 서방쪽 기자들의 접근은 허용될 수 없다고 강경하게 나왔다. 이에 대해 조이 역시 강경히 맞섰다. 조이는 '국련군 대표단은 서방 기자들과 함께 회담장에 나올 것이고, 만일 그렇지 못하게 된다면 아예 회담장에 나오지 않겠다'고 선언한 것이다. 며칠 뒤 공산군쪽은 결국 국련군의 제의를 받아들였다.

회담지역의 분위기 문제가 풀리면서 양쪽은 곧바로 다시 의제

설정 문제로 들어갔다. 여기서 일차적으로 가장 크게 논란된 문제는 공산군쪽이 제기한 '38도선에서의 군사분계선 설정'이었다. 국련군은 이 38도선안을 받아들일 수 없었다. 그 안을 받아들인다는 것은 국련군이 수개월의 희생 끝에 얻은 전적(戰績)을 포기함을 의미했다. 국련군의 강경한 주장 앞에 공산군도 7월 16일에 마침내 후퇴해, 양쪽은 '군사분계선을 설정한다'는 일반론적 표현에 합의했다.

그 다음으로 논란된 문제는 공산군쪽이 제기한 '외군의 철퇴'였다. 이 문제에 관해 국련군은 기본적으로 '정전회담의 기본목적은 현 전선에서의 정전을 논의하자는 것이며, 외군의 철퇴 문제는 정전 성립 이후에 다뤄야 할 정치문제'라는 입장을 취했다. 그리고 이 안을 철회하지 않으면 국련군쪽은 회담을 중지시키겠다고 경고했다. 공산군쪽은 '그렇다면 정전이 성립된 뒤 정부들 사이에 논의돼야 한다'는 조건을 내걸고 철군안을 철회했다.

드디어 7월 26일에 쌍방은 다음과 같은 의제에 합의했다.

(1) 전투행위를 정지하는 기본 조건 아래, 양군 사이에 비무장지대를 설치하기 위해 군사분계선을 설정하는 문제
(2) 정전 감시기구의 구성과 권한 및 기능을 포함하여 정전을 성립시키기 위한 구체적인 조처들을 결정짓는 문제
(3) 포로에 관한 결정
(4) 외국 군대의 철수와 한반도문제의 평화적 해결에 관해 쌍방에 관련된 나라들의 정부들에게 권고하는 문제

[5] 첫 번째 의제에 대한 토론

의제에 대한 합의와 더불어 7월 28일에 첫 번째 의제에 대한 토론에 들어갔다. 여기서 공산군쪽은 38도선을 군사분계선으로 삼

고 이 선을 따라 남북으로 폭 20킬로미터의 비무장지대를 설정해야 한다는 종전의 입장을 되풀이했다. '이 선은 역사적 사실에 일치한다. 또 회담의 한쪽 교전당사자' ── 공산군쪽의 주장으로는 미국과 한국 ── 가 이 선을 침범함으로써 전쟁이 시작됐으므로 이 선의 원상복구가 중요하다. 게다가 안정된 전선이 존재하고 있지 않은 상태에서 쌍방 모두 이 선의 양쪽에 군대를 갖고 있으므로 최선의 군사분계선이다 ── 이것이 공산군쪽의 설명이었다.

이에 대해, 국련군쪽은 우선 다음과 같이 반박했다. '1950년 7월과 8월에, 즉 국련군이 부산 일대로 쫓겨나 있는 상황에서 휴전회담이 열렸을 때라도 당신들은 똑같은 논리로써 38도선을 주장했겠는가? 거꾸로, 1950년 11월에 국련군이 압록강까지 올라간 상태에서 휴전회담이 열렸을 때라도 국련군은 38도선을 받아들였겠는가?' 여기서 한 걸음 더 나아가 조이 수석대표는 군사상황을 상세히 설명했다. 하늘에서는 국련군이 한반도 전체를 장악하고 있고, 바다에서는 국련군이 역시 제해권을 장악하고 있으며, 육지에서는 국련군이 38도선 이북까지 장악하고 있음을 지적했다. 이처럼 군사상황이 우세한데도 국련군이 공군력과 해군력을 육지에서의 전선에 준하는 선으로 후퇴시키는 것만 해도 상당한 양보인데, 육지에서마저 국련군의 양보를 뜻하는 38도선에서의 군사분계선 설정이란 결코 받아들일 수 없다고 반박했다.

공산군쪽은 조금도 양보하지 않았다. 남일은 거칠고 무례한 용어로써 항변했다. 이에 대해 조이가 협상을 깨뜨릴 수도 있음을 암시적으로 협박하자, 남일은 자신의 입장을 지키기는 했으나 비교적 '합리적인' 용어를 쓰기 시작했다. 이러한 협상과정을 거치는 사이 국련군쪽은 남일이 취하는 언동의 기본유형을 발견했다. 즉, 국련군쪽이 보기에, 남일은 하루 이틀의 휴회 뒤에는 반드시 대단히 거세게 언동했다. 이것은 그가 휴회 동안 상부로부터 어떤 지시를 받았음을 의미했다. 그러다가 국련군쪽이 어떤 새 제의를 내놓으면 그는 무조건 장광설로써 지연작전을 써서 그 날을 보냈다. 이것은 새 제의에 대해 그가 상부로부터 어떤 지시를 받을 때까지 시간을 벌려는 의도에서 나온 것으로 보였다.

[6] 협상의 교착과 회담 장소의 이동

이처럼 군사분계선 문제를 놓고 협상은 교착되었다. 리지웨이 총사령관은 다시 한 번 협상을 깰 용의가 있다는 암시로써 공산군쪽을 협박할 것을 고려하고 본국 정부에 물었다. 본국 정부는 펄쩍 뛰었다. 자칫 잘못하면 정전회담의 결렬 책임이 국련군쪽으로 돌아올 것을 우려한 것이다. 또 1951년 5월에 미국쪽이 휴전안을 제의했을 때 38도선에서 휴전할 용의가 있다고 밝혔던 만큼 공산군쪽이 38도선을 고집하는 데는 일리가 있다고 마음속으로 느낀 것이다.

한편, 공산군쪽은 공산군쪽대로 압력을 가해왔다. 무장한 중국군 병사들이 회담장에 나타나기도 했고, 미국이 회담지역에 네이팜탄을 투하했다고 주장하기도 했다. 국련군쪽은 그 주장이 '근거 없고 고의적인 허위'라고 반박했다. 이 때 국련군쪽은 중국이 그 해 9월에 열리게 된 대일(對日)강화회의를 겨냥하고 지연전술을 펴고 있다고 판단했다. 즉 대일(對日)강화회의에 어떠한 형태로든 참석하는 기회를 얻어내는 협상 카드를 만들고자 휴전협상을 지연시키는 것으로 판단했다. 그리하여 미국은 중국에게 중국은 어떠한 상황에서도 대일(對日)강화회의에 참석할 기회가 없을 것임을 확실하게 알렸다.

국련군쪽은 공산군쪽에게 이 시점에서는 말로만 대응하는 것이 아니라 힘을 과시하는 것이 중요하다고 판단했다. 그리하여 35대의 폭격기가 8월 2일에 나진항을 공격했다. 또 '허드슨항(Hudson

Harbor)'이라는 암호명으로 적 지상목표에 대해 모의원자탄 투하훈련을 실시하여 공산군쪽을 협박하면서 동시에 핵사용에 대비한 실질적인 훈련을 실시했다. 그러나 이렇게 하면서도 국련군쪽은 소련과 중국에 접한 국경을 침범하지 않도록 주의했다.

그렇게 주의한 까닭은 '만저우에 "공산권 연합군"이 조직되어 있으며, 상황에 따라서는 이 연합군이 한국전쟁에 개입할 것'이라는 정보가 있었기 때문이다. 이 정보에 따르면, 당시 소련군의 지휘 아래 만저우에 '공산국제지원 육·공군'이 중공의 1개군, 북한과 소련으로부터의 1개의 기계화사단과 1개 보병사단 및 1개 방공사단, 몽골로부터의 1개 기병사단, 동독으로부터의 1개 전차연대, 폴란드로부터의 1개 기계화 보병연대, 그리고 체코슬로바키아와 루마니아 및 헝가리로부터의 지원부대로 구성되어 있었다. 이러한 연합군이 실존하는지에 대해서는 국련군에 의해 확인되지 않았다. 그러나 이 정보는 국련군으로 하여금 전쟁이 한반도 밖으로 확대돼서는 안 된다는 종래의 전제를 더욱 확신시켰다.[10]

국련군쪽의 힘의 과시 앞에서 공산군쪽은 양보했다. 특히 중국으로서는 그 해 겨울을 한반도에서 보낼 만한 준비가 되어 있지 않았다. 그리하여 중국은 회담을 전진시킬 명분을 찾게 됐는데, 이 무렵 미 공군기가 회담지역을 통과중 기관총을 발사한 사건이 발생했다. 이 사건에 대해 국련군은 사과하지 않을 수 없었고 공산군쪽은 이것을 받아들였다. 그리고 이것을 계기로, 양쪽은 공산군이 장악한 개성뿐만 아니라 국련군이 장악한 그 이웃의 문산까지를 포함한 일대를 회담지역으로 설정하고 동시에 그 일대를 중립화하는 데 동의했다. 또 10월 25일부터 회담장소를 이 중립지대 안의 판문점으로 옮기기로 합의했다.

5. 판문점에서의 본회담 속개

국련군 대표단의 일원인 버크 소장은 7월 10일 제 1 차 본회담을 마친 직후 아내에게 쓴 편지에서 '가을이 되어 사과가 익었을 때는 나는 과수원이 있는 이곳에 있지 않을 것'이라고 썼었다. 그는 협상이 일찍 매듭지어질 것으로 예상했었던 것이다. 실제로 가을이 되었을 때 회담장소는 옮겨졌다. 그러나 협상은 이제부터가 시작이었다.

[1] 군사분계선의 설정

휴전회담이 판문점에서 재개되면서 쌍방 대표들은 군사분계선의 문제를 토의하였다. 군사분계선 문제에 관한 분과위원회 회의 첫날에 교환된 대화를 여기에 옮겨 본다.

공산군의 리상조: 이제 회의를 시작합니다.
국련군의 호지스: 좋습니다.
리상조: 귀하는 군사분계선에 관해 어떤 안을 갖고 계십니까?
호지스: 우리는 지난 회의를 마치기 직전에 군사분계선에 관한 귀측의 안이 무엇이냐고 물었습니다. 귀하는 그 안을 갖고 계십니까?
리상조: 우리는 귀하의 의견을 먼저 듣고 싶습니다.
호지스: 우리는 우리의 의견을 여러 차례 말했으며, 우리 안에 바탕을 둔 귀측의 안을 요청했습니다. 군사분계선 문제에 관한 분과위원회를 열자고 한 것은 귀측이었으니까 우리는 귀측이 이 문제에 관한 안을 가졌을 것으로 기대했습니다. 그것을 놓고 얘기해 봅시다.
리상조: 귀하는 귀측이 새 안을 갖고 있다고 말했습니다. 그러나 우리는 교착상태를 깨뜨릴 어떠한 새 안에 대해서도 들은 것이 없습니다.

호지스: 맞는 말입니다. 당신들은 들은 것이 없습니다.

[이렇게 15분이 지나고 곧 15분 동안 휴회가 있었다. 휴회 뒤 회의는 재개됐다.]

호지스: 회담장 밖에 있는 동안 문제를 풀 수 있는 어떤 안을 발견할 수 있었습니까?

리상조: 귀하는 발견했습니까?

호지스: 귀측에서는 그러한 안을 발견하지 못했다는 것이 귀하의 대답입니까?

리상조: 우리는 그러한 안에 대해 생각하고 있지 않습니다.[11)]

이러한 대화가 말하듯이 판문점에서의 회담은 진전을 보지 못했다. 여기에 새로운 쟁점으로 부각된 것이 개성 문제였다. 리지웨이 총사령관은 개성의 정치적·전략적 중요성에 비추어 개성을 국련군의 영향권 안에 두거나 중립화하는 전제 아래 군사분계선이 그어져야 한다고 주장했고, 공산군쪽은 이에 반대했다. 이처럼 회담이 교착하자, 미국의 유력지들은 국련군쪽에 압력을 가해왔다. '작은 문제들에 얽매이지 말고 빨리 정전을 성립시키라'는 것이었다. 여기에 서방 참전국들도 대체로 가세했다. 당시 북대서양조약기구의 14개 회원국들 가운데 11개 국가가 코리아에 파병하고 있었는데, 그들은 정전협상이 길어지면 길어질수록 자국의 안전에 대한 우려를 더 많이 갖게 됐던 것이다. 물론 여기에는 소련의 외교적 책동이 개입되어 있었다. 소련은 1951년 10월에 제2, 제3의 원자폭탄 실험에 성공하자 야심적인 핵무장 계획을 발표하고 서유럽을 위협하기 시작한 것이다.

이 무렵 영국에서는 보수당 정부가 들어섰고 대공 강경론자인 처칠이 총리로 선출돼, 애틀리의 노동당 정부 때와는 달리, 미국과 영국은 훨씬 더 협조적인 관계를 유지했다. 그러나 처칠 정부 역시 영국의 국가이익을 앞세우는 입장에서 한반도 문제를 생각하고 있었다. 1951년 12월 말부터 1952년 1월 초까지 워싱턴을 방문한 처칠은 중공의 국련 가입을 강력히 제의하면서 그 대가로 중공으로 하여금 한반도의 휴전을 서둘도록 유도하자고 주장했다. 이 때 처칠 정부는 정전이 빨리 성립되지 않으면 미국과 중공의 군사대결이 길어지고 그 여파가 중국에 있는 자국의 식민지 홍콩에 미치지 않을까 걱정한 것이다.

서방 참전국들이 조기 정전을 바라고 있음을 충분히 파악한 공산군쪽은 자신들이 유리한 입장에 있다는 자신감에서 국련군쪽 대표들에게 모욕적인 용어마저 썼다. 호지스 소장을 '거북이 알'이라고 불렀고, 조이 수석대표에 대해서는 '이름이 누구인지는 모르겠으나 어떻든 수석대표인 사람'이라고 부르기도 했다. 리지웨이는 견디기 어려웠다. '이처럼 공개적으로 모욕하고 나오는 적에게 양보를 해야 한다는 말인가? 우리에게는 부드러운 비단보다 강한 쇠가 필요하다'라고 본국 정부에 호소했다.

그러나 본국 정부는 국내의 여론을 의식하여 '양보' 쪽으로 옮겨 갔다. 그리하여 리지웨이에게 개성 문제에 집착하지 말 것을 지시했다. 이와 동시에, 미국은 소련에 협상을 제의하여, 주소(駐蘇) 미국대사 커크(Alan Kirk)가 소련 외무장관 비신스키(Andrei Vyshinski)를 만나 이 문제를 토의했다. 커크와 비신스키의 회담에서 무엇이 합의됐는지 알 수 없으나, "공산군쪽이 협상에 진전을 보이지 않는다면 미국은 만저우의 군사기지를 폭격하고 중공의 해안을 봉쇄하여 필요하다면 소련과 전면전에 돌입할 것"이라는 '공갈'이 전달된 것 같다. 한편 트루먼 대통령은 자신의 보좌관들과 중공에 대해 핵무기를 쓰는 문제를 논의했다. 곧 미국은 '현재의 쌍방의 접촉선을 군사분계선으로 삼는다'는 원칙 아래 앞으로 체결될 정전협정이 지정하는 시간에 쌍방은 이 분계선으로부터 2킬로미터씩 철수하여 그 지역을 정전 동안 비무장화할 것을 제의했다.

공산군쪽도 이 제의를 수락했다. 군사분계선 문제에 관한 한, 공산군쪽이 어느 정도 제한된 양보를 했다고 풀이할 수 있다. 왜냐하면 우리가 앞에서 살폈듯이, 미국이 처음 휴전을 제의했을 때 38도선을 군사분계선으로 삼을 뜻을 비쳤기 때문이다. 어떻든 군사분계선 문제는 1952년 1월 27일 타결됐다.

이처럼 군사분계선에 관한 합의가 일단 이루어졌다는 것은 이 전쟁의 전체 흐름 속에서 중요한 의미를 갖는다. 전투행위는 계속될지라도 그것이 어느 일방에 의한 타방의 완전한 제압을 가져오지는 않을 것임을 함축했다. 풀어 말해, 이제는 공산군이 압록강까지 밀릴 가능성과 국련군이 남해로 밀릴 가능성이 사실상 없어졌다. 이로써 이 전쟁은 서로가 인정하는 교착상태에 들어갔다.

[2] 관계국 정부들에 권고하는 문제

군사분계선 문제에 매듭이 지어지면서, 쌍방은 '외국 군대의 철수와 한반도 문제의 평화적 해결에 관해 쌍방에 관련된 나라들의 정부들에 권고하는 문제'를 다뤄 나갔다. 1952년 2월 16일에 공산군쪽은 정전회담 발효 3개월 안에 쌍방에 관련된 나라들의 정부들 사이에 '고위 정치회담'을 열어, '외국 군대의 철수와 한반도 문제의 평화적 해결 및 기타'를 다루자고 제의했다. 이 제의에 대해, 국련군측은 이 '고위 정치회담'에 대한민국이 참여한다는 점을 확실히 하며, '및 기타'라는 말이 한반도 이외의 지역에 관한 문제, 예컨대 타이완 문제 같은 것까지 포함하지 않는다는 점을 확실히 한다는 조건으로 공산군쪽 제안을 받아들인다고 답변했다. 공산군쪽은 이 조건들을 받아들였다. 그리하여 1952년 2월 19일에 이 문제는 매듭지어졌다.

[3] 정전의 세부사항

한편 쌍방은 1952년 1월 27일부터 곧바로 '정전의 구체적 사항' 문제를 다루기 시작했다. 특히 휴전협정의 준수 여부를 감시할 기구의 구성과 권한 및 기능을 다루어 나갔다. 국련군쪽은 7개항을 제의했다. 그 가운데 핵심적인 내용은 다음 세 가지였다. 첫째, 휴전협정이 체결된 뒤에는 쌍방이 병력은 물론 보급과 장비 및 시설을 증가하지 않는다. 둘째, 쌍방에서 선정한 휴전감시위원회는 남북한 모든 지역에 대한 통행의 자유권을 갖는다. 셋째, 남북한 중요한 지점에 합동조사반을 상주시켜 휴전조항을 지키게 하며, 공중촬영을 포함한 감시활동을 전개한다. 국련군쪽은 곧 이 7개항에 추가하여, '정전협정이 맺어진 뒤 군용비행장의 건설과 개축 및 수리는 제한되어야 한다'는 제한을 내놓았다.

국련군쪽의 제의의 대부분을 공산군쪽은 반대했다. 공산군쪽은 우선 남북의 주요한 지점들에 대한 감시를 반대하고 비무장지대에서만 감시활동을 펴자고 제의했다. 또 정전협정이 맺어진 뒤 군용비행장의 복원을 금지시켜야 한다는 국련군쪽의 제안은 국가주권에 대한 침해라고 맞섰다.

이 문제보다 쌍방이 가장 큰 논쟁을 벌인 문제는 휴전감시위원회의 구성문제였다. 국련군쪽은 이 위원회가 '중립적' 성격을 가져야 한다고 전제하고, 위원국으로 노르웨이와 스웨덴 및 스위스를 그 나라들의 동의를 받아 추천했다. 이에 대해, 공산군쪽은 그 기구의 이름을 '중립국감시위원회'로 부르자고 제의하고, 위원국으로 소련과 폴란드 및 체코슬로바키아를 추천했다. 소련을 추천하면서 공산군쪽 대표단은 '만일 소련이 중립국가로 지명될 수 없다면 이 세상에 중립국가란 도대체 없다'라고까지 주장했다.

국련군쪽 수석대표 조이는 너무 놀랐다. 그는 '이 전쟁에서 공산군쪽이 사용한 총·비행기·탱크·수뢰·탄약·휘발유·트럭 그리고 군사적 권고는 소련으로부터 나왔다. 우리의 연락장교단 수석대표가 맨 처음 개성에서 공산군쪽과 접촉했을 때, 그는 소련제 기관총 아래 놓여 있었고, 소련제 지프차에 태워져 회담장소로 안내됐으며, 소련 술 보드카마저 권해졌다' 라고 외쳤다.

미국 국방부는 물론 소련을 중립국감시위원국으로 추천한 공산군쪽 제안을 거부하라고 조이에게 지시했다. 그러나 그 이유 설명이 조이에게는 놀라웠다. '소련이 한국전쟁에서 북한을 도왔으니 중립국가라고 볼 수 없다' 라는 논리가 아니라, '소련은 한반도와 국경을 맞대고 있으니 중립국가라고 볼 수 없다' 라는 논리였던 것이다. 그뿐 아니라, 국방부는 '한국전쟁에 소련이 참가했다는 주장을 입증하기는 어려운 상태이므로, "국련은 소련을 중립국으로 간주하지 않는다"고 말하는 것은 바람직하지 못하다' 라고 훈령했다. 국방부의 이 훈령은 국련군대표단을 실망시켰다.

이 훈령 이후 국련군대표단은 소련이 중립국감시위원국이 될 수 없다는 논리를 전개함에 있어서 약한 입장에 서게 되었다. 이렇게 되자 공산군쪽은 국련군쪽에 대해 '당신들은 어째서 위대한 평화애호국 소련을 중립국으로 간주할 수 없다는 논리적 이유를 제시하지 못하는가? 그 이유는 당신들에게는 아무런 논리적 근거가 없기 때문이다. 당신들은 소련이 이 전쟁에서 진정한 중립국이라는 사실을 부인할 수 없는 것이다' 라고 놀림조로 공격했다. 이러한 공격 앞에서 국련군쪽은 '소련은 한반도와 접경했으므로 중립국이 아니다' 라는 주장밖에는 할 말이 없었다.

이 문제를 놓고 논전은 무려 3개월을 끌었다. 마침내 1952년 5월 2일에 국련군쪽은 군용비행장의 복원 문제를 거론하지 않기로 하는 한편 중립국감시위원단에서 노르웨이를 제외하고 공산군쪽은 소련을 제외함으로써 합의가 성립됐다. 즉, 스웨덴·스위스·폴란드·체코슬로바키아로써 중립국감시위원단을 구성하기로 합의한 것이다.

[4] 포로교환의 문제

의제 4개 가운데 3개가 해결되고 나자 남은 의제는 포로교환의 문제 하나였다. 정전이 성립되면 포로교환은 당연히 쉽게 이루어질 것으로 예상했기 때문에 중요한 문제들이 모두 해결된 이 마당에 이 문제는 빨리 매듭지어져 정전협정이 곧 체결될 것으로 기대됐다. 그러나 정전회담 또는 평화회담 사상 유례없이 이 문제를 너무나 뜻밖에도 오래 끌었다.

국련군쪽이 포로 문제의 심각성에 주목하기 시작했던 때는, 리지웨이 장군의 회고록에 따르면, 1951년 1월 6일부터였다. 1월 4일에 서울로부터 후퇴한, 이른바 1·4후퇴 직후 당시 미 8군사령관인 리지웨이 중장은 이미 137,000명 규모에 도달한 포로들이 전투지역에 매우 가까운 곳에 밀집수용되어 있는 현실에 부담을 느끼게 되었다. 만일 최악의 경우 미군이 모두 한반도에서 후퇴하게 될 때 이들을 어떻게 처리해야 한다는 말인가? 그리하여 그는 맥아더 총사령관에 문의했다. 맥아더는 자신이 포로들의 미국으로의 이동수용을 본국 정부에 이미 건의했으므로 대답을 기다리자고 회신했다. 그러나 미국 정부는 남한의 남해안의 큰 섬들로 이동시키라고 지시했다.

이 지시에 따라 우선 제주도가 고려됐다. 그러나 이 섬에는 이미 25만여 명 인구가 밀집해 있어서 14만 명 규모의 포로들과 이 포로들을 감시할 상당한 규모의 병력 및 행정관리들을 수용하기 어렵다는 결론이 났다. 그리하여 제주도보다 훨씬 작은 섬으로 부산에 가까운 거제도로 결정됐다. 물론 거제도 역시 그 많은 인원을 받아들이기에는 부족한 점이 많았으며, 이 곳에도 이미 원주민에 피난민이 겹쳐 약 20만 명이 모여 살고 있었다. 포로의 수는 이미 북한군 13만 명에 중국군 2만 명 등 도합 15만 명 규모로 늘어났다. 그러나 다른 선택이 없어서 이 섬으로 결정됐다. 뒷날 포로가 17만 명 규모로 늘어나면서 국련군은 제주도, 그리고 당시 경상남도 통영군(統營郡) 한산면(閑山面) 추봉리(秋蜂里)에 속한 봉암도(蜂岩島)에도 그들을 수용하게 된다.

이처럼 방대한 규모의 포로를 다루면서 미국쪽은 처음에는 1949년도에 제네바에서 수정조인된 전쟁포로에 관한 협약을 생각했다. 제네바협약 제118조는 '전쟁포로는 전쟁이 끝나면 지체없이 석방되고 송환돼야 한다'고 명시하고 있었다. 미국은 이 협정에 즉각 서명했다. 그러나 1951년 중반에 와서 비준절차를 끝냈다.[12)]

원래 이 조항은 2차 대전이 끝난 뒤 소련이 독일군과 일본군 포로를 석방하지 않고 강제노동수용소에 다시 가두어 소련의 전후 복구사업에 종사시켰던 전례가 되풀이되는 것을 예방해야 한다는 서방세계의 인도주의적 의지를 반영한 것이었다. 그러나 이 조항은 2차 대전이 끝난 뒤 포로를 교환함에 있어서 서방세계가 고의는 없었으나 결과적으로 저지른 '비인도주의적' 전례가 되풀이되는 것을 사실상 용인하는 함정을 안고 있었다. 2차 대전이 끝난 뒤 서방세계는 본국으로의 송환을 원하지 않던 소련군 포로들 또는 소련군으로부터 탈출해 왔던 소련 군인들을 그들의 의사에 반해 전원 강제송환시켰었다. 이들은 송환 도중에 열차에서 뛰어내리다가 죽기도 했었으며, 또는 열차가 여전히 서방권을 통과하고 있던 때 집단투신자살하기도 했었고, 그렇지 않은 경우에는 본국에서 대부분 처형되거나 강제노동수용소로 넘겨졌었다. 이러한 비극의 예방이 문제의 제118조에는 보장되어 있지 않았다.

이제 한국전쟁에서 국련군에게 장악된 공산군 포로들의 상당수도 강제송환되면 같은 운명에 처해질 것으로 예상됐다. 한국군에 속해 있다가 북한군에 잡혀 북한 군인으로 복무하다가 이번에는 국련군에 잡힌 포로들, 장제스의 국부군 출신으로 중공군에서 복무하다가 국련군에 잡힌 포로들의 대부분은 각각 한국군과 국부군으로 돌아가거나, 남한에 남기를 원했다. 또 한국의 시민으로 북한군에 끌려갔다가 이번에는 국련군의 포로가 된 사람들도 남한에 남겠다고 주장했다. 이러한 사람들을 제네바협약에 충실하여 '즉각송환' 한다면 그것은 그들에게 사실상 '죽음' 을 의미하는 것이었다.

1) 미국쪽의 구상들

여기서 미 육군의 심리전 책임자인 매클루어(Robert A. McClure) 준장은 하나의 절충안을 내놓았다. 그는 우선 공산군 포로들을 '강제송환' 할 때의 문제점을 미국의 국가이익의 차원에서 제기했다. '미국은 이제까지 공산권을 상대로 자유세계로 망명해 오라고 심리전을 전개해 왔다. 그런데 사실상 자유세계로 망명해 왔다고 볼 수 있는 공산군 포로를 강제송환시켜 죽음에 이르게 한다면 앞으로 누가 망명하려고 하겠는가? 이렇게 되면 미국의 심리전은 아무런 가치가 없어진다' 는 것이 그의 주장이었다.

그러면 문제를 어떻게 해결하는 것이 좋겠는가? 그는 '자발적 송환' 의 원칙을 세워 중공군 포로를 '차이나의 일부인 타이완' 으로 보내고, 북한군 포로를 '코리아의 부분인 남한' 으로 보내자고 제의했다. 그렇게 함으로써, 포로를 비록 원래의 정부에게로는 아니지만 동일한 민족에게로 보내게 되고 그렇게 함으로써 제네바협약을 깨뜨렸다는 비난을 피할 수 있게 된다고 설명했다.

육군 참모총장 콜린스 대장과 신임 국방장관 로베트(Robert Lovett)는 매클루어의 제안을 칭찬하면서도 그 제안의 위험성을 지적했다. 어느 무엇보다 우선적으로 고려돼야 할 '모든 국련군 포로들의 안전하고 신속한 송환'에 지장을 줄 가능성이 크다는 것이다. 한편 리지웨이 국련군 총사령관은 '1 대 1의 교환'을 제의했다. 현재 국련군이 장악한 공산군 포로의 수가 공산군이 장악한 국련군 포로의 수보다 훨씬 많기 때문에, 1 대 1로 교환해 나가면 공산군 수중의 국련군 포로는 전원이 국련군으로 되돌아올 수 있다고 그는 계산한 것이다.

그러면 1 대 1의 교환 뒤에 당연히 남게 될 국련군 수중의 공산군 포로들은 어떻게 처리하나? 공식으로 정전협정이 맺어지면, 이 전쟁이 일어나기 직전에 남한인이었으나 이 전쟁이 일어난 뒤 북한군에게 잡혔다가 국련군 포로가 된 약 4만 명을 제외하고는 전원 공산군에게 넘겨야 한다고 주장했다. 이것이 비인도적인 처사일 수는 있으나, 이렇게 하지 않으면 뒷날 미국과 공산국가 사이에 전쟁이 일어났을 때 공산국가가 자신이 장악한 미군 포로를 미국으로 송환시키지 않을 위험성을 남겨 둔다고 그는 생각한 것이다.

한편 변호사 출신의 애치슨 국무장관은 제네바협약의 규정을 엄격히 준수해야 한다고 주장했다. '자발적 송환'은 제네바협약을 위반하는 것이며, 그것은 모든 국련군 포로의 완전한 귀환을 불가능하게 만들 위험성이 있다는 것이다. 그러나 '강제송환'은 비인도적 결과를 낳게 되지 않는가? 여기서 그는 송환을 거부하는 포로들을 정전협정의 체결 직전에 석방하여 사실상 서방세계로의 잔류를 허용하는 안을 내놓았다. 그는 이 안이 제네바협약에 위반되지 않는다고 주장했다. 이에 대해 국방부는 대체로 '전체 대 전체의 교환'을 지지했다. 쌍방이 자신의 포로들을 한꺼번에 교환하자는 것이었다. 국방부는 그 제안이 공산군쪽에 의해 받아들여지기만 하면 공산군에 잡혀 있는 국련군 포로들의 귀환은 보장된다고 계산한 것이다.

이러한 여러 제안들에 대해, 트루먼 대통령이 자신의 의견을 내놓았다. 그는 우선 국련군이 장악한 포로의 수와 공산군이 장악한 포로의 수가 너무 차이가 나는 만큼 '전체 대 전체의 교환'은 균형을 잃은 것이라고 지적했다. 그는 이어 국련군쪽에게 자진투항했던 공산군인들을 공산군쪽으로 돌려주면 곧바로 처형될 것이므로 그렇게 해서도 안 된다고 말했다. 그는 국제법의 규정에도 불구하고, 인도주의적 차원에서 '확고한 태도'를 취해야 한다고 결론지었다.

인도주의의 '원칙'이 사실상 '정책'으로 굳어져 가면서 미군 당국은 자신의 수중에 있는 공산군 포로들 가운데 송환을 거부하는 수가 얼마나 될 것인가를 개략적으로 계산해 보았다. 그 결과, 1952년 초 현재, 전체 포로의 10%에서 25%에 이르는 것으로 나타났다. 이 계산보다 더 정밀한 계산으로는 1952년 2월 현재, 132,000명 규모의 포로 가운데 약 28,000명이, 그리고 38,000여 명의 민간인 억류자 가운데 약 3만 명이 각각 송환을 거부하는 것으로 나타났다. 한편 같은 시기에, 다른 조사반이 실시한 조사에 따르면, 약 3만 명에서 4만 명 사이의 공산군 포로들이 송환을 거부하며, 그 가운데 약 16,000명은 송환에 '격렬하게' 저항할 것으로 나타났다.

2) 회담장에서의 말싸움

마침내 국련군쪽은 1952년 1월에 열린 판문점 회담에서 '자발적인 송환'의 원칙을 제시했다. 공산군쪽은 곧바로 거부했다. 공산군쪽은 국련군에게 잡힌 공산군 포로들의 상당수가 송환을 거부할 것임을 잘 알고 있었기 때문이다.

이에 맞서 국련군쪽은 '중공군은 모두 중국인민지원군으로 구성되어 있는데, "지원"까지 할 정도로 충성심이 강한 그들이 왜 송환을 거부하겠느냐'고 조롱조로 반문했다. 이에 대해, 공산군쪽은 국련군쪽이 공산군 포로들을 '전향' 시키기 위해 '사상교육' 을 시키고 있기 때문이라고 반박했다. 국련군쪽은 '사상교육' 은 공산군쪽의 특유의 도구라고 주장했다. 그리하여 판문점 회담은 곧 '독설의 교환장' 으로 바뀌었다.

이 무렵 미국 정부는 판문점의 국련군 대표단에게 '자발적 송환' 이 제네바협약에 어긋나지 않는다는 새로운 해석을 보냈다. 여기서 미국 정부가 근거로 삼은 것은 '전쟁 포로는 어떠한 상황 아래서도, 이 협약에 의해 확보된 권리의 일부 또는 전부를 빼앗기지 않는다' 는 제 7 조였다. 이 조항을 원용하여, 국무부는 '교전국은 전쟁 포로의 권리를 박탈하지 않는 한 그들에 관한 특별한 조처를 취할 수 있다' 고 전제하고, '제네바협약의 정신은 개별적 포로들의 권리를 보호하자는 것이기 때문에, "자발적 송환"은 제네바협약을 위반하는 것이 아니다' 라고 주장했다.

3) 미국 정부 안에서의 논쟁

미국 정부의 이러한 입장에 대해, 중앙정보부와 국무부 및 국방부의 중간급 관리들은 대체로 지지를 나타냈다. 그들은 '정치적 자유' 라는 '기본적인 도덕적 원리' 가 존중되어야 한다고 전제하고, '강제송환' 은 이 원리를 깨뜨린다고 결론지었다. 그들은 이어 그 원리가 깨질 때 미국은 '자유세계의 지도자' 로서의 지위를 잃게 되며, 공산국가에서 억압받고 있는 시민들은 서방으로의 망명을 포기하게 될 것이라고 전망했다. 그러나 다른 한편으로, 그들은 미국이 '자발적 송환' 을 강력히 밀고 나갈 때 정전협상은 깨어질 위험성이 있음을 지적했다.

이러한 토론 과정에서 다른 의견을 제시한 관리도 있었다. 국무부 정책기획단의 스텔(Frank Stelle)은 '자발적 송환' 은 제네바협약의 위반이라고 지적하고, 국제협약의 명백한 위반은 미국이 자랑해

온 미국의 '도덕적 우위'를 약화시킬 것이라고 주장했다. 그는 이어 '자발적 송환'은 정전회담을 지연시킬 것이며, 따라서 조기정전을 열망하는 서방 참전국들의 반대를 받게 될 것이라고 주장했다. '자발적 송환'이 공산권 시민들의 서방세계로의 망명을 북돋울 것이라는 견해에 대해서도 그는 반대했다. 정치적 망명은 언제나 지엽적인 문제 때문에 발생했던 만큼, '자발적 송환'이 공산권으로부터의 망명을 촉발시킬 것으로 기대하지 않는다고 그는 주장했다.

4) 트루먼과 애치슨의 의견 일치

애치슨 국무장관은 마침내 '자발적 송환'의 원칙을 정책으로 확정지었다. 그리고 1952년 2월 8일 트루먼 대통령에게 이 정책을 최종안으로 결정지으라고 건의했다. 여기서 애치슨은 미국의 그러한 입장은 정전회담의 진전을 막고 공산군 수중의 국련군 포로의 안전귀환을 위태롭게 하고 궁극적으로 국내외의 여론을 자극할 우려가 있음을 간단히 지적했다. 그러나 '자발적 송환'의 입장이 가져올 이익을 그는 강조했다. 우선 미국 의회에서 포로의 '강제송환'을 반대하는 움직임이 자라나고 있으므로, 길게 볼 때는 정전협상에 관해 정부는 의회와의 충돌을 피할 수 있음을 지적했다.

그러나 그것보다 더 중요한 것은 국내정치가 아니라 '도덕성과 냉전'이라고 그는 강조했다. '본국으로 돌아가면 죽음에 직면할 것으로 믿고 있는 포로들을 공산주의자들에게 강제로 돌려보내도록 요구하는 협정은 인간의 중요성에 대한 우리의 가장 기본적인 도덕적 · 인도주의적 원리들에 모순되며, 공산주의 폭정에 반대하는 미국의 심리전 입장을 심각하게 위태롭게 한다'고 그는 역설했다. 애치슨의 이러한 역설은 트루먼의 마음에 꼭 맞는 것이었다. 바꿔 말해, 애치슨은 트루먼의 마음에 맞게 논리를 세운 것이다.

트루먼은 그래도 최종적인 결정을 내리지 않았다. 그리하여 그는 국무부 극동담당 부차관보 존슨(U. Alexis Johnson)과 육군 참모차장 헐(John Hull)을 현지로 보내 포로교환을 둘러싼 교착을 타개할 수 있는 길을 찾아보도록 지시했다. 현지에 도착하여, 헐은 본국송환에 저항하는 포로들의 이름을 포로 명단에서 빼고 그 나머지만으로 명단을 새로 작성하여 그들 전원의 송환을 제의함이 어떻겠느냐고 제의했다. 이에 대해 리지웨이 총사령관은 물론 국련군 대표단원들이 반대했다. 그것은 제네바협약의 위반이며, 무엇보다 공산주의자들로 하여금 자신들의 수중에 있는 국련군 포로들 가운데 일부를 송환시키지 않게 할 근거를 마련해 준다고 그들은 반론했다. 수석대표 조이 중장은 그 제안은 '불명예스러운 것'이라고 단정했다.

뚜렷한 타개책이 발견되지 않자, 미국 정부는 국련군쪽이 '자발적 송환'을 계속 고집하고 나갈 때 공산군쪽이 과연 어느 정도까지 반대할 것인지를 따지기 시작했다. 공산군쪽의 반대는 영구적일까? 아니면, 마치 38도선 문제에 대해 양보했듯이 결국은 다시 양보할 것인가? 이 물음에 대해 조이 수석대표의 입장조차 흔들렸다. 끝까지 반대할 것이라고 생각하다가도 양보할 가능성이 50 대 50으로 있다고 생각하기도 했다. 그러나 정부 안에서는 공산군쪽이 끝까지 반대할 것이라는 분석이 점점 대세를 이루어 갔다. 풀어 말해, 국련군쪽이 '자발적 송환'을 고집하는 한, 정전협정의 전망은 어둡다는 진단이 주류가 된 것이다.

그럼에도 불구하고, 애치슨 국무장관은 '자발적 송환' 원칙을 고수했다. 트루먼 대통령의 입장도 마찬가지였다. 그리하여 그는 이제는 최종결정을 내려야겠다는 판단 아래 1952년 2월 27일에 관계책임자회의를 열었다. 여기에는 애치슨 국무장관, 로베트 국방장관, 스나이더(John Snyder) 재무장관, 반덴버그(Hoyt Vandenberg) 공군 참모총장, 훼츠텔러(William Fechteler) 해군 제독, 헐 육군 참모차장, 존슨 국무부 극동담당 부차관보가 참석했다. 이 가운데 훼츠

텔러 해군 작전사령관만이 '자발적 송환'에 반대했다. 나머지는 모두 '자발적 송환'에 찬성했다. 이들의 토론을 자세히 분석한 번슈타인 교수는 참석자들이 대통령의 뜻을 파악하고 거기에 어긋나기가 싫어 찬성했다고 지적한다. '트루먼의 권위가 그의 부하들이 가졌던 두려움과 의문을 침묵시켰다'고 그는 쓰고 있다.[13)]

이 회의에서 주동적 역할을 수행한 사람은 트루먼과 애치슨이었다. 이들은 국련군쪽이 '자발적인 송환'을 고집해도 정전회담이 몇 달 안에 매듭지어질 것으로 막연히 믿었다. 공산군쪽이 몇 달 동안 버티겠지만 몇몇 지역에 공중폭격을 가하고 판문점에서 강하게 나가면 결국 양보해 올 것으로 생각했다. 그들은 이 문제 때문에 이 때로부터 무려 1년 5개월이나 정전회담이 지연될 것이라고는 예상하지 못했다.

트루먼과 애치슨의 최종결정에 가장 큰 영향을 미친 것은 '도덕성, 국내정치, 반공, 국제정치의 복합'이었다. 그들은 우선 '강제송환'—공산군측의 표현으로는 '자동송환'—은 비인도적이며 비양심적인 처사라고 생각했다. 그들은 이어 공산군 포로들의 상당수가 본국송환을 거부할 때 미국이 얻을 '선전적 승리'를 놓칠 수 없다고 생각했다. 그러한 승리는 중립적 위치에 있는 나라들, 특히 아시아인들의 마음을 사로잡기 위한 국제적 대결에서 미국에게 큰 이익을 줄 것임을 그들은 계산한 것이다. 그뿐 아니라, 그러한 승리는 국내정치에서도 트루먼 행정부의 입장을 크게 도울 것이다. 트루먼은 '미국은 공산주의 침략을 막았을 뿐만 아니라, 공산주의에 대해 극적인 심리적 승리를 얻었다'라고 주장할 수 있을 것이다.

그러나 여기에는 또 하나의 중요한 정치적 계산이 개입되어 있었다. '자발적 송환'의 원칙을 세워놓으면, 공산국가들의 병사들이 미래의 전쟁에서 서방으로 탈주하는 율이 높아지고, 이 점을 두려워하여 공산국가들은, 특히 소련은, 서방과의 직접적인 전쟁을 회피하게 될 가능성이 있다고 그들은 계산한 것이다. 애치슨의 표현으로는, '자발적 송환'의 원칙은 종국적으로 소련의 침략 가능성을 억지시키는 요소가 될 수 있다는 것이다.

5) 1952년 봄의 회담

'자발적 송환'의 원칙을 세우고도, 1952년 3월과 4월 동안, 미국 정부는 판문점 회담의 교착을 타개하려고 노력했다. 우선 1952년 3월 초 국련군쪽은 송환을 원하지 않는 공산군 포로들을 명단에서 제외하되 그 나머지 포로들은 전원송환시키겠다고 제의했다. 공산군쪽은 당연히 거부했다. 그 대신 3월 말 공산군쪽은 국련군 수중의 공산군 포로들 가운데 작은 일부는 송환으로부터 제외될 수 있다는 작은 타협안을 제시했다. 4월 초 국련군쪽은 공산군쪽으로 송환될 포로의 수가 약 116,000명으로 추산된다고 말하자, 공산군쪽은 그 정도의 수라면 받아들일 수 있음을 암시했다.

이러한 배경에서 국련군쪽은 공산군 포로들의 심사를 시작했다. 심사의 결과는 국련군쪽을 놀라게 했다. 송환을 거부하는 포로들의 수가 예상 밖으로 너무 많았던 것이다. 132,000여 명의 포로들 가운데, 116,000여 명은 송환에 응할 것이라고 예상했었는데, 실제 심사의 결과 그 수는 7만여 명으로 줄었다. 또 38,000여 명의 민간인 피억류자 가운데 18,000여 명은 송환에 응할 것으로 예상했었는데, 실제 심사의 결과 그 수는 약 7,500명으로 줄었다. 그 동안 반공교육을 비공개적으로 실시하기는 했지만 공산국으로의 송환을 거부하는 사람의 수가 이렇게까지 클 것으로는 예상하지 못했다.

4월 19일에 국련군쪽은 이 숫자를 제시했다. 공산군쪽 대표단은 너무나 놀라 곧바로 휴회를 요청했다. 이튿날 회의가 재개되자 공산군쪽은 국련군쪽이 사기를 쳤다고 맹렬히 비난했다. 미국이 이승만 및 장제스와 짜고 포로들로 하여금 송환에 저항하도록 압력을 가하고 있다고 주장했다. 국련군쪽은 이 주장이 허위라고 강력히 맞섰다.

그런데 공산군쪽의 주장들 가운데 부분적으로는 인정해야 할 근거가 있다는 점을 미국 정부는 깨달았다. 그것은 중공군 포로수용소의 경우 경비를 담당한 장제스의 국부군 군인들이 수용소 안의 국부군 출신 포로들과 협력하여 본국송환을 원하는 포로들에게 타이완을 택하도록 압력을 가한 사례들이 있었기 때문이다. 그리하여 조이 수석대표는 이들에 대한 재심을 지시했으며, 그 결과 공산군 포로들 가운데 송환을 희망하는 자의 수는 약 76,000여 명에서 82,400여 명으로 늘어났다. 그러나 미국 정부는 이 결과를 공개하지도 말고 공산군쪽에 수정통고하지도 말라고 지시했다.

공산군쪽 대표단이 국련군쪽이 제시한 송환 희망자의 수가 적은 데 놀랐다면, 국련군쪽 대표단은 공산군쪽이 제시한 국련군 포로의 수가 적은 데 놀랐다. 휴전회담의 초기에 이미 자신들이 약 65,000명의 국련군 포로를 관리하고 있다고 발표했던 공산군쪽이 막상 내놓은 숫자는 11,559명에 지나지 않았던 것이다. 그것을 세분하면, 한국군이 7,142명이고 국련군이 4,417명이었다. 이미 국련군쪽에서는 북한군이 국련군 포로를 학살하거나 가혹히 다룬다는 정보를 발표했었다. 1951년 11월 현재 미군 6,200여 명, 한국군 7,000여 명, 기타 국련군 130여 명, 합계 13,000여 명이 학살된 것으로 추산했었다.[14] 그러므로 공산군쪽이 애초에 발표한 65,000여 명에서 13,000여 명을 빼도 52,000명 규모는 되어야 한다. 그럼에도 불구하고, 11,000여 명의 명단밖에는 제시하지 못한다면, 나머지 약 41,000명의 운명은 어떻게 된 것인가? 이 물음에 대해 공산군쪽은 그 동안에 있었던 국련군의 폭격 때 대부분이 사망했다고 변명했으나, 서방세계의 여론은 공산군쪽의 인명경시를 비난했다.

6) 공산권의 '국련군 세균전' 비난

공산권에 대한 국제사회의 비난이 높아가는 상황에서 공산권은 국련군이 이 전쟁에서 세균전을 펴고 있다고 역공세를 폈다. 1952년 2월 20일에 모스크바방송이 처음 이 주장을 들고 나오자, 2월 22일에 북한 부수상 겸 외무상 박헌영이 평양방송을 통해 이 주장을 되풀이했고, 중국의 베이징방송과 「런민리바오」도 같은 내용으로 공세를 취했다.

이 무렵인 1952년 3월 3일에 공산권의 영향 아래 노르웨이 수도 오슬로에서 세계평화회의 집행위원회가 열렸으며, 중국과 북한은 이 기구가 과학자들로 구성된 조사단을 만저우와 북한에 파견해 진상을 파악해 줄 것을 요청했다. 이 요청에 따라, 소련과 프랑스 및 이탈리아를 비롯한 7개국 학자들로 조사단이 구성됐는데, 친공 성향이 많은 것으로 알려진 학자들도 포함된 이 조사단은 7월 초부터 8월 초까지 두 지역을 방문하고 실태를 조사했다. 이들은 공산국가들의 주장에 접근한 보고서를 제출했다. 이러한 조사가 진행되는 과정에, 3월 14일 주(駐)국련 소련 대표 말리크는 미군의 '세균전'을 국련이 비난할 것을 동의했고, 이어 3월 20일에 중국공산당의 관영통신 「신화」는 '세균전의 증거'가 잡혔다고 보도하기도 했다.

국련군은 공산군쪽의 주장과 보도를 완전히 부인했다. 미국을 비롯한 서방 참전국들은 국제조사단의 보고서가 공산주의자들의 '악선전'을 담았다고 비난했다. 미국 정부는 이와 동시에 공산국가들에 대해 진상조사를 국제적십자사에 맡기자고 제의했다. 공산국가들은 국제적십자사가 미국의 큰 영향 아래 있다는 이유로 거부했다. 이에 미국은 국제연합의 조사단을, 또는 중립국사절단을 파견하자고 제의했으나 소련은 모두 거부했다.

7) 거제도 폭동

'세균전' 공세에 이어 국련군쪽을 몹시 괴롭힌 사건이 발생했다. 그것이 바로 거제도 포로수용소에서 공산 포로들이 포로수용소 사령관을 납치한 사건이다.

거제도의 공산군 포로수용소는, 클라크 장군의 표현으로, '하나의 불법적인 포로공화국'이었다. 북한군 포로들은 북한 당국과 일상적인 연락망을 확보하고 있었고, 북한 당국의 지시에 따라 폭동을 일으키기도 했다. 반공 포로들을 학살하여 그 피로 '인민공화국 국기'를 만들어 세워 놓은 그들의 포로수용소는 문자 그대로 '조선로동당 거제도지부'였다. 이 조직을 움직이는 간부는 박상현(朴商鉉)과 리학구(李學九)였다.

정전회담에서 포로의 '자발적인 송환' 문제가 제기된 이후, 친공 포로들은 반공 포로들에게 더 많은 폭력을 행사했고 수용소 당국을 상대로 더 많은 충돌을 일으켰다. 이처럼 어려운 상황 속에서 밴플리트 미 8군 사령관은 8군 참모차장 도드(Francis Dodd) 준장을 포로수용소 사령관으로 임명했다.

4월 중순에 포로교환 문제를 둘러싸고 협상이 교착된 상태에서 공산 포로들이 도드 사령관을 납치해 인질로 삼아 국련군쪽의 양보를 받아 내려 한다는 소문이 나돌았다. 그런데도 포로 문제를 다뤄 본 경험이 전혀 없는 그는 계속해서 회유책을 썼다. 마침내 5월 7일에 공산 포로들이 대우 문제를 놓고 토론을 요구했을 때 그는 보좌관 레이븐(Wilbur Raven) 중령과 함께 제76수용소로 갔다. 공산 포로들의 함정에 빠진 것이다. 그들은 무장병들이 따르지 않은 두 사람을 잡으려 들었고, 레이븐은 도망쳐 나왔으나 도드는 붙잡히고 말았다.

우연히도 이날 클라크 육군 중장이 국련군 총사령관 리지웨이 대장의 후임으로 도쿄에 도착했다. 그리하여 도쿄를 떠날 때까지는 여전히 최고사령관인 리지웨이와 새로 부임한 클라크 및 도드의 직속사령관인 밴플리트 사이에 혼선이 나타났다. 우선 리지웨이는 '도드는 직업군인으로서 언제나 죽을 각오가 되어 있어야 할 사람이다. 전시에는 장군의 목숨이라고 해서 병사의 목숨보다 더 귀중할 수는 없다. 장군의 목숨을 살리기 위해, 병사들이 목숨을 바친 대의를 희생시켜야 한다면, 우리는 그들을 배반하는 것이다' 라고 주장했다. 클라크의 의견도 같았다. 그는 도드를 '멍청이 같은 개새끼' 라고 부른 뒤, "우리가 포로와 협상할 수는 없다"고 말했다. 그러나 밴플리트의 생각은 달랐다. 그는 우선 도드의 후임에 콜슨(Charles Colson) 준장을 임명하고, 공산 포로들과의 협상을 통해 도드를 구출하려고 했다.

리지웨이는 무력을 행사해서 도드를 구출하라고 지시했다. 이에 따라 콜슨은 무력을 과시하면서 협상에 들어갔다. 그러나 공산 포로들이 굴복하지 않고 도드가 그들에 의해 살해될 것으로 보이자 콜슨은 포로들의 요구에 굴복하여 5월 10일에 그들이 작성한 문서에 서명하고 도드를 생환시켰다. 이 문서는 '국련군이 공산군 포로들을 살상한 일이 있었음' 을 시인하고, 공산 포로들의 송환 의사를 묻는 심사가 없을 것임을 다짐했다.

클라크 신임 국련군 사령관은 도드와 콜슨을 모두 대령으로 강등시켰고, 보트너(Haydon L. Boatner) 준장을 그 후임으로 임명했다. 10년 이상 아시아에서 근무했으며 중국어에도 능통한 그는 엄격한 기율과 무력의 과시로써 수용소를 운영해 나갔다.

8) 미 군부의 확전론

포로교환 문제에는 아무런 진전이 없고, 공산권은 '세균전' 비난의 선전공세를 전개하자 미국 군부는 확전을 제의했다. 예컨대, 3월에는 태평양함대사령관 래드포드(Arther Radford) 제독이 중국 해안에 대한 해·공군의 군사작전을 제의했고, 4월에는 합동참모본부의 기획위원회가 '원폭의 전술적 사용'을 제의했다. 이 위원회는 중국본토에 국부군을 투입하고 게릴라작전을 전개하는 방안도 구상했다. 이처럼 중국에 대해 군사적 압력을 가하면 중국은 판문점 회담에서 양보할 것이고 따라서 정전협상의 교착은 타개되리라고 계산한 것이다. 그러나 국무부는 물론이고 리지웨이 총사령관까지도 그러한 작전은 너무 위험스럽다는 이유로 거부했다.

이러한 상황에서 트루먼 대통령은 몹시 화가 났다. 그는 자신의 심정을 일기에 다음과 같이 썼다:

> 그대들은 한반도에서 전쟁을 끝내고 싶어 하는가, 아니면 그대들의 중국과 시베리아가 파괴되는 것을 원하는가? 그대들은 우리의 공정하고 정의로운 제안을 수락하든가 아니면 완전히 파괴되든가 양자택일을 해야 된다.

그러나 그는 이 '최후통첩'을 일기에만 썼을 뿐, 공산군쪽에 제시하지는 않았다.

미국 군부는 다시 확전론을 폈다. 특히 공군은 압록강 부근의 발전소들을 파괴해야 한다고 주장했다. 리지웨이 총사령관은 발전소들의 파괴가 공산군쪽의 양보를 유도해 내는 데 크게 이바지하지 못한다는 이유로 거부했다. 그러자 극동 공군사령관 웨일랜드(O. P. Weyland)는 워싱턴에 직접 호소했다. 그의 호소는 우선 반덴버그 공군 참모총장의 지지를 받았다.

9) 한국전쟁과 미국의 국내정치

미국 군부의 확전론이 어떻게 결말지어졌는가를 말하기에 앞서 당시 이 전쟁이 미국의 국내정치에 어떤 영향을 주고 있었는가에 대해 살피기로 한다. 왜냐하면 이 전쟁의 전개과정은 미국의 국내정치에 많은 영향을 주었고, 또 미국의 국내정치는 이 정전협상에 적지 않은 영향을 주었기 때문이다.

이 전쟁이 일어나 미국이 즉각 개입했을 때만 해도 트루먼 대통령의 인기는 높았었다. 1950년 후반 전황이 국련군에게 유리하게 전개됐을 때는, 미국의 권위 있는 여론조사 기관인 갤럽(George Gallup) 연구소의 조사에 따르면, 트루먼 지지율은 약 46%에 이르렀었다. 그러나 1951년 이후 전쟁이 계속되고 전선이 교착되면서 지지율은 낮아졌다. 여기에 트루먼 행정부의 갖가지 추문들이 터져 나오면서 그의 인기는 더욱 내려갔다. 그러므로 1952년 11월에 실시될 대통령선거에서 트루먼의 재선 가능성은 크지 않을 것으로 내다보였다.

여기서 트루먼은 1952년 3월 29일에 재선을 포기한다는 뜻을 공개적으로 선언하게 됐다. 그가 염두에 둔 '가장 유능한 후보'는 일리노이주 지사인 스티븐슨(Adlai Stevenson)이었다. 그러나 트루먼이 강력히 권유했는데도 스티븐슨은 이날까지도 태도를 밝히지 않았다.

이에 비해 공화당은 '2차 대전의 영웅' 아이젠하워 장군을 영입하는 데 성공했다. 아이젠하워는 2차 대전이 끝난 뒤, 육군 참모총장과 콜롬비아대학교 총장을 거쳤고, 이 전쟁이 진행되던 당시에는 5성장군으로서 북대서양조약기구의 초대 최고사령관직에 있었다. 그는 트루먼이 한국전쟁을 이끄는 방식이 국민들 사이에 인기가 약하고 또 정치인들이, 특히 공화당이 자신을 대통령 후보로 옹립하고 싶어함을 잘 알고 있었다. 그리하여 그는 1951년 말부터 파리에 있는 자신의 사무실을 방문하는 공화당 정치인들에게 자신을 대통령후보로 추대하면 수락할 뜻이 있음을 비쳤다. 그는 자신이 출마성명 한 장만 내면 공화당 공천을 그대로 얻을 것이라고 생각했다.

그러나 그것은 오산이었다. 그는 오하이오주 출신의 상원의원 태프트(Robert A. Taft)를 이기고 공화당의 지명을 받는 일이 대통령 선거에서 승리하는 일보다 더 어렵다는 것을 깨달았다. '동부의 국제주의자들,' 예컨대 1940년에는 윌키(Wendell Willkie), 1944년과 1948년에는 듀이(Thomas Dewey)에 밀렸던 '국내 우선주의자들'의 대표인 태프트를 지지하는 세력이 만만하지 않았다. 그리하여 아이젠하워는 마침내 선거운동에 뛰어들기로 결심하고 5월 초에 사표를 제출했다.

트루먼 대통령은 그의 사표를 받아들였으며, 후임에 바로 국련군 총사령관 리지웨이를 임명했다. 5월 12일에 리지웨이의 후임에는 미 육군의 지상군사령관 클라크 장군이 임명됐다. 클라크는 2차 대전 때 이탈리아의 수도 로마에 입성했으며 이어 이탈리아 북부를 점령한 독일군의 항복을 받아낸 명장이다. 한편 5월 22일에는 국련군 수석대표직도 조이 중장으로부터 해리슨 중장으로 교체됐다.

이러한 변화들이 공산군측에게 어떤 영향을 주었을까? 이 물음을 깊이 다룬 김응택 교수는 그것들이 결과적으로 협상을 지연시켰을 것으로 분석했다. 우선 트루먼은 자신의 재출마 포기를 선언한 시점부터 새 대통령이 취임할 때까지 이른바 '절름발이 오리 대통령,' 즉 영향력을 행사하지 못하는 대통령이 되었다. 공산군쪽도 트루먼을 그렇게 보았고, 따라서 그의 임기 동안 협상을 이룩해도 그의 후임자가 변경하려 하지 않겠느냐는 우려에서 '기다리고 보자'는 입장을 취하는 경향이 있었다. 또 국련군 총사령관의 교체와 국련군쪽 수석대표의 교체는, 서방세계에서는 있을 수 있는 일이지만, 공산군쪽에게는 회담을 잘못 이끌어 나간 데 대한 문책으로 비쳤을지도 모른다.

10) 북폭, 그리고 서방 및 공산권의 반응

저자는 앞 항에서 미 군부가, 특히 공군이 북한의 발전소에 대한 폭격을 제의했으나 리지웨이 총사령관이 거부했음을 지적했었다. 그런데 그의 후임 클라크 총사령관은 북폭을 적극 지지하여 다음과 같은 구체안을 작성했다.

(1) 압록강의 수풍 댐과 그 발전기만을 제외한 모든 수력발전소를 폭격한다.
(2) 지난 1년 동안 폭격하지 않았던 북한의 수도 평양의 군사 목표를 폭격한다.
(3) 평양으로부터 개성에 이르는 공산군쪽 보급 노선을 전면 폭격한다.
(4) 군장비를 생산하고 보수하며 은닉하는 장소와 시설을 무차별 폭격한다.

이어 그는 한반도에서의 전쟁과 휴전에 관한 몇 가지 안을 내놓았다.

(1) 휴전협상이 타결될 전망이 흐려지고 공산군쪽이 이 회담을 하나의 선전장으로 쓰고 있음이 분명해지면 휴전회담을 중지할 권한을 자신에게 맡길 것
(2) 한국군을 대규모로 증강시킬 것
(3) 한국전에 국부군 2개 사단을 투입하는 문제를 검토하고 있음을 공산군쪽에 인식시킬 것 등이다.

이러한 안들을 워싱턴에 건의하면서, 그는 '나는 강력한 행동과 소신을 보이는 것만이 공산주의자들로 하여금 휴전에 동의할 수 있게 만드는 방법이라고 믿는다' 라고 주장했다.

마침내 워싱턴에서 최종 결정이 내려졌다. 장제스의 국부군을 이 전쟁에 투입시키자는 제의는 받아들여지지 않았다. 한국군의 증

강안은 1952년 10월에 대통령선거가 절정에 이를 때까지 승인되지 않았다. 북폭에 관한 건의안들은 전부 채택됐다. 거기서 한 걸음 더 나아가 수풍발전소의 폭격마저 허용됐다.

그리하여 1952년 6월 하순에 미 공군 폭격기들은 수풍 댐과 10개의 수력발전소들을 폭파했다. 이 해 여름 동안에만 1,254회의 치열한 폭격이 평양을 비롯한 인구밀집지역에 가해졌다. 뒷날 클라크는 자신의 회고록에서 이 때를 회상하면서 이렇게 썼다. '공산주의자들이란 힘 앞에는 약하다. 그들의 무릎을 꿇게 하는 것은 오직 힘뿐이다. 공산주의자들과 싸워서 이기는 길은, 하나도 힘이요 둘도 힘이며 셋도 힘이다. 힘, 힘, 힘 — 힘을 길러야 한다.'[15)]

미국의 북폭은 서방 참전국들을 긴장시켰다. 그들은 미국의 북폭이 중국으로 확대되고, 그리하여 마침내 중국이 휴전협상을 거부한 채 국련군과의 확전에 들어가게 될 것을 두려워했다. 특히 영국의 경우에는, 야당인 노동당이 보수당 정부를 맹렬히 공격했다. 보수당 정부가 미국의 확전을 지지함으로써 영국이 대전의 위험 속으로 말려 들고 있다는 것이었다. 그러나 미국의 국내여론은 대체로 북폭을 지지했다.

그러면 북폭은 공산군쪽에 어떤 영향을 주었을까? 그것은 공산군쪽을 겁먹게 하여 양보하도록 만들었을까? 아니면 이 때 굽히면 얕잡힌다는 판단에서 더욱 버티게 만들었을까? 이 물음에 대해 권위 있게 대답하기는 어렵다. 지금까지 나와 있는 자료로는 어느 쪽으로의 대답도 가능하다.

양보하도록 만들었다고 말할 수 있는 자료는 중국이 그 해 7월에 제시한 "약간의 타협안"이다. 중국은 '모든 중국군 포로만 송환된다면 송환될 공산군 포로의 수는 공산군쪽이 원래 예상했던 116,000여 명에서 11만여 명 또는 10만여 명으로 줄어도 좋다'고 말한 것이다.

그러나 인도의 설명으로는, 북폭은 오히려 중국으로 하여금 타협의 길을 걷지 못하게 했다. 국련주재 인도대표부의 한 관리에 따르면, 이 때 중국은 '중립국위원단' 같은 것을 구성해, 그 기구로 하여금 포로의 선택을 심사하게 하는 안을 제의하고자 했다. 그런데 북폭이 시작되자 중국은 그 안의 제기는 북폭 앞의 굴복이라는 인상을 줄 것을 두려워하여 포기했다는 것이다.

어느 쪽 해석이 맞는지 알기 어렵다. 그러나 한 가지 확실한 점은 북폭이 강화되면서 원조를 베풀어 달라는 소련에 대한 중국의 압력은 높아갔다는 사실이다. 예컨대, 저우언라이 총리 겸 외교부장은 1952년 8월 중순에 모스크바를 방문해 스탈린에게 증원을 요청했다. 이것을 보고 신임 주소 미국대사 케난(George Kennan)은 본국 정부에 북폭을 강화하라고 건의했다. 북폭은 중국을 겁먹게 하고 소련에게 증원요청의 압력을 가중시키게 되며, 이 때 국련군쪽이 적당한 타협적 자세를 보이면 소련은 그 압력에서 벗어나기 위해서도 정전협상을 전진시키려고 할 것이라고 그는 전망했다. 워싱턴은 이 제의를 받아들여 8월 29일과 30일에 다시 평양을 집중폭격했다.

그러나 북폭은 공산주의자들의 양보를 이끌어내지 못했다. 지상에서의 전세도 개선되지 못했다. 1952년 9월 29일 현재, 클라크 총사령관의 평가에 따르면, '공산군의 사기는 결코 떨어지지 않았고, "뛰어난, 극도로 잘 조직된 방어적 위치"를 차지한 채, 충분한 병참지원을 받고 있으며 군사력이 월등히 우세한 형편이다.'

이러한 상황에서 클라크는 국련군의 병력을 크게 증강시켜야 하며, 만저우와 중국대륙까지 폭격해야 하고, 원폭을 사용해야 한다고 건의했다. 그는 또, 바로 몇 개월 전에 건의했듯이, 한국군의 대폭증강과 장제스 군대 2개 사단의 투입을 주장했다. 그의 제안은 1년 수개월 전에 맥아더가 주장한 내용과 사실상 같았다. 바꿔 말해, 클라크 총사령관은 제한전의 제약에서 벗어날 것을 제의한 것이다. 그는 이 방식이 판문점의 국련군쪽 협상자들이 얻지 못한 것을 성취시켜 줄 것이라고 주장했다. 그의 건의는 거의 묵살됐다. 본국 정부의 판단으로는, 서방 참전국들과의 관계를 긴장시킬 수 없다는 것이었다.

11) 쌍방의 거부와 회담의 휴회

이 무렵 미국 진보당의 대통령 후보 핼리넌(Vincent Hallinan)이 재미있는 안을 내놓았다. 우선 휴전에 합의하고, 송환을 원하는 포로들을 교환하고, 그러고 나서 남은 포로들의 문제에 대해 협상한다는 제의였다. 멕시코 대통령도 거의 비슷한 안을 내놓았다. 휴전부터 성사시키고, 송환을 원하는 포로들을 교환하고, 송환을 원하지 않는 포로들을 중립국가로 보내 놓고 장차 열릴 관계국들의 고위 정치회담으로 하여금 그들의 지위를 결정하게 하자는 것이다.

미국 국무부 안에서는 이 안이 해결책일 수 있다는 주장이 나왔다. 주소 대사 케난도 지지했다. 그러나 국방부는 대체로 반대했다. 클라크 총사령관도 반대했다. 그리하여 트루먼 대통령 앞에서 관계책임자회의가 열렸다. 9월 24일에 트루먼은 최종결정을 내렸다. 그것은 종전의 결정의 재확인이었다. 즉, '포로 교환 없이는 정전이 없다'는 것이었다. '어떠한 양보의 암시도 공산군쪽에게는 열세로 해석될 뿐이며, 강경한 자세만이 공산주의자들을 교육시킬 수 있다'고 그는 덧붙였다.

이 원칙에 따라 9월 28일에 열린 판문점 회담에서 국련군대표단은 '자발적 송환'의 원칙 아래서의 포로 교환을 다시 강조했다. 다만 포로들의 의사를 '중립국위원단'이나 국제적십자사로 하여금 들어 보게 하자고 제의했다. 공산군쪽은 곧바로 거부했다. 10일 뒤 양쪽은 다시 만났으나 상대방에 대한 비난만을 교환했을 뿐이다.

이에 국련군쪽은 휴회를 선언하고 퇴장했다. 이 때로부터 약 6개월 동안 판문점 회담은 열리지 않았다.[16)]

6. 서방권의 내적 관계와 공산권의 내적 관계

여기서 잠시 서방권의 내적 관계와 공산권의 내적 관계를 생각해 본다.

[1] 서방권의 내적 관계

정전회담이 교착되면서 서방권 내부에서는 다시 미묘한 갈등이 나타났다. 그것은 정반대 되는 2개의 형태를 취했다. 하나는 정전회담을 중단하고 속전하자는 한국의 입장에 따른 미국과 한국의 갈등이었고, 다른 하나는 될 수 있는 대로 빨리 정전을 성립시키자는 대부분의 서방 참전국들과 미국의 갈등이었다.

1) 한국과 미국의 갈등

저자가 앞에서 지적했듯이, 한국 정부는 정전회담을 처음부터 반대했다. 특히 이승만 대통령은 한반도의 완전한 통일을 이룩하지 못한 채 정전을 성립시킨다는 것은 상상할 수 없었다. 그러므로 그와 미국의 충돌은 불가피했다. 이러한 맥락에서, 김웅택 교수의 지적처럼, '정전협상 과정에서 또 하나의 엄청난 장벽은 이 대통령 자신이었다.'[17)] 그리하여 미국은 공산군쪽뿐만이 아니라 한국 정부와도 협상을 해야 했다.

이 때 한국 정부는 정전협상에 대한 '절대거부권'을 가졌다고 할 수 있다. 풀어 말해, 이 대통령은 국련군의 작전지휘권 아래 있는 한국군의 지휘권을 회복해 단독북진을 강행할 수 있었던 것이다. 그리하여 그는, 다시 김응택 교수의 표현을 빌린다면, '정전협상 과정이나 협의 사항들을 좌우할 권한을 갖지 못했으나 정전 자체를 무시할 절대권은 소유하고 있었다.'

정전협상이 진전되면서 이 대통령의 위협은 더욱더 강해졌고, 미국으로서는 이 대통령을 무마하기 위해 어떤 대책을 세우지 않을 수 없었다. 그리하여 1952년 2월에 리지웨이 국련군 총사령관은 '이 대통령에게 거액의 경제원조를 제공함으로써 협조를 얻어내자'는 안을 본국 정부에 올렸다. 그러나 이 때는 합동참모본부와 국무부가 모두 거부했다. 몇 주 지나서 미국 정부의 입장은 약간 달라졌다. '위협'과 '경제원조 제공'을 동시에 제기하기로 결정했다. 그리하여 트루먼 대통령은 이 대통령에게 '정전협상에 한국 정부가 협조하지 않는다면 매우 위험한 결과를 초래할 것임은 물론이고, 앞으로 어떠한 경제원조도 제공하기 어렵다'고 경고하는 한편 그러나 한국 정부가 협조하면 경제원조를 기대할 수 있을 것임을 암시했다.

이 무렵 한국의 국내정치는 몹시 불안했다. 전시의 물가는 계속해서 뛰어올랐다. 1951년 초에 폭로된 '국민방위군 부정사건,' 그리고 곧이어 한국군이 경상남도 거창군(居昌郡)에서 양민을 공비로 몰아 학살한 이른바 거창양민학살사건은 정부의 신뢰를 떨어뜨렸다. 여기에 더하여, 1952년 여름에는 임시수도 부산에서 정치파동이 일어났다. 이 대통령은 야당이 강한 국회를 굴복시켜 자신의 재집권에 유리한 대통령직선제개헌안을 통과시키기 위해 계엄령을 선포했고 반대당 의원들을 구금했으며, 결국 이러한 위협 아래 자신의 개헌안을 통과시켰다. 이 새 헌법 아래 그는 대통령에 재선됐다.

미국 정부는 한국의 이러한 불안한 정정을 위기로 여겼으며,

그러한 위기는 정전협상의 진전에 도움이 되지 않으며 나아가 주한 미군의 안전을 위태롭게 할 위험성도 있다고 믿었다. 그리하여 미국은 과감한 대책을 세웠다. 1952년 7월 5일경 합동참모본부가 작성한 '에버레디(Everready: 常時對備: 상시대비)'라는 비밀계획이 그것이다. 이 계획에 따르면, 미국의 지원 아래 한국군 장성들로 하여금 이 대통령을 어떤 다른 곳으로 이동시킨 뒤 한국 정부의 요인 5~10명을 체포함과 동시에 이 대통령으로 하여금 계엄령을 해제하도록 하고 국회를 정상화시키도록 하되, 이 대통령이 이에 불복할 때는 감금하며 국련군 지휘 아래 놓이는 한국군의 군사정부를 세우게 하는 것이었다. 그러나 이 때는 이 계획이 실천되지 않았다.

미국 정부가 쿠데타로써 이 대통령을 제거해야겠다는 생각을 가질 정도로 한국 정부는 정전협상에 반대했으나, 한국의 민간인으로서 남북정전협상을 벌인 이들이 있었다. 우익 독립투사 최익환(崔益煥)과 남로당 출신의 박진목(朴進穆)이 그들이다. 이들은 1951년 7월에 휴전회담이 시작되는 것을 보면서 동족상잔을 끝내는 일을 도와야겠다는 뜻에서 주한 미국대사관의 대북한 관계자들과의 비공식적 연결 아래 북한으로 들어갔다. 특히 박진목은 당시 북한의 사법상이며 남로당계의 제 2 인자였던 리승엽을 만나 종전을 호소하고 남으로 내려와 당시 국회부의장 조봉암(曺奉岩)과 국회의원 김시현(金始顯)을 만나 함께 종전운동을 펴기로 했다. 박진목은 이 대통령을 만나려 했으나 실패했을 뿐만 아니라 구속됐다. 한편 김시현은 이 대통령을 암살하려다가 실패했다. 이처럼 민간인 일부에서는 정전운동이 있었으나 한국 정부의 정전반대의사는 확고했다.

2) 미국과 서방 참전국의 갈등

한국 정부가 정전반대로써 미국을 괴롭혔음에 반해, 서방 참전국들은 조기정전의 호소로써 미국을 괴롭혔다. 서방 참전국들은 전쟁이 계속되는 현실을 참지 못했으며, 어째서 정전을 성립시키지 못해 유혈을 계속해야 하느냐고 반문했다. 이러한 반발은 특히 영국과 캐나다 같은 미국의 매우 가까운 우방들로부터 제기됐다. 이 두 나라는 우리가 앞에서 살핀 헬리넌 방식에 깊은 관심을 보였다.

이 때 국련주재 인도대표 메논(V. K. Krishna Menon)이 헬리넌 방식에 매우 가까운 안을 내놓았다. 우선 정전을 하고, 송환을 원하는 포로들을 교환하고, 그렇게 하고 나서 '중립국위원단'을 만들어 남은 포로들의 운명을 결정하자는 것이었다. 영국과 캐나다는 이 제의에 많은 관심을 보였다. 그러나 애치슨 국무장관은 메논안이 서방권의 단결을 흔들려는 공산권을 대변하는 '음모'라고 판단했다. 그는 '국련에는 2개의 미국의 적이 있다. 하나는 소련이고, 다른 하나는 인도이다'라고 말할 정도로 메논안을 의심했다.

이러한 상황은 1952년 가을에 열린 국련 총회에서 그대로 나타났다. 메논안은 상당한 관심을 불러일으켰으며, 서방권은 동요했다. 여기서 애치슨은 시간이 가면 갈수록 서방권의 결속이 약해질 것으로 느껴졌다. 그런데 뜻밖에도 소련이 메논안을 공개적으로 거절했고, 이어 중국이 거절했다. 이 시점에서 애치슨은 메논안을 수정하여, '중립국위원단'이 협정 체결 4개월 뒤에 남은 포로들을 석방한다는 내용의 결의안을 제출했다. 12월 3일에 국련 총회는 이 안을 가결했다. 미국의 영향 아래 있던 라틴아메리카 국가들의 절대적 지지가 미국안의 통과에 이바지한 것이다.

[2] 미국 대통령의 바뀜과 한국전쟁

정전회담은 교착되고 반면에 정전에 대한 열망이 국제사회에서 커지는 상황에서 미국의 대통령선거는 본격적으로 전개됐다. 공화당 후보전은 역시 아이젠하워 장군과 태프트 상원의원 사이로 압축됐다. 맥아더 장군도 지명을 기대했으나 그는 처음부터 경쟁권에서 벗어났으며, 공화당의 지명은 결국 아이젠하워 장군에게로 돌아갔다. 민주당 후보는 스티븐슨 지사였다.

선거운동에서 한국전쟁은 중요한 쟁점이 되었다. 그리하여 아이젠하워 후보는 10월 24일에 자신이 대통령에 당선된다면 한국전선을 방문하겠다고 공약했다. 이와 동시에 그는, '아시아의 전쟁은 아시아인이 담당하도록 한다'는 취지에서 한국군을 10개 사단에서 20개 사단으로 증강시키는 대신에 미군을 한국으로부터 철수할 수 있도록 하겠다고 약속했다. 그의 이러한 약속은 정전을 기대하던 유권자들에게 호감을 주었다. 이것이 한 요인이 되어 그는 11월 4일에 대통령에 당선됐고, 이로써 20년에 걸쳤던 민주당 행정부의 시대는 마감됐다.

아이젠하워의 대통령 당선은 한국 정부에게 큰 기대를 주었다. 그가 비교적 보수적인 공화당 소속이며 군인 출신이라는 사실이 그러한 기대를 갖게 했다. 그러나 아이젠하워의 방한은 한국 정부의 기대에 어긋났다. 우선 그의 방문일이 1952년 12월 3일부터 5일까지로서, 한국에서 보낸 시간은 36시간이 안 되었고, 그 대부분을 전선에서 보냈기 때문이다. 그나마 그의 신변의 안전을 위해 방문 자체가 극비리에 진행됐으므로, 그의 상대역이라고 할 수 있는 이승만 대통령조차 그의 일정을 자세히 알지 못했다. 그뿐 아니라, 처음에는 이 대통령을 만나려고도 하지 않았고, 미 8군 사령관 밴플리트 중장의 보고조차 들으려 하지 않았다. 아이젠하워는 이 전쟁의 해결 방안을 진지하게 찾으려고 왔다기보다는 그저 공약을 지킨다는 국내정치적 배려에서 왔다고 하겠다.

이러한 아이젠하워의 태도에 이 대통령은 화를 냈다. 다행히 주한 미국대사관과 클라크 총사령관의 건의가 받아들여져 아이젠하워는 이 대통령을 방문했으며, 90분 동안 회담했다. 여기서 이 대통령은 휴전반대의 뜻을 다시 명확히 밝혔다. 그는 여기서 휴전해 버리면 통일의 기회는 아주 사라져 버린다는 뜻에서 휴전에 반대했던 것이다.

어떻든, 1953년 1월에 아이젠하워 행정부가 출범하면서 이 전쟁을 다루는 미국 정부 안의 주역은 바뀌었다. 아이젠하워는 국무장관에 국제법의 권위자로서 변호사이며 오랜 동안 국무부 고문을 지낸 덜레스(John Dulles)를 임명했다. 애치슨이 우파로부터 '친공주의자'로 때때로 의심받았음에 비해 덜레스는 의심의 여지 없는 반공주의자였다. 트루먼 대통령이 이 전쟁을 자신이 직접 다루었음에 비해, 아이젠하워 대통령은 이것을 거의 대부분 덜레스에게 맡겼다.

아이젠하워-덜레스 진용은 이 전쟁에 관해 어떠한 새로운 방식을 찾지는 못했다. 그러나 새 행정부가 채택한 타이완중립해제의 정책은 중국에게 큰 군사적 제약이 되었다. 이 전쟁이 일어났을 때 트루먼 행정부는 타이완의 국부군이 중국본토를 공격하게 될 것을 우려하고 그 위험성을 막기 위해 여러 군사 조처들을 취했었다. 이것은 중국으로 하여금 국부군의 군사적 위협을 받음이 없이 한국전선에 병력을 집중할 수 있게 만들었었다. 그런데 아이젠하워 행정부가 그 조처를 해제하자 중국은 국부군에 대처해야 한다는 심리적 부담을 느끼게 되었다. 이것은 중국으로 하여금 더욱더 정전의 필요성을 느끼게 하였다.

[3] 공산권의 내적 관계

공산권 내부에서도 미묘한 갈등이 전개됐다. 워낙 깊이 가려진 공산권의 움직임이어서 선명하게 나타나지는 않았으나, 소련은 중국이나 북한보다는 비교적 여유 있게 대응한 것 같다. 왜냐하면 당장 피를 흘리는 쪽은 중국과 북한이기 때문이며, 중국의 소모와 미·중공의 장기대결은 소련에게 조금도 아픈 것이 아니기 때문이었다. 한편 북한은 북한대로 소련으로부터의 지원이 기대한 것보다 적은 점에 대해 불만이 컸던 것 같다. 또 중국과 북한은 이 전쟁이 장기화하면 할수록 자신들의 대소(對蘇)의존도는 높아간다는 사실을 우려했던 것 같다.

휴전을 둘러싸고 공산 3개국 사이의 관계도 미묘했지만 북한 지도층 안에서도 역시 갈등이 나타났다.[18] 우선 박헌영을 중심으로 한 남로당계는 속전을 주장했다. 박헌영은 1951년 3월 12일에 조국통일민주전선 중앙위원회에서 행한 연설을 통해 '우리가 수행하고 있는 이 전쟁은 중도에서 포기될 수 없다. 왜냐하면 이 전쟁은 우리 민족의 사활을 결정하는 전쟁이다'라고 규정하고, 모든 인민을 총동원할 것을 호소했다. 조국통일민주전선의 결의문은 박헌영의 강경노선을 그대로 반영했다. 그것은 이 전쟁을 '민족해방전쟁'으로 규정하고, '미제'를 완전히 축출할 때까지 투쟁을 계속할 것을 다짐했다.

그러나 김일성과 그의 동지인 최용건을 중심한 '현실파'는, 국련군의 막강한 화력 앞에서, 휴전을 바라는 중국과 소련의 뜻을 어기면서까지 속전할 수 없다는 것을 깨달았다. 또 이 전쟁으로 철저히 파괴된 북한 경제의 복구 없이, 그리고 북한 주민들 사이에 만연된 염전의식을 무시한 채, 속전한다면 스스로의 묘혈을 판다는 것을 깨달았다.

그러나 남로당계는 휴전을 전혀 받아들일 수 없었다. 그들의 세력기반은 어디까지나 남한이었다. 또 '20만 남로당원들의 봉기'를 호언하며 전쟁도발에 일조했던 박헌영으로서는 휴전을 받아들인다는 것은 정치적 몰락을 의미하는 것이었다.

이러한 입장의 차이는 곧 두 세력 사이의 암투로 나타났다. 박헌영에 대한 김일성의 함축적인 비판은 1951년 8월 14일에 열린 '해방 6주년 평양시민대회'에서 행한 김일성의 보고 속에 나타났다. 김일성은 우선 '벽에 몰린 미제가 휴전 제의 외에는 대안이 없어 다시는 침략을 하지 않겠다고 휴전을 제의했다'는 설명으로써 스스로의 입장을 정당화하고, '평화를 사랑하는 우리가 어떻게 그들의 제안을 받아들이지 않을 수 있겠는가'라고 물었다. 길지 않은 김일성의 보고 속에 세 번이나 나타나는 이 물음은 사실상 박헌영을 비롯한 속전파에게 겨냥된 것이었다. 김은 이 보고에서 결론적으로 '우리의 파괴된 산업과 인민경제를 재건하고 발전시키기 위해서는 평화가 필요하다'고 주장했다.

박헌영이 김일성의 주장에 승복하지 않고 있음이 곧 확실해졌다. 김의 보고가 있은 한 달 뒤 박은 북한을 방문한 월맹 대표단에게 '조선 인민은 미제 침략자들이 우리 땅에서 전멸되고 완전히 축출될 때까지 영웅적 투쟁을 계속할 것'임을 강조했다. 이러한 강경한 어구는 김의 연설 속에서는 전혀 찾아볼 수 없는 것들이었다.

박헌영의 태도가 가장 분명히 나타난 것은 그가 1952년 1월 25일에 전국농민열성자대회에서 행한 연설에서이다. 그는 우선 '만일 우리들 가운데 미제 침략자의 노예로서라도 살아야 한다고 생각하는 사람이 한 사람이라도 있다면 그것은 옳지 않다'는 말로써 휴전파를 비판했다. 그는 이어 '어느 나라의 인민도 그들의 주권과 독립을 위해서 유혈전쟁을 수행하지 않으면 안 된다. 침략자에 대항해 체계적인 저항투쟁을 전개하지 않는다면 노예로서 침략자를 위해 복무하는 길밖에 없다. 따라서 우리는 승리를 얻기 위해 어떠한 희생을 주저해서도 안 되고, 지금부터라도 장기전을 계획하지 않으면 안 된다'며 속전을 주장했다.

박에 대한 반박은 김일성의 '가장 충실한 동지' 최용건의 '조선인민군 창설 제4주년 기념사'(1952년 2월 8일)에 나타났다. 여기서 최는 김의 지도노선이 '언제나 옳았다' 라고 여러 차례 강조하면서 김의 휴전노선을 옹호하고, '소련은 조선전쟁의 "평화적 해결"을 강력히 주장해 오고 있다' 고 덧붙여 자파(自派)의 휴전노선이 소련의 '주장' 에 일치하는 것임을 비추는 동시에 소련의 이름으로 속전파를 누르려고 했다.

이러한 암투 속에 김일성의 최초의 공식전기가 발표됐음은 주목할 만하다. 1952년 4월 10일에 「로동신문」은 김의 생일 40주년에 즈음하여 그의 전기를 게재한다고 발표했다. 그러한 측면도 있었을 것이다. 그러나 이것은 아마 김을 영웅화하여, 패전에 대한 북한 주민의 불만이 만들어 내는 김에 대한 불신을 희석시키려는 상징조작과도 연결됐을 것이다. 어떻든 전반적으로 과장된 이 전기는 한민족의 항일운동과 공산주의운동의 모든 영예를 오로지 김에게만 돌리고, 반면에 김의 선배격인 박이 한몫을 차지했던 국내 공산주의운동은 완전히 무시했다.

이에 이어 5월 1일에 김일성의 논문이 발표됐다. 여기서 김은 '조선 인민은 오직 레닌주의와 스탈린주의에 기초한 프롤레타리아 국제주의에 입각해서만 조국과 인민을 수호할 수 있다' 고 주장했다. '프롤레타리아 국제주의' 란 결국 소련의 지도노선이란 뜻이며, 김의 이 말은 결국 소련의 휴전노선을 따르라는 시위였다. 북한의 내각기관지 「민주조선」의 5월 3일자 사설도 '우리는 소련을 무조건적으로 지지한다' 고 주장함으로써 김의 주장을 뒷받침했다. 이 무렵, 김일성은 의심의 여지 없이 소련과 스탈린에게 무조건 복종하고 있었다.

박헌영의 반론은 1952년 11월에 발표된 그의 '소련 10월혁명 35주년기념 평양 시민대회에의 보고' 에서 발견된다. 여기서 박은 한민족의 항일독립운동사에 대해 길게 설명했다. 그런데, 김일성의 공식전기와는 전혀 달리, 자신이 일역을 담당했던 조선공산당의

'주도적 역할'을 강조한 반면에 김의 이름은 전혀 말하지 않았다. 또 '경제복구를 위해 평화가 필요하다'는 김의 주장과는 달리, 박은 '장기적이며 가열한 투쟁을 견디기 위해 우리 스스로를 충분히 무장시키자'고 호소하여 속전을 강조했다.

그러나 이 연설은 박헌영으로서는, 적어도 공식적인 차원에서는, 마지막 것이었다. 한 달 뒤에 열린 조선로동당 중앙위원회 제5차 전원회의에서 김일성은 '우리의 승리의 기초인 당의 조직적 및 사상적 강화에 대하여'라는 보고를 했다. 여기서 그는 박헌영 '도당'이 당의 통일과 단합을 파괴했다고 규탄하고, '이들 종파쟁이들이 우리 당에서 한 발짝도 움직이지 못하도록 감시해야 한다'고 선언했다. 이와 더불어 박헌영 동조자들을 체포했다. 우리가 뒤에 살피듯이, 이들은 처형되거나 중형을 받는다.

7. 정전협정의 성립

1953년 1월 미국에 아이젠하워 행정부가 들어섰고, 1953년 3월 소련의 스탈린이 죽었으며, 또 북한에서는 속전파가 약화됐다.[19] 이러한 새로운 상황 아래 휴전회담은 새로운 국면을 맞게 되었다.

[1] 부상포로의 교환

아이젠하워 행정부는 우선 부상포로부터 교환하자고 제의했다. 이 제의에 대한 공산권의 회답은 스탈린 사망 이후에야 나왔다. 3월 9일에, 스탈린의 장례식에 참석하고 돌아온 중국의 저우언라이는 이 제의를 받아들였다. 이러한 호의적 반응은, '쌍방은 정전 직후에 현재 각자가 수용중인 포로들 가운데 송환을 바라는 모든 전쟁포로들을 송환하고, 재유(在留) 포로는 공정하고 합리적인 해결을 위해 중국에 인도한다는 보증을 기초로 휴전 토의를 재개하자'는 베이징방송이 있은 지 이틀 뒤에 나왔다. 중국은 곧이어 포로 교환 문제에 대해서도 국련군의 입장에 접근한 새로운 제안을 내놓았다. 북한은 이를 지지했다. 곧이어 소련은 중국과 북한에 대한 지지를 공식으로 나타냈다. 이러한 움직임은 스탈린이 죽은 뒤에는 정전협상의 주도권이 사실상 중국에게 넘어갔음을 암시하는 것으로 풀이됐다.

공산권의 태도 변경과 함께 우선 1953년 4월 11일에 부상포로 교환협정이 판문점에서 조인됐다. 이 협정에 따라, 4월 20일부터 5월 3일까지 부상포로들이 교환됐다.

[2] 포로교환협정의 체결

이제 남은 문제는 포로 교환 문제였다. 이 문제도 5월 25일에 국련군쪽이 영국의 제의에 따라 새 제의를 내놓음으로써 해결을 보기 시작했다. 그것은 (1) 송환을 거부하는 모든 공산 포로들을 송환위원단에 넘기며, (2) 송환위원단의 의장은 인도가 담당하고, 인도만이 포로를 보호할 군대를 보내며, (3) 포로들을 협정 체결 120일 뒤에 민간인으로 석방하든가 아니면 국련 총회에 넘긴다는 것이었다. 6월 4일에 공산군쪽은 이 안에 무척 가까운 안을 내놓았으며, 그리하여 6월 8일에 마침내 포로교환에 관한 협정이 체결됐다.

[3] 한·미 상호방위조약의 체결

이로써 휴전을 성립시킬 수 있는 조건은 갖추어졌고, 빠진 것은 오로지 약간의 행정적인 처리였다. 이것은 한국 정부를 크게 실망시켰다. 이 대통령은 5월 26일에 휴전 그 자체가 국토의 분단과 동의어라고 주장하면서, 한국 정부가 정전협정을 받아들이기 위해서는 다음의 세 가지 조건이 충족돼야 한다고 제의했다. (1) 중공군은 즉시 철수할 것, (2) 한반도문제를 토의하는 국제회의에 대한민국이 한반도의 유일한 대표자임을 국련이 인정할 것, (3) 대한민국 정부가 한반도 전체에 주권을 행사할 권리를 갖는다는 것을 국련이 보장할 것이 그것이다. 5월 28일에 변영태(卞榮泰) 한국 외무장관은 '이 세가지 조건이 충족되지 않는다면, 국군과 경찰은 전쟁포로의 처리를 위해 도착하는 중립국 군대의 상륙을 방해할 것'이라고 성명했다. 이어 5월 30일에 이 대통령은 해군사관학교에서 '모든 한국 국민은 우리 영토 안에 있는 중공군을 격퇴하지 않으면 안 된다. 우리들이 전쟁을 바라지는 않지만, 미국은 얼마 안 되는 대가를 지불하고 평화를 구하고 있다'고 연설하면서, 미국의 휴전 노력을 비난했다.

1) 한국, 미국에 대해 상호방위조약 체결을 요구

반면에 이 대통령은 휴전에 동의하는 대가로 미국으로부터 한·미 상호방위조약의 체결을 얻어내고자 하였다. 이 대통령이 이러한 방향으로 나가고 있다는 암시는 1953년 4월 3일에 있었다. 이날 변영태 외무장관이 브리그스(Ellis O. Briggs) 주한 미국대사에게 한국 정부는 휴전에 협조하는 대신에 어떤 대가를 요구할지 모른다고 말한 것이다. 곧 이 대통령은 아이젠하워 대통령에게 한·미 상호방위조약의 체결을 정식으로 요청했다. 4월 24일에 아이젠하워 대통령은 부정적인 반응을 보여 왔다. 그러자 양유찬(梁裕燦) 주미 한국대사는 미국 정부에 대해 한국 정부는 국련군으로부터 한국군을 빼내어 단독으로 북진할 뜻이 있음을 알렸다. 이어 5월 5

일에 이 대통령은 판문점 회담에 참석중인 한국대표를 소환했다. 이러한 위협과 더불어 5월 30일에 이 대통령은 한·미 상호방위협정의 체결을 요구하는 공식 서한을 아이젠하워 대통령에게 전달했다. 그러나 아이젠하워의 대답은 여전히 부정적이었다.

이러한 과정에서 아이젠하워 행정부 안에서는 이 대통령을 어떻게 다뤄야 할 것인가의 문제가 다시 제기됐으며, 그 방안의 하나로 1952년에 성안된 '상시대비' 계획이 다시 검토됐다. 이 대통령과 그리고 휴전에 반대하는 고위 관리들을 구금하고, 한국을 미국의 군사통치 아래 둔다는 안도 검토됐다. 김응택 교수의 논문에 따르면, '때마침 미국을 방문중인 백선엽 장군도 협조의 뜻을 표시하였다.' 그리고 '이 계획을 실행하기 위해 백선엽과 아이젠하워의 비밀회담도 고려되었으나 덜레스 국무장관의 반대로 이행되지 않았다.' 그 대신에 아이젠하워 행정부는 이 대통령의 협조를 얻기 위해 방위조약의 체결을 약속하는 안을 검토했다.[20]

이 무렵, 즉 6월 18일에 이 대통령은 국련군에 수용되어 있는 공산 포로들 가운데 송환을 거부하는 반공 포로 25,000여 명을 극비의 작전을 통해 과감하게 석방했다. 6월 19일에 역시 한국 군경의 보호 아래 약 2,000명이 탈출에 성공했다. 이 대통령의 이 조처는 공산권은 물론 서방을 놀라게 하였다. 서방 참전국들은 이 조처가 거의 다 합의된 휴전협정을 깨뜨리게 되지 않을까 우려했다. 처칠 영국 총리는 이 대통령을 '배반자'라고까지 비난했으며 이 대통령을 즉각 구금하거나 대통령직에서 쫓아내라고 미국 정부에게 비밀리에 건의했다. 돌이켜 보면, 이 대통령의 반공 포로 석방은 매우 용기 있는 대담한 결단이었다.

2) 로버트슨 특사의 파한

이 대통령을 무마하기 위해 미국은 이 대통령의 방미를 제의했다. 그러나 이 대통령은 이것을 거부하고 덜레스 국무장관의 방한을 요청했다. 덜레스는 자신을 대신하여 국무성 극동담당 차관보 로버트슨(Walter S. Robertson)을 대통령특사로 파한했다. 그는 6월 24일부터 7월 12일까지 무려 19일을 서울에 머물러야 했다. 이 대통령의 요구가 끈질겼기 때문이다. 그는 마침내 이 대통령으로부터 휴전을 방해하지 않겠다는 약속을 겨우 얻어냈다. 그 대신 이 대통령은 미국으로부터 다음과 같은 약속을 얻어냈다.

(1) 정전 뒤 한·미 상호방위조약을 체결한다.
(2) 미국은 장기적인 군사적 및 경제적 원조를 베푼다.
(3) 한국군을 증강시킨다.
(4) 정전협정의 규정에 따라 열릴 '관계국 고위정치회담'을 준비하는 예비회담이 실질적인 성과를 보이지 못하면 한국과 미국은 관계국 고위정치회담을 거부한다.
(5) '관계국 고위정치회담'에 대비한 한·미 고위회담을 갖는다.

이러한 약속과 함께, 덜레스 국무장관이 방한해 변영태 외무장관과 8월 8일에 한·미 상호방위조약에 가조인했다. 그리고 변영태 외무장관이 방미하여 10월 1일에 이 조약에 정식 조인했다.

[4] 정전협정의 체결

한·미간의 합의가 성립됨으로써 정전협정의 체결을 위한 길은 완전히 열렸다. 공산군쪽은 마침내 최종적인 포로 명단을 제시했다. 미국인 3,314명과 한국인 8,186명을 포함한 12,764명이었다. 이에 대해 국련군쪽은 69,000여 명의 북한인과 5,000여 명의 중공인만 송환하고, 7,800여 명의 한국인과 14,500여 명의 중국인은 송환하지 않겠다고 발표했다.

7월 27일에 휴전협정은 해리슨과 남일에 의해 판문점의 '평화의 천막' 안에서 조인됐다. 이 협정은 곧 경기도 문산(汶山)에서 클라크 총사령관에 의해, 또 평양에서 김일성과 펑더화이에 의해 확인됐다.

8. 맺 음 말

이상에서 살폈듯이, 한국[조선]휴전협정의 협상 과정은 대체로 미국과 소련 및 중국 등 강대국들의 의사에 따라 좌우됐다. 그리고 서방 참전국들, 특히 영국의 의사도 미국의 태도 결정에 적지 않은 영향을 주었다. 그러나 전반적으로는 역시 미국의 영향력이 다른 강대국들의 영향보다는 컸던 것으로 보인다.

남한과 북한의 영향력도 결코 가볍지는 않았다. 그러나 그들의 영향력에는 한계가 있었으며, 그들은 대체로 전전원상의 회복이라는 선에서 정전을 성립시키려는 강대국들의 결정을 받아들일 수밖에 없었다.

그리하여 1953년 7월 27일에 한반도는 휴전선을 경계로 다시 분단됐다. 그리고 그 분단은 오늘날까지 지속되고 있는 것이다.

註

1) Admiral C. Turner Joy, *How Communists Negotiate*(New York: Macmillan, 1955); C. Turner Joy, *Negotiating While Fighting* (Stanford: Hoover Institution Press, 1978); William H. Vatcher, *Panmunjom: The Story of the Korean Military Armistice Negotiations*(New York: Frederick A. Praeger, 1958); Matthew B. Ridgway, *The Korean War*(Garden City, N.Y.: Doubleday & Co., 1967); Mark W. Clark, *From the Danube to the Yalu*(New York: Harper, 1954); J. Lawton Collins, *War in Peacetime: The History and Lessons of Korea*(Boston: Houghton Mifflin Co., 1969); Walter G. Hermes, *Truce Tent and Fighting Front*(Washington, D.C.: United States Government Printing Office, 1966).

2) British Foreign Office, *Korea: A Summary of Developments in the Armistice Negotiations and the Prisoner of War Camps*, Command 0596(London: HMSO, 1952); *Korea: A Summary of Further Developments in the Military Situation, Armistice Negotiations and Prisoner of War Camps up to January 1953,* Command 8793(London: HMSO, 1953).

3) 최덕신, 「내가 겪은 판문점」(삼구문화사, 1955); 이수영, "나의 외교관생활 비화," 「신동아」, 1964년 9월~12월호; 정일권, 「6·25비록: 전쟁과 휴전」(동아일보사, 1985); 송효순, 「대석방」(신현실사, 1973); Robert T. Oliver, *Syngman Rhee and American Involvement in Korea, 1942~1960; A Personal Narrative*(Seoul: Panmun Book Co., 1978); 정성관, 「판문점의 비사」(평문사, 1953); 김석영, 「판문점: 불안한 안전판 — 민족의 통사」(신문화사, 1972); 박실, 「한국외교비사」(기린원, 1979); 서울신문 특별취재반, 「한국외교비록」(서울신문사, 1984); 조규하·이경문·강성재, 「남북의 대화」(한얼문고, 1972); 박진목, 「내 조국 내 산하: 지금은 먼 이야기」(창진사, 1976).

4) 김응택의 논문은 다음에 있다. 동아일보사 안보·통일문제조사연구소(편), 「분단국의 대화」(동아일보사, 1979); 김양명, 「한국전쟁사」(일신사, 1976); 이호재, 「한국외교정책의 이상과 현실: 이승만 외교와 미국」, 제 3 증보판(법문사, 1975), 제 8 장; Chang-il Ohn, "The

Joint Chiefs of Staff and U.S. Policy and Strategy Regarding Korea, 1945～1953," unpub. Ph.D. diss., University of Kansas, 1983, 제 8 장～제12장; Pyo-Wook Han, "The Problem of Korean Unification: A Study of the Unification Policy of the Republic of Korea, 1948～1960," 제 4 장.

5) Edwin P. Hoyt, *The Bloody Road to Panmunjom*(Briarcliff Manor, N.Y.: Stein and Day, 1985); Joseph C. Goulden, *Korea: The Untold Story of the War*(New York: McGraw-Hill Book Co., 1982); Robert R. Simmons, *The Strained Alliance: Peking, P'yong-yang, Moscow and the Politics of the Korean Civil War*(New York: The Free Press, 1975); Barton J. Bernstein, "The Pawn as Rook: The Struggle to End the Korean War," *Bulletin of Concerned Asian Scholars,* 10(January 1978), pp. 38～47; Barton J. Bernstein, "Truman's Secret Thoughts on Ending the Korean War," *Foreign Service Journal,* 57(November 1980), pp. 31～33; Barton Bernstein, "The Struggle over the Korean Armistice: Prisoners of Repatriations," in Bruce Cumings(ed.), *Child of Conflict*(Seattle: University of Washington Press, 1983), pp. 261～307; Wilfred Bacchus, "The Relationship between Combat and Peace Negotiations: Fighting While Talking in Korea, 1951～1953," *Orbis,* Vol. 17, No. 2(Summer 1973), pp. 545～574; John Kotch, "The Origins of the American Security Commitment to Korea," in Cumings(ed.), *Child of Conflict,* pp. 239～259; George K. Alapatt, "The Legal Implications of the Repatriation of War Prisoners in Relation to the Korean Armistice in View of the Division of Korea," unpub. Ph.D. diss., St. Louis University, 1958.

6) Rosemary Foot, *The Wrong War: American Policy and the Dimensions of the Korean Conflict, 1950～1953*(Ithaca: Cornell University Press, 1985); David Rees, *Korea: The Limited War*(London: Macmillan, 1964); F.C. Jones, "The Far East: Armistice in Korea," in Peter Calvocoressi(ed.), *Survey of International Affairs, 1953*(London: Oxford University Press, 1956), pp. 188～229.

7) Soon Sung Cho, "The Politics of North Korea's Unification Policies, 1950～1965," *World Politics,* Vol. 14, No. 2(January 1967), pp. 218～241.

8) 펑더화이가 중국인민지원군의 총사령관임이 중국 정부에 의해 공식으로 처음 밝혀진 것은 이 방송성명을 통해서였다. Rees, 앞의 책, p. 245 및 p. 285.

9) 이러한 관찰과는 반대로, 조이 수석 대표는 자신의 일기에서 '남일은 공산군쪽 대표 가운데 가장 유력한 자로 다른 대표들과 상의하지도 않고 독자적으로 자신 있게 발언한다' 고 썼다.

10) 온창일, "미국의 대한 안보개입의 기본태세, 1945～1953," 「국제정치논총」(한국국제정치학회), 제25집(1985), 38～39쪽.

11) Vatcher, 앞의 책, pp. 80～81.

12) 포로 교환 문제에 대한 미국의 다각적인 입장, 그리고 마침내 트루먼 대통령의 최종 결정이 내려지는 과정은 주 5에 있는 번슈타인 교수의 세 번째 논문에 자세히 분석되어 있다.

13) 위의 논문, 282쪽.

14) *New York Times,* 1951년 11월 17일.

15) Clark, 앞의 책, p. 18.

16) 주 5의 번슈타인 교수의 세 번째 논문, 279～301쪽.

17) 주 4의 김응택 교수의 논문, 109쪽.

18) 여기에서 사용된 자료들, 예컨대 김일성과 박헌영 및 최용건의 연설은 모두 미국 해외방송청취기관(Foreign Broadcast Information Service)의 「일일보도」(*Daily Report*)에서 인용한 것이다. 따라서 여기서는 영어본을 한국어로 옮긴 것이어서 만일 한국어 원전과 대조한다면 표현상의 차이가 있을 것이다. 이들의 연설은 「일일보도」의 1951년 3월 27～29일, 1952년 1월 31일에 있다.

19) 콜코 부처는 소련이 한국전쟁 때 북한 내부에서 독자적 리더십을 보인 세력을 전후에 제거한 것으로 보았다. Joyce and Gabriel Kolko, *The Limits of Power: The World and United States Foreign Policy, 1945～1954*(New York: Harper & Row, 1972), p. 586.

20) 한승주 교수는 이승만 대통령이 정전에 동의하는 대가로 미국이 한·미 상호방위조약 체결에 응했다는 통설에 대해 이견을 제기했다. Sungjoo Han, "The Republic of Korea and the United States: The Changing Alliance," *Korea & World Affairs,* Vol. 1, No. 2 (Summer 1977), p. 118.

한국
전쟁

제7장

한국전쟁이 국제정치와 **남북한**에 미친 영향

제 7 장 한국전쟁이 국제정치와 남북한에 미친 영향

1. 머 리 말

이제까지 우리는 한국전쟁의 배경으로서의 한반도의 분단, 이 전쟁의 기원들과 전개, 그리고 정전의 성립과정을 살폈다. 이 장에서는 이 전쟁이 국제정치와 남북한에 미친 영향을 살피기로 한다.

2. 한국전쟁이 강대국의 국내정치와 대외정책에 미친 영향

한국전쟁은 강대국의 국내정치와 대외정책에 많은 영향을 미쳤다.

[1] 미국에 미친 영향

1) 국내정치적 측면

우선 미국부터 살피건대, 이 전쟁은 미국의 반공·반소 분위기를 크게 높였다. 물론 이 전쟁 이전에도 미국에는 반공·반소 분위기가 있었으며 특히 2차 대전이 끝난 뒤 미·소관계가 점점 악화되어 냉전이 전개되면서 그러한 분위기는 높아지고 있었다. 그 대표적인 보기가 1948년 8월에 미 연방하원의 '비(非)미국적 활동 조사위원회'가 열었던 히스(Alger Hiss) 청문회였다. 이 청문회는 공산주의자로서 소련의 첩자로 일하다가 전향한 체임버즈(Whittaker Chambers)가 재무부의 법률고문인 히스를 공산주의자이며 소련의 첩자로 지목한 증언을 조사하기 위해 열렸다. 하버드대학교 법과대학 출신의 뛰어난 젊은 변호사로 국무부에서도 근무했었던 히스는 이 증언을 부인하고 체임버즈를 무고혐의로 고소했다. 이에 맞서 체임버즈는 1930년대에 히스가 자신에게 넘겨 주었다는 정부문서의 타자본과 마이크로필름을 증거로 제시했다. 시효의 성립으로 말미암아 간첩혐의로는 소추될 수 없었다. 그러나 청문회에서의 부인이 위증이라 하여 위증혐의로 기소됐다.

1949년에 냉전이 격화되는 상황에서 열린 일심에서 배심원들은 평결에 도달하지 못했고, 재심이 열려 1950년 1월에 히스는 마침내 5년 징역형을 선고받았다. 체임버즈의 고백은 여기서 끝나지 않았다. 그는 민주당 행정부의 뉴딜정책의 입안과 집행에 참여했던 관리들 가운데 몇 사람들을 공산주의자로 지목했다. 이 무렵 하원의 '비미국적 활동 조사위원회'에서 벤틀리(Elizabeth Bentley)라는 여성이 자신의 공산주의 활동에 대해 고백했다. 1930년대 말, 미국에 자리잡은 소련의 비밀 첩보망에 정보를 제공했었다고 주장한 그녀는 '히스를 포함한 정부 안의 마르크시스트들의 도움을 받아 우리는 백악관을 포함한 연방정부 안의 중요한 부서들에서 무엇이 돌아가고 있는지를 알고 있었다'고 말했다. 이 사건은 '민주당 행정부가 공산주의에 대해 약할 뿐만 아니라 민주당 행정부 아래서 뉴딜정책을 추진해 온 관리들의 일부가 공산주의자들과 연결되어 있다'고 주장해 온 공화당의 반공파를 기쁘게 만들었다. 같은 해에 미 법무부는 미국공산당의 간부들을 '폭력적 혁명'을 추구한 혐의로 기소했고, 1951년에 연방대법원은 그들에게 유죄판결을 내렸다.

한국전쟁이 일어나고, 그것이 소련의 '붉은 음모'의 산물이라는 믿음이 확산되면서 '적색공포증'은 미국 사회를 지배했다. 공산주의자들에 대한 추적은 계속됐으며, 1952년에는 미국공산당에 대한 제2차 검거가 있었다. 이 무렵 미국의 저명한 여론조사기관 갤럽(George Gallup) 연구소는 몇 차례에 걸쳐 공산당원의 투옥에 대한 미국 국민들의 반응을 물었다. 응답자의 약 52%는 공산주의자의 투옥은 당연하다고 응답했고, 약 68%는 미국공산당이 해산돼야 한다고 응답했으며, 약 80%는 공산주의자들의 시민권이 박탈돼야 한다고 응답했다.

이처럼 반공 분위기가 높아지는 가운데, 1950년 7월에 로젠버그 부처(Julius and Ethel Rosenberg)의 '원폭 간첩사건'이 미 연방수사국(FBI)에 의해 발표됐다. 1930년대 '대공황'의 시대부터 좌익운동을 벌였던 이들이 원폭의 비밀을 소련에 넘겼다는 혐의였다. 이들은 자신들의 결백을 주장했다. 그러나 이들의 재판이 진행되던 시기는 이들에게 불리했다. 중공군의 참전으로 미군이 많은 사상자를 내면서 후퇴를 거듭했고, 공산주의자들의 무기가 미군의 생명을 빼앗고 있을 때여서, 공산주의자들에 대한 증오심이 높을 대로 높은 시기였다. 게다가 그들은 유태인이었다. 이러한 사회심리적 분위기 속에서 1951년 3월 배심원들은 유죄평결을 내렸으며, 이에 따라 카우프먼(Irving Kaufman) 판사는 최고형인 사형을 선고했다. 카우프먼 판사는 로젠버그 부처가 과학자들이 예측한 시기보다 수년 앞서서 소련에 원폭의 비밀을 넘김으로써, 결과적으로 코리아에서 소련의 침략욕을 고무시켰고 따라서 수만 명의 미국인들을 죽게 했다고 주장했다.

연방대법원도 이 판결을 지지했고, 1953년 1월에 취임한 아이젠하워(Dwight Eisenhower) 대통령도 취임 1개월 뒤에 접수된 구명탄원서를 기각했다. 교황 비오 12세(Pius Ⅻ)와 아인슈타인(Albert Einstein)을 비롯한 세계적 지도자들의 탄원은 계속됐다. 미국 사법

당국은 마침내 로젠버그 부처가 유죄를 인정하면 감형하겠다고 제의했다. 로젠버그 부처가 이 제의를 거부하고 무죄를 주장함에 따라 1953년 6월 19일에 두 사람에 대한 전기형이 집행됐다.

이러한 극적인 사건들 밖에도 '작은 히스 케이스'와 '작은 로젠버그 케이스'가 적지 않았다. 레밍톤(William Remington) 사건이 그 한 보기로서, 그는 이 시대의 한 단면을 말하는 '사법적 히스테리' 속에서 1953년에 히스가 복역중이던 교도소에 수감됐고 마침내 무명의 동료 기결수에 의해 살해됐다.

노동조합운동에 대해서도 당국의 감시는 강화되었다. 1954년에 통과된 공산주의자 통제법은 법무장관(미국에는 법무장관직과 검찰총장직이 별개로 존재하지 않는다. 검찰총장으로 번역되는 것이 정확한 Attorney General이라는 직이 법무부의 수장이다. 따라서 그 직을 흔히 법무장관으로 번역한다.)에게 노동조합을 단속하는 큰 권한을 주었다. 즉 법무부가 작성한 '정부전복적 단체' 명단에 올라 있는 단체의 구성원이 가입한 노동조합에 대해 법무장관으로 하여금 강력한 제재조처를 취할 수 있게 했다. 1950년대 말에 가서야 이러한 조처는 위헌인 것으로 판결됐다.

이러한 사회심리적 배경 속에 1952년 11월에 공화당의 아이젠하워 원수는 공화당 후보로서는 20년 만에 처음으로 대통령에 당선됐다. 하원의 '비(非)미국적 활동 조사위원회'에서 특히 히스 청문회에서 용명을 떨쳤던 닉슨(Richard Nixon)이 부통령으로 당선된 것도 이러한 시대적 조류와 맥을 같이하는 것이었다. 그러므로 아이젠하워 행정부가 국내적 반공정책을 더욱 강화하게 됐다는 것은 조금도 이상한 일이 아니었다.

아이젠하워 행정부는 우선 공직자의 '충성심 기준'을 높였다. 구체적으로 말해, 비밀정보를 부주의에 의해서든가 또는 협박을 받을 소지가 있기 때문에 누설할 위험성이 있는 사람을 사실상 해직시킬 수 있게 했다. 이 조치에 따라 약 6,000명의 공무원들이 사임했고 약 1,500명의 공무원들이 해임됐다.

이 조치에 의한 가장 유명한 희생자는 세계적인 핵물리학자 오펜하이머(J. Robert Oppenheimer) 박사였다. 그는 2차 대전이 일어나기 전 캘리포니아대학교 버클리 캠퍼스의 방사선연구소 교수로 재직할 때 이미 공산주의를 공개적으로 지지했고 공산주의적 성향의 학생들을 공개적으로 옹호했으며, 그의 부인은 전(前) 공산당원이었다. 이러한 경력을 가졌는데도 그의 기술이 불가결의 것이어서 원폭제조계획에 참여시켰던 것이다. 그러나 그는 변화된 분위기 속에서 '신원조회'를 통과할 수 없었다.

이 무렵 연방상원의원 매카시(Joseph R. McCarthy)가 각광을 받고 있었다. 위스콘신주에서 1946년에 당선된 그는 반공의 기치를 높이 들면서, 상당수의 공직자들을, 특히 국무부의 관리들을, 공산주의자로 몰았다. 육군 참모총장과 국무장관 및 국방장관을 역임한 마셜(George Marshall) 대장마저 그는 친공분자로 단정했다. 그리하여 미국에서는 이른바 매카시 선풍이 불었다. 1952년에 재선되어 행정부 조사위원장으로 선출되면서 그의 언행은 더욱 기고만장해졌으며, 이것은 서서히 반감을 불러일으켜 1954년 12월에 그는 동료의원들의 압도적인 표결로 제재를 받았다. 그는 1957년에 불신과 조롱 속에 간질환으로 죽었다.[1)]

[매카시가 주도한 비공개 청문회 기록이 2003년 5월 5일에 미 상원에 의해 50년 만에 처음 공개됐다. 이 기록에 따르면, 이 청문회에 불려나온 사람들 누구에 대해서도 공산주의와 연계됐다는 증거를 확보하지 못했다. 또 이 청문회에 불려나온 사람들 가운데 법원에서 유죄판결을 받은 이는 한 명도 없었다.]

2) 대외정책 및 국방정책의 측면

이상에서 살폈듯이, 한국전쟁은 미국의 반공·반소 분위기를 무척 높였다. 이러한 배경에서 미국은 공산침략에 대해서는 '대량보복'으로 강경히 응해야 한다는 개념에서 상비군을 확대시키고 국방예산을 크게 늘렸다.[2] 우선 국방예산을 보면, 연간 국방예산이 1950년에는 120억 달러였으나 1953년에는 500억 달러로 뛰었다. 이처럼 급증된 국방예산 아래, 재래식 무기는 물론 육·해·공 3군 모두가 급속히 팽창했다. 특히 공군의 전략공군사령부는 해외의 기지를 확장시켰고, 해군은 핵운반함의 건조를 시작했다.

그러나 무엇보다 중요한 것은 핵병기의 확장이었다. 이 전쟁이 발발했던 때 미국은 400 미만의 원자무기를 갖고 있었으나, 휴전 무렵에는 이미 1,000으로 뛰었다. 이 때 소련의 보유수는 100~200이었다. 한편 운반수단에 있어서도 미국은 이미 B-47제트폭격기를 확보하고 있었으며 소련보다 월등히 앞서 있었다. 원자무기에서뿐만 아니라 열핵무기의 개발에서도 미국은 이미 한국전쟁중에 상당한 진전을 보였다. 1951년 5월에는 최초의 열핵반응이 '그린하우스 실험'에서 성공했으며, 1952년 11월에는 태평양의 에니웨토크(Eniwetork)에서 원시적인 열핵장치의 폭발이 이뤄졌다. 여기서 나타났듯 열핵무기의 개발에서 미국은 소련을 압도하고 있었다.

이처럼 군비를 강화하면서 미국은 서유럽에서 북대서양조약기구, 곧 나토(NATO)를 강화해나갔고 태평양지역에서는 태평양안보체제를 창설했다.[3] 우선 서유럽을 보면, 1949년에 창설된 북대서양조약기구는 한국전쟁이 일어나기 이전에는 '지상(紙上)의 기구'에 지나지 않았다. 그러나 이 전쟁의 발발과 더불어 미국과 서유럽 모두 이 기구를 강화할 필요성을 절실히 느끼게 되어, 이 전쟁 발발 직후에 열린 나토 이사회는 나토 상비군의 확대에 합의했다. 즉 서유럽에 주둔하는 미군의 규모를 최소한 6개 사단으로 늘리고, 영국과 프랑스로부터의 파견군 규모를 늘리기로 합의했다. 한편 서독의 재무장을 결정하고 서독을 서유럽동맹 속으로 받아들였다. 곧이어 나토 사령부가 수립됐으며, 1950년 말에는 나토군 최고사령관직이 창설되어 미 육군원수 아이젠하워가 취임했다. 1952년 가을에는 그리스와 터키의 나토 가입도 나토 강화책의 일환으로 이뤄졌다.

한편 태평양지역을 보건대, 미국은 우선 소련을 제외한 48개 동맹국들과 함께 1951년 9월에 일본과의 평화조약 및 태평양안전보장조약을 체결했다. 샌프란시스코조약이라고도 불리는 이 미·일 평화조약은 미군의 일본 주둔을 합법화했으며, 태평양안보조약의 초석이 됐다. 일본과 평화조약을 체결한 직후, 미국은 호주 및 뉴질랜드와 더불어 앤저스(ANZUS)조약을 체결했고, 필리핀과 상호방위조약을 체결했으며, 동남아조약기구(SEATO)와 중앙조약기구(CENTO)를 체결했다. 한국과는 상호방위협정을 체결했다.

미국의 이러한 강경반공정책은 결국 1950년 2월에 성립된 중·소동맹에 대항한다는 전제에서 출발했다. 중국의 한국전 개입은 중·소동맹이 일석주적(一石柱的)이라는 미국 정책수립자들의 선입견을 굳혀주었기 때문에, 이 전쟁이 끝나면서 그들은 중·소동맹에 보다 더 효율적으로 강력히 대처해야 한다고 믿었던 것이다.

미국의 베트남 군사개입이 이 전쟁의 정전 이후에 더욱 깊어진 것도 이러한 맥락에서 이해된다. 미국은 북베트남이 소련과 중공의 사주를 받아 '아시아 적화음모'의 일환으로 남베트남을 침공하고 있으며 이 침략이 저지되지 않아 베트남 전체가 적화되면 인도차이나 전체가 적화되고 마침내 동남아 전체가 적화된다는 '도미노 이론'의 발상 아래 베트남에 대한 군사적 개입을 확대해나간 것이다.

한 마디로 말해, 한국전쟁을 통해 미국은 정치적으로나 군사적으로 이름과 실제 양면에서 세계 최강대국으로서의 지위를 굳혔다.

흔히 2차 대전이 끝나면서 미국이 그러한 지위를 얻은 것으로 말해지고 있으나, 미국의 군사력은 한국전쟁을 거치면서 크게 증강됐고 이것을 바탕으로 국제정치에 대한 미국의 정치적 영향력은 훨씬 커졌다.

[2] 소련에 미친 영향

소련이 한국전쟁 당시 북한과 중국의 배후에서 지원자의 역할을 수행하기는 했으나 직접 참여하지는 않았다. 따라서 이 전쟁이 미국이나 중공에 준 영향보다 비교적 작았을 것으로 추측된다.

그러나 한 가지 분명하게 지적할 수 있는 것은 이 전쟁이 미국에서는 반공 분위기를 고조시켰듯이 소련에서는 반미 분위기를 높였다는 사실이다. 그리하여 정치적인 조작극에 '미제의 간첩'을 활용하는 일들이 적지 않았다. 그 대표적인 보기가 1953년 1월에 발표된 '미제의 앞잡이 의사들의 음모' 사건이다. 즉 '소련의 수뇌급 지도자들을 제거하려는 미제의 사주를 받아 9명의 의사들이 1948년에 소련공산당 정치국원 즈다노프(Andrei Zhdanov)와 소련군 비밀경찰 두목 슈체르바코프(Alexander Shcherbakov)를 의학적으로 살해했다'는 것이었다. 이 발표와 더불어 소련의 관영 매체들은 '반역자들의 숙청'을 강조했다. 모든 전조가 또 하나의 대숙청이 임박했음을 알리고 있었다.[4)]

이 무렵인 1953년 3월 5일에 소련의 독재자 스탈린이 죽었다. 약 24년 동안 소련의 최고집권자로서 절대권을 행사했던 스탈린의 죽음은 소련의 국내정치와 대외정책에 큰 영향을 미쳤다. 그의 죽음은 무엇보다 국내정치에서 '긴장의 완화'를 가져와, 공포정치의 도구였던 비밀경찰 두목 베리야의 처형으로 이어졌고 1956년 이후에는 탈(脫)스탈린화가 본격적으로 추진됐다.

한국전쟁이 소련의 국내정치에 어떤 영향을 주었는지 불분명하지만 소련의 대외관계에 어떤 영향을 주었는지는 분명하다. 우선 지적할 수 있는 것은 중·소동맹 관계에 금이 가기 시작했다는 사실이다. 중국은 이 전쟁 때 소련이 보인 소극적 태도 때문에 소련에 대한 불신감을 갖게 됐다. 게다가 스탈린이 죽고 말렌코프(Georgi Malenkov)와 흐루시초프(Nikita Khrushchev)와 같은 지도자들이 권력의 정상부에 등장하자, 마오쩌둥은 소련에 대해 보다 더 독자적인 자세를 취하기 시작했다. 소련에 전적으로 의존했던 북한도 소련을 재평가하게 됐고, 자신을 구출해 준 중국과의 관계를 두텁게 해 나갔다. 한편 동유럽에서는 스탈린의 죽음과 그것에 따른 공포의 완화가 자유화운동을 촉진시켰다. 그리하여 1953년에 동독에서 대규모 시민저항운동이 일어났고, 이에 이어 1956년에는 마침내 헝가리와 폴란드에서 각각 반소운동이 일어났다.

이렇게 볼 때, 한국전쟁이 정전된 이후의 시점에서 미국과 서유럽의 동맹은 강화된 반면에 소련의 동맹관계는 약화됐다. 여기서 소련은 두 개의 정책을 추구하게 됐다. 하나는 군사력의 증강, 특히 핵무기체계의 개발을 서두르고 바르샤바조약기구를 강화하는 길이었고, 다른 하나는 '숨 쉴 여유'를 갖기 위해 서방과의 평화공존을 추진하는 길이었다.

[3] 중화인민공화국에 미친 영향

한국전쟁이 중국에 미친 영향은 즉각적이면서도 광범위했다. 우선 국내정치에 미친 영향을 보면, 중국공산당의, 특히 당 주석 마오쩌둥의 지도권이 확고해졌다.

우리가 이 책의 앞 부분에서 이미 살폈듯이, 중국공산당이 1949년 가을에 중화인민공화국을 수립했을 때만 해도 중국공산당에 대한 저항세력은 꽤 많이 남아 있었다. 그러나 중공군이 대거 참전한 한국전쟁이 장기화하면서 저항은 약화될 수밖에 없었고 중국공산당은 전인민의 동원체제를 확립하면서 자신의 통치권의 기반을 쉽게 넓히 수 있었다.

같은 맥락에서, 중국공산당 내부에서 마오쩌둥의 권력이 더욱 강화됐다. 전시체제를 장악한 그는 이 전쟁이 끝나면서 자신의 반대파를 숙청할 수 있게 된 것이다. 그 대표적인 보기가 '가오강·랴오슈씌(饒漱石: 요수석) 숙청'이다. 1955년 3월에 마오는 만저우의 실권자로 '만저우 독립왕국의 왕'을 꿈꾸며 마오에 맞서는 한편 스탈린과 긴밀한 관계를 유지했던 중화인민공화국 부주석 가오강과 그의 추종자 랴오슈씌를 '반당분자'로 단죄한 것이다. 가오의 후견인이었던 스탈린의 죽음에 따른 소련에서의 스탈린 격하 운동은 가오에게 몹시 불리하여, 가오는 1956년에 '자살'한 것으로 발표됐다.[5)]

한편 이 전쟁 기간에 대륙의 중화인민공화국과 타이완의 중화민국 사이의 대결관계가 높아져 중국의 분단은 더욱 굳어졌다. 이것은 대륙에서 중국공산당이 국민당 잔존세력을 억압하는 결정적 계기를 제공했고, 반면에 타이완에 대한 미국의 군사적 지원을 강화시켜 대륙에 의한 타이완의 장악을 더욱 어렵게 만들었다.

한국전쟁은 중국의 대외관계에 많은 영향을 주었다. 부정적인 측면을 보면, 국제연합으로부터 '침략자'로 낙인됨으로써 상당한 기간 국가의 명예가 떨어졌고, 미국과의 적대관계가 장기화됨으로써 국내외적으로 많은 부담을 안게 됐다. 국제연합에서의 대표권 획득도 무척 늦어지게 됐다. 1971년 10월에 와서야 국제연합은 중화인민공화국에게 중국의 대표권을 부여한다.

긍정적인 측면에서는 중국의 발언권 증대이다. 중국의 참전이 미군이 주축이 된 국제연합군의 일방적 승리를 저지시켰고 북한을 구출했다는 인식은 중국 지도층의 자존심을 높였고 따라서 적어도 아시아 문제의 해결에 있어서는 자신의 발언권이 필수적이라는 태도를 보였다. 국제사회도 중국의 이러한 자기주장적 태도를 대체로 받아들여, 중국은 이 전쟁에의 참전을 통해 아시아의 실력자로서의 지위를 굳혔다.

중국의 이러한 지위는 1954년 4월부터 6월 사이 제네바에서 열린 19개국 회의에서 확인됐다. 인도차이나 문제와 한반도 문제를 다룬 이 회의에서 중국은 미·영·불·소와 더불어 '5대 강국'으로 공인됐다. 특히 중국대표단을 이끈 총리 겸 외교부장 저우언라이의 능란한 외교술은 중국의 위신을 크게 높였다.

중국은 이처럼 국제정치에서 자기주장성을 과시하면서 스탈린 후계자들에 대한 우월감마저 나타나기 시작했다. 이것은 앞에서 지적했듯이, 이 전쟁 동안 형성된 소련에 대한 불신감과 겹쳐지고 이에 따라 중·소분쟁의 싹이 자라나게 되었다.

[4] 일본에 미친 영향

패전의 상처를 그대로 안은 채 미국의 점령 통치를 받고 있던 일본에게 한국전쟁의 발발은 부흥에의 중요한 디딤돌이 되었다. 우선 이 전쟁은 미국으로 하여금 일본을 군사적으로나 경제적으로 더욱 성장시켜야 한다는 믿음을 굳혀 주었다. 그리하여 맥아더 점령 군사령관은 1950년 7월에 요시다 시게루 일본 총리에게 75,000명 규모의 경찰예비대를 창설하게 하고 해상보안청을 증원하도록 지시했다. 이어 10월에는 '구 직업군인 추방령'을 해제했다.

여기서 한 걸음 더 나아가 미국 국가안전보장회의는 1951년 3월에 이 전쟁에 소요되는 군수품을 일본에서 제조하기로 결정했다. 이어, 앞에서 지적했듯이, 1951년 9월 8일에는 샌프란시스코에서 대일(對日)강화조약과 태평양안보조약을 체결하여 일본의 안전을 책임지는 한편 일본의 주권을 회복시켰다. 대일강화조약은 패전국에게 무척 너그러운 조약으로서, 요시다 총리 스스로 '그 관용에 있어서 사상 유례없다'고 고백할 정도였다. 1952년 2월에는 경찰예비대를 토대로 방위대를 발족시켰고—이것은 1954년 7월에 일본 방위청 자위대로 확대된다—4월에는 트루먼 대통령의 선언을 통해 일본과의 전쟁상태를 공식으로 끝냈다.[6] 그리하여 일본은 1952년 4월 28일에 주권독립국으로 새롭게 출발할 수 있었다. 리스(David Rees)가 지적했듯이, 미국은 한국전쟁에 자극받아 일본과의 평화조약 및 안보조약체결을 이처럼 서둘렀던 것이다.[7] 그리고 그 연장선 위에서 일본은 1956년 12월 18일에 국제연합에 가입하게 된다.

미국은 또 이 전쟁의 발발과 더불어 일본이 해외로부터 천연자원과 현대적인 산업기술을 도입할 수 있도록 적극적으로 도왔고 해외시장의 확대를 도왔다. 그리하여 일본 경제는 이 전쟁을 전기로 삼아 크게 활성화되었다.

3. 한국전쟁이 국제정치에 미친 영향

이상에서 우리는 이 전쟁이 강대국들에게 각각 대내외적으로 미친 영향을 살폈다. 그러면 그러한 개별적 영향이 국제정치에 전반적으로 어떻게 나타났는가를 살피기로 한다. 이 항목은 사실상 앞 항목의 요약이므로 내용에 중복이 있을 것이다.

우선 강조돼야 할 점은 이 전쟁이 강대국들에게 대내외적으로 미친 영향과 그리하여 국제정치 전반에 미친 영향은 너무나 컸다는 사실이다. 그 점 때문에, 미국 콜롬비아대학교의 저비스(Robert

Jervis) 교수는 2차 대전이 끝난 때로부터 1950년대 말까지 한국전쟁만큼 국제정치 전반에 큰 영향을 준 국제적 사건은 없었다고 분석하면서, 그리하여, '한국전쟁이 아니었더라면 국제정치의 역사는 대단히 달라졌을 것'이라고 단언한다.[8] 그러면 그 영향들은 구체적으로 어떤 것들이었나?

첫째, 미국이 세계 최강대군사국으로서의 자리를 확고히 굳혔다는 사실이다. 이 전쟁이 아니었더라면 미국의 군비는 그처럼 대규모로 증강될 수 없었다. 군비의 대규모 증강이 사실상 어려웠기 때문에 고민에 빠져 있던 미국에게, 애치슨 국무장관의 표현을 빌리면, '한국전쟁이 나타났으며 그리하여 미국을 살려 주었다.'

바로 이 점 때문에, 수정주의자들은 미국이 이 전쟁을 유도해냈다는 논리를 제시했다. 미국이 1950년 2월에서 4월에 걸쳐 완성된 세계적 수준의 전략문서인 국가안보회의(NSC)의 전략문서 68에서 보이듯이, 세계적 차원에서 반소 · 반좌익혁명노선을 추진해 나가기로 결정한 사실에 연관지으면서, 수정주의자들은 미국이 그러한 목적을 이룩하기 위해 북한으로 하여금 남침하도록 유도했을 것이라고 짐작한다.

그러나 이것은 미국이 북한의 남침을 유도했다고 먼저 세워놓은 선입견을 뒷받침하는 작업이라고 저자는 생각한다. 북한이 휴전 이후 김일성 독재체제를 강화해나가고 군사력을 증강해나간 결과만을 보고, '그러한 결과를 얻어낼 수 있는 분위기를 만들고자 북한은 이 전쟁을 일으켰다'라고 주장하는 것과 큰 차이가 없다.

둘째, 이 전쟁은 서방동맹을 강화시켜 주었다. 이 전쟁에 의해 만들어졌거나 강화된 동맹은 대개 20년 이상 존속했으며, 그 대부분은 오늘날까지도 거의 아무런 본질적 수정 없이 유지되어 오고 있다. 이와 관련하여 중요하게 지적되어야 할 점은 서독과 일본의 재무장이다. 특히 서독의 경우, 1954년에 재무장을 바탕으로 서방진영에 참가한 것은 독일의 통일을 사실상 연기 또는 포기함을 의미했다.

셋째, 이 전쟁은 반면에 국제공산주의 운동을 분열시키기 시작했다. 이 전쟁을 일석주적(一石柱的)인 중·소동맹의 산물로 보고 공동대처한 서방진영 앞에서 공산권은 오히려 균열하게 된 것이다. 중·소대결의 씨앗도, 그리고 북한의 소련으로부터의 이탈의 씨앗도 이 때 심어졌다고 볼 수 있다.

넷째, 이 전쟁은 미국과 소련의 냉전관계를 더욱 악화시켰다. 두 나라가 냉전관계를 완화하는 데는 한국[조선]휴전으로부터 20년 가까운 세월을 소비하게 된다.

다섯째, 이 전쟁은 '재래식 무기에 의한 마지막 국제전쟁'이라는 인식을 강대국들에게 심어 주었다. 그리하여 미국과 소련을 비롯한 강대국들은 핵무기의 개발에 집중적인 노력을 기울였고, 이를 계기로 국제정치는 핵무기 대결의 시대로 접어들었다.

4. 한국전쟁이 한민족에 미친 영향

어느 누구, 어느 나라에 대해서보다 이 전쟁은 한민족 전체에게 가장 큰 재해를 안겨 주었다. 인적·물적·정신적 모든 부문들에서 그 재해는 엄청나게 컸으며, 그 후유증은 휴전으로부터 50년이 지난 오늘날의 시점까지도 그대로 남아 있다.

[1] 인적 손실

먼저 인적 손실을 살핀다. 여기서 우선 지적돼야 할 점은 정확한 통계수치의 부족이다. 기관 또는 연구자마다 다르게 나온다. 예컨대, 대한민국 국군의 손실(사망·부상·실종)을 국제연합군쪽에서는 257,000여 명으로, 공산군쪽에서는 586,000여 명으로 각각 발표했다. 이에 비해 일본 도쿄의 「통일조선신문」은 1970년 6월 27일에 988,403명으로 추정했다.

이 점을 전제하면서, 대한민국부터 살핀다. 정부자료를 원용한 「북한 30년사」에 따르면,[9] 대한민국군은 전사 147,000여 명, 부상 709,000여 명, 그리고 실종 131,000여 명을 내, 전체 손실이 987,000여 명에 이르렀다. 이 숫자는 「통일조선신문」의 988,000여 명과 거의 일치한다.

다시 「북한 30년사」에 따르면, 대한민국의 민간인 피해는, 피학살자 123,936명, 사망자 244,663명, 부상자 229,625명, 피납자 84,532명, 행방불명 330,312명, 북한군으로의 강제징집자 40만여 명, 경찰관 손실 16,816명 등 모두 140만여 명이다. 여기서 북한군으로의 강제징집자와 경찰관 손실을 제외하면 민간인 손실은 84만여 명으로 나타난다. 「통일조선신문」은 강제징집자와 경찰관 손실을 제외한 민간인 손실을 99만여 명으로 보았다.

이러한 자료들을 총괄할 때, 대한민국의 인적 손실은 모두 약 200만 명으로 나타난다. 「통일조선신문」의 통계로는 약 198만 명, 「북한 30년사」의 통계로는 약 230만 명인데 다른 자료들도 대개 이 사이를 오가고 있다.

이어 북한을 살핀다. 「북한 30년사」의 자료에 따르면, 북한군은 52만여 명이 사망하고 40만 6천여 명이 부상했으며, 민간인 손실은 200만여 명에 이르렀다. 이것을 합치면, 북한의 인적 손실은 292만여 명인 것으로 추정된다. 한편 「통일조선신문」은 북한군의 인적 손실을 611,206명, 민간인의 인적 손실을 268만여 명으로 집계했다. 이것을 합치면, 북한의 인적 손실은 약 329만 명으로 나타난다. 한편 국제연합군은 약 15만 명의 인적 손실을 냈는데, 그 가운데 약 14만 명이 미군이다. 「북한 30년사」는 전사 35,000여 명, 부상 115,000여 명, 실종 1,500여 명, 합계 151,500여 명으로 집계했고, 「통일조선신문」은 전사 36,813명, 부상 114,816명, 실종 6,198명, 합계 157,827명으로 집계했다. 양자의 집계가 거의 일치한다.

중국군의 인적 손실에 대해, 「북한 30년사」는 약 90만 명으로 보았고, 「통일조선신문」은 전사 184,128명, 부상 715,872명, 실종 21,836명, 합계 921,836명으로 보았다. 여기서도 양자의 집계가 거의 일치한다.

이 자료들을 총괄할 때, 남북한을 합친 한인의 인적 손실은 무려 520만 명 규모이다. 당시 남북한의 인구를 약 3천만 명으로 추산할 때, 인구 6명당 1인 꼴로 손실된 셈이다. 그 손실은 전쟁을 일으킨 북한이 더 커서 1950년의 인구가 약 974만 명이었는데 1953년에는 849만 명으로 줄었다. 어떻든 남북한을 통틀어 이렇게 줄어든 중요한 원인들의 하나는 남쪽으로 피난해 온 주민들이 많았다는 점이다.

그러나 다른 요인은 전쟁으로 말미암은 인적 손실이었다. 참으로 엄청난 인적 손실이 아닐 수 없는데, 특히 비전투요원의 인적 손실이 전사상(戰史上) 유례없을 만큼 컸다는 점에 이 전쟁의 비참성이 있다.[10)]

인적 손실과 함께 지적돼야 할 점은 방대한 규모의 이산가족의 발생이다. 남북으로 흩어진 이산가족의 수를 정확히 밝히기란 어렵다. 그러나 사회학자들 사이에서는, 남한에서 북한으로 넘어갔거나 납치된 사람의 수는 약 30만 명이고, 북한에서 남한으로 넘어온 사람은 45만 명에서 72만 명 사이인 것으로 추산된다. 이 숫자를 합치면 75만 명에서 1백만 명 사이의 인구가 이동한 셈이다. 그러나 일반적으로 북으로부터 남으로 피난해 온 사람의 수는 약 3백만 명이고, 이산가족의 수는 1천만 명에 이르는 것으로 말해진다. 이것은 이 전쟁을 통해 대대적인 인구이동이 발생되었음을 말한다.

[2] 물적 손실

인적 손실에 못지않게 중요한 것은 물적 손실이다. 이것에 관해서도 정확한 통계가 있는 것은 아니다. 한반도 전체를 통해, 학교·교회·사찰·병원 및 민가를 비롯하여 공장·도로·교량 등이 엄청나게 파괴됐다. 한 마디로 말해, 남북한 모두에서 사회경제적 기반이 거의 철저하게 파괴됐다.

우선 북한을 보면, 1949년 수준에 대비할 때, 광업 생산력의 80%와 공업 생산력의 60% 및 농업 생산력의 78%가 감소됐다. 금속제품·전기제품·건설제품·어획고에서는 생산이 60%로부터 90%씩 떨어졌다. 철광·동·알루미늄·알칼리 화학비료 부문에서는 생산의 감소가 그것보다 훨씬 더 심각했다. 약 90만 에이커의 농지가 손상됐고, 60만 민가와 5천 개 학교 및 1천 개 병원이 파괴됐다.[11] 굶주림은 북한 전역에 만연했다.

남한을 보면, 휴전 직후 집을 잃고 가두에서 방황하는 전재민의 수가 2백만여 명에 이르렀고, 굶주림에 직면한 인구가 전체 인구의 20~25%나 됐다. 1949년 1년의 국민총생산에 맞먹는 재산상의 피해가 발생했으며, 농업 생산은 27%가 감소됐고, 국민총생산은 14%가 감소됐다. 약 900개의 공장이 파괴됐고, 제재소와 제지공장 및 금속공업을 비롯한 작은 규모의 생산소들은 거의 전부가 파괴됐다. 또 약 60만 동의 주택이 파괴됐고, 특히 교통 및 체신 시설이 막대한 손해를 입었다.[12]

이러한 인적 및 물적 손해도 손해려니와 이에 못지않게 심각한 손해는 민족 내부의 불신과 적대감이다. 서로 상대방을 미워하고 복수심을 갖게 됐으며, '상대방이 이 쪽을 먼저 무력공격해 오지 않을까' 라는 의구심을 지니게 되었다. 즉 '제 2 의 한국전쟁' 에 대한 의구심을 버리지 못하고 있는 것이다. 따라서 대화와 협상을 통한 평화적인 통일의 분위기가 자라나기 어려웠다.

여기에 대한 큰 책임은 북한에게 있다. 북한은 6·25전쟁을 일으킨 바로 그 6월에만 두 차례에 걸쳐 '평화' 통일을 위한 제안을 내놓았던 것인데, 이것이 6·25남침계획에 대한 남한의 경계심을 풀어뜨리려는 계산된 음모에서 나온 것임을 6·25남침을 보고서야 깨달은 남한 국민들이 다시는 북한의 '평화' 통일 제의에 속지 않겠다는 결심을 굳혔기 때문이다.

이러한 상호 적대감은 남과 북 모두에서 흑백논리적 사고방식을 크게 자라나게 했으며 의식세계의 경직화를 낳았고, 상대방과의 타협 자체를 죄악시하는 분위기를 조성했다. 그리하여 남과 북 모두에서 중도적인 이념과 정책을 추구하는 세력이 성장할 수 없었고, 어느 한쪽으로 기울어진 이념을 가진 세력이 집권하게 되는 경우가 많았다.

5. 한국전쟁이 북한에 미친 영향

앞에서 이미 지적했듯이, 이 전쟁의 피해는 전쟁을 일으킨 북한에서 더 컸다. 국제연합군의 화력이 공산군의 화력보다 훨씬 더 강했고, 특히 중공군의 참전 이후, 그리고 휴전협상의 막바지에 공중으로부터의 집중적인 파괴가 있었기 때문이다. 이러한 피해의 차원에서뿐만 아니라, 이 전쟁은 북한사회 전반에 엄청나게 큰 영향을 미쳤다.

[1] 대내정치적 영향

이 전쟁은 국내정치적으로 우선 김일성 체제를 강화시켰다. 이 과정을 간단히 설명하기로 한다.[13)]

이 책의 앞 부분에서 이미 설명했듯이, 이 전쟁 직전 북한의 권력구조 내부에는 4개의 정치적 파벌이 공존했다. 국내파, 연안파, 소련파, 그리고 김일성을 중심한 만주파-갑산파가 그것들이다. 1950년 12월에 김일성은 우선 연안파의 군사지도자인 무정을 숙청했다. 중국군의 개입으로 말미암아 연안파가 고무되지 않을까 하는 두려움을 가졌던 김일성은 평양 실함의 책임을 씌워 무정을 제거한 것으로 보인다.

그러나 이보다 더 규모가 큰 숙청은 휴전을 전후해 이루어졌다. 3년 동안 계속된 이 전쟁이 휴전으로 끝나고 말았으며 염전사상이 만연한 상황에서 이에 대한 책임을 져야 할 '속죄양'으로 김일성은 국내파, 즉 남로당 계열을 지목한 것이다. 그리하여 휴전 직후인 1953년 8월 3일에 북한 당국은 박헌영을 비롯한 13명의 남로당 출신이 '미제의 고용간첩'으로서 '미제와의 결탁' 아래 북한 정권을 전복시키는 쿠데타를 음모하여 1952년 말에 체포됐으며 그 사이 수사를 거쳐 재판에 회부됐다고 발표했다. 최고재판소 특별군사재판은 4일 동안 진행되었으며, 김일성의 실제(實弟)인 김영주(金英柱)가 처음부터 끝까지 지휘했다. 수사와 재판의 모든 과정에서 철저한 고문이 따랐던 것으로 알려졌다. 박헌영만은 그 지명도와 국내외에 미칠 후유증을 고려하여 이 재판에 포함시키지 않았다.

재판 결과 이들은 '박헌영을 수상으로 하고 리승엽을 당 제1서기로 하는 새 정권의 수립을 음모했음'이 밝혀져 모두 중형에 처해졌다. 북한군의 남한점령 당시 서울 림시인민위원장(=서울 시장)을 지냈으며 당 중앙위원회 비서이면서 인민검열위원장인 리승엽,

문화선전성 부상인 조일명(趙一明), 시인이며 조·소문화협회 중앙위원회 부위원장인 림화(林和), 당 연락부 부부장인 박승원(朴勝源), 북조선인민위원회 외무국장을 지냈으며 무역성 일반제품수입상사 사장인 리강국(李康國), 당 연락부장인 배철(裵哲), 미군정청 공보부 여론국장을 지냈으며 북한군 최고사령부 총정치국 제 7 부원인 설정식(薛貞植), 인민유격대 제10지대장인 맹종호(孟鍾鎬), 인민검열위원회의 상급 검열원인 조용복(趙鏞福), 그리고 남한의 경찰간부였다가 이 전쟁 직전에 월북했던 백형복(白亨福)은 사형을 받았다. 다만 당 선전선동부 부부장인 리원조(李源朝)가 징역 12년, 당 연락부 부부장을 지낸 윤순달(尹淳達)이 징역 15년의 유기형을 받았다.

박헌영의 재판은 2년 반이나 지나서야 진행됐다. 그는 1955년 12월 15일에 최고재판소 특별법정에 섰다. 최고인민회의 상임위원회의 결정에 의해, 민족보위상을 지냈고 박헌영의 뒤를 이어 부수상으로 승진한 최용건이 재판장으로 임명됐고 검사총장 리송운이 논고했다. 당일로 사형구형에 사형선고가 내렸고, 1957년에 처형된 것으로 알려졌다.

남로당 간부들의 숙청과 함께 수많은 월북 남로당원들이 숙청됐다. 형무소와 강제노역소로 끌려가거나 직장에서 쫓겨나고 자아비판을 강요당했다. 북조선로동당 창당 때 김일성과 나란히 부위원장직에 있었고 북한 정권의 초대 주소대사를 지낸 주녕하, 2대 주중대사를 지낸 권오직 등도 동조자로 몰려 제거됐다. 이로써 하나의 정치세력으로서의 남로당 세력은 이제 완전히 뿌리뽑혔다.

남로당 계열의 숙청과 함께 남로당 계열 이외의 고위층 인사들도 적지 않게 숙청됐다. 그 대표적인 보기가 소련파의 우두머리격인 허가이이다. 소련공산당 당적을 가진 채 소련 점령군과 함께 북한으로 들어와 북조선로동당과 이어 조선로동당의 창당에 크게 이바지한 허는 김일성에 의해 '당 박사'라고 불리기도 했다. 남로당계에 대한 숙청 작업이 개시될 당시 그는 당 중앙위원회 비서이면서 내각 부수상이었다. 그는 1953년 4월에 '자살' 한 것으로 알려졌다.

김일성의 반대파 숙청은 여기서 끝나지 않았다. 1956년 2월에 소련의 새 실권자로 등장한 소련공산당 제1서기 겸 소련정부 총리 흐루시초프가 스탈린 1인 독재를 비난하고 집단지도체제의 원리를 다시 강조한 것에 고무돼 같은 해 8월에 연안파는 일부 소련파의 동조를 받아 김일성에 반대하는 운동을 벌였다. 이것을 북한 당국은 '8월 종파사건' 이라고 부른다.

마침 김일성은 원조자금을 확보하기 위해 소련과 동유럽을 여행하고 있었다. 급하게 귀국한 김일성은 군부와 비밀경찰의 확고한 지지 위에서 그들을 '반당 종파주의 세력' 으로 단죄할 수 있었다. 연안파의 우두머리로서 북조선로동당의 초대 위원장이었고, 북한 정권의 수립 이후 줄곧 국가원수격인 최고인민회의 상임위원장직에 있던 김두봉, 김두봉의 오랜 동지인 한빈, 부수상 최창익, 상업상 윤공흠(尹公欽), 직업총동맹위원장 서휘(徐輝), 주소대사 리상조와 같은 연안파의 지도자들, 그리고 허가이의 '자살' 이후 소련파의 사실상 우두머리인 부수상 박창옥, 부수상 박의완, 건설상 김승화와 같은 소련파의 지도자들이 이 때 모두 제거됐다.

반대세력에 대한 김일성의 무자비한 숙청작업은 그 때로부터 2년 동안 계속됐다. 이로써 1958년까지면 김일성의 1인독재체제가 확립된다.

김일성의 일련의 숙청은 당 상층부의 면모를 크게 바꾼 것이었는데, 당의 면모쇄신은 당 하층부에서도 이뤄졌다. 그렇게 된 가장 중요한 요인은 이 전쟁 동안 '약 16만 명' 의 당원이 당적을 버리거나 '희생' 된 반면에 약 40만 명의 새 당원이 입당했기 때문이다. 1956년 초 현재, 당원의 약 51.7%가 이 전쟁이 일어난 이후에 입당

한 사람들이었다고 한다.[14)]

[2] 사회적 영향

이 전쟁을 치르면서 김일성은 공산정권에 대한 북한 주민의 지지가 결코 높지 않았음을 깨달았을 것이다. 국제연합군이, 그리고 한국군이 북상했을 때 북한 주민의 다수가 이들을 환영했을 뿐만 아니라 북한군이나 당원의 색출을 적극적으로 도운 사실은 김일성으로 하여금 주민 통제의 필요성을 절감하게 했을 것이다. 그리하여 그는 휴전 직후부터 정치교화작업을 철저히 벌여나갔다. 정치교화작업의 핵심적 주제는 반미주의였다. 북한 당국은 '미군의 재침' 가능성을 강조하면서, '미제와의 끊임없는 투쟁'을 위해 주민들은 언제나 깊은 경각심을 가질 것을 요구했다.

이와 더불어 북한 당국은 김일성을 '반미투쟁의 선봉장'으로 상징조작하면서 김일성을 중심으로 반미투쟁을 전개해 나갈 것을 역설했다. 이러한 상징조작은 그의 독재체제를 정당화하는 주요한 정치도구가 됐다.

[3] 경제적 영향

이 전쟁은 북한의 경제에 치명적인 타격을 가했다. 그리하여 휴전과 더불어 북한이 추구한 1차적 과제는 경제복구였다. 그러므로 북한은 1953년 12월 말까지 경제복구의 계획을 세우고, 1954년 1월부터 3개년 계획(1954~1956)에 들어가 마침내 경제의 각 분야에 걸쳐 전쟁 이전의 수준을 회복했다. 그리고 이 기간에 농업의 집단화를 추진하여 1958년에 마쳤다. 이어 야심적인 5개년 계획(1957~1961)을 세워 공업화를 추구해 예정기간보다 빨리 성취했다.

이러한 경제복구 작업은 대체로 북한 주민의 노력동원에 의해 추진됐다. 3개년 계획의 경우에는 소련으로부터 10억 루블, 중국으로부터 8억 위안(元: 원)의 무상원조를 비롯하여 도합 약 5억 6천만 달러의 외원을 받아, 외원이 예산 총액의 23.6%를 차지했으나, 그것만으로는 부족했기 때문이다. 더구나 5개년 계획의 경우에는 외원이 약 4억 달러로 줄어든 데다가 계획안에 대한 소련의 비판마저 겹쳤기 때문에, 주민의 노력동원이 불가피했다. 1959년 3월부터 시작된 '천리마 운동'은 그러한 노력동원이 더욱 조직화된 것인데, 이러한 체계적 노력동원을 통해 북한은 점점 '동원체제'로 굳어져갔다.

[4] 군사적 영향

이 전쟁은 북한의 군사력을 급격히 팽창시키는 계기가 됐다. 이 전쟁을 일으키기 직전에 이미 약 135,000명의 병력을 확보했던 북한군은 휴전 직후 육군 317,000여 명과 공군 19,000여 명 및 해군 4,000여 명을 포함하여 약 41만 명의 규모로 확대됐다. 1958년 10월에 중국군이 철수한 뒤인 1959년 1월에는 로농적위대라는 민병대를 조직했다. 이 때의 대원은 약 50만 명인 것으로 알려지고 있다. 그리하여 이 전쟁을 계기로 북한은 전형적인 '병영국가'의 방향으로 치달리게 된다.

[5] 대외관계에 미친 영향

이 전쟁은 북한의 대외관계에도 많은 영향을 주었다. 북한 정권은 원래 소련의 적극적 비호 아래 탄생했으며 소련의 강력한 통제 아래 있었다. 그러나 이 전쟁의 기간에 소련은 북한에 대해 많은 지원을 베풀지 않았다. 이것은 북한 정권으로 하여금 소련에 대한 깊은 불신을 갖게 했다.

소련에 비해 중국의 지원은 적극적이었다. 북한 정권이 붕괴의 위기에 직면했을 때 구출에 나선 쪽은 소련이 아니라 중국이었다. 따라서 북한은 점차 소련에 대한 불신감을 갖게 됐고 중국과의 우의를 두텁게 하게 됐다. 이로써 북한의 대외관계에 많은 변화가 일어나게 됐다.

6. 한국전쟁이 남한에 미친 영향

이 전쟁은 남한 사회의 전반에 대해서도 큰 영향을 미쳤다. 그것을 분야별로 살피기로 한다.

[1] 국내정치적 영향

이 전쟁은 우선 우익적이며 반공적인 국가질서를 강화시켰다. 이 점을 다음에서 설명한다.

1945년 8월 15일에 일제로부터 해방된 남한에는 좌우익 투쟁이 치열했다. 이 투쟁에서, 우리가 이 책의 앞에서 이미 살폈듯이, 좌익이 패배하고 이승만을 중심한 우익이 주축이 되어 남한에서의 정부 수립을 준비해 나갔다. 이 시점에서 우익의 주요한 일부가 민족주의의 이념 아래 통일정부의 수립을 강조하면서 좌우합작과 남북협상을 추진했으나 좌절됐다. 그리하여 그들은 이승만이 주도해 세우려는 정부를 단독정부라고 규정하고 그것에 참여하지 않았다.

이러한 배경에서 이승만을 중심한 우익세력은 미국과 국제연합의 비호 아래 1948년 8월 15일에 대한민국을 수립했다. 그러나 대부분 월북했거나 지하로 들어간 좌익은 논외로 한다고 해도, 중간파와 일부 우익의 반발은 정치체제 밖에 그대로 남았으며, 이승만 정권의 정통성에 부담을 주었다. 그러한 부담은 1950년 5월 30일에 실시된 제2대 국회의원 선거 결과 더욱 표면화됐다. 이 선거에서 대한민국 수립을 추진한 중심적 정치세력은 겨우 현상을 유지하는 데 그쳤음에 비해 조소앙·안재홍·장건상·원세훈(元世勳) 등 남북협상파를 비롯한 중간파가 두드러지게 진출했다. 그러한 분위기에서 이승만 대통령에 대한 비판도 높아졌다.

한국전쟁은 이러한 경향에 결정적인 쐐기를 박았다. 우선 북한의 남침 그 자체가 남북협상파와 중간파에 대한 국민적 신뢰를 크게 떨어뜨렸다. 죽느냐 사느냐의 전쟁은 적이냐 동지냐의 양분법적 사고를 크게 조장했으며 따라서 중간노선이나 협상노선은 배척됐다. 민주사회주의 같은 온건한 이념조차 공산주의와 동일시되거나 용공시됐다. 또 지배층 가운데서는 이러한 분위기를 더욱 북돋는 이들도 있었다. 게다가 중간노선과 협상노선을 추구한 지도자들이 대부분 월북했거나 납북됐고 또 전쟁중에 죽음을 당하기도 했다. 김규식, 조소앙, 안재홍, 원세훈, 김약수 같은 정치인들이 그 대표적인 예들이다. 그리하여 중간노선 또는 협상노선이 정치세력으로 집결되기 어려웠다.[15]

이러한 정치상황은 결국 우익적·반공적 정치질서를 안정시켰다. 미국과 국제연합에 의해 대한민국이 '구출'됐다는 인식 역시 친미적·우익적 정치질서의 안정화에 크게 이바지했다. 물론 좌익적 조류가 남아 있기는 했다. 1950년대 중반 진보당(進步黨)의 등장, 그리고 조선공산당 창당에 깊이 개입했으나 해방 직후 조선공산당을 탈당하고 대한민국의 수립에 참여했던 진보당 당수 조봉암이 1956년 5월에 실시된 제3대 대통령 선거에서 유효투표의 약

20% 선인 210만여 표를 얻은 사실은 좌파적 조류가 결코 약하지만은 않음을 말해 주었다. 그러나 정부가 1959년 진보당을 불법화시키고 조(曺)를 처형시킴에 성공했다는 것은 우익적·반공적 정치질서가 여전히 굳어졌음을 말했다.

[2] 정신적 영향

앞 항에서 이미 지적되었듯이, 이 전쟁은 반공주의적인 정신적 분위기를 높였다. 전쟁 동안 공산주의자들의 만행을 직접 체험한 국민들 사이에서는, 공산주의는 '살인주의' 또는 '비인간주의'와 동일한 것으로 간주됐고, 반공태세를 강화하지 않는다면 대한민국의 국기가 흔들릴 수 있다는 믿음이 굳어졌다. 여기서 반공은 '국시(國是)'의 지위를 차지하여 때로는 대한민국의 대의명분인 자유민주주의를 대체해 나가기도 했고, 반공주의라는 이름 아래 권위주의 또는 독재주의가 합리화되는 경향도 때때로 나타났다. 또 반공이라는 이름 아래, 이 전쟁 기간에 한국 정부의 군경에 의해 억울하게 죽임을 당한 양민들의 유가족들을, 또는 이 전쟁 기간에 생존을 위해 북한 점령자들에게 '협력'했던 힘없는 양민들과 그들의 가족들을 '친공'이나 '좌익'으로 몰아 불리한 대우를 받게 한 일들도 있었다.

이러한 분위기를 가장 효과적으로 활용한 집권자로 우선 꼽을 수 있는 이가 이승만 대통령이라고 할 수 있다. 그는 자신의 정적들을 제거하기 위해 매카시적 방법을 쓰기도 했다. 그러나 반공주의가, 부분적으로 부작용을 빚어 일부 국민들에게 부당한 압력이 됐던 일들은 비판받아야 마땅하나, 북한의 남침도발욕망에 대한 국민적 경각심을 높이고 국가안보의 유지에 이바지한 사실은 인정돼야 할 것이다.

[3] 국제관계에 미친 영향

이 전쟁은 대한민국의 대외관계에도 많은 영향을 주었다. 이 전쟁을 계기로 미국이 대한민국의 구원자이며 은인이라는 믿음이 국민들 사이에 널리 심어졌고, 미국과의 동맹을 국가의 안전을 위한 필수적인 요소로 받아들이게 됐다. 미국에 대한 이러한 인식은 1982년에 동아일보사가 고려대학교 통계조사연구소와 공동으로 실시한 여론조사 결과에서도 부분적으로 나타났다. 이 전쟁으로부터 1세대가 지난 그 시점에도 응답자의 60.6%가 미국을 '가장 좋아하는 나라'로 지목했고, 한·미 관계에 대해서도 58.1%가 '만족스럽다'고 대답했다.[16)]

이러한 인식 위에서 휴전 이후 친미외교는 더욱 강화됐다. 대한민국은 거의 예외 없이 미국의 대외정책을 지지했다. 반공주의에 있어서는 미국의 그것을 능가하는 경우마저도 있었다. 예컨대, 1950년대 후반 이후 미국이 소련과의 평화공존을 지향할 때, 이승만 대통령은 그것이 자유세계에 이롭지 않다는 이유로 비판했다.

대한민국의 친미외교는 1960년대 초까지만 해도 제3세계에 대한 접근을 가로막았다. 특히 이 대통령은 인도와 같은 친서방 중립국가조차 용공시했으므로 반제와 반식민을 내세우는 비동맹권과의 외교적 접근은 상상조차 하지 못했다. 이러한 경향은 1960년대 중반 이후 시정된다.

이 전쟁은 또 국제연합에 대한 신뢰를 강화시켰다. 국제연합이 북한의 남침으로부터 국가를 건져주었다는 인식은 1950년부터 1974년까지 국제연합 창설일을 공휴일로 삼게 했고, 국제연합을 대상으로 한 외교를 중시하게 만들었다. 통일문제에 대해서도 남북대화의 방식보다는 국제연합을 통한 해결 방식을 채택하게 했는데, 이것은 한반도문제에 관해 서방안과 공산권안을 동시 채택한 1970

년대 중반 이후에는 중단됐다.

[4] 경제적 영향

이 전쟁은 대한민국의 경제에 대해서도 큰 타격을 주었다.[17] 각종의 산업생산시설이 파괴됐고, 일반주거용 주택은 약 60만 호가 파괴되었으며, 철도는 전체 시설의 약 47%가 피해를 입었다. 철도와 도로 및 교량과 같은 사회간접자본의 손해도 매우 컸다.

제조업의 경우에는, 경인 공업지대와 강원도의 삼척 공업지대가 큰 손해를 입었고, 방직공업 및 인쇄·출판업은 물론이고 피혁과 제지의 화학공업 부문도 큰 손해를 입었다. 1951년 말 현재 정부의 조사로는 공업부문의 전쟁피해는 건물에 대해 44%, 공장시설에 대해 42%의 원상피해율을 나타냈다. 광업의 피해도 컸다. 1951년 8월 말 현재 남한의 전체 전쟁피해액의 23.3%를 광업부문이 차지했다. 전력 부문을 보면 총 발전시설의 약 80%가 손상됐다. 한편 농업이나 기타 3차 산업에서도 피해가 컸다.

이러한 상황에서 이승만 대통령은 미국의 경제원조와 그리고 미국 주도 아래서의 국제연합의 경제원조를 바탕으로 전후경제를 복구시켜 나갔다. 그리하여 미국의 원조는 1950년대에 대한민국의 산업생산 활동뿐만 아니라 국민 경제생활을 전반적으로 규정짓는 가장 중용한 요인이 됐다.

구체적으로 말해, 1953~1961년 사이에 미국으로부터 총 22.8억 달러의 막대한 원조가 주어졌다. 그러나 그 내용이나 규모는 전적으로 미국에 의해 결정됐다. 그런데 1954~1961년 사이에 총투자율이 연평균 12.0%였으나 그 가운데 국내저축률은 연평균 3.7%에 지나지 않았고 대부분의 투자는 미국의 원조에 의해 이뤄졌기 때문에 원조의 내용은 곧 한국산업구조의 변화내용을 결정했다.

이것을 좀더 상세히 설명하면, 미국의 원조는 우선 원자재로서의 소비재와 양곡이 주종을 이뤘다. 전자를 다시 나누면, 대개 철도차량의 도입을 중심으로 한 교통부문과, 교육부문 및 후생부문에 대한 도입에 치중됐다. 이것은 바꿔 말해, 제조업에 대한 시설재의 도입은 매우 적었음을 의미했다.

총괄하건대, 이 전쟁에 따른 한국의 경제는 자주적인 성장의 가능성을 사실상 잃었다. 특히 수원국(受援國)의 경제적 요구나 필요와는 관계없이 이뤄진 미국의 경제원조를 바탕으로 소비재 경공업을 골간으로 하는 공업화가 추진됨에 따라 공업의 대외의존적 성장과 농업의 침체현상이 자라나게 되었다.

[5] 군사적 영향

이 전쟁은 대한민국 군부를 급격히 성장시켰다. 이 전쟁이 일어나기 직전에 5만 명에서 6만 5천 명 규모이던 한국 육군은 휴전 직후 65만 5천 명 규모로 확대됐다.[18] 그 뒤로도 한국군은 약 60만 명의 규모를 유지하고 있는데, 그 가운데 약 53만 명이 육군이다.

이와 더불어 국내정치에 대한 군부의 영향력이 커졌다. 그러나 1950년대에는 군부의 직접적 정치개입은 억제됐다. 군부의 중립적 입장은 1960년 4월 19일에 일어난 학생의거를 4월 26일에 시민혁명으로 성공시키는 중요한 요소로 평가됐다. 그러나 1961년 5월 16일에 박정희 육군소장이 중심이 되어 일으킨 쿠데타, 그리고 그것에 따른 군의 정치장악은 그 전통을 깨뜨렸다.

군부의 성장은 대체로 미국의 지원 아래 이뤄졌다. 특히 1953년 10월 1일에 한·미 상호방위조약이 체결됨으로써 두 나라의 군사동맹이 성립됨에 따라 한국군에 대한 미국의 지원은 체계화됐다. 한편 1950년 7월에 교환된 한·미 대통령들 사이의 서한들은 한국군에 대한 작전지휘권을 사실상 주한미군 사령관에게 이양함으로써 한국군에 대한 미군의 통제를 강화했다.

[6] 사회적 영향

이 전쟁은, 앞에서 지적했듯이, 민족의 대이동을 낳았다. 특히 북한에서 많은 사람들이 공산통치를 피해 남한으로 피난했는데, 그들은 대체로 황해도와 강원도 및 함경남도와 같이 남한에 가까운 지역 출신이었다.

이 전쟁은 도시로의 인구집중을 낳았다. 농민들은 전쟁으로 피폐해진 농촌을 떠나 막노동과 품팔이가 쉬운 큰 행정도시들로 몰려들었고, 역시 전쟁의 피해로 그 기능을 잃은 지방의 중소도시 주민들은 고용기회가 비교적 많은 대도시들로 이동했다. 이러한 요인들이 겹쳐 서울·인천·대전·광주와 같은 도시들이 빠르게 성장했다. 이같은 도시로의 인구집중은 이 전쟁 발발 직전 5만 명 이상의 인구를 가진 도시의 전체 인구가 남한 인구의 약 17%였음에 비해 1955년 현재 약 24%로 증가한 사실에도 잘 나타나 있다.

이 전쟁은 조(粗)사망률을 증대시켰다. 이 전쟁 기간의 조사망률은 약 3.6~4.7%로 추산되는데, 이것은 이 전쟁 발발 이전의 조사망률 약 2%의 2배에 해당된다. 이 전쟁의 기간에 가장 많이 죽은 연령대는 15~34세인 것을 추산된다. 한편 이 전쟁의 기간의 출산율은 연평균 수준보다 약 10% 정도 낮아진 것으로 추산된다.

휴전이 성립되면서 정치상황이 비교적 안정되자 출산율이 높아져 1955년 이후 연평균 2.9%의 기록적인 인구성장률이 나타났다. 소위 베이비 붐(Baby boom) 현상이 나타난 것이다. 이러한 베이비 붐의 사회적 영향은 1960년대 중반 이후에 나타났다. 취학아동의 증대와 취직희망자의 증대가 그 대표적 예였다.[19]

이러한 인구증가와 도시로의 인구집중 속에서 1950년대 중반과 후반의 실업률은 심각할 정도로 높았다. 1960년 현재 완전실업률은 약 8.2%이며 잠재실업률은 약 26.0%로서 양자를 합치면 약 34.2%에 이르렀다. 이것을 다시 농가와 비농가의 경우로 나누면, 농가의 총실업률은 약 29.1%이며 비농가의 경우는 약 42.0%였다.

이 전쟁은 또 많은 수의 전쟁고아와 전쟁미망인 및 상이군경을 낳았다. 미군의 주둔에 따른 국제결혼이 발생했고, 또 '양공주'와 혼혈아의 문제가 뒤따랐다. 이와 더불어, '양키문화'로 비하되는 낮은 수준의 미국 문화가 유입되어 한국의 전통문화와 갈등을 빚었다. 그렇다고 하여, 미국 문화와의 접촉이 부정적인 결과만을 낳지는 않았다. 학문과 예술에 있어서 긍정적인 접촉이 지속됐음도 사실이다. 이 전쟁은 한국인들의 도미 유학열을 자극했으며, 그것 자체가 새로운 문제를 낳은 측면도 있으나 전반적으로 한국의 학문과 기술 및 예술의 발전에 이바지했던 것이다.

[7] 문학적 영향

이 전쟁은 한국의 문학에 대해서도 무척 큰 영향을 주었다. 전후 한국의 대표적 소설들로 꼽히는 작품들이 대체로 이 전쟁을 다루고 있으며, '6·25문학'이라는 말이 보편적으로 쓰이고 있는 현실이 그것을 증명한다.[20]

전쟁을 겪은 나라에서는 반전문학이 성장하는 것이 일반적이다. 그러나 남북대결의 여건은 반전문학의 성장을 기대하기 어렵게 만들었다. 비록 그렇다고 해도, 전쟁의 비인간성에 대한 고발, 인간을 누르는 경직된 체제와 이념에 대한 냉소, 약소민족의 운명을 자의적으로 처리하는 강대국들에 대한 반발, 그리고 전쟁의 피해자들을 향한 깊은 동정 등이 강조되고 있다.

7. 맺음말: 한국전쟁 미체험세대의 등장

이 전쟁이 그 발발로부터 이미 50년 이상 지나면서 이 전쟁을 체험한 세대는 꽤 많이 사라졌고 이 전쟁 이후의 세대가 크게 자라났다. 1986년 현재 이 전쟁 이후에 출생한 국민은 전체 인구의 약 70%를 차지한다. 이 '6·25 미체험세대'는, 이 전쟁을 체험했기 때문에 전쟁의 참극을 잊지 못하거나 여전히 피해의식에 젖어 있는 세대와 달리, 한편으로는, 훨씬 더 많은 자신감과 자주적 의식을 지니고 있다. 이 세대는 대내적으로는 보다 더 민주적인 사회, 대외적으로는 보다 더 민족자주적인 사회의 건설을 지향하고 있다. 이러한 정치적 정향을 지닌 이들의 사회적 진출은 이미 한국 사회 전반에 적지 않은 영향을 주고 있다. 이러한 경향은 앞으로도 계속 확산될 것이다.

그러나 이 '6·25 미체험세대'가 다른 한편으로는 공산주의와 김일성·김정일 체제의 비인간적 성격을 가볍게 생각하는 경향을 가지고 있음도 사실이다. 북한 공산체제의 독재적 성격, 그리고 남한을 공산화하려는 욕망을 과소평가함으로써 북한문제와 대한민국의 안보문제와 한반도의 통일문제를 낭만적이거나 감상적으로 접근하는 성향이 때로는 나타나는 것이다.

북한에서도 6·25 이후 세대가 진출했다. 1942년생의 김정일이 김일성의 후계자로 등장한 사실이 북한 사회의 세대교체를 상징한다. 즉 북한에서도 이 전쟁을 경험하지 않은 세대가 '새로운 정향(定向)'을 지닌 채 사회의 중견세력으로 성장한 것이다. 이들이 과연 어떤 정향을 갖고 있는지 정확히 가려내기란 쉬운 일이 아니다. 그러나 그들은 그 이전 세대에 비해, 덜 교조주의적이며 덜 혁명주의적이지 않을까? 소련과 중국 및 동유럽에서 그러했듯이, 그들은 보다 더 실용주의적이지 않을까? 아니면 더욱 철저히 교조주의적이며 혁명주의적으로 주입되어 있지 않을까?

남북한의 민족 전체에게 이 전쟁의 상처는 참으로 깊게 남아 있다. 한민족이 진정으로 평화통일을 이룩하기 위해서는 이 전쟁의 상처를 어떻게 파악하고 어떻게 치료하느냐에 대해 공동의 이해를 가져야 할 것이다.

註

1) 이상에서 논의된 여러 사건들에 대한 자료는 다음에 있다. Bernard A. Weisberger, *Cold War Cold Peace: The United States and Russia Since 1945*(Boston: Houghton Mifflin Co., 1985), pp. 104~125.

2) 이하의 수치는 대개 다음으로부터 나왔다. David Rees, *The Korean War: History and Tactics*(London: Orbis Publishing, 1984), p. 125.

3) Robert Jervis, "The Impact of the Korean War on the Cold War," *Journal of Conflict Resolution*, Vol. 24, No. 4(December 1980), pp. 379~381.

4) 이하 소련의 국내정치와 대외관계에 대해서는 저자의 「소련 정치론」(일지사, 1976), 제 4 장의 제2~3절.

5) Mineo Nakajima(中嶋嶺雄), *The Kao Kang Affair and Sino-Soviet Relations*(Tokyo: Japan Institute of International Affairs, 1977).

6) O. Clayton James, *The Years of MacArthur*, 3 Vols.(Boston: Houghton Mifflin Co., 1985), Ⅲ(*Triumph and Disaster, 1945~1964*), pp. 350~351.

7) Rees, 앞의 책, p. 125.

8) Jervis, 앞의 논문, p. 563.

9) 유완식·김태서, 「북한 30년사」(현대경제일보사, 1975), pp. 137~138.

10) Kyong-Dong Kim(김경동), "Toward a Sociology of War: The Social Impact of the Korean War," *Korea and World Affairs*, Vol. 5, No. 2(Summer 1981), p. 251.

11) Soon-Sung Cho(조순승), "The Politics of North Korea's Unification Policies, 1950~1965," *World Politics*, Vol. 19, No. 2(January 1967), p. 222.

12) United Nations Command, Office of the Economic Coordinator for Korea, *Korea: Program Accomplishments, Fiscal Year, 1957*(Seoul, 1957), p. 4.

13) Robert A. Scalapino and Chong-Sik Lee, *Communism in Korea*(2 Vols.)(Berkeley: University of California Press, 1972), I (*The Movement*), pp. 440~516.

14) Byung-Chul Koh(고병철), "The Korean War as a Learning Experience for North Korea," *Korea and World Affairs*, Vol. 3, No. 3 (Fall 1979), pp. 370~373.

15) Sung Joo Han(한승주), *The Failure of Democracy in South Korea* (Berkeley: University of California Press, 1974), p. 78.

16) 「동아일보」, 1982년 1월 31일.

17) 이대근, "〈6·25사변〉의 국민경제적 귀결," 「한국경제」(성균관대학교 한국산업연구소), 제10집(1982년 11월), pp. 179~208; 변형윤(邊衡尹), "분단과 산업구조의 변화," 변형윤(편), 「분단시대와 한국사회」(까치사, 1985), pp. 169~190.

18) 헨더슨(Gregory Henderson)은 1950년 말 현재에도 한국군의 규모가 5만 명을 조금 넘는다고 보았다. 그는 1953년 3월 14일 현재 한국군의 규모가 65만 5천여 명에 도달했고 이 규모는 휴전 직후에도 유지되었다고 기술했다. Gregory Henderson, *Korea: The Politics of the Vortex*(Cambridge: Harvard University Press, 1968), p. 349.

19) 이러한 각종 수치는 Kyong-Dong Kim, "Toward a Sociology of War," pp. 249~254에 있다.

20) 김윤식, "한국문학과 이산·분단의 체험," 김윤식(편), 「이산·분단문학대표소설선」(동아일보사, 1983), pp. 503~520.

제8장

6·25전쟁을 어떻게 평가할 것인가?:

: 60주년을 맞이해 한반도의 평화와
궁극적 통일을 위한 교훈들을
추출한다는 취지에서

제 8 장 6 · 25전쟁을 어떻게 평가할 것인가?:

60주년을 맞이해 한반도의 평화와 궁극적 통일을 위한 교훈들을 추출한다는 취지에서[1)]

1. 머 리 말

[1] 전쟁은 인간성을 파괴시킨다

세상에 참혹한 일들이 많지만 전쟁만큼 참혹한 일은 없을 것이다. 일단 전쟁이 벌어지면, 거기에 개입된 국가들은 폭력을 합법적으로 행사하게 된다. 자연히 대규모의 살상과 파괴가 뒤따르며, 그 과정에서 사람들은 대체로 야만성을 발휘하거나 위기의 상황에 처해 생존을 위한 방편으로 비루함을 나타내게 된다. 인간을 여타의 동물로부터 구별지었던 지킬 박사적 품성은 줄어들거나 사라지는 대신에, 하이드적 사악이 횡행하게 된다. 물론 포연탄우(砲煙彈雨) 속에서도 높은 향기의 인간성이 발휘되는 예가 없지 않으나, 대체로 전쟁은 인간 심성의 밑바닥에 잠재되어 있던 글자 그대로의 마성(魔性)을 노출시킨다.

전쟁은 따라서 비극과 불행으로 직결된다. 패전국은 말할 것도 없고, 승전국의 경우에도 전쟁의 결과는 심각한 상처를 남긴다. 전사자는 국가를 위해 생명을 바쳤다는 영예의 훈장을 안기는 했으나, 그리고 그 자체가 고귀한 삶의 증거이기도 하지만, 한 인간으로서의 '자기 완성'을 추구할 기회를 누리지 못한 채 자신의 생을 본의 아니게 마감한 희생자임은 물론이다. 남은 가족들은 사랑하는 전사자를 가슴에 묻은 채 그의 희생으로 자신은 살아남았다는 죄의식 속에서 통한의 삶을 잇게 마련이다. 가족의 해체는 가난으로 이어지는 경우가 흔하며 살아남은 가족들이 가난을 극복하는 과정에서 또 다른 비극이 뒤따르기도 한다. 전상자 역시 영예와 고통을 동시에 안게 된다. 비록 전사와 전상을 면한 생존자라고 해도, 정신적 외상에 시달려 환각과 좌절에 빠지는 경우를 보게 된다. 그 점은 적국의 포로가 되어 굴종의 생활과 노역을 견디다가 귀환한 사람에게도 마찬가지다.

전쟁의 모든 과정에서 불운에 빠진 여성이 겪게 되는 치욕과 고통은 남성의 그것과 다르다. 강간 또는 성노예생활, 그리고 그것에 따른 임신과 출산은 본인과 주변사람들에게 상상하기 어려운 정신적 · 육체적 상처와 부담을 남긴다. 자살로 매듭지어지는 경우도 없지 않다.

한 마디로, 전쟁은 인간성을 파괴시킨다. "전쟁에서 승리를 대체할 수 있는 것이란 아무것도 없다"는 명제 아래, 사용할 수 있는 수단이라면 그것이 무엇이든 사용되는 전쟁에서 살상과 그것에 따른 파괴는 정당화되기 때문이다. 그렇기 때문에, 전쟁에는 반드시 반전평화운동과 반전문학이 뒤따른다. 동서고금을 통해 세계의 작품들 가운데 오랫동안 읽혀 내려오고 높이 평가되는 소설들은 거의 예외없이 전쟁을 소재로 삼았으며 그것을 통해 인간성을 옹호하고 반전의식을 고취시킨 것들이었음은 당연한 일이었다. 톨스토이의 「전쟁과 평화」, 미첼의 「바람과 함께 사라지다」, 파스테르나크의 「의사 지바고」, 노먼 메일러의 「벗은 사람과 죽은 사람」, 레마르크의 「서부전선 이상없다」, 헤밍웨이의 「무기여 잘 있거라」와 「누구를 위해 종은 울리나」 등이 그 대표적인 사례들이다.

[2] 오늘날까지 계속되는 6 · 25전쟁의 후유증

한반도에서의 6 · 25전쟁은 제1차 세계대전과 제2차 세계대전을 비롯해 베트남전쟁과 더불어 20세기 이후 인류의 역사에서 벌어진 전쟁들 가운데 '4대 전쟁'의 하나로 꼽힌다. 다른 전쟁들도 그러했지만, 6 · 25전쟁 역시 인간성의 파괴 그리고 참혹성을 그대로 드러냈다. 37개월에 걸쳐 계속됐으며 19개국이 군사적으로 개입된 이 전쟁은 남북의 한민족[또는 조선민족]에 대해서만 약 520만명을 사상시켰으며, 약 1천만명의 이산가족을 발생시켰다. 무엇보다 이 전쟁은 비전투원, 곧 민간인의 살상에서 그 이전의 어떤 다른 전쟁들보다 앞섰다. 한민족이 그 전쟁이 휴전으로 마무리됐던 때로부터 57년이 넘은 이 시점에서도 그 상처로부터 완전히 치유되지 않은 까닭은 그 전쟁의 비참성과 후유증이 컸던 데 있다.

그러한데도, 남과 북에서는 이 전쟁을 주제로 한 반전문학이 나타나지 않았다. 북에서는 이 전쟁을 '정의의 조국해방전쟁'으로 미화하면서 어떠한 형태의 이의도 제기하지 못하도록 철저히 금압(禁壓)했다. 남에서도 상황은 비슷했다. 자유를 지키기 위해 공산침략에 맞서 수행한 전쟁이었다는 공식적 해석 앞에 반론을 제기하는 것 자체를 통제했다. 다만 남한에서는 민주화의 진전과 더불어 이 전쟁에 대해 다른 시각에서 접근한 작품들이 출판될 수 있었다. 한때는 '빨치산문학'이라는 용어가 풍미할 정도로, 남한에서 전개됐던 빨치산운동을 호의적으로 또는 객관적으로 묘사한 작품들도 출판됐다.

이러한 배경에서, 이 논문은 6 · 25전쟁의 원인들을 다시 살피기로 한다. 특히 1992년과 1994년 사이의 2년을 고비로 이 전쟁에 관한 옛 소련 및 중국의 자료들이 발굴되거나 공개된 이후, 주로 국내학계에서 출판된 저술들을 중심으로 이 전쟁에 관한 관점들이 어떻게 바뀌어 왔는가를 살피기로 한다.

2. 6 · 25전쟁의 한반도 내부적 배경

[1] 분단에 따른 남북대결

비단 6 · 25전쟁만이 아니라, 한민족은 5천년의 역사에서 수많은 전쟁을 경험했다. 대한제국이 멸망한 1910년 8월의 직후로부터 일제가 패망한 1945년 8월까지의 35년에 국한시켜 일제에 의해 끌려들어간 전쟁만 지적해 보아도, 1931년의 만주사변과 1937년의 중일전쟁 그리고 1941년의 태평양전쟁 등이 대표적이다. 태평양전쟁의 경우, 남성은 학병이나 징용으로 동원돼, 조선 안에서와 일본 안에서는 물론 만주를 포함한 중국전선과 버마-인도전선과 연해주 및 사할린전선, 그리고 동남아시아를 포함한 아시아태평양지역의 여러 전선들에서 사상(死傷)을 당했거나 노동력을 착취당했다. 여성의 경우, 정신대원이나 종군위안부로 동원돼 노예생활을 감내하는 가운데 죽거나 폐인이 된 경우가 허다했다.

다른 한편으로, 일본제국주의의 강압에 의해 일제의 전선들에 동원됐던 조선인들 가운데 불운했던 사람들은 일제의 패망 직후 소련군에 의해 시베리아포로수용소로 끌려갔거나 귀국의 길이 차단된 상태에서 소련이나 중국에 잔류해야 했다. 그들 가운데 일부는 부모처자에 대한 그리움과 망향의 한을 안은 채 눈을 감았다. 또 어떤 사람들은 연합국이 개설한 법정에서 '전범'으로 분류됐다. 누명을 쓴 채, 어떤 이들은 사형을 당했고 어떤 다른 이들은 감옥생활을 감내해야 했다.

이처럼 한인들은 엄청난 희생을 치뤘지만 그들에게 돌아온 것은 조국의 분단과 그것에 뒤따르는 고통이었다. 일제를 상대로 승리를 거둔 연합국은 일본제국 그 자체를 해체시키는 과정에서 일본제국의 한 부분을 형성했던 조선을 미국과 소련의 분할점령 대상으로 간주했던 것이다. 전쟁도발에 대한 응징으로 분할점령이라는 처벌을 받아야 한다면 오히려 일본이 그 처벌을 받는 것이 순리였다. 그러나 미국은 태평양지역에서 미국의 안보를 위해 매우 중요한 역할을 수행해 줄 나라로 일본을 지목해 일본을 독점적으로 점령하면서 그 대신에 일본에 희생당했던 조선을 소련과 함께 분할했다. 남한을 점령한 미국과 북한을 점령한 소련, 두 강대국이 적대적인 이데올로기를 추구하고 있었다는 냉엄한 현실로부터, 전후의 한반도에서는 이데올로기적 대결이라는 새로운 비극이 성장했던 것이다.

[2] 반소반북세력-반미반남세력 대결구도의 정착

소련군의 점령아래, 북한주민들은 공산통치의 억압을 경험해야 했으며 거기에 저항했던 사람들은 북한의 감옥이나 탄광 또는 시베리아로 유배됐다. 적잖은 사람들은 자유를 찾아 목숨을 걸고 분단선인 38도선을 넘어 남한으로 이주했다. 온 가족이 월남한 경우도 있었으나, 분단이 장기화될 것으로 예상하지 않았기에 우선 남자들만, 특히 아들들만, 남하한 경우가 흔했다. 한민족의 비극을 상징하는 용어들 가운데 하나인 이산가족의 기원은 이때로 소급된다.

상황은 남한에서도 비슷했다. 미군의 점령 아래, 이른바 좌우익투쟁이 치열하게 전개됐으며 내전을 방불케 하는 극심한 유혈의 대결 속에서 적잖은 사람들이 희생됐다. 그 대표적 사례들이 1946년 가을에 경상북도 일대를 휩쓸었던 '폭동' 그리고 1948년 봄부터 제주도 전역에서 벌어진 참극이었다. 마치 소련군의 공산통치를 피해 주민들 가운데 일부가 월남해 반소반북세력의 한 기둥을 이뤘

듯, 미군정 아래서 '진압'의 대상이 됐던 주민들 가운데 일부는 일본으로 망명해 반미반남을 지향하는 조총련(朝總連)의 중요한 부분을 형성했다.

우리가 다음 부분에서 자세히 보게 되듯, 1948년 8월 15일에 남한에서는 자유민주주의를 표방한 대한민국정부가 공식적으로 출범했고, 1948년 9월 9일에 북한에서는 사회주의를 표방한 조선민주주의인민공화국정부가 공식적으로 출범했다. 모두 새로운 출발을 다짐했으나, 비극과 고통은 끝나지 않았다. 남한에서는 '제주도사건'의 연장선 위에서, 군부의 남로당세력이 주도한 반란이 전라남도 여수와 순천을 중심으로 일어났으며, 이 반란이 전개되고 대한민국정부에 의해 진압되는 과정에서 좌익세력과 우익세력 사이에 야만적인 살상이 자행됐으며 무고한 민간인들 역시 희생됐다. 북한에서는 계급투쟁이라는 이름 아래 '숙청'이 일상화됐으며, 공산통치에서 벗어나려는 주민들의 목숨을 건 월남이 계속됐다.

동시에, 이데올로기를 달리한 남과 북 사이에는 상대방 정부를 붕괴시키려는 무력공격이 진행됐다. 그것은 대체로 정규군 사이의 전투들이었다. 그러나 남과 북 모두에서 반정부적 게릴라전이 벌어졌으며, 남과 북 모두 상대방의 지역으로 비정규군을 투입하기도 했다.[2)]

이 측면에만 초점을 맞춰보면, 1950년 여름에 시작된 한반도에서의 전쟁은 내전적 성격이 짙었던 것으로 이해된다. 일제가 물러난 뒤 한반도에서 전개된 좌우익투쟁과 남북무력투쟁이 마침내 이 전쟁으로 확대됐다고 볼 수 있기 때문이다.

3. 6 · 25전쟁의 한반도 외부적 배경

그러나 6 · 25전쟁이 한반도의 내부적 배경에서만 발발한 것은 결코 아니었다. 그것보다도 오히려 한반도의 외부적 배경이 이 전쟁의 발발에 중요하게 작용했다. 동서냉전이 바로 그것이다. 결론부터 말해, 이 전쟁은 미국과 소련 사이에 전개되던 냉전이 한반도에서 열전으로 폭발한 측면이 훨씬 컸다.

[1] 동서냉전의 발단과 전개

그러면 냉전은 어떻게 시작됐던 것일까? 이 물음에 대해 역사학계와 정치학계는 지난 수십년에 걸쳐 논쟁을 벌였다. 이른바 '냉전의 기원논쟁'은 크게 보아 셋으로 나눌 수 있다.[3)]

첫째, 미국을 필두로 하는 서방자본주의세력에 대한 소련의 도전으로 냉전이 시작됐다는 해석이다. 이 해석에서 미국은 소련의 도전에 대응해, 보다 구체적으로 말해 소련의 모험주의적 대외팽창정책에 대응해, 서방세계를 수호한 평화의 챔피언으로 묘사됐다. 이 해석을 제시하거나 지지하는 학자들을 전통주의자들이라고 부른다.

둘째, 전후의 국제질서에 대한 패권을 장악하기 위해 미국이 적극적이면서 도전적인 대외정책을 추구하자 여기에 위협을 느낀 소련이 맞섬으로써 냉전이 시작됐다는 해석이다. 이 해석을 제시하거나 지지하는 학자들을 수정주의자들이라고 부른다.

셋째, 미국과 소련 가운데 어느 한 쪽에 의해서가 아니라 당시의 국제구조가 안고 있던 기본성격에 의해 불가피하게 냉전이 시작됐다는 해석이다. 이 해석을 제시하거나 지지하는 학자들을 신수정주의자들이라고 부른다.[4)] 이 해석을 부연하면 다음과 같다.

2차대전의 결과들 가운데 하나는 유럽의 왜소화였다. 강대한 미국과 소련의 군사력 앞에서 프랑스는 물론 영국도 '난쟁이'에 지나지 않았음이 입증됐다. 이제 유럽은 미국의 경제적 및 군사적 지원에 의해서만 유지될 수 있는 대륙으로 비쳐졌다. 이러한 형편에, 세계정치의 중심무대에는 미국과 소련 두 강대국만이 남게 됐으며, 그들 사이에 국가이익의 충돌이 불가피하게 발생했다.

이 충돌은 다음과 같은 요소들로 말미암아 곧 냉전으로 연결됐다. 첫째, 이 초강대국들은 서로 적대적인 이데올로기들 및 사회적 · 정치적 · 경제적 체제들을 갖고 있었다. 둘째, 미국의 대통령 트루먼 그리고 소련의 총리 스탈린은 각각 상대방에 대해 의심과 공포 및 증오를 유발시키는 상충적 성격을 갖고 있었다.[5)]

오늘날 학계는 대체로 세 번째 해석을 받아들이고 있다. 그러면 냉전은 어떤 단계를 거치면서 전개됐던가? 이 물음에 대해 여러 가지 대답들이 있지만, 대체로 다음과 같이 대답할 수 있다.

첫째, 냉전은 1945년 9월부터 1946년 3월까지의 6개월 사이에 시작됐다. 둘째, 냉전은 1946년 4월부터 1946년 12월까지의 9개월 사이에 굳어졌다. 이 9개월의 기간에 미국정부의 소련정부와의 관계는 계속해서 악화됐으며 그리하여 '하나의 냉전 유형(a Cold War pattern)'이 정립됐다. 셋째, 냉전은 1947년 초부터 1950년 초까지의 약 2년 6개월의 시기에 격화됐다.[6)]

[2] 동서냉전의 한반도에의 투영

세계정치 수준에서 미국과 소련 사이에서 이렇게 세 단계를 거치며 전개된 냉전은 약간의 시차를 두면서 한반도에 그대로 투영됐다. 단순화시켜 설명하면 다음과 같다.

첫째, 동서냉전의 첫 단계인 1945년 9월부터 1946년 3월까지의

6개월의 기간에 우선 소련군은 38도선을 경계로 한 남북 사이의 철도 및 전신 시설을 차단했다. 미군측이 그것들을 연결하기 위한 회담을 제의했으나 소련군측은 그 제의를 거부했다. 다른 한편으로, 1945년 10월부터 소련군은 북한에서 미군은 남한에서 각각 사실상 단독정부에 유사한 행정체제를 출범시키기 시작했다. 이러한 냉전의 초기 단계에서, 1945년 12월 하순에 미국과 소련은 모스크바에서 열린 연합국외상회담을 통해 한반도의 장래에 관한 4개항의 합의를 성립시켰다. 그러나 그 합의는 '신탁통치'와 같은 핵심적 용어의 애매성, 그리고 실천가능성의 희박 위에서 정략적으로 성립됐기에 처음부터 순항을 기대하기 어려웠다.

그리하여 1946년에 들어가면서 미국과 소련은 각각 자신의 점령지역에서 단독정부에 유사한 성격을 갖는 단일한 행정기구를 출범시켰다. 이 점은 북한에서 더욱 뚜렷하게 나타났다. 소련군은 1946년 2월에 소련군 소령 출신의 김일성을 위원장으로 하는 북조선림시인민위원회를 발족시킨 것이다. 미군은 남한에서 북한에서처럼 단일한 행정기구를 출범시키지는 못했다. 그러나 대체로 우익중심의 민주의원과 좌익중심의 민주주의민족전선을 만들어 냄으로써 일제가 물러간 직후 족출한 수많은 정당들과 사회단체들을 두 갈래로 결집시킬 수 있었다.

남한과 북한에서 정치상황이 이렇게 '분리적(分離的) 발전'의 길을 밟았기에, 모스크바 합의에 따른 미소공동위원회가 1946년 3월부터 5월까지 진행됐으나 무위로 끝났다. 그 직후, 소련은 북한에 친소적 단독정권을 세울 것임을 천명하기에 이르렀으며, 미국 역시 남한에 친미적 단독정권의 수립을 묵인하는 방향으로 움직였다. 1946년 6월 3일에 천명된 이승만의 남한단독정부수립운동은 미군정의 그러한 방향과 흐름을 같이 하는 것이었다.

둘째, 동서냉전의 두 번째 단계인 1946년 4월부터 1946년 12월까지의 9개월의 기간에, 우선 소련은 북한에 북한에서의 첫 정규군 부대를 창설했다. 1946년 8월 15일에 성립된 보안훈련대대본부가 그것이다.[7] 이 부대를 창설하면서, 소련정부는 소련군사고문단을 평양에 상주시켰다. 그리고 이 부대가 앞으로 발족할 조선인민군의 모체가 된다.

동시에, 북한에서는 각 정당들 및 사회단체들의 연합으로 북조선민주주의민족통일전선위원회가 결성되며 조선공산당북부분국과 조선신민당의 통합으로 북조선로동당이 발족됐다. 이 일련의 과정에서, 김일성의 제 1 인자로서의 지위가 확고해졌다. 이미 이 시점에, 김일성을 '민족의 태양'으로 미화하는 운동이 조직적으로 전개됐다.

다른 한편으로, 소련군은 남한에서의 좌익운동에 깊이 개입했다. 당시 '소련의 북조선총독'으로 불리던 소련군 연해주군관구 정치담당부사령관 테렌티 슈티코프의 계획과 자금지원에 영향을 받아, 조선공산당과 조선인민당 및 남조선신민당 등의 좌익정당들은, 특히 박헌영이 이끈 조선공산당은, 노동자들의 총파업을 선동했다. 여기에 '친일파숙청' 및 '토지개혁'을 요구하는 일부 남한주민들의 항의운동이 겹쳐, 좌익세력의 주도 아래 1946년 하반기에 노동총파업 그리고 이른바 인민항쟁이 시작됐다. 이 유혈의 과정에서, 좌익 3당은 남조선로동당으로 통합됐다. 미군정은 이른바 인민항쟁을 폭동으로 규정하고 계엄령을 통해 무자비하게 진압했으며, 진압작전에 쫓긴 세력 가운데 일부는 태백산 또는 지리산 등으로 들어가 게릴라전에 참여했다.

셋째, 동서냉전의 세 번째 단계인 1947년 초부터 1950년 초까지의 약 2년 6개월의 시기 가운데 초기에 해당되는 1947년 초의 몇 개월 사이에 미국과 소련 사이의 관계는 그 이전 시기에 비해 훨씬 더 악화됐다. 국제정치학자들의 표현으로, "냉전이 격화된 것이다."

1947년 3월 12일에 발표된 트루먼 독트린, 그리고 1947년 6월 5일에 발표된 마셜 플랜 등은 미국이 자신의 우방들을 적극적으로 보호하면서 소련에 대해 훨씬 더 강경하게 맞설 것임을 보여주었다. 소련은 즉각 반발했다.

이러한 상황전개는 한반도에 곧바로 영향을 미쳤다. 미국과 소련은 각각 자신의 점령지역인 남한과 북한에서 자신에게 우호적인 단독정부를 수립하는 방향으로의 행보를 더욱 구체적으로 재촉하게 된 것이다. 소련은 북한에 입법기관으로 북조선인민회의를, 행정기관으로 북조선인민위원회를, 각각 출범시켰다. 김일성은 북조선인민위원회의 위원장으로 '선출'되면서 북한권력구조에서 제 1 인자의 지위를 훨씬 더 강화하게 됐다.

남한에서는 북한에서와 같은 단일한 권력중심이 형성되지 못했다. 이승만과 김구를 중심으로 하는 단독정부수립운동과 여운형과 김규식을 중심으로 하는 좌우합작운동이 병행하는 가운데, 정치적 혼란은 수습되지 않았다. 그 소용돌이 속에서 1947년 7월에 여운형은 암살됐으며 좌우합작운동은 추동력을 잃게 됐다.

미소냉전의 영향을 직접적으로 받는 가운데 남한과 북한이 이처럼 서로 대립되는 정치적 행보를 취하는 상황 아래, 미소공동위원회는 합의를 성립시킬 수 없었다. 그리하여 1947년 5월에 열린 제 2 차 미소공동위원회는 3개월 뒤 아무런 성과나 합의 없이 무기한으로 정지됨으로써 사실상 종결됐다.

대체로 1947년 여름부터 미소냉전은 더욱 격화됐다. 미국은 마셜 플랜을 중심으로 서유럽국가들을 결속시켰으며, 소련은 동유럽의 공산국가들과 함께 코민폼, 곧 국제공산주의정보국을 창설해 소련권의 결속을 다지고자 했다. 이로써 세계의 양대진영으로의 구조적 재편은 확실해졌다.

이러한 대결구도 아래, 미국은 소련의 반대를 무릅쓰고 한반도

문제를 국제연합으로 회부했으며 자신의 구상대로 국제연합한국임시위원단을 출범시켜 이 기구의 감독과 관찰 아래 1948년 5월 10일에 남한에서 총선거를 실시해 그것에 기초한 대한민국정부를 출범시켰다. 초대 대통령에는 이승만이 선출됐다. 소련은 북한에서 1948년 2월에 정규군으로서의 조선인민군을 창군한 데 이어 1948년 8월 25일에 최고인민회의를 구성하고 거기에 기초해 9월 9일에 조선민주주의인민공화국 정부를 출범시켰다. 초대 수상에는 김일성이 선출됐다. 대한민국정부와 조선민주주의인민공화국 정부는 모두 남북공존의 가능성을 철저히 봉쇄한 채 자신이 주도하는 상대방흡수통일정책을 채택했다.

[3] 개전으로 가는 길

한반도의 남과 북에서 각각 분리적 정부들이 성립된 이후 6 · 25전쟁이 일어나기까지 미국과 소련이 한반도에 대해 취한 정책들 그리고 남과 북이 상대방에 대해 취한 정책들은 이미 많은 권위 있는 연구들에 자세히 분석됐다.

간단히 요약하면, 우파적 전통주의자들은 이 전쟁을 스탈린의 전쟁으로 보았다. 스탈린이 중국의 마오쩌둥(毛澤東: 모택동)을 끌어들인 채 김일성을 앞세워 전쟁을 일으켰다는 것이었다. 스탈린의 동기들에 대해서는, 필자가 이미 자세히 소개했기로,[8] 여기서 되풀이하지 않기로 한다.

이 해석에 대해, 좌파적 수정주의자들은[9] 스탈린은 전쟁을 일으킬 동기를 갖고 있지 않았으며 더구나 마오쩌둥은 개입되지 않았다고 주장했다. 그들은 이 전쟁이 당시 외세를 배격하면서 사회주의를 지향하는 혁명적 민족주의의 분위기가 고조되던 한반도의 내부적 요인들에 의해 일어났으며, 일제가 패망한 이후 한반도에서 전개되던 좌우익투쟁과 남북무력대결의 연장선 위에서 일어났다고 주장했다. 이것이 이른바 내전설 또는 혁명적 내전설로서, 그 설의 대표적 학자가 브루스 커밍스 교수임은 주지의 사실이다.[10] 또 어떤 좌파적 수정주의자들은 6 · 25전쟁은 미국의 사주를 받은 남한의 북침으로 시작됐으며, 만일 북한이 공격을 개시했다면 그것은 함정을 파놓고 기다리던 미국의 유도에 걸려들은 결과였다고 추론했다.

이 설들은 1970년대와 1980년대의 남한 내부상황과 관련해 남한사회의 일각에서 일정한 지지를 확보했다. 이 설들은 기존의 남한정권들이 내세운 6 · 25남침설과 북한재침위협설 그리고 그것에 근거해 성립된 한미군사동맹 및 남한반공체제에 대한 주요한 가격이었는데, 남한의 '군사정권'들을 공격하던 이른바 운동권 내부의 좌파세력으로서는 자신의 논리적 및 정치적 입지와 관련해 환영하기에 충분했기 때문이다. 돌이켜보면, 이 설은 남한사회 안에 이른바 친북반미좌파세력의 성장에 일정하게 기여했다.

그러나 우리가 다음 부분에서 보게 되듯, 이 전쟁의 구상과 계획 및 집행에는 스탈린이 깊이 개입되어 있었으며 마오쩌둥은 스탈린보다는 덜 열성적이었으나 역시 개입되어 있었다. 달리 말해, 스탈린이 이 전쟁을 일으킬 생각을 갖지 않았더라면 그리하여 김일성의 개전요구를 물리쳤더라면 이 전쟁은 일어나지 않았을 것이다.

그러면 무엇이 스탈린으로 하여금 개전을 결심하게 만들었던 것일까? 이제까지 많이 소개됐거나 강조됐던 요인들을 제외한다면, 그것은 크게 보아 다음의 두 가지로 압축될 수 있다.

첫째, 1949년 10월 1일의 중화인민공화국정부 수립이었다. 중국대륙에 대한 중국공산당의 장악이 실현된 것을 보고, 스탈린은 중국의 공산화를 계기로 동아시아에서 공산주의혁명이 확산될 것으로 확신했다. 그는 특히 중국대륙을 공산당이 장악하는데도 미국정부가 '방관'하거나 전혀 손을 쓰지 못하는 것에 주목했다. 이것은 그로 하여금 한반도에서 북한을 앞세워 전쟁을 일으켜도 미국이 개입하지 않을 것이라고 판단하게 만들었다. 1950년 1월에 당시 미국무장관 애치슨이 전국기자회견을 통해 미국의 동아시아방위선을 설명하면서 한반도를 포함시키지 않은 데 대해서도 그는 주목했을 것이다.

둘째, 비슷한 시기에 소련은 원자폭탄실험에 성공했다. 미국의 원자폭탄 독점에 두려움을 가졌던 스탈린은 소련도 원자폭탄을 보유했다는 사실에 고무됐을 것이며 훨씬 대담해졌을 것이다.[11)]

스탈린이 개전을 결심한 시점이 1950년 1월 하반기였다는 사실은 이상의 추론을 더욱 뒷받침한다. 웨더스비 교수의 표현으로 남한을 '공격할 것인가 말 것인가'의 사이에서 고민하던 스탈린은[12)] 1949년 가을 직후에 일어난 두 가지 일들에 고무되어 공격하는 쪽으로 방향을 설정한 것이다. 이 해석을 뒷받침하는 옛 소련의 공식자료들이, 다음에서 보는 바와 같이, 발굴되거나 공개됨으로써 이 전쟁의 성격은 확실하게 정립된다.

4. 6 · 25전쟁 연구에 있어서의 남침설의 확정과 좌파적 수정주의의 쇠퇴

6 · 25전쟁 연구에 있어서 1992년 가을과 1994년 여름 사이의 약 2년은 하나의 분기점을 형성했다. 왜 그렇게 볼 수 있을까?

[1] 냉전국제사연구계획이 발굴한 옛 소련 및 중국의 비밀문서들

첫째, 1992년 6월부터 1993년 11월까지, 6 · 25전쟁에 관한 좌파적 수정주의자들의 해석들 가운데 중심적 해석이나 주변적 해석에 중대한 타격을 가하거나 적어도 심각한 의문을 품게 만드는 저술들이 발표됐다. 이 저술들은 옛 소련의 당 및 정부의 문서보관소들로부터, 그리고 중국의 당 및 정부의 문서보관소들로부터, 발굴됐거나 공개된 자료들에 근거했다는 사실 때문에 높은 수준의 신뢰성을 확보하고 있었다. 이 과정에서, 미국 우드로윌슨국제연구소 안에 1991년에 개설된 냉전국제사연구계획(Cold War International History Project: CWIHP)의 공로가 돋보였다. 이 연구기관은 정기적으로 간행물을 출판하면서 그 자료들을 공개하고 또 그 자료들에 근거한 논문들을 출판한 것이다.

새로운 저술들 가운데 우선 중요했던 것은 러시아의 세르게이 곤차로프와 중국의 쉐리타이, 그리고 미국의 존 루이스가 공저한 「믿을 수 없는 협력자들」이었다.[13] 이 책은 6·25전쟁이 스탈린과 마오쩌둥 및 김일성의 공모에 의해 일어난 남침전쟁이었음을 명백하게 지적했다.

이 책이 출판된 시점인 1993년 하반기에 미국의 여류사학자 캐스린 웨더스비 교수는 세 편의 논문들을 잇달아 발표했다.[14] 옛 소련의 당 및 정부의 문서보관소로부터 입수한 비밀문서들에 근거한 그녀의 논문들은 좌파적 수정주의자들이 제시한 그동안의 해석들을 뿌리채 뒤흔들었다. 러시아어를 해독하며 러시아의 외교정책연구로 박사학위를 받은 그녀는 동시에 그 문서들을 영역해서 발표해, 이 주제에 관한 연구자들의 토론을 활성화시켰다.

그러면 웨더스비 교수가 발굴한 자료들은 무엇을 보여주었는가? 적어도 다음의 두 가지를 보여주었다. 첫째, 김일성은 무력에 의거한 '남조선해방'을 적극적으로 계획하고 준비했으며 자신의 구상들을 여러 차례 스탈린에게 제시했다. 김일성은 글자 그대로 전면남침에 열성적이었다. 둘째, 최종적으로 스탈린은 김일성의 남침

계획을 승인하고 후원했다. 그리하여 두 사람 사이에 합의된 날짜에 북한군은 전면남침을 개시했다.

웨더스비 교수의 이 결론들에 대해, 소련외교정책연구의 대가들 가운데 한 사람인 울람 교수는 부분적인 이의를 제기했다. 소련공산당 고위간부들 사이의 비망록에 근거해, 그는 6 · 25전쟁은 김일성의 제의를 스탈린이 받아들임으로써 시작된 것이 아니라 스탈린에 의해 시작된 것이라고 주장했다.[15] 그러나 그녀는 물러서지 않았다. 그녀는 스탈린은 '주도한 사람이라기보다는 촉진한 사람' (the facilitator rather than the initiator)이라고 평가했다.[16]

울람 교수와 웨더스비 교수 사이의 이 논쟁은 남침설을 기정사실로 받아들인 뒤 스탈린과 김일성 가운데 누가 더 주동적 역할을 수행한 것이냐에 대한 논쟁이었다. 우리가 앞으로 보게 되듯, 이 논쟁은 학계에서 계속된다. 어떻든, 이러한 연구활동으로 그녀는 6 · 25전쟁 연구를 한 단계 높였다는 평가를 받았다.

옛 소련의 비밀문서들이 공개되고 웨더스비 교수의 논문들이 출판되자 좌파적 수정주의자들은 당황하게 됐다. 이 점은 우드로윌슨국제연구소의 냉전국제사연구계획이 마련한 웨더스비 교수와 커밍스 교수 사이의 지면 논쟁에서 분명히 드러났다. 이 논쟁에서 커밍스 교수는 당황함을 보였다. 새로운 1차 자료들 앞에서도 그 자료들에 담긴 사실들을 과소평가하거나 자신의 기존 입장에 맞춰 다르게 해석하려는 커밍스에게, 그녀는 '부정직하다(dishonest)' 는 표현으로 혹평했다.[17]

[2] 옐친 대통령이 김영삼 대통령에게 넘겨준 옛 소련의 비밀문서들

둘째, 1994년 7월 20일에 한국정부는 1994년 6월 초에 러시아

대통령 옐친이 모스크바를 방문한 한국 대통령 김영삼에게 넘겨준 6·25전쟁에 관련된 옛 소련의 당 및 정부의 비밀자료들을 공개했다. 대한민국외무부는 이 자료들을 「한국전쟁(1950. 6. 25) 관련 러시아문서: 기본문헌, 1949-1953」 및 「한국전쟁(1950. 6. 25) 관련 러시아문서: 보충문서, 1949-1953」으로 분류해 자신의 산하기관인 외교안보연구원의 사료실에 보관시켰다. 이 자료들은 6·25전쟁의 기원들에 관한 논쟁에서 제기됐던 많은 쟁점들 가운데 핵심적인 여러 부분들에 대해 명쾌한 대답들을 주었다.

그 자료들에 대해서는 필자가 이미 몇 편의 논문들을 통해 자세히 설명했다.[18] 따라서 여기서는 그 자료들에 대해 따로 말하지 않겠다. 다만 그 자료들은 이 전쟁이 '남조선 해방'을 위한 개전의 욕망에 불타있던 김일성의 거듭된 요구들을 스탈린이 받아들임으로써, 그리고 김일성의 요구들을 받아들여 개전을 결심한 이후 스탈린이 마오쩌둥을 끌어들임으로써 일어났음을 의문의 여지없이 밝혔다. 이로써 한때 주로 좌파적 수정주의학자들에 의해 제기됐던 북침설과 남침유도설의 근거는 사실상 사라졌다.

[3] 소련의 역할에 관한 출판물들

옛 소련의 자료들은 자연히 6·25전쟁에 대한 연구에서 소련의 역할을 새롭게 조명하도록 만들었다. 이러한 시도는 좌파적 수정주의적 해석에 반발해 온 보수우익적 성향의 학자들이나 중립적 성향의 학자들에 의해 주도됐다. 그들은 이 전쟁의 기원에 관한 좌파적 수정주의적 해석을 반박하고 스탈린 및 김일성의 주도적 역할을 강조한 저술들을 계속해서 출판했다. 그 대표적 사례들을 출판연도의 순서로 적시하면 다음과 같다.

첫째, [대한민국] 광복50주년기념사업회·한국학술진흥재단편, 「광복50주년기념논문집」(1995)이다. 2권으로 구성된 이 논문집은 이 전쟁의 기원과 관련해 소련 · 중공 · 북한의 공모에 초점을 맞춘 논문들을 포함시켰다.[19)]

둘째, 일본인 하기와라 료(萩原遼: 추원요)의 「조선전쟁: 김일성과 스탈린의 음모(일본어)」(도쿄: 문예춘추, 1993)가 최태순(崔兌洵) 번역, 「한국전쟁: 김일성과 스탈린의 음모」(서울: 한국논단, 1995)로 출판됐다. 저자는 일본공산당 당원으로 1972년부터 1973년까지 일본공산당 기관지 「아카하타(赤旗: 적기)」의 평양특파원으로 활동했으나 북한공산통치의 실상을 파악한 뒤 전향했다. 그는 「서울과 평양(일본어)」(대월서점[大月書店])을 출판하기도 했다.

「조선전쟁」은 옛 소련의 기밀문서들이 공개되기 이전에, 저자 하기와라가 미국 국립문서처(NARA)에 소장된 이른바 「6 · 25전쟁기에 미국에 의해 노획된 북한문서」를[20)] 샅샅이 읽은 뒤 집필한 책이다. 따라서 이 책은 옛 소련의 기밀문서들을 전혀 반영하지 못했다. 그러나 결론은 같다. 그는 주로 「노획된 북한문서」를 근거로 삼되 이 전쟁에 관련된 북한사람들의 증언들을 덧붙여 이 전쟁이 스탈린과 김일성의 공모에 의해 일어났음을 논증한 것이다.[21)]

셋째, 중앙일보사 현대사연구팀 편, 「발굴자료로 쓴 한국현대사」(서울: 중앙일보사, 1996)이다. 이 책에는 소련군 연해주군관구 정치담당부사령관 슈티코프 육군상장의 일기 가운데 핵심적인 부분들이 포함됐다. 소련군 연해주군관구 정치담당부사령관으로서 북한에 주둔한 소련군을 직접 지휘했으며 북한에 조선민주주의인민공화국정부가 수립되는 과정을 지도했고 이 정부가 수립된 뒤 소련의 초대 대사가 된 슈티코프가 6 · 25전쟁의 계획과 개전의 과정에서 수행한 역할은 이미 옛 소련의 자료들을 통해 분석됐는데, 이 일기는 그 분석을 뒷받침하기에 충분했다.

이 일기는 슈티코프가 당시에 북한의 대내외상황을 전면적으로 통제하고 있었으며, 김일성의 후견자 역할을 수행하고 있었음을 보여주었다. 이 일기는 또한 그가 남한의 조선공산당을 비롯한 좌익세력에 대해 직접적 영향력을 행사하고 있었음을 보여주었다. 1946년 9월의 총파업과 10월의 '인민항쟁'에 대해서도 그가 거금의 활동비를 조선공산당에 제공함으로써 활성화시켰음을 보여주었다.

종합적으로, 이 일기는 좌파적 수정주의자들이 제시한 주장들 가운데 하나인 '김일성의 독자적 집권' 설 또는 '북한정권의 자율적 성격' 설을 크게 약화시켰다. 커밍스 교수를 비롯한 좌파적 수정주의자들은 이 시기의 북한은 상당한 범위 안에서 자율성을 확보하고 있었으며 따라서 이 시기의 친소적 동유럽공산국가들과 동일시될 수 없다고 주장했으며, 김일성은 비록 소련군의 점령이라는 유리한 조건 아래 집권한 것은 사실이나 소련군의 지휘와 통제로부터 비교적 자유로웠다고 주장했다. 그러나 이 일기는 슈티코프가 북한의 크고 작은 모든 문제들에 전면적으로 개입하면서 결정들을 내렸으며 김일성은 그에게 철저히 순종했음을 보여주었다.

슈티코프의 일기는 그 이후 러시아어 해독에 능통하며 러시아에서 박사학위를 받은 전현수 교수에 의해 집중적으로 연구됐다. 전 교수에 의해 전문이 번역됐으며 해설이 첨부됐다. 비슷한 시점에, 북한에 주둔했던 소련군의 군사위원으로 슈티코프의 명령을 받아 북한의 대내외정책에 깊이 관여했던 니콜라이 레베제프 육군소장의 일기 역시 역간됐다.[22]

이 출판물들은 (1) 6·25전쟁 당시 북한에 주재한 소련군사고문단장이었으며 슈티코프의 후임으로 제2대 북한대사가 된 블라디미르 라주바예프의 보고서들 전부를 엮은 「소련군사고문단장 라주바예프의 6·25전쟁 보고서」(서울: 국방부 군사편찬연구소, 2001) 전4권의 역간, 그리고 (2) 「소련군정문서: 남조선정세보고서, 1946-

1947」(경기도 과천시: 국사편찬위원회, 2003)과 함께 소련의 점령 및 지원 아래서의 한반도상황을 이해함에 있어서, 그리고 그것에 기초해 이 전쟁의 계획과 개시에 관한 소련의 역할을 유추함에 있어서, 많은 영향을 미쳤다. 한 마디로, 그것들은 좌파적 수정주의적 해석들 가운데 중요한 부분들의 논거를 무너뜨렸다. 다시 말하지만, 좌파적 수정주의자들의 해석들과는 달리, 그것들은 북한과 김일성이 소련에 의해 철저히 통제되고 있었음을 증명했다.

넷째, 박명림 교수의 「한국전쟁의 발발과 기원」 Ⅰ(「결정과 발발」) 및 Ⅱ(「기원과 원인」)(서울: 나남출판사, 1996), 그리고 「한국 1950: 전쟁과 평화」(서울: 나남출판사, 2002)이다. 양에 있어서 방대하고 질에 있어서 깊이 있는 이 책에 대해 짧게 말하기는 어렵다. 그러나 단순화의 위험성을 무릅쓰고 말한다면, 이 책 역시 좌파적 수정주의자들의 여러 해석들을, 특히 커밍스의 주장들을, 전면적으로 부정했다. 이 책은 이 전쟁이 스탈린과 김일성의 합의, 그리고 마오쩌둥의 '내키지 않는 동의'에 의해 개시됐음을 1차 자료들에 근거해 성공적으로 논증했다. 동시에 그는 이 전쟁이 내전이 아니었으며 회피될 수 있는 전쟁이었음을 강조했다.

다섯째, 일본 도쿄대학 와다 하루끼(和田春樹: 화전춘수) 교수의 「조선전쟁」(도쿄: 이와나미쇼텡, 1995)이다. 이 책은 그의 도쿄대학 제자 서동만 교수에 의해 「한국전쟁」(서울: 창작과 비평사, 1999)으로 역간됐다.

와다 교수는 이 책의 집필을 끝낸 직후에 옛 소련의 문서들에 접했다. 그래서, 책을 출판하기 직전에, 원래의 논지를 유지한 채 말미에 「보설(補說): 러시아 새 자료에 대한 검토」를 추가해 이 책을 출판했다.

이 책에서 와다 교수는 조선전쟁이 내전적 성격을 강하게 지녔다고 보았다. 이 점에서 그는 커밍스와 시각을 같이 했다. 그러나 그는 커밍스가 주의를 덜 기울였던 북한의 소련 및 중국과의 관계에 대해 훨씬 많은 주의를 기울였다. 그리하여 그는 이 전쟁이 스탈린의 동의와 지원을 확보한 북한의 '남진공격'으로 개시됐으며, 여기에 미국과 중국이 군사적으로 개입함으로써 '내전의 국제전으로의 확대'가 이뤄졌다고 보았다.

여섯째, 김영호 교수의 1996년도 미국 버지니아대학교 정치학 박사학위논문("Power and Prestige: Explaining American Intervention in the Korean War"), 그리고 그것에 기초한 「한국전쟁의 기원과 전개과정」(서울: 두레, 1998; 개정판, 성신여자대학교출판부, 2006)이다. 그 저술들 사이에 김 교수는 (1) "한국전쟁 원인의 국제정치적 해석: 스탈린의 롤백이론"(「한국정치학회보」 제31집 3호, 1997년 가을, 189~207쪽), (2) "한국전쟁과 쐐기전략이론의 비판적 고찰"(「국제정치논총」 제39집 1호, 1999년 9월, 173~191쪽), 그리고 (3) "한국전쟁과 케난의 국제정치관에 관한 연구"(「한국정치외교사논총」 제25집 1호, 2003년 8월, 169~194쪽) 등을 출판했다.

이 일련의 저술들을 통해, 김 교수는 스탈린주도설을 일관되게 제시하면서, 스탈린의 동기를 '쐐기전략이론'에서 찾았다. 신흥공산국가인 중국이 티토의 유고슬라비아와 같이 서방으로 기울어지는 것을 방지하고 소련의 영향권 안에 묶어 두려는 전략을 스탈린이 추구하는 과정에서 이 전쟁이 일어났다고 김 교수는 해석했다.

일곱째, 서주석 교수의 "한국의 국가체제형성과정: 제1공화국 국가기구와 한국전쟁의 영향"(서울대학교 정치학박사학위논문, 1996) 및 "한국전쟁의 기원과 원인: 냉전해체 후의 재조명"(「한국정치외교사논총」 제16집[「한국전쟁과 휴전체제」], 1997, 13~40쪽)이다. 서 교수는 특히 뒤의 논문에서 이 전쟁의 기원과 원인을 구별하면서 이 전쟁의 계획과 준비 및 개전에 있어서의 스탈린과 김일성의 역할을 분석했다. 그는 스탈린과 김일성의 합의에 따라 이 전쟁이 시작됐음은 의문의 여지가 없음을 논증했다.

여덟째, 러시아인 만수로프(Alexandre Y. Mansourov)의 1997년도 미국 콜럼비아대학교 정치학박사학위논문("Communist War Coalition Formation and the Origins of the Korean War")이다. 그는 이 전쟁이 김일성의 거듭된 요청들을 받아들인 스탈린이 마오쩌둥까지 끌어들여 일으킨 전쟁임을 분명히 인정했다. 그러나 그는 스탈린은 자신이 그렇게 하지 않으면 남한이 미국의 힘을 빌어 북침해 올 것이라고 예단했다고 주장함으로써 소련을 옹호하고자 시도했다.

아홉째, 유영익 교수가 편집한 「수정주의와 한국현대사」(서울: 연세대학교출판부, 1998)이다. 이 책에 "수정주의와 한국현대사 연구"(1~24쪽)를 기고한 유영익 교수는 좌파적 수정주의자들이 제기한 논점들을 면밀하게 분석했다. 유 교수는 특히 커밍스 교수의 논점들을 집중적으로 분석한 뒤, 새로운 자료들과 그 자료들에 근거한 저술들은 "한국전쟁 발발경위에 대한 커밍스의 핵심적 주장을 뒤흔드는 것이었다"(21쪽)는 결론을 내렸다.

이 책에, 전상인 교수는 "'고개 숙인' 수정주의: 한국현대사연구의 새로운 시작"(259~298쪽)을 기고했다. 자료들을 광범위하게 활용하면서 논리를 치밀하게 구성한 그는 새로운 자료들의 발굴과 공개 이후 커밍스의 명성은 빠르게 떨어졌다고 평가했다. 전 교수는 다음과 같이 썼다. "[1989년에] 냉전이 종식된 이후 커밍스는 미국 안에서부터 '동네 북'이 되기 시작했다. [새로운] 연구들은 한결같이 새로운 사료에 입각하여 한국전쟁의 개전에 관련된 소련과 중국, 스탈린과 모택동의 비중을 사실적으로 입증했다"(284쪽).[23)]

열째, 이완범 교수의 "한국전쟁 발발원인에 대한 유기적 해석: 김일성의 국제적 역할관계변화 편승과 스탈린의 동의"(「국제정치논총」 제39집 1호, 1999년 9월, 193~212쪽)다. 이 논문에서 이 교수는 "[한반도의] 주변 4강인 미 · 소 · 중 · 일 가운데 한국전쟁에 관한 한 가장 큰 역할을 한 것은 역시 소련이었다"고 주장한 데 이어, "한국전쟁은 김일성의 주도와 스탈린의 지원이 유기적으로 결합되어 일어났던 일종의 공동전쟁이었다"(212쪽)는 결론을 내렸다.[24)]

열한째, 정성임 박사의 이화여자대학교 정치학박사학위논문 "소련의 북한점령정책, 1945년 8월~1948년"(1999) 및 "소련의 대북한 전략적 인식의 변화와 점령정책, 1945~1948년 점령기간을 중심으로"(「현대북한연구」 제2권 제2호, 1999년 12월, 303~336쪽)를 지적할 수 있다. 이 논문은 6·25전쟁 그 자체를 다루지 않았다. 그러나 이 논문은 형성기(形成期)의 북한정권의 성격을 구명함에 이바지했다. 이 논문은 소련이 자신이 군사적으로 점령했던 북한을 철저히 통제하고 있었음을 보여주었으며, 철군한 이후에도 북한을 기반으로 남한의 좌익세력에게 원조를 제공함으로써 '해방' 정책을 계속해서 수행할 것임을 다짐했음을 보여주었다.

열두째, 소진철 교수의 「한국전쟁의 기원: 국제공산주의자의 음모」(전라북도 익산시: 원광대학교출판국, 1996)의 일본어판 「조선전쟁의 기원: 국제공산주의자의 음모」(도쿄: 삼일서방, 1999) 및 영어판 *Some Causes of the Korean War 1950*(경기도 파주시: 한국학술정보주식회사, 2001)이다.[25)]

소 교수는 이어 "청사에 빛나는 춘천지구전투!: 한국군 6사단의 승리는 역사를 바꾸었다"(「민족정론 소식」, 2000년 1월 15일, 10~12쪽)를 발표했다. 여기서 그는 '선제타격작전'을 채택한 북한군이 개전과 동시에 모든 전선들에서 남쪽으로 진군을 거듭할 수 있었으나 춘천지구에서는 사단장 김종오 대령의 지휘를 받은 한국군 6사단의 성공적인 방어로 말미암아 계획된 일시에 맞춰 진군을 하지 못했다고 평가했다. 북한군의 춘천진입 지연으로, 이미 서울을 점령한 다른 북한군이 그 기세로 진군을 계속할 수 없었고, 그러한 지체가 국제연합군의 참전을 가능하게 만들어 주었다고 그는

평가했다.[26)]

[4] 6 · 25전쟁 50주년의 자극

2000년은 6 · 25전쟁발발 50주년이었다. 이것은 이 전쟁에 대한 연구와 출판을 더욱 자극하는 계기로 작용했다. 한국정치학회와 한국국제정치학회 및 한국전쟁연구회 등 국내의 학회들, 국방부 군사편찬연구소와 국방대학교 안보문제연구소를 비롯한 연구소들, 그리고 언론기관들은 여러 형태의 학술회의들을 개최하고 그 결과들을 출판했다.

여기서 공통되게 나타난 흐름으로 우선 지적할 수 있는 것은 이 전쟁의 도발자들에 대한 분노 그리고 이러한 전쟁이 다시 일어나서는 안 된다는 경고의 표현이었다. 노영기(盧永基) · 박동찬(朴東燦) · 안정애(安貞愛) · 황근(黃懃) 등 9명이 집필한 「누구를 위한 전쟁이었나: 한국전쟁의 진실과 의미」(서울: 다홀미디어, 2000)이 그 한 보기였다. 그러나 다른 한편으로, 평화체제수립에 대한 강력한 갈망이 표출됐다. 모든 학술회의들은 한반도에 평화체제를 수립하는 과제가 가장 중요한 과제라는 데 의견의 일치를 보았다. 이러한 흐름은 2000년 6월 13일부터 15일까지 평양에서 열렸던 남북한관계사에서의 최초의 남북정상회담, 그리고 그것이 채택한 평양선언의 흐름에 부합되는 것이었다.

대표적인 사례가 한국전쟁연구회 편, 「탈냉전시대 한국전쟁의 재조명」(서울: 백산서당, 2000)이다. 김계동 · 김명섭 · 김학준 · 라종일 · 박두복 · 서동만 · 서주석 · 온창일 · 이완범 · 허만호 · 홍용표 등 12명의 정치학자들이 참가한 이 책은 6 · 25전쟁을 그 명칭의 문제로부터 시작해 국제적 기원들과 국내적 기원들에 이어 영향과 후유증에 이르기까지 다양하게 분석했다. 이 책은 이 전쟁이 스탈린과 마오쩌둥 및 김일성 사이에서 공모됐으며 소련의 군사적 지원을 받은 북한의 선제공격에 의해 시작됐음을 분명하게 지적했다. 그러나 이 책은 이 전쟁의 책임을 구명하는 선에서 머물지 않고, 이 전쟁을 잠정적으로 마무리한 1953년의 휴전협정을 어떻게 하면 평화협정으로 전환시키고(허만호, "휴전협정의 평화체제화," 405~441쪽) 한반도에서 냉전구조를 해체시킬 수 있을 것인가의 문제(김계동, "한반도 냉전구조의 해체," 479~517쪽)를 깊이 있게 다뤘다.

비슷한 사례는 국방대학교 안보문제연구소가 2000년 4월 27~28일에 서울에서 개최한 학술세미나 「6·25전쟁과 한반도평화」다. 이 학술회의는 스탈린과 김일성의 책임을 지적하면서도 초점을 한반도에서의 평화체제 수립에 맞췄다. 또 다른 사례는 한국정치학회·한국전쟁연구회·한국정치외교사학회·동아일보사 21세기평화연구소가 2000년 6월 24일에 서울에서 개최한 학술회의다. 이 학술회의는 「한국전쟁과 21세기 한반도평화의 모색」이라는 회의록을 출판했다. 이 회의록의 제목이 말해주듯, 이 학술회의는 '전후체제의 모색'에 역점을 두었다.

이렇게 평화체제의 수립에 초점을 맞추면서도, 6·25전쟁에서 소련이 수행한 역할에 대한 관심은 여전히 계속됐다. 기광서 교수의 "소련의 한국전개입과정"(「국제정치논총」 제40집 3호, 2000년 11월, 151~172쪽)이 그 한 사례다. 기 교수는 러시아과학아카데미 동방학연구소에서 "북한정치체제의 형성과 소련의 역할(러시아어)"(1997)이라는 논문으로 박사학위를 받았으며, "소련의 대한반도·북한정책 관련 기구 및 인물 분석: 해방 1948. 12"(「현대북한연구」 창간호, 1998년 11월, 109~149쪽)을 발표했다. 그는 또 국방부 군사편찬연구소가 2004년에 주최한 학술세미나 「한러군사협력관계의 어제와 오늘」에서 "조선인민군의 창설과 소련군사고문단의 역할"을 발표했으며, 이어 "한국전 개입에 나타난 스탈린의 역할 실상"(국방부 군사편찬연구소, 「군사(軍史)」 제63호, 2007년 6월, 87~112쪽)을 발표했다. 이 일련의 논문들을 통해, 그는 스탈린이 조선인민군의 창설 및 조선민주주의인민공화국 건국에서뿐만 아니라, 6 · 25전쟁의 계획과 준비에서도 주도적 역할을 수행했음을 충분히 설명했다.

국방부 군사편찬연구소는 '6 · 25전쟁 50주년기념' 이라는 이름 아래 「한국전쟁사의 새로운 연구 1」(2001)과 「한국전쟁사의 새로운 연구 2」(2002)를 편집출판했다. 제 1 권에서 신범식 교수는 "소련의 북한군사지원"(557~624쪽)을 통해 소련이 6 · 25전쟁의 사실상의 주관자였음을 강조했고, 전현수 교수는 "소련공군의 한국전 참전"(625~672쪽)을 통해 소련공군이 한국전에서 활동한 사실들을 상세히 설명했다. 신 교수와 전 교수 모두 러시아어 해독이 가능하고 러시아에서 러시아의 한반도정책에 대한 연구로 박사학위를 받았다.

제 2 권에 안승환 박사는 "북한 소련군사고문단의 북한군 지원활동(1946~1953년)"(345~472쪽)을 기고했다. 러시아어 해독이 가능하고 러시아에서 박사학위과정을 마친 필자의 이 논문은 소련군사고문단이 1946년부터 단계적으로 북한군의 창군을 지원했으며 마침내 개전을 앞두고 북한군을 지원한 과정을 상세히 설명했다. 평양과 모스크바 사이에 교환된 비밀전문들을 분석한 뒤, 그는 1950년 6월 15일에 소련과 북한 사이에서 개전일이 6월 25일로 결정됐으며 북한군의 선제공격의 시간은 6월 25일 이른아침으로 결정됐다고 보았다. 그는 "이러한 공산측 자료의 공개로 북한이 여전히 주장하는 '북침설' 은 물론 수정주의 일각에서 제기하는 '남침유도설' 도 동조자를 찾기 어렵게 되었다"(432쪽)고 덧붙였다.

이 저술들에 이어, 북한과 소련의 관계 그리고 소련의 역할을 분석한 저술들이 계속해서 출판됐다. 그것들을 연도순으로 소개하면 첫째, 김계동 교수의 「한반도의 분단과 전쟁: 민족분열과 국제개입 · 갈등」(서울: 서울대학교출판부, 2000)이다. 자신의 1988년도 옥스퍼드대학교 정치학박사학위논문("Western Intervention in Korea, 1950-1954")을 발전시킨 이 책은 제4장(「한국전쟁의 발발」)에서 이 전쟁이 김일성의 거듭된 요구들을 받아들인 스탈린의 결정과 지원으로 일어났다는 결론을 내렸다.[27]

둘째, 서대숙 교수가 편집한 「한국과 러시아 관계: 평가와 전망」(서울: 경남대학교 극동문제연구소, 2001)에 게재된 이용권 교수의 "한국전쟁기 소련의 역할"(125~163쪽)이다. 이 논문은 개전 이후 소련이 공군참전 등을 통해 북한군의 전쟁수행을 지원했음을 설명했다.

셋째, 이종학 교수는 「6 · 25전쟁사: 그 진실과 교훈을 찾아서」(경상북도 경주시: 서라벌군사연구소, 2001)를 출판했다. 군사학자인 그는 커밍스가 '군사학에 무지한 탓'에 오류들을 많이 범했다고 비판하면서(48~63쪽), 이 전쟁은 스탈린의 사주와 마오쩌둥의 협력에 따라 김일성이 열성적으로 일으킨 전쟁이라고 단언했다.

넷째, 이병주 교수의 "구 소련 비밀자료에 의한 한국전쟁발발 배경"(국방부 군사편찬연구소, 「전사」 제4호, 2002, 167~203쪽)이다. 이 논문은 동서간의 이념적 대립과 냉전의 심화 속에서 김일성이 주동하고 스탈린이 설계했으며 마오쩌둥이 협력함으로써 이 전쟁이 일어났다는 결론을 내렸다.

다섯째, 모스크바 국제관계대학 동양학과 교수 이나톨리 바실리에비치 토르쿠노프의 저서가 구종서 교수에 의해 「한국전쟁의 진실과 수수께끼: 김일성 · 스탈린 · 모택동 기밀문서」(서울: 에디터, 2003)로 역간됐다.[28] 이 책은 이 전쟁이 김일성과 스탈린 및 마오쩌둥 사이의 공모에 의해 일어난 남침전쟁이라고 단정했다.

여섯째, 6 · 25전쟁에 참전했던 미해군 장교들의 저서가[29] 신형식(申烔湜) 해군중령에 의해 「한국전쟁해전사」(서울: 21세기군사연구소, 2003)로 역간됐다. 이 책은 이 전쟁이 스탈린의 전쟁이었다는 시각에서 출발했다.

일곱째, 국방부 군사편찬연구소가 편찬한 「6 · 25전쟁사」 제1권(「전쟁의 배경과 원인」, 2004) 및 제2권(「북한의 전면남침과 초기방어전투」, 2005)이다. 이 책은 특히 제6장 제1절 「북한 · 소련 · 중공의 군사회담」에서, 소련과 북한 사이 및 북한과 중국 사이에 진행된 공모의 내용을 옛 소련자료들을 중심으로 설명했다.

여덟째, 이재훈 교수의 "러시아의 한국전쟁 연구동향"(국방부 군사편찬연구소, 「군사(軍史)」 제55호, 2005년 6월, 137~161쪽) 및 "한국전쟁과 소련: 전쟁주도권 문제에 대한 재검토"(「군사」 제59호, 2006년 6월, 311~338쪽)이다. 뒤의 논문에서 이 교수는 "당시 개전을 주도한 측은 북한이었다. 그리고 소련은 단지 북한의 의지를 자국의 이해관계에 최대한 유리하게 적용시키고자 노력하였을 뿐이었다"(338쪽)는 결론을 내렸다.

아홉째, 양호민 교수의 「38선에서 휴전선으로」(서울: 생각의 나무, 2005)이다. 이 책은 제14장(「'평화통일' 공세에서 무력남침으로」)과 제15장(「모스크바와 북경」)에서 이 전쟁이 김일성의 발의를 받아들인 스탈린이 지원하고 스탈린의 지시를 받은 김일성의 설득을 마오쩌둥이 수락함에 따라 시작됐다고 평가했다. 이 평가는 옛 소련의 문서들을 그대로 반영한 것이다.

열째, 정병준 교수의 「한국전쟁: 38선충돌과 전쟁의 형성」(서울: 돌베개, 2006)이다. 미국 국립문서처의 자료들 그리고 옛 소련의 자료들을 두루 살핀 이 방대한 책은 좌파적 수정주의자들이 강조한 한반도의 내부적 요인들에 대해서도 충분히 검토했다. 그러나 이 책은 이 전쟁이 스탈린의 허가와 마오쩌둥의 동의 아래 북한군이 전면남침함으로써 시작됐음을 분명하게 밝혔다.

열한째, 김덕중 교수의 「소련군의 한국전 참전」(경기도 수원시: 경기대학교출판부, 2006년)이다. 이 책은 "한국전쟁은 소련의 원격조정을 받은 전쟁이었으며 소련이 가장 중요한 행위자였다”(5쪽)고 주장했으며, 특히 소련공군의 참전을 참전자들의 증언들을 인용하면서 자세히 설명했다.

열두째, 양영조 박사의 「한국전쟁과 동북아국가정책」(서울: 선인, 2007)이다. 저자는 “남북한군사정책과 6 · 25전쟁배경연구”로 1999년에 국민대학교 국사학과에서 문학박사학위를 받고 이 논문을 바탕으로 「한국전쟁이전 38도선충돌, 1945~1950」(서울: 국방군사연구소, 1999)을 출판했다. 그는 이 시점을 전후해 이 전쟁을 한반도의 대내외적 요인들을 모두 고려하면서 깊이 있게 연구했다. 앞의 책은 이 연구들의 종합이라고 할 수 있으며, 따라서 단순하게 요약될 수 없다. 그러나 그는 이 전쟁이 김일성의 거듭되는 요구들을 받아들인 스탈린의 최종 결정과 그것에 따른 지원 및 마오쩌둥의 협조 아래 일어난 것은 확실하다고 보았다. 그는 김일성이 미군의 개입 이전에 전쟁을 끝내 민족해방 5주년이 되는 1950년 8월 15일에 서울에서 통일된 인민정부의 수립을 선포하려 했다고 덧붙였다.

열셋째, 6 · 25전쟁에 참전했던 미국인 포병장교의 저서 「불의 벽」을[30] 임인창 교수가 「한국전쟁: 마지막 겨울의 기록(181일간의 치열한 전쟁의 흔적)」(서울: 한국경제신문사, 2008)으로 역간했다. 이 책은 휴전회담이 진행되는 가운데 전투가 치열하게 계속된 상황을 설명했다. 그러니 이 책은 이 전쟁의 기원이 소련에 있음을 전제했다.

열넷째, 「6 · 25전쟁 연구경향 및 사료해제」(서울: 국방부 군사편찬연구소, 2009)이다. 김광수 · 심현용 · 양영조 등 한국학자들과 빅토르 가브릴로프 등 러시아학자들이 기고한 이 책은 이 전쟁에 관한 한국학자들의 시각은 물론 러시아학자들의 시각을 잘 보여주었다.

[5] 중국의 역할에 관한 출판물들

옛 소련의 역할이 자세히 밝혀짐과 동시에 중국의 역할 역시 그 이전 시기에 비해 자세히 밝혀지기 시작했다. 이것은 우선 중국의 당 및 정부로부터 비밀문서들 가운데 일정한 부분들이 해제되거나 이 전쟁에 참가했던 중국인들의 회고록들이 출판된 데[31] 영향을 받은 것이었다.

중국의 역할과 관련해 중요한 연구들은 중국의 참전 원인과 배경 그리고 휴전협상에서의 역할에 집중됐다. 1992년 이후 이러한 주제들을 집중적으로 연구한 중국인학자는 첸지안(Chen Jian: 陳兼, 진겸) 교수다. 1982년에 중국의 상하이 후단대학교에서 석사학위를 받은 데 이어 1990년에 미국 서던일리노이대학교에서 역사학 박사학위를 받은 그는 뉴욕주 제네서(Geneseo)에 위치한 뉴욕주립대학교 조교수로 출발했다. 1992년에, 그는 중국의 당 및 정부의 공식문서들을 활용해 중국이 6 · 25전쟁에 참전한 과정을 밝힌 논문들을 발표함으로써[32] 명성을 얻었다. 그는 이 논문들을 한 권의 단행본으로 확대했다.[33] 6 · 25전쟁에 중국이 참전한 것을 계기로 미국과 중국 사이에 대결구도가 형성되는 과정을 날카롭게 분석한 이 책은 그의 명성을 더욱 높여 그는 버지니아대학교 교수를 거쳐 코넬대학교 교수로 발탁됐으며 2009년에는 런던경제정치대학교 냉전사연구소 석좌교수로 초빙됐다.

참전의 원인과 배경에 대해서뿐만 아니라, 전쟁의 계획 및 개시에 관해서도 연구한 첸 교수가 일관되게 유지한 논지는 웨더스비 교수의 논지에 부합된다. 그러나 웨더스비 교수가 자세히 밝히지 않은 주제로 첸 교수가 어느 정도 밝혀낸 것은 1949년 후반기부터 1950년 2월 15일에 중 · 소우호동맹조약이 체결된 시점까지 소련의 지도부와 중국의 지도부가 조선반도에 대해 교환한 의견들이다. 첸 교수는 특히 중·소우호동맹조약의 체결을 위한 스탈린과 마오 사이의 모스크바회담에서 조선문제가 토론됐는가의 문제를 살폈다. 토론되지 않았다는 소련측 설명과 달리, 첸 교수는 토론됐을 것이라고 추론했다.[34)]

첸 교수의 연구들이 한국 국내로 소개되던 시점에, 6·25전쟁에 참전했던 작가 쑨요우지에(孫佑杰: 손우걸)의 회고록(「鴨綠江告訴[압록강고소니]」, 베이징: 인민문학출판사, 1994)이 조기정(趙紀貞)·김경국(金慶國) 두 중국문학자에 의해 「압록강은 말한다: 한국전쟁에 대한 새로운 이야기」(서울: 살림출판사, 1996)로 역간됐다. 이 책은 스탈린과 마오 및 김일성의 공모에 대해서는 전혀 말하지 않았다. '어느 날 갑자기' 이 전쟁에 참전하게 된 시점부터 휴전이 성립됐을 때까지의 전쟁 현장을 자세히 회상했다.

쑨요우지에의 회고록이 출판된 직후에, 미국에서 활동하는 중국인학자 슈광장(Shu Guang Zhang: 張曙光, 장서광)이 마오쩌둥의 조선파병결정에는 그의 '군사적 낭만주의'가 개입되어 있었다는 책(*Mao's Military Romanticism: China and the Korean War, 1950–1953,* Lawrence, Kan.: University Press of Kansas, 1995)을 출판했다. 이 책에서 저자는 전쟁 당시에 미군이 공산군을 상대로 화학적·생물학적 전쟁을 수행하고 있다고 비난했던 중국정부를 뒷받침했다. 저자는 미국은 지금이라도 그 전쟁에 관련된 비밀자료들을 공개해야 한다고 요구했다. 당시 미국정부는 중국정부의 비난을 부인했다. 그런데 1998년에 미국의 두 연구자들은 중국정부의 비난을 뒷받침하는 책을 출판했다. 엔디코트(Stephen Endicott)와 헤이거맨(Edward Hagerman)의 책(*The United States and Biological Warfare: Secrets from the Early Cold War and Korea,* Bloomington, Ind.: Indiana University Press, 1998)이 그것이다. 이에 대해, 크레인(Conrad C. Crane) 교수는 회의적인 논문을 발표했다("Chemical and Biological Warfare during the Korean War: Rhetornic and

Reality," *Asian Perspective,* Vol. 25, No. 3, 2001).

2000년의 6 · 25전쟁 50주년이 이 전쟁에 관한 소련의 역할을 구명하는 데 자극을 주었듯, 그것은 중국의 역할을 구명하는 데 대해서도 자극을 주었다. 국내에서 출판된 중국의 역할에 관련된 대표적인 연구로 우선 한국전쟁연구회가 2000년 10월에 중국 단둥에서 개최한 제 1 차 한중한국전쟁국제학술회의에서 발표된 논문들을 지적할 수 있다. 이 논문들은 박두복 편, 「한국전쟁과 중국」(서울: 백산서당, 2001)에 수록됐다.

동시에 한림대학교 아시아문화연구소가 편집한 「한국전쟁기 중공군문서(1949~1953. 3)」 전 4 권(강원도 춘천시: 한림대학교출판부, 2000)을 지적할 수 있다. 여기에 수록된 문서들은 이 전쟁 당시에 「미군에 의해 노획된 북한문서」이다. 이 자료집이 출판된 이후, 대한민국 국방부 산하 군사편찬연구소는 중국인민해방군 군사과학원 군사역사연구부가 편찬한 「중국인민지원군 항미원조 전사」 전 3 권(북경: 군사역문출판사, 1992)을 「중국군의 한국전쟁사」 전 3 권(2002~2005)으로 역간했다.

군사편찬연구소는 2001년 10월에는 서울에서 한국전쟁연구회와 공동으로 「한국전쟁 중 중국의 참전전략과 포로문제」라는 제목 아래 한중국제학술세미나를 개최했으며, 거기서 발표된 논문들을 묶어 같은 제목 아래 논문집으로 출판했다. 이 논문집에는 이 전쟁에 관한 중국측의 출판물들이 자세히 소개됐다. 그 대표적인 것들은 베이징 동방역사학회의 선즈화(沈志華: 심지화) 교수의 책들이다.[35] 이 책들은 옛 소련의 기밀문서들을 가장 체계적으로 정리하여 분석했다는 평을 받았다.

이 논문집에 수록된 논문들 가운데 주목되는 것은 이완범 교수의 "중국의 한국전쟁 참전: 한국의 연구성과, 자료와 논점"(39~60쪽)이다. 이 논문은 중국정부와 당이 공개한 자료들을 어떻게 다뤄야 하는가, 특히, 1950년 10월 2일에 마오가 스탈린에게 보내려고 기초를 끝낸 전보를 포함해, 그 자료들 가운데 뒷날 조작된 것은 없는가 등에 대해 깊이 있게 다뤘다. 다른 한편으로, 김기조 박사의 "미중소관계의 진전과 한국전쟁발발 배경"(61~80쪽) 및 이종석 박사의 "중조연합사령부의 성립과 그 영향"(105~134쪽)은 이 전쟁과 관련해 공산권 세 국가들 사이의 협조와 갈등을 분석했다.

비슷한 시점에, 대한민국의 행정자치부 산하 정부기록보존소는 「한국전쟁관련중국자료선집: 한국전쟁과 중국」 전 2 권(2002)을 출간했다. 제 1 권은 이 전쟁에 관련된 중국정부의 성명서들, 중국정부 대표들의 연설들, 그리고 중국정부를 대변한 「인민일보」의 사설들 및 논설들을 수록했으며, 제 2 권은 중국정부가 군사령부를 비롯한 관련기관들에 보낸 전보들 그리고 이 전쟁에 관련된 중국지도자들의 회고록들을 수록했다.

국방부 군사편찬연구소는 중국 군사과학원 군사역사연구부가 2000년에 전 3 권으로 간행한 「중국군의 한국전쟁사」를 2002년부터 역간했다(제 1 권, 2002; 제 2 권, 2005; 제 3 권, 2005).[36] 다른 한편으로, 중국과 북한 사이의 갈등은 중국의 역사학자 량젠산(梁鎮三: 양진삼)의 "전쟁기 중국지도부와 북한지도부 사이의 모순과 갈등"(국방부 군사편찬연구소 편, 「한국전쟁사의 새로운 연구 2」, 2002, 575~627쪽)에서 분석됐다.

중국측의 이 모든 자료들에 공통되는 것은 이 전쟁의 계획과 개시에 관한 김일성과 스탈린의 역할에 대해서보다는 이 전쟁에 중국이 참전하게 된 배경, 그리고 중국의 참전이 가져온 결과 등에 관해 관심이 집중됐다는 사실이다. 이 자료들은 중국이 '침략적' 목적에서가 아니라 중국의 국가안전을 지키기 위해 참전했음을 강조하고, 그 참전이 불행하게도 미국과의 대결로 이어졌다고 분석했다. 그러나 이 자료들에 부분적으로 지적됐거나 전제된 것은 이 전쟁의 계획과 개시에 있어서 김일성과 스탈린이 적극적 역할을 수행했다는 판단이다. 달리 표현해, 그 모든 방대한 자료들의 어느 곳에도 좌파적 수정주의자들의 논지를 뒷받침하는 서술은 없다.

국내학자들에 의한 학술적인 저술들이 뒤따랐다. 첫째, 김옥준 교수는 "중국의 한국전 참전과 국내정치: 참전의 대내적 요인과 영향을 중심으로"(「국제정치논총」 제42집 1호, 2002년 5월, 225~247쪽)를 발표했다. 이 논문에서 김 교수는 중국의 참전요인들을 다각적으로 분석한 뒤, "국내정치적 차원에서 볼 때, 그들의 참전결정에 가장 심각하게 고려되고 있었던 것은 신생중국의 국가통합의 문제와 관련된 대중동원체제의 형성이었다고 볼 수 있다"(246쪽)고 매듭지었다.

둘째, 이채진 교수는 이 전쟁기의 북중관계를 분석한 논문을 발표했다(Chae-Jin Lee, "The Korean War and China-North Korea Connection," 유영익 · 이채진 편, 「한국과 6 · 25전쟁」, 서울: 연세대학교 출판부, 2002, 323~356쪽).[37] 이 논문은 스탈린의 요청에 따라 마오쩌둥은 김일성의 남침계획을 보증했으며, 전략적 · 혁명적 · 이념적 · 역사적 요인들의 결합으로부터 이 전쟁에 군사적으로 개입했다고 결론을 내렸다.

셋째, 양영조 박사는 "6 · 25전쟁시 중국군의 지구전전략과 군사개혁: 조중연합사령원 팽덕회 전략을 중심으로"(「한국근대사연구」 제33집, 2005년 여름호, 175~199쪽)를 출판했다. 이 논문 역시 6 · 25전쟁의 계획과 개전에서 스탈린과 김일성이 어떤 역할을 수행했는가에 대해서는 언급하지 않았다. 그러나 중국이 참전을 결정하는 배경, 그리고 중국이 참전한 이후 중국과 북한 및 소련의 3자 관계를 치밀하게 설명했다.

넷째, 오규열(吳圭烈) 교수는 "중국의 6 · 25전쟁에 대한 연구성과와 동향"(「군사」 제55호, 2005년 6월, 153~203쪽)을 발표했다. 이 논문은 6 · 25전쟁에 관련해 중국에서 출판된 자료집들과 저작물들을 주제별로 자세히 소개했다.

(1) 6 · 25전쟁 개시에 관한 연구들: 이 연구들은, 연구들 사이에 차이가 있기는 하지만, 6 · 25전쟁의 음모에 중국이 참여했다는 서방권의 해석에 거부감을 표시한다. 이 연구들은 마오가 김일성의 남침계획을 1950년 5월 중순에야 비로소 알았으며 어쩔 수 없이 수용했다고 보았다.

(2) 중국의 출병결정에 관한 연구들: 이 연구들은 대체로 38도선을 넘어 북진하지 말라는 중국의 경고를 무시한 채 미국이 38도선을 넘자 국가안전의 위협을 느낀 중국으로서는 김일성의 출병요청을 받아들이지 않을 수 없었다고 보았다.

(3) 1950년 10월 2일자 마오의 스탈린을 상대로 한 전문 2통의 진위와 배경에 관한 연구들.

(4) 1950년 10월에 이뤄진 저우언라이의 소련방문과 스탈린과의 회담에 관한 연구들.

(5) 휴전협상에서 드러난 중국과 소련 및 북한 사이의 갈등에 관한 연구들.[38)]

(6) 6 · 25전쟁과 베트남전쟁의 비교연구들.

이 모든 연구들에서 공통되는 것을 단순화시켜 말한다면, 중국은 6 · 25전쟁의 개전에 대해서는 소극적이었으나 참전에 대해서는 적극적이었다는 분석이다.

다섯째, 군사편찬연구소 선임연구원 서상문 박사는 「모택동과 6 · 25전쟁: 파병결정과 개입동기」(서울: 국방부 군사편찬연구소, 2006)를 출판했다. 이 책에서 저자는 국제연합군의 인천상륙 직후 진행된 일련의 상황변화가 마오쩌둥으로 하여금 파병을 결심하게 만들었다고 보았다.

여섯째, 정현수 외, 「중국조선족 증언으로 본 한국전쟁」(서울: 선인, 2006)이다. 이 책은 주로 중국의 참전에 관한 중국조선족 사람들의 증언을 기록했다.

일곱째, 중국의 자오패이(焦佩: 초패) 교수는 "중국의 한국전참전결정과정의 사례분석: 제니스(Janis)의 집단사고(groupthink)모형을 중심으로"(「신아세아」, Vol. 17, No. 1, Spring 2010, 55~83쪽)를 통해 중국의 참전결정은 제니스가 말한 집단사고의 산물이었다고 보았다. 집단사고의 산물이었는데도, 제니스의 모형에 따른 예측과는 달리 그 결정은 실패가 아니라 성공이었다고 그는 결론을 내렸다.[39]

[6] 내전설과 국제적 내전설 및 남침유도설에 관련된 출판물들

위에서 살폈듯, 옛 소련 그리고 중국의 기밀문서들 가운데 상당히 많은 부분들이 공개되고 그것들에 기초한 연구들이 출판된 뒤 좌파적 수정주의자들의 논지는 크게 약화됐다. 그렇다고 해서, 그들 가운데 적잖은 수의 연구자들이 제시했던 내전설 또는 북침설 또는 남침유도설이 완전히 사라지지는 않았다. 그 설들에 연결된 저술들을 출판연도를 기준으로 살피기로 한다.

첫째, 윌리엄 스툭 교수의 「코리아의 전쟁: 국제적 역사」를 지적할 수 있다.[40] 여기서 우선 분명히 지적해야 할 것은 스툭 교수가 좌파적 수정주의자로 규정될 수 없는 역사학자라는 사실이다. 그는 대학원생 때부터 좌파적 수정주의자들의 논지에 공개적으로 의문을 제기했으며, 그 이후 6 · 25전쟁은 스탈린이 일으킨 전쟁이었음을 명백하게 지적했다.[41] 이 책의 부제가 말하듯, 그는 이 책에서도 이 전쟁이 국제적 성격의 전쟁이었음을 명백히 지적했다. 그러나 그는 이 전쟁의 발생에 관해서는 내전적 요소들이 개입되어 있었음을 인정했다.

둘째, 신복룡 교수의 "한국전쟁의 기원: 김일성의 개전의지를 중심으로"이다. 그는 이 논문을 뒷날 영어로도 출판했다.[42] 여기서 강조돼야 할 것은 신 교수가 흔히 북침설이나 남침유도설을 주장하는 좌파적 수정주의자가 아니라는 사실이다. 당시 미국무장관 애치슨의 전국기자클럽에서의 연설을 미국이 소련과 북한을 오판하게 해서 결과적으로 남침을 유도한 증거로 간주하는 좌파적 수정주의자들과 달리, 신 교수는 그 연설을 당시의 국제적 및 국내적 상황을 고려하면서 면밀히 분석한 뒤 이 연설은 소련과 북한의 개전결정에 무관하다는 결론을 내렸다.[43]

신 교수는 스탈린과 김일성의 공모에 따라, 특히 김일성의 강력한 개전의지에 따라, 남침이 시작됐다고 분명히 지적했다. 그러나 그는 이 전쟁은 기본적으로 '내전(a civil war)'이었다고 주장했다. 일제가 패망해 한반도에서 물러간 직후부터 남한에서는 좌우익투쟁이 내전적 양상으로 전개됐으며 남북 사이에서는 무력충돌이 역시 내전적 양상으로 전개됐음을 그는 중시한 것이다. 그는 김일성이 이러한 상황에서 남침을 계획했으며 스탈린에게 거듭 요구해 스탈린의 동의를 얻어냈다고 설명했다.

셋째, 하리마오(Harimao T. Musashiya)의 저서 「38선도 6·25한국전쟁도 미국의 작품이었다!」다.[44] 이 책에 따르면, 저자는 본명이 박승억인 한국인으로 어려서 고아가 된 뒤 일본인에게 입양됐고 일본군 대위로 일제에 복무했으나 국가반란예비음모죄로 일본육군형무소에 수감됐다. 일제가 패망한 뒤 미육군성 전략국 임시소령으로 미군의 첩보활동에 참여했으며, 1947년 9월에 미육군성 전략국을 중심으로 중앙정보국이 발족했을 때 참여해 1980년까지 극동지역고위간부로 대공첩보업무를 담당했다. 이 책이 출판되던 때, 그는 미국시민권자로 로스앤젤레스에 거주하고 있었다.

이 책은 한 마디로 미국이 스탈린의 남침을 유도했다는 주장으로 귀결됐다. 애치슨 선언의 발표 등 여러 수단들을 통해 스탈린으로 하여금 미국의 한반도정책을 오판하게 만들었으며, 그리하여 스탈린은 자신의 '괴뢰' 김일성을 앞세워 전쟁을 일으키게 했다는 것이다.

이 책에는 저자의 무지와 편견이 적잖게 개입됐다. 몇 가지 보기들을 들면, 그는 역사적 사실에 어긋나게 (1) 한반도의 분단이 얄타회담에서 밀약됐다고 썼으며, (2) 북한의 김일성은 '가짜 김일성' 이라고 썼다. 그는 옐친이 한국정부에 옛 소련의 비밀문서들을 넘겨준 것은 "스탈린의 책임을 김일성에게 뒤집어씌우기 위해 조작된 문서들로써 대한민국 국민을 기만한 […] 허위 날조된 시나리오였다"고 주장했다(10~12쪽). 이 책에 포함된 어떤 다른 잘못된 주장들보다 이 주장만큼 크게 잘못된 것은 없을 것이다.

넷째, 이희진과 오일환이 공저한 「한국전쟁의 수수께끼」다. 이 책은 남침유도설이라는 문구 그 자체는 쓰지 않았으나, 미국은 군비확장의 계기를 만들기 위해 전쟁의 발발을 원했으며 애치슨 선언의 발표 등으로 북한을 속였다는 논지를 전개했다.[45]

여기서 우리는 안천 교수의 연구를[46] 검토할 필요를 느낀다. 안 교수는 이 전쟁에 관한 옛 소련의 문서들이 공개되기 이전에 부분적으로 발굴된 북한 및 소련의 문서들을 참고하고, 이 전쟁 발발 직전에 육군본부에서 근무했던 한국군인들, 38도선 및 그 인접지역에서 생활했던 한국인들의 회상들을 청취한 뒤, 남침유도설은 근거가 없다는 결론을 내렸다.

다섯째, 채규철 교수의 "한국전쟁의 기원에 관한 연구: 한국인의 성격적·심리적 특성을 중심으로"(「국제정치논총」 제40집 3호, 2000년 11월, 399~428쪽)다. 다시 강조하거니와, 이 논문은 결코 좌파적 수정주의의 입장에서 쓰여진 것이 아니다. 이 논문은 이 전쟁이 김일성의 선제적 남침공격으로 시작됐음을 분명히 지적했으며, 김일성의 개전 배후에는 스탈린의 최종 허락과 지원약속이 있었음을 역시 분명히 지적했다.

그 점들을 충분히 인정하면서도, 이 논문은 남과 북 모두에서의 한국인의 '너무나 불안하고 조급한 사회적 성격' 그리고 자신들의 목표를 철저히 관철시키기 위해 극단적인 방법을 동원하는 것도 서슴지 않은 남북 지도자들의 행태 등이 이 전쟁의 발발에 개입됐다고 보았다. 다시 말해, '너무나도 조급하게 완전한 통일을 성취하고자 한 [···] 열망'이 잘못된 선택으로 이어졌다고 보았다.

여섯째, 홍면기(洪冕基) 박사는 김경일(金景一), 「중국의 한국전쟁 참전 기원: 한중관계의 역사적·지정학적 배경을 중심으로」(서울: 논형, 2005)를[47] 역간했다. 김경일은 중국의 조선족으로, "항미원조 전쟁의 근본원인 탐구: 국공내전을 전후한 시기의 중국과 분열시기의 조선반도 사이의 관계"라는 논문으로 2001년에 베이징대학에서 박사학위를 받았다. 이 논문을 보완한 앞의 책을 역시 베이징대학에서 정치학박사를 받은 홍면기 통일부 연구관이 국역한 것이다. 이 책은 이 전쟁이 내전이었다는 논지를 전개했다. 1945년 8월 15일에 일제가 패망한 때로부터 1950년 6월 25일에 전쟁이 시작됐을 때까지, 한반도에서 남과 북은 국가건설의 모델과 방향을 놓고 첨예한 갈등을 벌였으며 이 갈등은 전쟁의 형태로 진행되다가 마침내 전쟁으로 확대됐다고 주장했다. 그는 장제스가 남북한 사이의 긴장조성에 기여했다고 덧붙였다.

일곱째, 박태균 교수의 「한국전쟁: 끝나지 않은 전쟁, 끝나야 할 전쟁」(서울: 책과 함께, 2005)이다. 다시 강조하지만, 이 책은 이 전쟁의 많은 1차 자료들 및 논쟁들을 다각적으로 분석했으며 따라서 어느 하나의 범주 안에 포함시킬 수 없다. 따라서, 여기서는 이 책이 남침유도설의 잘못을 지적하면서도 이 설은 "아직은 완전히 용도폐기해선 안 된다"(172쪽)고 주장했다는 것만 덧붙이기로 한다.

[7] 6 · 25전쟁의 일본 · 서독 · 인도 · 유고슬라비아 등과의 관계에 관한 연구들

이제까지 우리는 6 · 25전쟁에 관한 1992~1994년 이후의 출판물들 가운데 주로 (1) 전쟁의 기원과 원인 그리고 거기에 관련된 소련과 중국 및 북한의 역할, 그리고 (2) 중국의 출병 등에 대해 살폈다. 다음에서는 이 전쟁의 다른 나라들과의 관계 그리고 이 전쟁의 영향에 관한 최근의 출판물들에 대해 살피기로 한다.

첫째, 이 전쟁은 냉전체제를 공고화하는 데 결정적 영향을 미쳤다. 이것은 김명섭 교수의 "한국전쟁이 냉전체제의 구성에 미친 영향"(「국제정치논총」 제43집 1호, 2003년 4월, 115~134쪽)에서 자세히 분석됐다.

둘째, 이 전쟁은 국제연합의 깃발 아래 서방권이 참가한 전쟁이었다. 국방부 산하 국방군사연구소는 채한국(蔡漢國) 주간 손문식(孫文植) 집필로 「UN군지원사」(1998)를 출판했다. 한국유엔체제학회는 2003년에 「한국전쟁과 유엔」이라는 학술세미나를 개최했으며, 김계동 · 이서항 · 이신화 · 홍규덕 교수 등이 각각 논문을 발표했다. 이 논문들은 강성학 편, 「유엔과 한국전쟁」(서울: 리북, 2004)에 포함됐다.

셋째, 6 · 25전쟁은 한국의 전략적 가치에 대한 미국의 인식을 높였다. 이 사실은 이철순 교수의 "한국전쟁 이전 미국의 한국의 가치에 대한 평가"(「국제정치논총」 제43집 1호, 163~184쪽)를 읽고나면 이전 시기와 이후 시기의 대비를 통해 자연히 이해하게 된다.

이 전쟁의 과정에 한미군사협력이 긴밀하게 유지됐으며 그것은 한편으로 대한민국의 붕괴를 막았으나 다른 한편으로 중국의 참전을 불러왔다. 이것들에 관한 논문들은 국방부 군사편찬연구소와 주한미군사령부 군사연구실이 2003년 6월 26일에 서울에서 개최한 한 미국제학술세미나 「한국전쟁시 한미 군사적 역할과 주변국의 대응」에서 발표됐으며, 같은 제목의 회의록에 포함됐다.

넷째, 영국은 이 전쟁에 파병했으나 조기 휴전을 강력히 추진했다. 영국의 그러한 입장은 때로는 미국과의 긴장을 조성했다. 이 사실들은 라종일 교수, 「끝나지 않은 전쟁: 한반도와 강대국정치 (1950-1954)」(서울: 전예원, 1994)에서 설명됐다.

다섯째, 6 · 25전쟁은 서독의 재무장에 대해서도 영향을 미쳤다. 이 사실은 최형식 교수의 "한국전쟁이 서독 재무장의 원칙적인 결정에 있어서 서방 강대국들에게 미친 영향"(「한국정치학회보」 제30집 4호, 1996년 겨울, 209~228쪽)에서 분석됐다.

여섯째, 6 · 25전쟁은 어느 나라보다도 일본에 큰 영향을 미쳤다. 일본은 이 전쟁의 과정에 모두 22척의 소해정들로 구성된 특별소해대를 1950년 10월 2일부터 12월 15일까지 참여시켰다. 일본인 노무자들도 참여했다. 이 사실은 이희진 오일환 공저, 「한국전쟁의 수수께끼」의 제 2 장 제 5 절(「일본도 개입했다!」)에서 자세히 설명됐다. 이 사실은 또 (1) 일본 방위대학교 교수 다나카 추네오(田中恒夫: 전중항부)의 "일본의 대유엔군 육상지원활동"(군사편찬연구소, 「한국전쟁사의 새로운 연구 2」, 2002, 507~539쪽), (2) 일본 방위연구소 연구원 다니나카 후미오(谷中文雄: 곡중문웅)의 "일본 특별소비대 활동"(위와 같음, 541~573쪽), 그리고 양영조, 「한국전쟁과 동북아국가정책」의 제 3 부 제10장(「일본의 전쟁지원활동과 성격」)에서 자세히 설명됐다.

다른 한편으로, 이 전쟁이 일본의 재무장 및 미일관계에 미친 영향은 다음에서 자세히 분석됐다. (1) 김남균, "미국의 일본재무장정책"(군사편찬연구소, 「한국전쟁사의 새로운 연구 1」, 2001, 733~769쪽), (2) 남기정, "일본의 재군비와 '기지국가론'"(위와 같음, 771~828쪽), (3) 구즈하라 가즈미(葛原和三), "6 · 25전쟁과 일본의 경찰

예비대: 미극동군이 미친 영향에 관하여"(「군사」 제55호, 2005년 6월, 279~314쪽), (4) 김남균, "한국전쟁과 미일관계의 변화: 일본평화조약의 협상을 중심으로"(한국전쟁학회 편, 「한국현대사의 재조명」, 서울: 명인문화사, 2007, 393~426쪽).

일곱째, 6 · 25전쟁은 인도의 비동맹외교를 강화시켰다. 이 사실은 김경수 교수의 「인도와 한국전쟁: 인도 비동맹외교의 기원」(경기도 파주시: 한국학술정보주식회사, 2006)에서 분석됐다.

여덟째, 6 · 25전쟁은 소련의 침공에 직면했다고 걱정하던 유고슬라비아의 지도부에게 소련이 한반도에 이어 유고슬라비아를 상대로 개전할 수 없을 것이라는 판단을 갖게 했으며 자연히 심리적 여유를 주었다. 이 사실은 김철민 교수의 「한국전쟁과 동유럽: 유고슬라비아는 왜 남침설을 지지했는가?」(서울: 이카넷, 2008)에서 상세히 구명됐다.

5. 6 · 25전쟁 연구에서의 주제의 다양화

6 · 25전쟁에 관계된 옛 소련의 기밀문서들 가운데 많은 부분들이 발굴되거나 개방되고 거기에 더해 중국의 기밀문서들 가운데 일부가 발굴되거나 개방됨에 따라, 이 전쟁의 기원들과 원인들은 그 이전 시기에 비해 상당히 많이 구명됐다. 이에 따라, 전쟁에 관한 연구의 초점이 다른 주제들로 옮겨졌다. 육군고위장교 출신의 이윤규 박사의 「들리지 않던 총성 종이폭탄!: 6 · 25전쟁과 심리전」(서울: 도서출판 성림, 2006)이 그 한 보기다. 이 책은 이 전쟁기간에 유엔군과 공산군이 활용한 심리전을 방대한 자료들을 근거로 분석했다.

그러나 전반적으로 보아 그 새로운 흐름을 단순화시켜 표현한다면, 이 전쟁의 '기원들'로부터 '잊혀진 것들' 또는 '피해자들'로의 초점의 이동이라고 할 수 있다.

[1] 유격대에 대한 연구들

한국군의 군사활동들 가운데 유격활동들에 대한 연구가 활발해졌다. (1) 옹진학도유격부대전우회 편, 「학도유격부대전사」(서울: 명성[明成]출판사, 1992), (2) 대한유격참전동지회 편, 「육군본부직할유격부대 백골병단 전사」(서울: 한국적산[積算]연구소, 1993), (3) 백골병단의 장교 전인식(全仁植), 「백골병단: 설악의 최후」(서울: 전영문화사, 1994), (4) 학도의용군 장사 상륙작전유격동지회, 「모래톱에 묻힌 충혼: 육본직할 독립제1유격대대 참전기」(경상북도 칠곡군, 1995), (5) 국방부 군사편찬연구소 역, 「백호부대유격전사: 한국전쟁시 북한지역에서 수행된 알려지지 않은 전쟁이야기」(서울: 국방부 군사편찬연구소, 2001),[48] (6) 구월산유격부대전우회 편, 「구월산유격부대전사」(서울: 한들출판사, 2002), (7) 조성훈, 「한국전쟁의 유격전사」(서울: 국방부 군사편찬연구소, 2003), (8) 육본직할결사대60년사 편찬위원회 편, 「육군본부직할결사대(백골병단)60년사」(서울: 육본직할결사대전우회, 2010), (9) 김종민, 「대전쟁: 백골부대 참전기」(서울: 동아 E&D, 2010) 등이 대표적이다.

민간인으로서는 원자력공학자 이창건 박사가 자신의 경험과 동료들의 회상을 기초로 「KLO의 한국전 비사」(서울: 지성사, 2005)를 출판했다. KLO는 Korea Liaison Office의 약자다.

[2] 학도병에 대한 기록

학도병에 대한 연구는 거의 없다. 16세에 학도병으로 참전했던 임종철의 「학도병은 살아있다: 어느 6 · 25참전학도의 역사증언」(광주광역시: 대동문화, 2006)이 사실상 유일하다. 이 책의 영영본은 다음이다. Lim Jong-Chul, Trans by Seo Ji Hye, *A Student Soldier Endures Forever: One Student Soldier's Historic Witness of the Korean War*(Gwangju City: Daedong Culture, 2007).

[3] 국민방위군에 대한 연구들

이 전쟁의 초기에 해당되는 1950년 12월부터 3개월에 걸쳐 대한민국정부는 국민방위군을 유지했다. 국민방위군에 동원된 최소 50만명 장병들 가운데 3분의 2 이상이 사망했거나 치명적 해를 입었다. 이 심각했던 사건에 대해서는 동아일보사를 비롯한 몇몇 신문사들만이 기록을 남겼다.

학계의 연구로서는 다음의 논문들을 지적할 수 있다. (1) 남정옥, "국민방위군"(국방부 군사편찬연구소 편, 「한국전쟁사의 새로운 연구 1」, 2001, 139~251쪽), (2) 김세중 교수, "국민방위군사건"(유영익 · 이채진 편, 「한국과 6 · 25전쟁」, 연세대학교출판부, 2002, 91~144쪽)이 사실상 유일하다.

[4] 노무자들에 대한 연구

이 전쟁기에 노무자로 동원된 사람들에 대한 연구는 매우 드물다. 이 주제에 관한 연구들은 1995~1996년 사이에 잠시 진행됐다. 그것들로 우선 서용선(徐鏞瑄) · 양영조(梁寧祚) · 신영진(申英鎭), 「한국전쟁연구: 점령정책 · 노무운용 · 동원」(서울: 국방군사연구소, 1995)을 지적할 수 있다. 서용선의 "한국전쟁시 점령정책연구"(3~130쪽), 양영조의 "한국전쟁시 노무운용연구"(131~226쪽), 신영진의

“한국전쟁시 동원연구”(227~296쪽) 등으로 구성됐다. 그 다음으로, 채한국 주간 서용선 집필, 「한국전쟁지원사: 인사 · 군수 · 민사지원」(서울: 국방군사연구소, 1997)을 지적할 수 있다.

남한을 일시적으로 점령한 북한의 남한주민동원에 따라 노무자로 일했던 사람들에 대한 연구로 배경식, “남한지역에서 북한의 전시동원”(「한국전쟁사의 새로운 연구 2」, 249~294쪽)이 있다. 이 논문은 “북한점령군의 남한점령정책이 전시상황에서 비정상적이고 조급하게 추진되자 남한주민들의 불만과 저항이 늘어났다. […] 결국 북한은 남한점령지역의 주민들을 효율적으로 동원하는 데 실패했기 때문에 전쟁에서 실패했을 뿐만 아니라 민중의 자발적인 지지를 끌어내는 데도 실패했다”(292쪽)고 결론을 내렸다.

[5] 피학살자들을 비롯한 민간인희생자들에 대한 연구들

이 전쟁에서 희생됐던 민간인들에 대한 연구가 크게 진전됐다. 심재기(沈在璣)는 「6 · 25와 민간항쟁」(서울: 한국전쟁민간인희생자기념사업회, 1993)에서 북한에 의해 희생된 민간인들의 수가 1백만명이었다고 추산했다.

민간인 희생자들과 관련해, 연구가 상당히 진척된 주제는 이른바 좌익이었건 우익이었건 또는 중간이었건 학살을 당한 사람들 및 그 사람들의 유족들이다. 이 주제에 관해서는 두 갈래로 연구가 진행됐다. 첫째, 북한군에 의한 양민학살이다. 이것에 관련해서는 김행복, “북한군의 양민학살에 관한 연구”(국방부 군사편찬연구소 편, 「한국전쟁사의 새로운 연구 2」, 2002, 295~342쪽)가 선구적 연구들 가운데 하나다. 둘째, 대한민국정부 또는 우익세력에 의한 ‘좌익’이나 ‘좌익혐의자’에 대한 양민학살이다. 노민영 · 강희정 기록, 「거

창양민학살: 그 잊혀진 피울음」(서울: 온누리, 1988) 및 김삼웅, 「해방후 양민학살사」(서울: 가람기획, 1996)가 이 주제에서 선행연구들로 꼽힌다.

미국 언론인들이 1999년 9월 29일에, 이 전쟁 초기인 1950년 7월 말에 미군이 충청북도 영동군 노근리에서 양민들을 '적군 협력자들'로 오인해 학살한 사건을 미군의 기밀문서와 관련자의 면담을 근거로 폭로한 이후 양민학살에 대한 기존의 관심은 표면화됐다.[49) 김영범의 "한국전쟁과 양민학살"(동아시아평화인권한국위원회, 「동아시아와 근대의 폭력」, 서울: 삼인, 2001) 및 김영택의 「한국전쟁과 함평양민학살」(광주광역시: 도서출판 사회문화원, 2001)이 뒤따랐으며, 노용석의 "민간인학살을 통해 본 지역민의 국가인식과 국가권력의 형성: 경상북도 청도 지역의 사례를 중심으로"(영남대학교 대학원 문화인류학과박사학위논문, 2005)가 생산됐다. 이 연구들 이후에 다음과 같은 석사학위 논문들이 통과됐다.

1. 이령경, "한국전쟁 전후 좌익관련 여성유족의 경험 연구: 여성주의 평화개념에서," 성공회대학교 시민사회복지대학원, 2003.
2. 한성훈, "한국전쟁시기 거창학살사건에 관한 연구," 연세대학교 대학원, 2005.
3. 이흥원, "한국전쟁 전후(1948~1952년) 민간인 학살 양상," 한신대학교 교육대학원, 2005.
4. 안현주, "역사학습을 통한 한국전쟁 전후 민간인학살사건의 재개념화," 한국교원대학교 대학원, 2005.
5. 이영숙, "한국 역사의 이해와 소통을 위한 티아이이(Theatre In Education: TIE) 프로그램 개발 연구," 한국예술종합학교, 2008.
6. 문혜경, "한국전쟁기 민간인학살 연구: 대전형무소학살사건을 중심으로," 한국학중앙연구원 한국학대학원, 2008.
7. 김명희, "한국의 정치변동과 가족주의의 재생산 과정에 관한 연구: 한국전쟁 좌익관련 유가족들의 생애체험을 통해 본 '가족'과

'국가'," 성공회대학교 대학원 사회학과, 2009.

진실 · 화해를 위한 과거사정리위원회의 발족과 조사활동은 양민학살사건의 연구에 이바지했다. 2005년 12월 1일에 활동을 시작한 이 기구는 이른바 '좌익전향자들'을 가입시킨 국민보도연맹의 맹원들 가운데 상당한 수가 학살된 사건을 비롯해 이 전쟁의 기간에 학살된 사람들에 대한 연구결과를 출판했다.[50)]

[6] 납북자들에 대한 연구들

납북자들에 대한 연구도 진전됐다. 대한민국정부가 1952년에 작성한 「6 · 25사변 피랍치자 명부」에는 이 전쟁중에 납북된 사람들로 82,959명의 명단이 기재됐다. 이 명부는 2002년에 「월간조선」에 의해 발굴됐다.[51)] 2010년 3월 2일에 「6 · 25전쟁 납북피해진상규명 및 납북피해자 명예회복에 관한 법률」이 국회에서 통과됨에 따라 국무총리를 위원장으로 하는 「6 · 25전쟁 납북피해자 진상규명과 명예회복위원회」가 구성됐다.[52)] 이것은 납북자에 대한 연구를 크게 진전시킬 것이다.

그 사이 납북자들에 대한 연구로 다음의 두 가지가 있다. (1) 대한언론인회 편, 「돌아오지 못한 언론인들: 6 · 25전쟁 언론수난사」(서울: 대한언론인회, 2003), (2) 정진석, 「6 · 25전쟁납북: 끌려가고 살해된 언론인 284명, 목사 · 신부 · 종교인 371명의 비극」(서울: 기파랑, 2006).

[7] 포로들에 대한 연구들

북한군에 포로가 된 남한인들, 그리고 여전히 하나의 의제로 남아 있는 이른바 포로문제에 대한 1990년대의 연구에서 선행 연구로 김행복, 「한국전쟁의 포로」(서울: 국방군사연구소, 1996)를 지적할 수 있다. 이어 조성훈 박사는 1999년에 한국정신문화연구원 한국학대학원에서 "한국전쟁중 유엔군의 포로정책에 관한 연구"로[53] 문학박사학위를 받은 이후 포로문제를 일관되게 천착했다. 그 이후의 연구로 "미귀환국군포로 연구"(국방부 군사편찬연구소 및 한국전쟁연구회 공편, 「한국전쟁중 중국의 참전전략과 포로문제」, 2001, 215~248쪽) 및 "6 · 25전쟁이 남긴 포로문제"(한국전쟁학회 편, 「한국현대사의 재조명」, 서울: 명인문화사, 2007, 499~540쪽)가 있다.

이 연구들에 이어 다음과 같은 논문들이 발표됐다. (1) 민경길, "한국전쟁과 포로송환문제"(「군사」 제35호, 1997년 12월, 151~178쪽), (2) 허만호, "북한억류 한국군포로의 송환: 법리적 판단과 협상론의 한계를 넘어"(「성곡논총」 제29권 제 2 호, 1998, 433~473쪽), (3) 제성호, "국군포로 및 납북자 문제 해결방안"(「국가전략」 제 7 권 제 1 호, 2001년 봄, 15~38쪽), (4) 허만호, "한국전쟁의 인권 유산들: 민간인 집단학살과 북한억류한국군포로"(한국정치학회 · 한국전쟁연구회 · 한국정치외교사학회 · 21세기평화연구소, 「한국전쟁과 21세기 한반도평화의 모색」, 1~39쪽), (5) Man-ho Heo, "North Korea's Continued Detention of South Korean POWs Since the Korean and Vietnam Wars" (*The Korean Journal of Defense Analysis*[Special Edition on North Korea], Vol. 14, No. 2[Fall 2002], pp. 141~165).

[8] 피난민들에 대한 연구들

피난민들에 대한 연구에서는 양영조 박사가 개척적인 역할을 수행했다. 그는 "[한국전쟁시] 피난민정책"(군사편찬연구소 편, 「한국전쟁사의 새로운 연구 1」, 2001, 253~329쪽)을 발표한 데 이어 "한국전쟁시 대구지역 피난민 실태 분석"(「군사」 제50호, 2003년 12월, 197~231쪽)을 발표했다. 한국전쟁시 한국정부의 피난민정책에 대한 그의 분석은 그의 「한국전쟁과 동북아국가정책」(서울: 선인, 2007)의 제 2 부 제 6 장을 형성했다.

이 논문들에 이어 서만일의 "한국전쟁기 부산지역의 피난민유입과 정부의 대책"(동아대학교 대학원 석사학위논문, 2007)을 지적할 수 있다. 6 · 25전쟁기에, 특히 북한군의 점령기에, 생활했던 남한인들의 체험담은 월간조선사 편, 「6 · 25: 우리들의 이야기」(서울: 월간조선사, 2001)에 포함됐다.

이 전쟁에 대한 저술들은 거의 예외 없이 전쟁의 참상을 고발했다. 김원일 · 문순태 · 이호철 · 전상국 등 네 명의 문인들이 썼으며 사진작가 박도가 사진을 게재하고 전체를 편집한 「나를 울린 한국전쟁 100장면: 내가 겪은 6 · 25전쟁」(서울: 눈빛, 2006)이 그 한 보기다.

[9] 6 · 25전쟁의 사회사

이러한 연구들은 종국적으로 '6 · 25전쟁의 사회사'라는 새로운 분야를 성립시켰다. 개척적 연구로, 사회학자 김경동 교수의 "한국전쟁의 사회적 충격: 전쟁사회학 시론"(김경동, 「경제성장과 사회변동」, 서울: 한울, 1983) 및 사회학자 홍두승 교수의 "전쟁 · 이산 · 빈곤: 재회가족의 생활사를 통해 본 이산의 사회학적 고찰"(서울대학교 사회과학연구소 편, 「한국사회의 변동과 발전」, 서울: 범우사, 1984)을 지적할 수 있다. 이어 주로 사회학자들을 중심으로 여러 연구들이 생산됐다. (1) 한국정신문화연구원 편, 「6 · 25전쟁과 사회구조의 변화」(서울: 백산서당, 1999), (2) 김동춘, 「전쟁과 사회: 우리에게 6 · 25전쟁은 무엇이었나?」(서울: 돌베게, 2000), (3) 전상인, "(기획서평) 6 · 25전쟁의 사회사를 위하여"(「사회비평 24(2000년 여름)」, 104~116쪽). 그리고 (4) 전상인, "6 · 25전쟁의 사회사: 서울시민의 6 · 25전쟁"(유영익 · 이채진 편, 「한국과 6 · 25전쟁」, 서울: 연세대학교 출판부, 2002) 등이 그 보기들이었다.

최근에는 김귀옥 교수의 연구가 활발하다. 김 교수는 "정착촌 월남인의 생활경험과 정체성: 속초 '아바이마을'과 김제 '용지농원'을 중심으로"라는 논문으로 1999년에 서울대학교 대학원 사회학과에서 문학박사학위를 받은 데 이어 이 논문을 바탕으로 「월남민의 생활경험과 정체성: 밑으로부터의 월남민 연구」(서울: 서울대학교출판부, 2002)를 출판했다. 그 이후 "한국전쟁의 사회학 연구의 쟁점과 과제: 분단과 전쟁을 넘어 통일과 평화의 사회를 향하여"(한국전쟁학회 편, 「한국현대사의 재조명」, 서울: 명인문화사, 2005, 277~323쪽)를 출판했다.

6. 맺음말: 평화체제의 수립을 향하여

[1] 휴전협상에 관한 연구들

앞에서 이미 지적했듯, 휴전협정체제를 평화협정체제로 전환시킴으로써 한반도에서 이 전쟁을 제도적으로 청산해야 한다는 요구가 높아지고 있다. 이러한 흐름 속에서, 우선 휴전협정 그 자체에 대한 연구가 활발해졌다.

그 사례들로 우선 김성희(金成熙), "한국전쟁의 휴전회담에 관한 연구: 쌍방의 협상기법을 중심으로"(경희대학교 대학원 정치학박사학위논문, 1992)를 지적할 수 있다. 이어 서용선(徐鏞瑄), 「한반도휴전체제연구」(서울: 국방연구소, 1999)를 지적할 수 있다.[54]

[2] 평화체제에 관한 연구들

한반도 평화체제의 수립에 관한 연구들은 참으로 많다. 대표적인 것으로 「한국과 국제정치」 제22권 제 1 호(2006년 봄)를 지적할 수 있다. 이 논문집은 「한반도 평화체제의 건설: 쟁점, 과제, 전망」이라는 특집 제목 아래, 박명림 · 전재성 · 김귀옥 · 박종철 · 류상영 · 한용섭 · 박건영 · 이상현 · 백승주 등 9명의 논문들을 게재했다. 다른 사례로, 허만호 교수의 "한반도에서의 평화의 제도화"(한국전쟁학회 편, 「한국현대사의 재조명」, 2007, 541~571쪽)를 지적할 수 있다.

이 주제와 관련해 독특한 연구는 스웨덴 학자 욘손(Gabriel Jonsson)의 책(*Peace-Keeping in the Korean Peninsula: The Role of Commissions*, Seoul: Korea Institute for National Unification, 2009)이다. 이 책은 휴전협정이 탄생시킨 군사정권위원회 및 중립국감독위원회가 수행한 역할을 세밀히 분석한 뒤, 그 위원회들의 역할을 긍정적으로 평가했다.

[3] '사람을 죽이지 않는 정치학'

마지막으로, 하와이대학교 정치학과 교수 페이지(Glenn D. Paige)의 '사람을 죽이지 않는 정치학(nonkilling political science)' 에 대해 언급하고자 한다. 그는 자신이 2002년에 제창한 이 이론(*Nonkilling Global Political Science*, Philadelphia: Xlibris)에 입각해 동아시아에 공동안보를 확립할 것을 제의했다.[55]

註

1) 이 논문은 2010년 9월 7일에 국방부 군사편찬연구소가 러시아의 학자들과 공동으로 개최하는 6 · 25전쟁60주년기념학술대회에 제출한 논문이다. 이 논문은 6 · 25전쟁발발 60주년을 맞이해 미국트루먼대통령기념재단과 한국미주리대학교총동문회가 2010년 5월 28일에 롯데호텔에서 개최한 국제학술회의에서 행한 기조연설 그리고 미국 미주리주 인디펜던스시 소재 트루먼대통령기념재단이 2010년 6월 16~17일에 트루먼대통령기념도서관에서 개최한 국제학술회의에서 발표한 논문을 바탕으로 재구성한 것이다. 예외적인 경우들을 제외하고는, 이미 널리 알려진 사실들에 대해서는 출전을 표시하지 않았다. 필자는 이 논문 전체를 통해 6 · 25전쟁이라는 명칭을 사용했다. 필자는 그 근거를 필자의 다음 논문에서 제시했다. 김학준, "6 · 25전쟁에 관한 학파와 명칭에 관한 몇 가지 예비적인 설명들," 한국전쟁연구회 편, 「탈냉전시대 한국전쟁의 재조명」(서울: 백산서당, 2000), 17~41쪽. 이 논문은 김학준, 「한국전쟁: 원인 · 과정 · 휴전 · 영향」 제 3 개정 · 증보판(서울: 박영사, 2003), 95~123쪽에 재수록됐다.

2) '게릴라전' 이라고 하면 우리는 남한의 태백산과 지리산 일대에서 공산세력이나 반정부세력이 전개했던 일련의 빨치산전투들을 연상한다. 그런데 북한 내부에서도 반공세력이 게릴라전을 전개했다. 이 사실은 다음에서 자세히 설명됐다. 김 봉, "개마고원에 지다," 「신동아」, 1971년 8월호, 234~259쪽. 또 최근에 발표된 한 논픽션은 1949년 6월 29일부터 7월 16일까지 남한의 유격대가 북한을 공격했음을 설명했다. 오세영, "최초 북파공작대 호림부대의 비극적 운명," 「신동아」, 2010년 5월호, 228~247쪽.

3) 이 논쟁에 대해서는 필자가 다음에서 자세히 설명했다. 김학준, 「미소냉전과 소련군정 아래서의 조선민주주의인민공화국 건국, 1946년 1월~1948년 9월」(서울: 서울대학교출판부, 2008), 3~16쪽.

4) John L. Gaddis, "Towards The Post-Cold War World," *Foreign Affairs,* Vol. 70, No. 2(Spring 1991), pp. 102~122.

5) James I. Matray, *The Reluctant Crusade: American Foreign Policy in Korea, 1941-1950*(Honolulu: The University of Hawaii Press, 1985), pp. 60~65.

6) Ralph B. Levering and Verena Botzenhart-Viehe, "The American Perspective," in Ralph B. Levering *et al., Debating the Origins of the Cold*

War(New York: Rowman and Littlefield Publishers, Inc., 2002), pp. 34~40.

7) 기광서, "조선인민군의 창설과 소련군사고문단의 역할," 대한민국국방부 군사편찬연구소 주최, 「학술세미나: 한러군사협력관계의 어제와 오늘 발표논문」(2004), 41쪽.

8) 김학준, 「한국전쟁」, 61~65쪽.

9) '수정주의'를 '좌파적 이념'으로, 따라서 '수정주의자'를 '좌파'로 부르는 것은 정확하지 않다. 기존의 해석을 '수정'한 것이 '수정주의'이며 기존의 해석을 '수정'한 사람이 '수정주의자'다. 따라서 '수정주의'와 '수정주의자' 가운데 우파적 또는 중립적 또는 객관적 '수정주의'와 '수정주의자'가 얼마든지 있을 수 있다. 예컨대, 미국의 아이젠하워 대통령을 '안일무사한 대통령', 심지어 '무능한 대통령'으로 해석했던 종전의 흐름에 반대되게 '유능한 대통령'으로 재해석한 학자를 '아이젠하워 수정주의자'라고 부른다. '아이젠하워 수정주의자'들은 아이젠하워 대통령이 재임했던 8년(1953~1961년)을 미국이 국내적으로 안정과 번영을 유지했고 국제적으로 소련의 도발을 효율적으로 견제함으로써 평화를 유지한 시대로 칭찬했다. 레이건 대통령이 그렇게 인식한 대표적인 정치가였다. 그는 자신이 집권하면 미국에 '국내적으로 안정됐고 국제적으로 평화롭던 아이젠하워 시대'를 재현하겠다고 약속했으며 집권 이후 미국을 그러한 방향으로 이끌었다.

특히 강조하고자 하는 것은 이 논문에서 '좌파적 수정주의자'로 명명됐다고 해서, 그가 남한사회에서 흔히 쓰이는 '빨갱이'와 동일시돼서는 안 된다는 점이다. '좌파적 수정주의' 안에는 여러 갈래들이 있음이 상기돼야 할 것이다. 같은 맥락에서, '내전설'을 제시한 것만으로 '빨갱이'로 단정되는 것은 학문적으로 부당하다.

10) Bruce Cumings, *The Origins of the Korean War*(Princetin: Princeton University Press), Ⅰ(1981), Ⅱ(1990). 커밍스의 설명들은 훨씬 정교하며 복잡하다. 그러나 지면의 제약으로 여기서는 위에서와 같이 단순화시켰다. 다음의 책에도 좌파적 수정주의의 시각을 보여주는 논문들이 포함됐다. William J. Williams(ed.), *A Revolutionary War: Korea and the Transformation of the Postwar World*(Chicago: Imprint Publications, 1993).

11) 스탈린의 원자폭탄개발에 대해서는 다음에서 상세히 설명됐다. David Holloway, *Stalin and the Bomb: The Soviet Union and Atomic Energy, 1939–1956*(New Haven: Yale University Press, 1994).

12) Kathryn Weathersby, "To Attack or Not to Attack?: Stalin, Kim Il Sung and the Prelude to War," *Cold War International History Project Bulletin*(Washington, D.C.: The Woodrow Wilsom International Center for Scholars), No. 5(Spring 1995).

13) Sergei N. Goncharov, John W. Lewis, and Xue Litai, *Uncertain Partners: Stalin, Mao, and the Korean War*(Stanford: Stanford University Press, 1993).

14) Kathryn Weathersby, "New Findings on the Korean War: Translation and Commentary," *Cold War International History Project Bulletin*(Washington, D.C.: Woodrow Wilson International Center for Scholars), No. 3(Fall 1993); Kathryn Weathersby, "The Soviet Role in the Early Phase of the Korean War: New Documentary Evidence," *The Journal of American–East Asian Relations,* Vol. 2, No. 4(Winter 1993), pp. 425~458; Kathryn Weathersby, "Soviet Aims in Korea and the Origins of the Korean War, 1945~1950: New Evidence from Russian Archives," *Cold War International History Project Working Paper*(Washington, D.C.: Woodrow Wilson International Center for Scholars), No. 8(November 1993).

15) Adam B. Ulam, "Letters: Stalin, Kim, and Korean War Origins," *Cold War International History Project Bulletin,* Issue 4(Fall 1994), p. 21.

16) 위와 같음.

17) 위와 같음. No. 6~7(1995/1996 Winter), pp. 120~122.

18) Hakjoon Kim, "Russian Foreign Ministry Documenrs on the Origins of the Korean War," *Korea and World Affairs,* Vol. 20, No. 2(Summer 1996), pp. 248~271. 김학준, "김일성과 박헌영 모두 남침계획에 적극적이었다: 공개된 6 · 25관련 러시아자료," 김학준, 「한국전쟁: 원인 · 과정 · 휴전 · 영향」, 제 3 개정 · 증보판(서울: 박영사, 2003), 179~193쪽.

19) 예컨대, 김학준, 「한국전쟁의 기원과 전개」, 65~72쪽.

20) 이 문서에 대해서는 다음에서 설명됐다. 김학준, 「한국정치론사전」(서울: 한길사, 1990), 제 3 장 제 1 절.

21) 신화봉(申化鳳) 저 최태순 역, 「휴전선이 열리는 날: AP 기자가 본

동경 · 서울 · 평양」(서울: 한국논단, 1993). 이 책은 「조선전쟁」과 일정한 범위 안에서 공통점을 갖고 있다. 6 · 25전쟁의 모든 과정을 AP통신의 한국특파원으로 취재한 그는 자신의 기억과 기록에 근거해 원고를 집필했고, 그 원고가 국역된 것이다. 그는 이 전쟁이 스탈린의 계획에 따라 김일성이 남침을 개시함으로써 시작됐다고 썼다. 이 전쟁에 참전했으며 뒷날 육군준장으로 예편한 김인철(金仁哲)의 회고록 「38선에서 휴전선까지」(서울: 보문당[普文堂], 1992) 역시 이 전쟁이 남침전쟁임을 단언했다.

22) 전현수, "쉬띄꼬프일기가 말하는 북한정권의 성립과정," 「역사비평」, 계간 30호(1995년 가을) 및 전현수 편저, 「쉬띄꼬프일기, 1946-1948」(경기도 과천시: 국사편찬위원회, 2004). 부산일보 편집국 편역, "레베제프비망록: 북한정권수립이면사," 「부산일보」, 1995년 1월 6일~3월 28일.

23) 전상인 교수의 논지는 다음에서 다시 읽을 수 있다. 전상인, 「고개숙인 수정주의: 한국현대사의 역사사회학」(서울: 전통과 현대, 2001).

24) 이완범 교수의 논지는 다음에서 자세히 전개됐다, 이완범, "6 · 25전쟁은 복합전으로 시작되었다: 내전설과 남침유도설에 대한 비판적 조망," 한국전쟁학회 편, 「한국현대사의 재조명」(서울: 명인문화사, 2007), 233~254쪽.

25) 소진철 교수의 「한국전쟁의 기원」에 대해서는 김학준, 「한국전쟁」, 134~135쪽에서 이미 설명됐다. 따라서 이 논문에서는 이 책에 대해 자세히 설명하지 않겠다.

26) 6 · 25전쟁 개전 당시의 대한민국 육군참모총장은 채병덕 소장이었다. 그에 대해서는 다음의 전기가 있다. 김행복, 「6 · 25전쟁과 채병덕장군」(서울: 국방부 군사편찬연구소, 2002). 채병덕에 대해 비판적인 책은 다음이다. 이선교(李宣敎), 「제 2 차 한국전쟁: 끝나지 않은 전쟁 6 · 25를 말한다」(서울: 봄출판사, 2003) 제18장(「국가를 파국으로 몰아넣은 육군참모총장 채병덕」). 목사인 그는 「한국전 다시 써야 한다」(서울: 가람문학사, 1990)의 후속저서로 위의 책을 출판했다.

27) 이 책의 서평으로 다음이 있다. 김명섭, "서평: 「한반도의 분단과 전쟁: 민족분열과 국제개입 · 갈등」," 「국제정치논총」 제40집 3호,

2000년 11월, 447~450쪽.

28) 러시아어 원서는 Anatoly Vassilievich Torkunov, *Zagadochnaya Voina: Koreiskii konflikt, 1950–1953*(Moscow: Rosspen, 2000)이다. 영역판 제목은 *The War in Korea, 1950-1953: Its Origin, Bloodshed and Conclusion*이다. 일본어판은 「朝鮮戰爭の謎と眞實」(草思社).

29) Malcolm W. Cagle and Frank A. Manson, *The Sea War in Korea*(Annapolis, Md.: Unites States Naval Institute, 1957).

30) Dudley J. Hughes, *Wall of Fire: A Diary of the Thnk Korean War Campaign*(Hallgate Press, 2003).

31) 예컨대, 중국인민지원군 부사령관 홍시에쯔(洪學智: 홍학지)의 「항미원조전쟁회억」(베이징: 중국인민해방군문예출판사, 1990). 이 책의 재판은 홍인표(洪仁杓), 「중국이 본 한국전쟁: 인해전술의 전쟁기록」(서울: 고려원, 1992)으로 국역됐다.

32) Chen Jian, "The Sino — Soviet Alliance and China's Entry into the Korean War," *Cold War International History Project Working Paper,* No. 1 (Gune 1992); Chen Jian, "China's Changing Aims during the Korean War, 1950–1951," *The Journal of Amerian-East Asian Relations,* Vol. Ⅰ, No. 1 (Spring 1992), pp. 8~41.

33) Chen Jian, *China's Road to the Korean War: The Making of the Sino–Amerian Confrontation*(New York: Columbia University Press, 1994).

34) Chen, "The Sino–Soviet Alliance," pp. 22~24.

35) 「마오쩌둥과 스탈린, 그리고 한국전쟁(중국어)」(홍콩: 천지도서유한공사[天地圖書有限公司], 1998); 및 「중소동맹과 조선전쟁연구」(계림[桂林]: 광서사범대학출판사[廣西師範大學出版社], 1999). 그는 또 다음의 논문을 발표했다. Shen Zhihua, "Sino–Soviet Relations and the Origins of the Korean War: Stalin's Strategic Goals in the Far East," *Journal of Cold War Studies* 2(Spring 2000), pp. 44~68.

36) 이 책을 간행하기에 앞서, 중국 군사과학원 군사역사연구부는 「중국인민지원군 항미원조(抗美援朝) 전사」를 1988년에 간행했고, 이 책을 한국전략문제연구소는 「중공군의 한국전쟁사: 항미원조 전사」(서울: 세경사, 1991)로 역간했다.

37) 이 논문의 내용은 다음에 훨씬 더 자세히 개진됐다. Chae–Jin Lee, *China and Korea: Dynamic Relations*(Stanford: Hoover Institution Press,

1996), pp. 7~58.

38) 러시아인의 연구로는 다음이 있다. Alexandre Y. Mansourov, "Stalin, Mao, and China's Decision to Enter the Korean War, September 16-October 15, 1950: New Evidence from the Russian Archives," *Cold War International History Project Bulletiin,* No. 6~7(1995~1996 Winter), pp. 94~119. 미국인의 연구로는 다음이 있다. Kathryn Wethersby, "Stalin, Mao, and the End of the Korean War," in Odd Arne Westad(ed.), *Brothers in Arms: The Rise and Fall of the Sino-Soviet Alliance, 1945-1963* (Washington D.C.: Woodrow Wilson Center Press; Stanford: Stanford University Press, 1998).

39) 그가 실험한 이론은 다음이다. I. L. Janis, *Groupthinking: Psychological Studies of Policy Decision and Fiascoes,* 2nd ed.(Boston: Houghton Miffin, 1982).

40) William Stueck, *The Korean War: An International History*(Princeton: Princeton University Press, 1995). 이 책은 다음과 같이 국역됐다. 김형인 · 김남균 · 조성규 · 김재인 공역, 「한국전쟁의 국제사」(서울: 푸른역사, 1999). William Stueck, *Rethinking the Korean War: A New Diplomatic and Strategic History*(Princeton: Princeton University Press, 2002). 이 책은 다음과 같이 국역됐다. 서은경 옮김, 「한국전쟁과 미국외교정책」(서울: 나남출판, 2004).

41) William Stueck, "The Soviet Union and the Origins of the Korean War," *World Politics,* Vol. 28, No. 4(July 1976), pp. 622~655. William Stueck, *The Road to Confromtation: Ameraican Policy Toward China and Korea, 1947-1950*(Chapel Hill: The University of North Carolina Press, 1981).

42) 국어 논문은 「한국정치학회보」 제30집 3호, 1996년 가을, 163~182쪽. 영어 논문은 다음과 같다. Bok-ryong Shin, "Chapter 20: The Origins of the Korean War (2): Kim Il-sung's Intention to Begin the War," in Bok-ryong Shin, *The Politics of Separation of the Korean Peninsula, 1943-1953*(Edison, N. J.: Jimoondang International, 2008), pp. 589~624.

43) Bok-ryong Shin, "Chapter 19: The Origins of the Korean War (1): With Consideration of Dean Acheson's Speech before the National Press Club," in *ibid.,* pp. 567~587.

44) 이 책(서울: 새로운 사람들, 1998)에는 「1950년 한국전쟁 X파일」이

라는 부제가 붙어있다.

45) (서울: 가람기획, 2000), 155~176쪽. 이 책의 표지에는 "분단의 미스터리 개전의 의혹을 파헤친다"는 자극적인 문구가 쓰여 있다.

46) 안천, 「남침유도설해부: 6 · 25개전일 연구」(서울: 교육문화사, 1993).

47) 이 책의 서평으로 다음이 있다. 이완범, "한중관계의 역사적 배경과 6·25전쟁," 「정신문화연구」 제28권 제 1 호, 2005년 봄, 251~256쪽.

48) 이 책은 Col. Ben S, Malcom with Ron Martz, *Fighting Tigers: My Secret War in North Korea*를 번역한 것이다. 출판사와 출판연도는 밝혀놓지 않았다. 백호부대는 일명 동키-4대대였다.

49) 그 언론인들은 다음의 책을 출판했다. Charles J. Hanley, Sang-Hun Choe and Martha Mendoza, *The Bridge at No Gun Ri: A Hidden Nightmare from the Korean War*(New York: Henry Holt and Company, 2001). 이 책은 전문적 통 · 번역사 남완준의 번역으로 「노근리 다리: 한국전쟁의 숨겨진 악몽」(서울: 도서출판 잉걸, 2003)으로 역간됐다.

50) 예컨대, 이 기구가 발행한 「진실화해위원회 제 1 차 보고서」(2006년 상반기), 「진실화해위원회 제 2 차 보고서」(2006년 하반기), 「진실화해위원회 제 3 차 보고서」(2007년 상반기), 「진실화해위원회 제 4 차 보고서」(2007년 하반기).

51) 김성동, "국가작성 6 · 25납북자 8만명명부 발견," 「월간조선」, 2002년 2월호, 338~349쪽.

52) "이미일 6 · 25전쟁납북인사가족협의회이사장 인터뷰," 「월간조선」, 2010년 4월호, 430~439쪽.

53) 이 논문의 논지는 이미 다음에서 제시됐다. 조성훈, "한국전쟁중 공상측의 유엔군 포로정책에 대한 연구," 「한국근현대사연구」 6, 1997, 217~266쪽.

54) 휴전회담 당시의 코리아의 모습들은 다음에서 볼 수 있다. 미해군 준위 조지 풀러 사진, 신광수(申光秀) 엮음, 「끝나지 않은 전쟁: 미군이 기록한 휴전회담 그 무렵의 코리아」(서울: 눈빛, 1996). 엮은이는 외신기자다.

55) Glenn D. Paige, "Korean Leadership for Nonkilling East Asian Common Security," *Korea Observer,* Vol. 37, No. 3(Autumn 2006), pp. 547~563.

발문(跋文): 6·25전쟁에 관한 저자의 학문적 관심의 성장과정

1 6·25전쟁의 휴전 50주년을 맞이하면서, 졸저(拙著)의 제3개정·증보판을 출판할 수 있게 된 것을 기쁘게 생각한다. 이 계제에 이 전쟁에 대한 저자의 학문적 관심이 성장한 배경과 과정을 회상하기로 한다. 다른 많은 주제들에 대해서 글을 써 온 사람이 왜 이 주제에 대해서도 많은 글을 썼는지 궁금해 할 독자들에게 답을 주기 위해서이다.

저자의 관심은 저자가 인천 신흥초등학교 2학년 때이던 1950년 6월 25일에 일어난 이 전쟁으로 말미암아 피난길에 올랐던 때부터 시작됐다. 아버님의 고향인 충청북도 청주로 한 달 남짓하게 걷고 걷는 사이, 그리고 북한의 점령통치 아래서, 끔찍한 일들을 적지 않게 보았기 때문이었다. 저자는 지금까지도 북한군에 또는 이른바 '지방빨갱이들'에 끌려가며 살려달라고 애걸하던 사람들과 그 가족들의 절망적인 모습, 그리고 국군의 반격으로 패주하던 북한군이 청주형무소에 불을 질러 갇혔던 사람들이 타 죽던 때의 냄새를 잊지 못한다. 반면에, 중공군의 참전이 빚어낸 1951년의 1·4후퇴 이후에는 피난지 부산에서 국민방위군이란 이름 아래 징집되어 폐인이 되다시피 한 젊은이들을 보며, 그리고 생존경쟁에 지쳐버린 피난민들을 보며 전쟁의 비참성에 더욱 눈을 떴다.

전세(戰勢)의 반전에 따라 인천으로 돌아온 뒤에도 이 전쟁은 저자를 놓아주지 않았다. 전쟁이 계속되면서 전사자들은 속출했고 그들의 유골만이 고향으로 보내졌는데 인천에서도 그때마다 해광사(海光寺)에서 위령제가 열리곤 했으며, 해광사에 가까웠기에 우리 신흥초등학교 학생들 역시 거기에 참가해야 했다. 소복과 향불과 목탁소리와 울음, 그리고 쇼팽의 장송행진곡에 익숙해졌던 때가 바로 그때였다.

다른 한편으로, 정전회담이 열린 이후 우리는 정전반대 시위에 자주 동원됐다. "북진통일 아니면 죽음을 달라"는 선창(先唱)에 어린이들도 따라 외치곤 했다. 웅변대회장으로도 때때로 불려 다녔다. "김일성 괴뢰도당을 타도하고 북녘동포들을 해방시키자"는 절규가 그 당시 웅변대회장의 공통된 모습이었다. 게다가 인천은 맥아더 국제연합군 총사령관의 극적인 상륙작전에 따라 북진의 기틀을 마련한 곳으로 그의 동상이 서 있음으로 해서 우리는 그에 대한 경의 속에 성장했다. 그의 동상이 인천의 만국공원에 세워지던 날에도 우리는 동원되어 어른들의 헌사와 헌시를 듣고 찬가를 부르기도 했다.

1953년 7월에 정전이 성립된 뒤에도 우리는 10년 넘게 「우리의 맹세」를 수없이 반복했다. "우리는 강철같이 단결하여 공산침략자를 쳐부수고, 백두산 영봉에 태극기 날리며 남북통일을 완수하자"는 내용으로, 북진무력통일론의 압축이었다. 다른 한편으로, 우리가 읽은 국내 소설들 가운데는 6·25를 다룬 소설들이 꽤 많았다.

2 이처럼 당시 저자는 저자 또래의 다른 친구들처럼 유년기와 소년기를 이 전쟁의 직접적, 간접적 영향을 받으며 자랐다. 그 사이 의식적으로 무의식적으로 "도대체 이 전쟁은 왜 일어났던가?"라는 물음을 갖게 됐다. 그러했기에 1969년에 미국 켄트주립대학교(Kent State University) 정치학과에서 석사학위논문을 쓰게 됐을 때 중국 전문가인 지도교수 케네스 콜튼(Kenneth E. Colton) 박사가 중국의 대외정책과 관련해 주제를 선택하라고 하자 저자는 주저 없이 "중

공은 왜 한국전에 개입했던가?: 중공의 한국전 개입 이전의 중공과 북한의 관계를 중심으로"[1]로 정했다. 이 논문을 쓰면서 저자는 비로소 이 전쟁 발발 이전 시기의 북한에 관해 공부하기 시작했다. 자연히 조선공산주의운동사에 관심을 갖게 됐고, 한 걸음 더 나아가 국제공산주의운동기구인 코민테른(Communist International)에 관해 공부하게 됐다. 저자는 이 논문에서 이 전쟁이 국제공산주의운동계의 세계적화전략의 일환으로 소련과 중공 및 북한의 공모에 의해 시작됐다는 전통주의적 해석을 따랐다. 그러나 중공의 참전은 그러한 공모에 의해서라기보다는 자기방어적 자세에서 나온 것이라는 화이팅 교수의 저서 「중국이 압록강을 건너다: 한국전 참전 결정」[2]의 결론을 받아들였다.

1970년에 미국 피츠버그대학교(University of Pittsburgh) 정치학과 박사과정에 입학한 뒤 저자의 관심은 바뀌었다. 소련 및 동유럽 전문가인 카를 베크(Carl Beck) 교수, 중국 공산주의 전문가인 윌리엄 도릴(William F. Dorrill) 교수, 동남아시아 공산주의 전문가인 조지프 자슬로프(Joseph Zasloff) 교수, 중남미 공산주의 전문가인 제임스 멀로이(James Malloy) 교수, 쿠바 공산주의 전문가인 카멜로 메살라고(Carmelo Mesa-Lago) 교수, 농민혁명 전문가인 어윈 슐먼(Irwin Schulman) 교수, 그리고 마르크시즘 전문가인 존 채프먼(John Chapman) 교수와 현대서양정치철학 전공의 트레이시 스트롱(Tracy Strong) 교수 등의 지도 아래 비교공산주의(comparative communism)를 전공하면서 마르크스올로지(Marxology), 곧 마르크스학(學)으로 쏠린 것이다. 특히 채프먼 교수의 "마르크시즘 정치철학 세미나"와 스트롱 교수의 "카를 마르크스(Karl Marx)와 막스 베버(Max Weber) 비교 세미나"는 '휴머니즘으로서의 마르크시즘'과 '사람의 얼굴을 가진 사회주의'에 깊은 관심을 갖게 만들었으며 이 과정에서 마르쿠제(Herbert Marcuse) 교수와 프롬(Erich Fromm) 교수 및 터커(Robert

Tucker) 교수의 저술들을 숙독하게 됐다.[3] 이 저술들에 나타난 마르크시즘은 폭력혁명만을 강조하는 이데올로기, 증오와 투쟁과 살생만을 앞세우는 이데올로기가 아니었다.[4]

여기서부터 정통마르크시즘이, 곧 '휴머니즘으로서의 마르크시즘'이 중국과 일본, 그리고 특히 남북한에서, 계급투쟁과 프롤레타리아혁명만이 강조되는 쪽으로 수용되고 해석되거나 왜곡되는 과정에 관해 더 큰 관심이 일어났다. 그래서 한때는 마르크시즘이 이 네 나라들에서 어떻게 해석되고 있으며 차이가 있다면 그 이유는 무엇인가에 관해 비교하는 데 초점을 맞춰 학위논문을 써보려고 마음먹기도 했다.

그렇지만 관심은 다시 6·25전쟁으로, 그리고 이 전쟁을 넘어서는 남북한의 평화통일로 돌아왔으며, 그리하여 "아시아 세력균형에서의 코리아의 통일"[5]을 주제로 선택했다. 이 논문의 앞 부분에서 이 전쟁에 대해 쓰게 됐고, 이 무렵 성장하기 시작하던, 2차 대전 종전 이후에 전개된 동서(東西)냉전에 관한, 또 이 전쟁에 관한 수정주의적 해석을 제한적으로 반영했다. 그러나 큰 흐름에서는 전통주의 학파에 섰다.

③ 1973년에 귀국한 뒤에도 이 전쟁에 관한 저자의 관심은 계속됐다. 마침 1972년과 1975년 사이에 이 전쟁에 관한 새로운 저술들이, 특히 수정주의적 저술들이 미국에서 잇따라 출판됐다. 이 저술들을 염두에 두면서 저자는 1974년과[6] 1975년에[7] 몇 편의 논문들을 발표했다. 그 논문들을 통해 저자는 이 전쟁에 관한 수정주의 학파의 관점들을 국내에 처음으로 소개했다는 말을 들었다.

1980년대에 들어와 미국학계에서 수정주의적 해석은 더욱 확산됐으며 수정주의 학파의 해석들 가운데 적지 않은 부분들이 받아들여지게 됐다. 저자 스스로 1983년 9월부터 1984년 3월까지 미국 버클리 소재 캘리포니아대학교(University of California, Berkeley) 동아시아연구소에서 해방 5년의 북한에 관한 자료들, 특히 "노획된 북한문서"를 살피면서,[8] 그리고 1984년 4월부터 9월까지 일본 도쿄(東京)대학의 국제관계연구실에서 해방 5년사의 남북한관계에 관한 일본학계의 연구들을 섭렵하면서 6·25전쟁에 관해 저자 나름의 새로운 인식을 갖게 됐다.

저자는 그 점을 충분히 고려하면서 우선 저자의 켄트주립대학교 석사학위논문을 고쳐 새롭게 썼다. 6·25전쟁 전체에 대해서는 신전통주의 학파의 흐름에 서면서도 중국의 대외정책, 그리고 6·25전쟁의 발상(發想) 및 결정과정에서의 참여문제 등에 대해서는 수정주의적 해석을 받아들였다. 쉽게 말해, 6·25전쟁의 도발 계획과 집행의 과정에서 북한과 소련은 공모했으나 중국은 개입하지 않았다고 해석했다.[9]

때마침 도쿄에서 일본동방학회의 연례학술회의가 열렸는데 저자는 저자를 도쿄대학 국제관계학과의 객원교수로 이끌어준 에토 신키치(衛藤瀋吉: 위등심길) 교수의 요청에 따라 같은 취지로 발표했다. 이 자리에서 저자는 히라마쓰 시게오(平松茂雄: 평송무웅) 교수로부터 흥미 있는 논평을 들었다. 그는 중국이 중앙당 또는 중앙정부의 차원에서는 개입하지 않았으나 만저우지역의 차원에서는 개입했다고 주장한 것이다. 만저우지역의 지도자들은 일제의 만저우침략 때 함께 대항해 싸운 인연을 중시해서 북한지도자들의 전쟁준비를 도왔다는 뜻이었다. 이 논평은 저자로 하여금 1930년대의 항일연군(抗日聯軍)에 대해, 그리고 만저우에서의 공산주의운동에 대해 보다 더 깊이 있게 공부하게 만들었다.

이처럼 저자가 6·25전쟁에 관해 일관된 관심을 갖고 있음을 안 「조선일보」는 1985년 1월 1일부터 1987년 8월 14일까지 "역사는 흐른다"라는 주 1회의 연재를 맡겼다. 그리하여 1945년 8월 15일의 해방과 분단의 시점으로부터 6·25전쟁의 발발과 휴전에 이르기까지의 8년사를 쓰게 됐다. 그 사이인 1985년 9월 하순에 영국 뉴캐슬대학교(University of New Castle upon Tyne)는 6·25전쟁에 관한 세미나를 열면서 발표자들 가운데 한 사람으로 저자도 초청해주었다. 여기서 저자는 "6·25전쟁의 준비과정에서의 중공의 불개입"에 관해 발표했다.[10)]

1970년대 이후가 수정주의 또는 신수정주의의 빠른 성장기였다면 1980년대 후반 이후는 신전통주의의 대두와 성장의 시기였다고 할 것이다. 그렇게 된 중요한 이유들 가운데 하나는 고르바초프(Mikhail Gorbachev) 체제의 등장이었다. 1985년 3월에 소련공산당 중앙위원회 총비서에 선출된 그는 소련의 개혁과 개방을 추구하면서 지난날 장막 속에 가려진 비밀들을 하나씩 둘씩 공개하기 시작했는데, 이 과정에서 소련과 북한의 공모를 더욱 힘 있게 뒷받침하는 자료들 역시 공개했던 것이다. 따라서 수정주의자들 가운데 몇몇 학자들이 내세웠던 북침설이나 남침유도설은 더 이상 지탱되기 어려워졌다. 다만 한반도 내부에서의 내전에 가까운 이데올로기적 투쟁, 남과 북 각자의 상대방 흡수통일정책, 특히 남북 사이의 무력적 국경충돌 등이 이 전쟁의 민족내부적 요인들이었음을 강조한 신수정주의자들의 주장을 뒷받침할 수 있는 자료들도 아울러 공개됨으로써 신수정주의자들의 해석 역시 설득력을 어느 정도 확보하게 됐다.

이 무렵 저자는 영국에서의 토론에 몇 차례 참석하게 됐다. 영국에는 수정주의 학파의, 그리고 신수정주의 학파의 대표적 논객들인 존 할러데이(Jon Halliday)와 존 기팅스(John Gittings) 등이 '코리아의 내전'에 대한 재해석을 강력히 요구하고 있었고, 마침 템스 텔레비전(Thames Television)이 "코리아의 전쟁" 6부작 제작을 준비하는 터여서 토론에 불이 붙고 있었다. 저자는 우선 브리티시 카운슬(British Council)의 초청을 받아 약 1주에 걸쳐 영국을 여행하다가

1987년 3월 29일부터 31일까지 셰필드대학교(University of Sheffield)에서 열린 영국한국학회(BAKS)에 참석해서 6·25전쟁 연구에서의 신전통주의 학파에 대해 발표했으며,[11] 4월 2일에 런던에서 템스 텔레비전이 마련한 "코리아의 전쟁 세미나"에서 같은 주제를 반복했다.

"코리아의 전쟁" 6부작은 신수정주의적 성향이 강한 사람들이 계획한 것이어서 저자의 발표에 불만을 표시하기도 했다. 템스 텔레비전은 1988년 1월 28일부터 31일까지 런던에서 "코리아의 전쟁 세미나"를 다시 열면서 저자를 토론자로 다시 불러주었다. 저자는 이 전쟁을 어째서 수정주의적 및 신수정주의적 시각으로만 볼 수 없는가에 대한 입장을 되풀이했다.

이러한 국제적 흐름 속에서, 「동아일보」는 1988년 6월 10일에 "현대사를 어떻게 볼 것인가: 6·25의 국제적 성격과 국내적 영향"이라는 세미나를 열고 저자에게는 "6·25연구의 국제적 동향"이란 제목으로 논문을 발표해주도록 권유했다. 이에 따라 발표한 논문이 "6·25연구의 국제적 동향: 6·25연구에 관한 문헌사적 고찰"이었다.[12] 이 논문의 기본적 입장은 여전히 신전통주의였다. 그러나 수정주의 학파와 신수정주의 학파의 해석들을 매우 자세히 소개했다. 다음 해에, 그 때까지의 연구를 바탕으로 「한국전쟁: 원인·과정·휴전·영향」을 출판했다.[13] 이 책은 국내에서는 동아출판사에 의해 1990년에 만화로도 출판됐으며,[14] 해외에서는 일본 도쿄의 사이마루(サイマル)출판사에 의해 1991년에 일역출판됐다.[15]

1990년은 6·25전쟁 발발 40주년의 해여서 이 주제 아래 학술활동이 활발했다. 저자 역시 여기에 참여해 몇 편의 논문들을 발표했다.[16]

4 이 무렵 저자는 미국 워싱턴(Washington, D.C.)에 자리잡은 우드로윌슨국제연구소(Woodrow Wilson International Center for Scholars)

의 냉전국제사프로젝트(Cold War International History Project)가 공산주의의 세계적 붕괴를 계기로 공산권에서 공개되거나 발굴되기 시작한 자료들을 바탕으로 냉전에 관해서는 물론 6·25전쟁에 관해서도 새로운 해석을 잇따라 내놓는 데 주목해 저자 나름의 연구계획서를 제출했다. 다행히 채택돼 이 연구소의 객원연구원으로 초청받아 1993년 8월부터 1994년 1월까지 6개월 동안 연구에 몰두할 수 있었다. 이 연구소 부근의 미국 연방국립문서처(NARA)에 소장된 자료들도 살펴볼 수 있었다. 또 이 연구소에 때때로 초청되는 옛 소련출신의 학자들 및 중국출신의 학자들과 이 전쟁에 관해 토론하는 기회를 여러 차례 가졌다. 이 과정에서 저자는 신전통주의의 입장을 다시 확인하게 됐다. 그때의 연구는 뒷날 저자가 "한국전쟁의 기원에 관한 러시아 외무부의 자료들(Russian Foreign Ministry Documents on the Origins of the Korean War)"[17]을 집필하는 데 바탕이 됐다.

그 사이인 1993년 11월 23일에 저자는 호주의 수도 캔버라에 자리잡은 호주국립대학교(Australian National University) 태평양학대학원의 초청으로 "대한민국의 북방정책: 회고와 전망"에 관해 발표하는 기회를 가졌다. 이 때 저자는 이 대학교 일본사 교수로 수정주의 학파의 거장인 게이번 매코맥(Gavan McCormack) 박사를 만났다. 그는 일본군국주의의 만저우침략 연구의 세계적 석학으로 일제의 괴뢰국인 만주국을 증오했고 일제와 만주국에 대항해 싸운 항일게릴라들을 높이 평가했다. 그러한 배경에서 그는 이 괴뢰국 군대의 장교였던 박정희 전 대통령을 경멸했고 김일성을 긍정적으로 보았다. 그러했기에 그는 6·25전쟁을 북한의 '정의의 민족해방전쟁'으로 파악하는 대표적 서방학자로 자리잡아 북한과 김일성을 늘 좋게 평가하는 반면에 남한과 박정희를 늘 혹독하게 공격했다.

그러나 그는 이 시점에서는 김일성체제를 매우 날카롭게 비판하고 있었으며 이 때문에 수정주의 학파의 후학들로부터 '변절자'라는 매도를 받으며 고뇌에 빠져 있었다. 저자는 그의 새로운 북한관에 적지 않은 충격을 받았다.[18]

1994년 7월 20일에 우리 외무부는 러시아정부로부터 넘겨 받은 옛 소련의 6·25전쟁 문서들을 공개했다. 이 문서들은 이 전쟁이 소련과 중국 및 북한의 공모에 의해 계획됐고 집행됐음을 명명백백히 보여주었다. 동시에 그 동안 우리가 잘 알지 못했던 부분들에 대해 새로운 정보들을 제시해 주었다. 이 자료들에 바탕을 두고 저자는 몇 편의 글을 발표했으며[19] 「한국전쟁」을 증보했다.

다른 한편으로, 러시아 비밀문서의 일부 공개는 국제학술계를 크게 자극했다. 그리하여 1995년 7월 24~25일에 미국의 코리아협회(the Korea Society)는 조지타운대학교(Georgetown University)에서 "코리아전쟁: 역사적 기록들의 평가(The Korean War: An Assessment of the Historical Records)"라는 세미나를 열었다. 저자는 러시아정부의 자료들을 분석한 논문을 통해 신전통주의적 해석을 보다 더 정밀하게 제시하고자 했다.[20]

이어 우드로윌슨국제연구소는 1996년 1월 9일부터 12일까지 홍콩대학교에서 "아시아 냉전에 관한 새로운 증거(New Evidence on the Cold War in Asia)"라는 세미나를 열고 활발한 토론을 유도했다. 8개국 48명의 전문가들이 참석한 이 세미나는 글자 그대로 심층적 토론의 마당이었다. 저자에게 맡겨진 주제는 "한반도 지도자들이 한국전쟁 발발에 어떤 영향을 미쳤는가?"였다. 저자는 북의 지도자들이 '민족해방전쟁'의 관점에서 전쟁도발을 계획하고 추진했으며, 남의 지도자들 가운데 대북(對北) 강경론자들이 북진을 준비하면서 북한을 자극한 점에 대해서도 공평하게 지적하고자 노력했다. 이처럼 6·25전쟁의 발발과 관련해 한반도의 지도자들, 특히 북한의 공산주의자들이 책임을 져야 하나 그렇다고 해서 스탈린의 책임이 가

벼워질 수는 없다고 역설했다.[21)]

그 사이인 1995년 6월 17일에는 동아일보사의 주선으로, 이 방면의 새로운 권위자로 확실하게 자리잡은 미국 플로리다주립대학교의 캐스린 웨더스비(Kathryn Weathersby) 교수와 대담했다. 우리의 결론은 같았다. 그것은 김일성의 강력한 요청, 그리고 스탈린의 최종적 동의와 지원이 전쟁 발발의 가장 큰 요인이라는 점이었다.

러시아정부의 문서공개와 병행해 중국정부의 문서공개가 비록 비공식적 방식에 의해서이고 또 부분적 수준에서였으나 뒤따랐다. 이러한 배경에서, 이 전쟁에 관한 주요한 저술들이 미국과 중국 및 일본 등에서 출판됐다. 국내에서는 박명림(朴明林) 박사가 대작(大作)을 출판했으며 김영호(金暎浩) 교수가 자신의 학위논문을 국어로 출판했다.[22)]

1998년에 한국전쟁연구학회 제3대 회장직을 맡게 된 뒤 저자는 주로 러시아와 중국의 학자들을 초청하는 데 힘을 썼고, 이 무렵에 이 전쟁을 주제로 박사학위논문을 쓴 소장학자들의 발표를 권장했다. 이들의 논문들은 이 전쟁에 관해 여전히 불분명한 채 가려졌던 부분들 가운데 적지 않은 것들을 보다 선명하게 설명해주었다.[23)] 이 저술들을 모두 꼼꼼하게 읽으면서 저자는 저자의 기존의 저술들을 새롭게 써야 할 필요성을 절감했다. 새 저서로 독자들과 만나게 되기를 기대한다.

註

1) Hakjoon Kim, "Sino-North Korean Relations, 1945~1950: Why Did Communist China Intervene in the Korean War?" unpub. M.A. thesis(Kent, Ohio: Kent State University, 1970).

2) Allen S. Whiting, *China Crosses the Yalu: The Decision to Enter the Korean War*(Stanford: Stanford University Press, 1960).

3) 이와 관련해 저자는 특히 터커 교수를 좋아하게 됐고 그의 다음 책을 번역출판했다. Robert Tucker, *Philosophy and Myth in Karl Marx,* 2nd ed.(Cambridge: Cambridge University Press, 1972), 김학준·한명화(韓明華) 공역, 「카를 마르크스의 철학과 신화」(서울: 한길사, 1982). 저자는 프롬 교수의 *Marx's Concept of Man*(New York: Frederick Unger Publishing Co., 1961)으로부터 많은 영향을 받았다. 이 책에 바탕을 두고 저자가 쓴 글이 다음이다. 김학준, 「마르크스학(學): 생산하는 사람」; 손보기(孫寶基) 외 공저, 「도대체 사람이란 무엇일까?」(서울: 뿌리깊은나무, 1980), 153~163쪽.

4) 이러한 맥락에서 저자는 다음의 논문을 발표했다. 김학준, "마르크스의 경제·철학 수고(手稿) 논쟁," 「문학과지성」, 제 7 권 제 1 호(1976년 봄), 87~102쪽.

5) Hakjoon Kim, "Korean Unification in the Asian Balance of Power," unpub. Ph. D. diss.(Pittsburgh, Pa.: The University of Pittsburgh, 1972). 이 논문은 뒷날 수정을 거쳐 다음으로 출판됐다. Hakjoon Kim, *Unification Policies of South and North Korea: A Comparative Study*(Seoul: Seoul National University Press, 1977). 이 책의 수정 제 1 판은 1986년에, 수정 제 2 판은 1992년에 같은 출판사에서 나왔다.

6) 김학준, "한국전쟁 발발 이전의 북한과 중공 관계: '중·소의 한국전쟁음모설'의 비판을 중심으로," 「국제정치논총」(한국국제정치학회보), 제13·14집 합본호, 1974, 71~87쪽.

7) 「한국전쟁문헌해제(상): 한국전쟁의 기원을 중심으로」, 「한국전쟁문헌해제(중): 남북한과 그들 동맹자간의 관계를 중심으로」, 「한국전쟁문헌해제(하): 국제정치분석의 이론화작업을 중심으로」. 이 논문들은 저자의 「한국문제와 국제정치」(서울: 박영사, 1975)에 포함됐다.

8) 저자는 "노획된 북한문서"에 대해 다음과 같이 발표했다. 김학준,

"정권형성기와 정권초창기의 북한 연구 I: 한국전쟁기에 미군이 노획한 북한문서에 관한 소개를 중심으로," 「국제정치논총」, 제24권 제 2 호(1984년 12월); 김학준, "북한정권형성기와 정권초창기의 북한과 소련의 과제: 북한과 소련의 상대방에 대한 상호인식을 중심으로," 「동아연구」(서강대학교 동아연구소), 제 5 집(1985년 2월), 73~139쪽; 김학준, "북한정권 형성기에 있어서 북한 정치지도자들의 정통성 구축 시도," 「아세아연구」(고려대학교 아세아문제연구소), 제28권 제 1 호(1985년 1월), 195~206쪽.

9) Hakjoon Kim, "The Korean War and China: the Sino-North Korean Relations Before the Chinese Intervention in the Korean War," *Journal of Social Sciences and Humanities,* Vol. 59(June 1984), pp. 1~90. 이 논문은 저자의 다음 책에 포함됐다. Hakjoon Kim, *Sino-North Korean Relations, 1945-1984*(Seoul: Korean Research Center, 1985); Hakjoon Kim, *Korea's Relations with Her Neighbors in a Changing World*(Elizabeth, N.J.: Hollym International Corporation, 1993), ch. 34.

10) 이 논문은 영국에서 다음과 같이 출판됐다. Hakjoon Kim, "China's Non-involvement in the Origins of the Korean War: A Critical Reassessment," in James Cotten and Ian Neary(eds.), *The Korean War in History*(Manchester: The University of Manchester Press, 1989).

11) 이 때의 논문이 뒷날 다음과 같이 출판됐다. Hakjoon Kim, "International Trends in Korean War Studies: A Review of the Documentary Literature," *Korea and World Affairs,* Vol. 14, No. 2(Summer 1990).

12) 이 논문은 동아일보사 편, 「현대사를 어떻게 볼 것인가」, 제 2 권(서울: 동아일보사 출판국, 1988), 263~300쪽에 실려 있다.

13) 초판이 박영사에서 출판됐다. 그 뒤 같은 출판사에서 1993년에 제 1 증보판이, 1997년에 제 2 증보판이 출판됐다.

14) 글 이원복·그림 박흥용스튜디오, 「한국전쟁」, 전 2권(서울: 동아출판사, 1990), 상: 분단에서 전쟁으로; 하: 전쟁·휴전 그리고 통일에의 길.

15) 가마타 미츠토(鎌田光登) 역, 「조선전쟁: 통한의 민족충돌」(도쿄: 사이마루출판회, 1991).

16) Hakjoon Kim, "Trends in Korean War Studies: A Review of the

Literature," in Chull Baum Kim and James I. Matray(eds.), *Korea and the Cold War: Division, Destruction, and Disarmament*(Claremont, CA.: Regina Books, 1993)에 실려 있다. 또 저자는 James I. Matray(ed.), *Historical Dictionary of the Korean War*(Westport, CT.: Greenwood Press, 1991) 및 Spencer C. Tucker(ed.), *Encyclopedia of the Korean War: A Political, Social, and Military History*(Santa Barbara, CA.: ABC-Clio, 2000)에 참여했다.

17) 이 논문은 1995년 7월 24일에 미국 조지타운대학교(Georgetown University)에서 한국협회(Korea Society) 주최로 열린 세미나 '한국전쟁의 재평가'에서 발표됐으며, *Korea and World Affairs*, Vol. 20, No. 2(Summer 1996), pp. 248~271에 게재됐다. 이 논문은 저자의 다음 책에 포함됐다. Hakjoon Kim, *Whither Path for the Two Koreas in the 21st Century: War, Peace or Unification?*(Seoul: Jimoondang Publishing Company, 1998), pp. 151~173.

18) 이 점에 대해서는 저자가 다음과 같이 발표했다. 김학준, 「한반도의 국제상황세미나」; 김학준, 「김정일과 코카콜라」(서울: 동아출판사, 1995), 307쪽; 김학준, "북한의 본질은 무엇인가," 「동아일보」, 1995년 3월 2일.

19) 이러한 자료들을 놓고 저자는 이 자료들의 해석에서 탁월함을 보여준 미국 플로리다대학교(University of Florida) 교수 캐스린 웨더스비(Kathryn Weathersby)와 대담했다. "한국전 3주 안에 승리, 스탈린 오판," 「동아일보」, 1995년 6월 17일. 이 자료들에 대해 저자는 다음의 두 글을 발표했다. 김학준, "한국전쟁에 관한 5가지 새 사실 밝혀졌다," 「조선일보」, 1994년 7월 22일; 김학준, "김일성은 취임 때부터 남침 준비," 「조선일보」, 1994년 7월 28일.

20) 김학준, "미국서 역사적 위치 공인받은 한국전쟁," 「주간조선」, 1995년 8월 10일, 78~79쪽.

21) 김학준, "아시아냉전 재조명: 국제학술회의참가기," 「동아일보」, 1996년 1월 13일.

22) 박명림, "한국전쟁의 발발과 기원," 고려대학교 대학원 정치외교학과 박사학위논문. 이 논문은 다음으로 출판됐다. 박명림, 「한국전쟁의 발발과 기원」, 전 2권(서울: 나남출판, 1996). 김영호, 「한국전쟁의 기원과 전개과정」(서울: 두레, 1998).

23) 예컨대, 1999년 11월 13일에 한국전쟁연구회 주최로 인천대학교에

서 열린 발표회. 이 발표회의 내용은 다음과 같이 실려 있다. 1999년 11월 20일자 동아일보 송상근 기자의 보도 및 김학준, "베일 벗는 한국전 비밀들,"「동아일보」, 1999년 11월 22일.

참고문헌

[한국어 서적]

김석영, 「판문점: 불안한 안전판 — 민족의 통사」(신문화사, 1972).

김양명, 「한국전쟁사」(일신사, 1976).

김점곤, 「한국전쟁과 노동당전략」(박영사, 1973).

동아일보사 안보 · 통일문제조사연구소(편), 「분단국의 대화」(동아일보사, 1979).

민족문제연구회(편), 「朝鮮戰爭史: 現代史の再發掘」(東京: コリア評論社, 1967).

박실, 「한국외교비사」(기린원, 1979).

박진목, 「내조국 내산하: 지금은 먼 이야기」(창진사, 1976).

서울신문 특별취재반, 「한국외교비록」(서울신문사, 1984).

송효순, 「대석방」(신현실사, 1973).

양호민 · 이상우 · 김학준 공편, 「민족통일론의 전개」(형성사, 1982).

유완식 · 김태서, 「북한 30년사」(현대경제일보사, 1975).

이명영, 「권력의 역사: 조선로동당과 근대사」(성균관대학교 출판부, 1983).

이호재, 「한국외교정책의 이상과 현실: 이승만 외교와 미국」, 제3증보판(법문사, 1975).

정성관, 「판문점의 비사」(평문사, 1953).

정일권, 「6·25 비록, 전쟁과 휴전」(동아일보사, 1985).

조규하 · 이경문 · 강성재, 「남북의 대화」(한얼문고, 1972).

최덕신, 「내가 겪은 판문점」(삼구문화사, 1955).

한양대학교 중소연구소, 「중소연구」 제8권.

[영어 서적]

Acheson, Dean, *Present at the Creation: My Years in the State Department*(New York: W.W. Norton, 1969).

Attlee, Clement, *As It Happened*(London: Heinemann, 1954).

Ball, W. Macmahon, *Nationalism and Communism in East Asia*(Melbourne: Melbourne University Press, 1955).

Beloff, Max, *Soviet Policy in the Far East: 1944~1951*(London: Oxford University Press, 1953).

Bohlen, Charles E., *Witness to History, 1929~1969*(New York: Norton, 1973).

British Foreign Office, *Korea: a summary of developments in the armistice negotiations and the prisoner of war camps,* Command 0596(London: HMSO, 1952).

Korea: a summary of further developments in the military situation, armistice negotiations and prisoner of war camps up to January 1953, Command 8793(London: HMSO, 1953).

Byrnes, James, *Speaking Frankly*(New York: Harper & Bros., 1947).

Canada Department of External Affairs, *Documents on the Korean Crisis*(Ottawa: King's Printer, 1951).

Caridi, Ronald J., *The Korean War and American Politics: The Republican Party as a Case Study*(Philadelphia: University of Pennsylvania Press, 1968).

Cho, Soon Sung, *Korea in World Politics, 1940~1950; An Evaluation of American Responsibility*(Berkeley: University of California Press, 1967).

Clark, Mark W., *From the Danube to the Yalu*(New York: Harper, 1954).

Collins, J. Lawton, *War in Peacetime: The History and Lessons of Korea*(Boston: Houghton Mifflin Co., 1969).

Dallin, David J., *Soviet Foreign Policy after Stalin*(Philadelphia: J. B. Lippincott, 1961).

Fleming, D.F., *The Cold War and Its Origins, 1917~1960*(Garden City: Doubleday and Co., 1961).

Flint, Roy K., "The Tragic Flaw: MacArthur, the Joint Chiefs, and the Korean War," unpub. Ph. D. diss.(Duke University, 1976).

Foot, Rosemary, *The Wrong War: American Policy and the Dimensions of the Korean Conflict, 1950~1953*(Ithaca: Cornell University Press, 1985).

Garthoff, Raymond L., *Soviet Strategy in the Nuclear Age*(New York: Praeger Publishers, 1965).

Goodrich, Leland M., *Korea: A Study of U.S. Policy in the United Nations*(New York: Council on Foreign Relations, 1956).

Goulden, Joseph C., *Korea: The Untold Story of the War*(New York: McGraw-Hill Book Co., 1982).

Halperin, Morton H., *Contemporary Military Strategy*(Boston: Little, Brown & Co., 1967).

Han, Sung-joo, *The Failure of Democracy in South Korea*(Berkeley: University of California Press, 1974).

Henderson, Gregory, *Korea: The Politics of the Vortex*(Cambridge: Harvard University Press, 1968), p. 349.

Hermes, Walter G., *Truce Tent and Fighting Front*(Washington, D.C.: United States Government Printing Office, 1966).

Hinton, Harold C., *Three and a Half Power: The New Balance in Asia*(Bloomington: Indiana University Press, 1975).

Hoyt, Edwin P., *The Bloody Road to Panmunjom*(Briarcliff Manor, N.Y.: Stein and Day, 1985).

James, O. Clayton, *The Years of MacArthur,* 3 Vols.(Boston: Houghton Mifflin Co., 1985), Ⅲ(*Triumph and Disaster, 1945～1964*).

Joy, C. Turner, *Negotiating While Fighting*(Stanford: Hoover Institution Press, 1978).

Joy, Admiral C. Turner, *How Communists Negotiate*(New York: Macmillan, 1955).

Kennan, George F., *Memoirs, 1950～1953*(Boston: Little, Brown, 1967).

Khrushchev Remembers, with an Introduction, Commentary and Notes by Edward Crankshaw, translated and edited by Strobe Talbott(Boston: Little, Brown and Co., 1970).

Kolko, Joyce and Gabriel, *The Limits of Power: The World and United States Foreign Policy, 1945～1954*(New York: Harper & Row, 1972).

McClintock, Robert, *The Meaning of Limited War: The Diplomacy of Force and the Force of Diplomacy under the Pax Ballistica*(Boston: Houghton Mifflin Co., 1967).

McCune George M. and Arthur Grey, Jr., *Korea Today*(Cambridge, Ma.: Harvard University Press, 1950).

Mineo, Nakajima, *The Kao Kang Affair and Sino-Soviet Relations*(Tokyo: Japan Institute of International Affairs, 1977).

Oliver, Robert T., *Syngman Rhee and American Involvement in Korea, 1942～1960;*

A Personal Narrative(Seoul: Panmun Book Co., 1978).

Panikkar, K. M., *In Two Chinas: Memoirs of a Diplomat*(London: George Allen & Unwin, 1955).

Rees, David, *Korea: The Limited War*(London: Macmillan, 1964).

Rees, David, *The Korean War: History and Tactics*(London: Orbis Publishing, 1984).

Ridgway, Matthew, *The Korean War*(New York: Popular Books, 1967).

Royal Institute of International Affairs, *Documents on International Relations 1951*(London: Oxford University Press, 1954).

Rudolph, Philip, *North Korea's Political and Economic Structure*(New York: Institute of Pacific Relations, 1959).

Sandusky, Michael C., *America's Parallel*(Alexandria, Va.: Old Dominion Press, 1983).

Scalapino, Robert A. and Chong-Sik Lee, *Communism in Korea,* I(*The Movement*)(Berkeley: University of California Press, 1973).

Simmons, Robert R., *The Strained Alliance: Peking, P'yongyang, Moscow and the Politics of the Korean Civil War*(New York: The Free Press, 1975).

Stairs, Denis, *The Diplomacy of Constraint: Canada, the Korean War, and the United States*(Toronto: University of Toronto Press, 1974).

Stone, I.F., *The Hidden History of the Korean War*(New York: Monthly Review Press, 1952).

Suh, Dae-sook, *The Korean Communist Movement, 1918～1948*(Princeton: Princeton University Press, 1967).

Ulam, Adam B., *Expansion & Coexistence: The History of Soviet Foreign Policy, 1917～1967*(New York: Praeger Publishers, 1968).

United States Department of the Army, *United States Army in the Korean War: South to the Naktong North to the Yalu,* Prepared by Roy E. Appleman, Office of the Chief of Military History(Washington, D.C.: United States Government Printing Office, 1961).

United States Department of State, *Foreign Relations of the United States, 1945*(Washington, D.C.: United States Government Printing Office, 1969).

United States Department of State, *Moscow Meeting of Foreign Ministers: December 16～26, 1945*(Washington, D.C.: United States Government

Printing Office, 1946).

United States Department of State, *North Korea: A Case Study in the Techniques of Takeover*(Washington, D.C.: United States Government Printing Office, 1961).

United Nations Command, Office of the Economic Coordinator for Korea, *Korea: Program Accomplishments, Fiscal Year, 1957*(Seoul, 1957).

United Nations, General Assembly, *Official Records*(First Committee), A/C, I/SR.

Vatcher, William H., *The Story of the Korean Military Armistice Negotiations*(New York: Frederick A. Praeger, 1958).

Weisberger, Bernard A., *Cold War Cold Peace: The United States and Russia Since 1945*(Boston: Houghton Mifflin Co., 1985).

Whiting, Allen S., *China Crosses the Yalu: The Decision to Enter the Korean War*(New York: Macmillan Co., 1960).

Wolfe, Thomas W., *Soviet Power and Europe, 1945～1970*(Baltimore: Johns Hopkins Press, 1970).

[한국어 논문]

김윤식, "한국문학과 이산 · 분단의 체험," 김윤식(편), 「이산 · 분단문학대표소설선」(동아일보사, 1983).

변형윤, "분단과 산업구조의 변화," 변형윤(편), 「분단시대와 한국사회」(까치사, 1985).

온창일, "미국의 대한 안보개입의 기본태세, 1945～1953," 「국제정치논총」(한국국제정치학회), 제25집(1985).

이대근, "〈6 · 25사변〉의 국민경제적 귀결," 「한국경제」(성균관대학교 한국산업연구소), 제10집(1982년 11월).

이수영, "나의 외교관생활 비화," 「신동아」(1964년 9～12월호).

이용희, "38선획정신고: 소련대일참전사에 연하여," 「아세아학보」 제 1 집(서울: 1965년 12월).

정용석, "38선획정과 미국의 책임," 「신동아」(1971년 8월).

정용석, "한반도는 4분될 뻔했다," 「신동아」(1983년 1월).

[영어 논문]

Alapatt, George K., "The Legal Implications of the Repatriation of War Prisoners in Relation to the Korean Armistice in View of the Division of Korea," unpub. Ph. D. diss., St. Louis University, 1958.

Aron, Raymond, "Reflections on American Diplomacy," *Daedalus,* Vol. 91 No. 4(Fall 1962).

Bacchus, Wilfred, "The Relationship between Combat and Peace Negotiations: Fighting While Talking in Korea, 1951~1953," *Orbis,* Vol. 17 No. 2(Summer 1973).

Baldwin, Frank, "Editor's Introduction," in Frank Baldwin(ed.), *Embassy at War,* prepared by Harold Noble(Seattle: University of Washington Press, 1975).

Bernstein, Barton J., "The Pawn as Rook: The Struggle to End the Korean War," *Bulletin of Concerned Asian Scholars,* 10(January 1978).

Bernstein, Barton J., "Truman's Secret Thoughts on Ending the Korean War," *Foreign Service Journal,* 57(November 1980).

Bernstein, Barton, "The Struggle over the Korean Armistice: Prisoners of Repatriations," in Bruce Cumings(ed.), *Child of Conflict*(Seattle: University of Washington Press, 1983).

Brodie, Bernard, "Limited War," in John Garnett(ed.), *Theories of Peace and Security: A Reader in Contemporary Strategic Thought*(New York: St. Martins Press, 1970).

Chaffee, Wilbur, "Two Hypotheses of Sino-Soviet Relations as Concerns the Instigation of the Korean War," *Journal of Korean Affairs*, 제 4 권, 제3~4 합병호(October 1976~January 1977).

Cho, Soon-Sung, "The Politics of North Korea's Unification Policies, 1950~1965," *World Politics,* Vol. 14 No. 2(January 1967).

Ganju, M., "The Korean Conflict," *India's Foreign Policy*(Bombay: The New Book Co., 1951).

Gardner, Lloyd C., "Introduction," Lloyd C. Gardner(ed.), *The Korean War*(New York: Quadrangle Books, New York Times Co., 1972).

Grey, Arthur, Jr., "The Thirty-Eighth Parallel," *Foreign Affairs,* Vol. 29 No. 3(1951년 4월).

Halliday, Jon, "The Korean War: Some Notes on Evidence and Solidarity,"

Bulletin of Concerned Asian Scholars(July 1979).

Han, Sung-joo, "The Republic of Korea and the United States: The Changing Alliance," *Korea & World Affairs,* Vol. 1 No. 2(Summer 1977).

Jervis, Robert, "The Impact of the Korean War on the Cold War," *Journal of Conflict Resolution,* Vol. 24 No. 4(December 1980).

Jones, F.C., "The Far East: Armistice in Korea," in Peter Calvocoressi(ed.), *Survey of International Affairs, 1953*(London: Oxford University Press, 1956).

Kennan, George, "Japanese Security and American Policy," *Foreign Affairs*(October 1964).

Koh, B.C., "The Korean War as a Learning Experience for North Korea," *Korea and World Affairs,* Vol. 3 No. 3(Fall 1979).

Kotch, John, "The Origins of the American Security Commitment to Korea," in Cumings(ed.), *Child of Conflict.*

Kim, Kyung Dong, "Toward a Sociology of War: The Social Impact of the Korean War," *Korea and World Affairs,* Vol. 5 No. 2(Summer 1981).

Lee, Chong-sik, "Politics in North Korea: Pre-Korean War Stage," in Robert A. Scalapino(ed.), *North Korea Today*(New York: Frederick A. Praeger, 1963).

Legro, Colonel William E., "The Why and How of Limited War," *Military Review*(1970년 7월).

Masao, Okonogi, "The Domestic Roots of the Korean War," in Yonosuke Nagai and Akira Iriye(eds.), *The Origins of the Cold War in Asia*(New York: Columbia University Press, 1977).

Mineo, Nakajima, "The Sino-Soviet Confrontations: Its Roots in the International Background of the Korean War," *Australian Journal of Chinese Affairs,* Vol. 1(January 1979).

Merrill, John, "Internal Warfare in Korea, 1948~1950: The Local Setting of the Korean War," in Bruce Cumings(ed.), *Child of Conflict: The Korean-American Relationship, 1943~1953*(Seattle: University of Washington Press, 1983).

McCune, Shannon "The Thirty-Eighth Parallel in Korea," *World Politics,* Vol. 1 No. 2(1949년 1월).

Ohn, Chang-il, "The Joint Chiefs of Staff and U.S. Policy and Strategy

Regarding Korea, 1945～1953," unpub. Ph. D. diss., University of Kansas, 1983.

Ra, Jong-Yil, "Political Settlement in Korea: The British Views and Policies with regard to the Internal Political Arrangements in Korea in the Autumn of 1950,"「국제정치논총」제23집(1983).

Soh, Jin Chull, "The Role of the Soviet Union in Preparation for the Korean War," *Journal of Korean Affaris,* 제Ⅲ권 제 4 호(January 1974).

Tikhomirov, V., "People's Korea: 30 Years," *International Affairs,* 9(Moscow, 1975).

인명색인

사항색인

저자 소개

1943년에 중국 심양에서 태어났다.
인천대학교 총장과 동아일보사 사장 · 회장을 역임했으며,
현재 동아일보사 고문으로 봉직하고 있다.
최근 저서에 「북한의 역사」 제 1 권 · 제 2 권(서울대학교출판부, 2008) 및
「서양인들이 관찰한 후기 조선」(서강대학교출판부, 2010) 등이 있다.

제 4 수정 · 증보판
한국전쟁 — 원인 · 과정 · 휴전 · 영향

1989년 7월 10일 초판발행
1993년 4월 20일 제 1 개정 · 증보판발행
1997년 3월 30일 제 2 개정 · 증보판발행
2003년 6월 30일 제 3 개정 · 증보판발행
2010년 8월 10일 제 4 수정 · 증보판인쇄
2010년 8월 20일 제 4 수정 · 증보판발행

저자와 협의하여 인지를 생략함

저 자 김 학 준
발행인 안 종 만
발행처 (株) 博英社
서울특별시 금천구 가산동 345-90 한라시그마밸리 211호
전화 (733)6771 FAX (736)4818
등록 1959. 3. 11. 제300-1959-1호(倫)

www.pakyoungsa.co.kr e-mail: pys@pakyoungsa.co.kr

정 가 26,000원 ISBN 978-89-6454-056-5